박재식의 좋은 수필 감상

박재식의 좋은 수필 감상

수필과비평사

| 일러두기 |

1. 본저에서 감상 대상으로 삼은 수필은 우리나라 현대수필의 발흥기에 해당하는 1970년대 이후에 작품 활동을 하고 작고한 수필가의 글 중에서 감상자(편저자)가 '좋은 수필'로 여기는 작품들이다.
2. 따라서 김진섭, 이양하, 김용준 등 1970년대 이전에 작고한 수필가와 이태준, 이상, 노천명, 박완서 등 문학의 다른 장르에 전종한 문인들이 남긴 '좋은 수필'은 이미 문학사적인 정평으로 널리 회자된 터이므로 제외하였다.
3. 감상 작품의 수록 순서는 편의상 작자의 작고 연대순으로 잡았다.
4. 작품감상에서 나뉜 머리말은 작자의 프로필과 작품세계 등을 다루고, 해설은 당해 작품의 내용을 줄거리를 좇아 분석·해설함으로써

주제의 수필적인 형상수법을 관찰하였고, 후평은 감상자의 독후감에 해당하는 요목으로 해당 작품이 갖는 수필적인 위상을 천착하여 '좋은 수필'로 간주한 소이를 부연하였다.
5. 본저에 수록한 '좋은 수필'이 행여 수필문학을 지향하는 신진들의 수련에 모본이 되고, 나아가서 장차 권위 있는 문학사가에 의해 수필이 다루어졌을 때 참작할 자료 구실이 되기를 기망하는 감상자의 어설픈 충정을 밝혀 둔다.

정묘년 중추 편저자 박 재 식 적음

| 차례 |

윤오영尹五榮 | 달밤   9
오화섭吳華燮 | 산이 좋아 혼자 가네   19
김소운金素雲 | 외투   37
이장규李章圭 | 낮은 목소리   51
오천석吳天錫 | 청바지   63

김우현金于玄 | 선물 2제二題   77
김원룡金元龍 | 파초나무 옆에서   91
유병석柳炳奭 | 왕빠갑빠   103
정재은鄭在恩 | 산딸기   121
유두영柳斗永 | 새치기   143

김병규金秉圭 | 나무가 있는 풍경   157
정봉구鄭鳳九 | 꿈과 꿈   173

박규환朴圭煥 | 노인 3장　　191

박연구朴演求 | 변소고便所考　　209

이오덕李五德 | 거꾸로 사는 재미　　229

유달영柳達永 | 반달과 여의도　　243

목성균睦誠均 | 배필配匹　　259

이정호李廷浩 | 산사山寺에서　　243

조경희趙敬姬 | 봄물　　295

윤모촌尹牟邨 | 산마을에 오는 비　　309

진웅기陳雄基 | 가짜돈의 사회　　321

안인찬安仁燦 | 보는 선풍기　　335

정경鄭鏡 | 내가 좋아하는 낱말　　351

피천득皮千得 | 보스턴 심포니　　369

임선희任善姬 | 공원의 벤치   379

공덕룡孔德龍 | 고독이 좋다지만   397
차주환車柱環 | 반도체와 피안사상   415
장돈식張敦植 | 단장의 숲   433
김태길金泰吉 | 뒷모습   453
서정범徐廷範 | 주근깨   471

장영희張英姬 | 하필이면   485
법정法頂 | 침묵에 기대다   503
이응백李應百 | 순간瞬間   523

윤 오 영

- 1907년 서울 출생
- 양정고보養正高普 졸업
- 보성고교 등에서 교직생활
  약 20년 종사
- 1976년 별세

달밤

　내가 잠시 낙향落鄕해서 있었을 때 일.
　어느 날 밤이었다. 달이 몹시 밝았다. 서울서 이사온 윗마을 김 군을 찾아갔다. 대문은 깊이 잠겨 있고 주위는 고요했다. 나는 밖에서 혼자 머뭇거리다가 대문을 흔들지 않고 그대로 돌아섰다.
　맞은편 집 사랑 툇마루엔 웬 노인이 한 분 책상다리를 하고 앉아서 달을 보고 있었다. 나는 걸음을 그리로 옮겼다. 그는 내가 가까이 가도 별 관심을 보이지 아니했다.
　"좀 쉬어 가겠습니다." 하며 걸터앉았다. 그는 이웃사람이 아닌 것을 알자,
　"아랫마을서 오셨소?" 하고 물었다.
　"네. 달이 하도 밝기에……."
　"음! 참 밝소." 허연 수염을 쓰다듬었다. 두 사람은 각각 말이 없었다. 푸른 하늘은 먼 마을에 덮여 있고, 뜰은 달빛에 젖

어 있었다. 노인이 방으로 들어가더니, 안으로 통한 문 소리가 나고 얼마 후에 다시 문 소리가 들리더니, 노인은 방에서 상을 들고 나왔다. 소반에는 무청김치 한 그릇, 막걸리 두 사발이 놓여 있었다.

"마침 잘됐소, 농주農酒 두 사발이 남았더니······." 하고 권하며, 스스로 한 사발을 쭉 들이켰다. 나는 그런 큰 사발의 술을 먹어 본 적은 일찍이 없었지만 그 노인이 마시는 바람에 따라 마셔 버렸다.

이윽고

"살펴 가우." 하는 노인의 인사를 들으며 내려왔다. 얼마쯤 내려오다 돌아보니, 노인은 그대로 앉아 있었다.

작/품/감/상

#머리말

　치옹 윤오영(痴翁 尹五榮, 1907~76)은 매우 짧은 시기의 작품활동을 통해 우리 수필문학계에 우뚝한 존재로 필명을 남긴 특이한 수필가이다. 서울 태생인 그는 일정日政 때 양정고보養正高普(지금의 양정고교)를 졸업하고 가세가 기울자 의정부에 가서 말단 직업을 얻어 주경야독의 생활을 한다. 이 시기에 그는 송강松江, 노계蘆溪, 연암燕巖 등 한국의 고전문학과 노신魯迅을 위시한 중국의 현대문학을 탐독하는 한편, 동양철학에 뜻을 두고 사서삼경四書三經은 물론 노장老莊에 이르기까지의 중국 고전 탐구에 정진한다. 이와 같은 학구적인 노력은 그의 선비적인 품격 형성과 장차 수필문학에 대한 작가적 이념적 바탕을 다지는 데 지대한 영향을 준다.

　치옹이 문학적인 자질을 처음 선보인 것은 일찍이 중학 1년 때 학생 문예란에 시를 발표하여 선자인 김동환金東煥 시인으로부터 극찬을 받음으로써이다. 그러나 이렇게 시 몇 편을 발표한 뒤로 40년 동안 글을 쓰거나 발표한 흔적이 없다가 1959년 《현대문학》에 수필 〈측상락厠上樂〉을 발표하여 수필가로서의 새 모습을 나타냈으나 그뿐으로 다시 침묵을 지킨다. 그런데 1972년 월간 수필전문지 《수필문학》(발행인 金承禹)이 창간되자 경이적인 수량의 수필작품을 속속 발표하는 한편 수필작법과 이론을 체계화한 〈수필문학의 첫걸음〉과 〈수필문학 강론〉을 연재하여 일약 수필문단의 중진적인 지위를 확보한다.

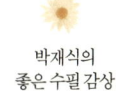

박재식의
좋은 수필 감상

이런 치옹은 평생을 가난하게 살면서도 "가난한 것이 비극이 아니라 가난한 것을 이기지 못하는 것이 비극"이라는 자신의 말대로 살고 간 현대의 딸깍발이 선비이기도 하다. 의정부에서 줄곧 단간방살이를 하던 그는 해방이 되자 서울로 나와 보성고교普成高校의 국어 교사로 취업함으로써 비로소 적성에 맞는 직업을 갖게 된다. 그러나 여기에서 20여 년을 봉직하다가 자격증 문제로 학원으로 직장을 옮겼으나 이윽고 거기에서도 고령으로 은퇴하여 실업자가 된다. 그가 수필에 전념하여 본격적으로 글을 쓰게 된 것은 그 뒤의 일인데 물론 생계를 위한 직업의식으로 행한 작업이 아니고, 오직 "읽고 쓰고 생각하고 이야기하는 것을 생활로 하는" 문학인의 신조를 구현한 것에 불과하다. 그래서 그는 "문학은 직업이 아니다."라고 단언하고 "문필로 생활하는 사람들은 이른바 문필업가"이고 "옛사람이 매문가賣文家를 문기文妓라

작품감상 13

멸시한 것도 일리가 있다."라고 그의 명저 《수필문학입문》에서 소신을 밝힌다.

그는 1970년대 들어 수필에 전념하면서 학창 시절부터의 친구인 금아 피천득과 자주 만난다. 두 사람은 으레 다방이나 고궁의 뜰에서 만나 정담을 나누었는데, 그때마다 치옹은 안주머니에서 수필 원고를 꺼내어 금아에게 읽어 주고 소견을 묻곤 한다. 비록 3세 연하의 친구이지만 이미 수필의 대가로 명망이 높은 금아를 수필가의 선배요 귀감으로 추앙하고 있은 것이다. 그래서 치옹은 작법론 〈수필문학의 첫걸음〉에서 금아의 수필을 무오류의 표본으로 대거 인용하였고, 금아 또한 치옹의 수필을 높이 평가하였다.

이런 윤오영이 어느 날 새벽 한 간방 서재에서 원고를 쓰다가 향년 70세로 숨을 거둔다. 그가 남긴 저서는 수필집 《고독의 반추》와 《수필문학》에 연재한 〈수필문학의 첫걸음〉과 〈수필문학 강론〉을 아울러서 낸 《수필문학입문》이 있다. 그의 수필세계의 개요는 금아의 수필 〈치옹〉에서 언급된 문장으로 대용한다.

"그의 수필 소재는 다양하다. 그는 무슨 제목을 주어도 글다운 글을 단시간에 써 낼 수 있다. 이런 것을 가지고 역량이라고 하나 보다. 평범한 생활에서 얻은 신기한 발견, 특히 독서에서 오는 풍부하고 심각한 체험이 그에게 많은 이야깃거리를 제공한다. 그리고 이 소득은 그가 타고난 예민한 정서, 예리한 관찰력, 놀랄 만한 상상력, 그리고 그 기억력의 선물이다. (중략).

그의 수필에서 우리는 전통문화에 대한 지식을 배우고 읽어 내려가는 동안에 향수를 느낀다. 그 글에는 작은 사물에 대한 깊이 있는 음미가 있고 종종 현실을 암시하는 경우도 있다. 감정적이고 때로는 감상적이기도 하다. 그러나 그는 자제할 줄을 안다."

  (※ 이상의 작자 프로필에 대한 주된 내용은 누구보다도 가까이 지낸 피천득의 수필 〈치옹〉에 의거함.)
  감상할 〈달밤〉은 수필집 《고독의 반추》에 수록된 그의 대표작 중의 하나이다.

#해설

박재식의
좋은 수필 감상

  〈달밤〉은 고요한 시골 달밤에 저자의 마음속을 한 줄기 훈풍처럼 머물고 간 소박한 인정 삽화를 소품으로 그려낸 서정수필이다.
  작자는 "내가 잠시 낙향해서 있을 때의 일."이라고 이야기의 허두를 뗀다. 그리고는 "어느 날 밤이었다. 달이 몹시 밝았다." 하고 뒤를 잇는다. 이 간명한 세 마디 문장에서 독자는 작자가 피력하려는 사연의 시기와 배경이 대뜸 인식에 와 닿으며 다음 이야기에 관심이 끌리게 된다.
  작자는 희한히 밝은 달빛에 이끌려 서울서 이사 온 윗마을의 친구를 찾아간다. 더불어 달밤을 소견하며 고독을 달래고 싶은 생각이 불현듯 내킨 것이다. 그러나 친구 집 대문은 깊이 잠겨 있었다. 대문을 흔들어서 기척을 알릴까 했지만 차마 그러지 못하고 밖에서 머뭇거리다가 그냥 돌아선다. 쥐죽은 듯 고요한 주위의 정적을 깨뜨릴 수가 없었던 것이다. 그것은 모처럼 누리는 달밤의 정밀한 정취를 깨는 일이 되기 때문이기도 하다.

그런데 돌아서 보니, "맞은편 집 사랑 툇마루에 웬 노인 한 분이 책상다리를 하고 앉아서 달을 보" 있는 것을 발견하게 된다. 작자는 그리로 걸음을 옮긴다. 그러나 그가 가까이 가도 노인은 별 관심을 보이지 않고 달만 바라보고 있는 것이다.

"좀 쉬어 가겠습니다." 하며 걸터앉았다. 그는 이웃사람이 아닌 것을 알자,

"아랫마을서 오셨소?" 하고 물었다.

"네. 달이 하도 밝기에······."

"음! 참 밝소." 허연 수염을 쓰다듬었다. 두 사람은 각각 말이 없었다. 푸른 하늘은 먼 마을에 덮여 있고, 뜰은 달빛에 젖어 있었다.

이렇게 두 사람은 달만 쳐다보고 있다가, 갑자기 생각이나 난 듯 노인이 방으로 들어가더니 안채로 통한 문을 열고 나가 이윽고 소반에 무청김치 한 그릇과 막걸리 두 사발이 놓인 상을 들고 나온다.

"마침 잘됐소, 농주農酒 두 사발이 남았더니······." 하고 권하며, 스스로 한 사발을 쭉 들이켰다. 작자는 그런 큰 사발의 술을 먹어 본 적은 일찍이 없었지만 그 노인이 마시는 바람에 따라 마셔 버렸다.

평소에는 술을 별로 즐기지 않는 작자였지만, 노인의 무언의 정과

달밤의 정취에 휩쓸려 전에 없이 큰 사발의 막걸리를 단숨에 마신 것이다.

이윽고, 작자가 자리에서 일어서서 "살펴 가우." 하는 노인의 인사를 뒤로하고 얼마쯤 내려오다가 돌아보니, 노인은 그대로 앉아 달을 바라보고 있는 것이다.

촉평

박재식의
좋은 수필 감상

한 폭의 고즈넉한 정물화靜物畫를 감상하는 느낌의 수필이다. 깊이 잠긴 친구 집 대문과 주위의 잠적한 분위기의 앙상블. 툇마루에 혼자 나앉아 달구경을 하는 무뚝뚝한 시골 노인의 멋스러운 모습. 그 노인이 느닷없이 집 안으로 들어가 소찬의 술상을 들고 나와 미지의 객인에게 술을 권하는 소박한 인정미. 이런 달밤의 소도구들이 교교한 달빛 속에 어울려 아무런 감정의 개입 없이 그려진 한 폭의 정물화 같은 작품이다. 작품 중의 압권은 좀 쉬어 가겠다고 곁에 와 앉는 작자에게 노인이 "아랫마을서 오셨소?" 하고 묻는 말에 "네. 달이 하도 밝기에······." 한 일언이 폐지一言以蔽之의 절묘한 대답에 있다.

삽화성 소품의 일작이 아닐 수 없다.

작품감상 17

오 화 섭

- 1916년 인천 출생
- 일본 와세다대학 문과 졸업 동대학원 수료.
- 고려대, 부산대 조교수를 거쳐 연세대 교수 및 문리대 학장 역임
- 1979년 별세

산이 좋아 혼자 가네

프롤로그

일요일 아침, 모처럼의 늦잠에서 깨어난 문화인들이 베개 위에 턱을 괴고 신문을 뒤적거릴 때, 나는 그 시간에도 배낭을 짊어지지는 않는다. 아직 서두를 필요는 없다. 여유를 갖는다. 그리고 동행을 구하기 위해서 일부러 전화를 걸지도 않는다. 그렇다고 걸려 오기를 기다리지도 않는다. 기다리기 싫은 것도 아니요, 걷기 싫은 것도 아니다. 그냥 담담한 심정이다. 점심을 먹고 베레를 삐딱하게 쓴다. 투박한 구두를 신는다. 그리고 혼자 집을 나서면 된다.

제1막 랩소디

등산 14년째, 초창기를 회상해 본다. 열 명에서 최고 스물셋까지, 이를테면 사제혼성팀이 밀려다니던 시절이 있었다. 그 시절 돈이 없었다. 그러나 기운은 있었다. 그래서 시외버스간에서 밀리고 밟혀도 피로를 몰랐다. 그 시절엔 버너가 없었다. 사지 못했기 때문이다. 젊은 놈들이 나무 삭정이를 꺾었다. 쌀과 찌갯거리가 든 캔틴을 여러 개 긴 나무에 끼워 양쪽을 든다. 제일 편한 노동은 한쪽 끝을 드는 일이다. 나는 드는 일을 맡았다. 이런 작업이 몇 해 동안 계속되었다. 평지에서, 계곡에서, 점심 먹으면서, 먹고 나서, 능선에서, 그리고 시내에 들어와 소주 집에서 낄낄거리고 떠들어댔다. 저마다 행여 질세라 핏대를 올리면서 정의가 어쩌니저쩌니 했다. 미운 놈들 욕을 실컷 했다. 정신 위생에 매우 좋았다. 그때가 4·19해였다. 이 랩소디 등산패들은 그 후 얼마 안 가서 하나둘 떨어져 나갔다. 직장이 생긴 것이다. 그들은 직장에 충실했다. 이제 그들은 의젓한 가장이 되어 열심히 살고 있다.

제2막 심포니

언제부턴가 우리 등산 일행은 재정비되고 제법 짜임새 있는 심포니가 되었다. 초창기에 이따금 끼이지 않은 것은 아니지만, 이제 여성 멤버도 적당히 끼여 등산에 한결 윤기가 흘렀다. 이 무렵 버너를 샀던가? 거기엔 1, 2, 3악장의 변화가 있었고 화려한 색채가 있었다. 거기, 터질 것 같은 젊음이 있었다. 그러나 그 젊음은 내가 잡을 수 없는 거리에 있었다. 나는 그 젊음을 공감할 수는 있었으나, 그 공감은 산속에서만 빛을 내다가 하산과 더불어 꺼져 버리는 허전함이었다.

그런가 하면, 거기엔 한 쌍의 부부가 되어 다시 나타나지 않는 젊음이 있었다. 봄, 여름, 가을, 겨울, 계절이 바뀔 때마다 산의 빛깔도 바뀌고 젊은 여성도 바뀌었다. 젊은 남녀뿐만 아니라, 나이 먹은 P 시인 부부도 차츰 산에 대한 정열이 식기 시작했다. 거긴 이렇다 할 이유가 없었다. 거긴 특별한 인과 관계가 있는 것은 아니었다. 그냥 그렇게 된 것이다.

그러나 이러한 변화는 매우 자연스럽고 조용히 이루어졌으며, 차츰 허탈의 심연으로 빠져 들어가는 것이었다. 나는 거기서 뛰쳐 나와야 했다. 그래서 나는 날개를 달았다.

제3막 퀸텟

그러니까 14년 전, 같이 등산 여정에 올랐던 아내는 어머니로서의 막중한 사명을 다하기 위해 그동안 두 남매를 더 낳고 키우느라고 산에 오를 수 없었다. 그러나 이제 우리 집 미스 김(산에서는 여성은 누구나 미스로 통한다. 그것이 싱싱하다.)도 나를 따라나설 수 있게 되었다. 미스 김은 산이 좋다고 했다. 산이 좋다는 것을 산에 오르자마자 알았던 것이다. 하산 후의 맥주 한잔이 더없이 시원하고 멋이 있음을 미스 김은 직감하고 체험했던 것이다. 그래서 미스 김은 그 멋있는 등산을 서둘렀다.

여기 또 한 쌍이 끼였다. 첫 번 등산 때 따라오건 말건 사정을 봐주지 않았더니, 다리를 절룩거리면서도 끝까지 낙오자가 되기를 거부했던 김 군과 그 부인 미스 송─그러니까 결국

네 사람, 거기다 눈치도 없이 따라나서는(남들이 그렇게 핀잔을 준단다.) 장 박사―. 이 퀸텟은 한동안 단출하고도 재미있는 죽자사자 동지였다. 침체했던 등산열은 다시 불붙기 시작했고, 장박의 산중 특강은 우리 모두의 눈물을 자아내게 했다. 너무 웃으면 눈물이 나온다고 하지 않느냐.

진달래가 시들고 철쭉이 한창인 도봉 능선을 타던 늦봄, 석양에 비친 붉은 단풍이 자칫하면 식기 쉬운 내 심장을 용광로로 만들던 계절, 그때 나는 젊었었다.

제4막 솔로

그러나 퀸텟 멤버 하나가 미국엘 가자 이 실내악단은 해체의 위기를 맞이하게 되었다. 김 군이 도미하자 미스 송도 자연히 탈락하고, 우리 부부를 따라다니던 장박 역시 다른 팀으로 옮아가 버렸다. 나와 미스 김. 이 듀엣이 가정을 벗어나서 한동안 산에서도 행복했던 시간을 나는 잊을 수 없다. 산은 나와 미스 김을 더욱 가깝고 서로 의지하는 사이로 만들어 주었다. 그러나 이 듀엣은 가정주부 미스 김의 여러 가지 바쁜 일 때문에 솔로로 변할 수밖에 없게 되었다.

작년 무더운 여름날 망월사 뒤 능선에 올라서서 줄곧 능선을 타고 우이동으로 떨어지던 솔로, 그때가 역시 좋았다. 신경 쓰이지 않아 혼자 등산하는 것이 좋다고 한다면, 너무도 여운이 없는 계산일 것이다. 역시 산은 무엇인가 생각하게 만드는 것 같다. 혼자 다니니까 생각할 수밖에 없겠지만 묵묵히 걷는 순간처럼 행복한 시간은 없다. 아무 생각 없이 바위에 걸터앉아 쉬는 시간, 지나간 일들 이랑 앞으로 올 일들이 차분히 뇌리를 스치고 지나간다.

그러나 혼자 다니는 등산이 언제나 이렇게 차분하고 안온한 것만이 아니다. 망월사 뒤 통신부대(?) 밑을 지나 회룡사로 떨어지는 길로 접어들 때마다 왼쪽으로 우뚝 솟은 봉우리 밑에 역광선을 받아 검게 보이는 판자 막사가 내 심장을 지그시 누르고는 한다. 나는 갑자기 섬찟해진다. 외로움을 느낀다. 이 길을 걸어가면서 언제나 똑같이 느끼는 것이 있다면, 그것은 나와 관련이 있는 어떤 폐허를 찾아가는 심정 바로 그것이다.

세월이 거기 무엇인가를 남기고 갔기 때문일까? 플루트의 중음과 저음으로 엮은 선율이 내 귓전을 스치고 지나는 순간, 쓸쓸하고 슬픈 감정을 억제할 수 없음은 무엇 때문일까! 그 길을 걷기가 두려우면서도 내 발길이 자꾸만 그쪽으로 향하는 이유는 무엇일까? 나는 모르겠다. 하지만 나는 혼자 걷다가 쓰러질지도 모른다. 그러나, 나는 산이 좋아 혼자 간다.

에필로그

솔로는 솔로로 끝나지 않을 수도 있다. 이따금 미스 김과의 듀엣이 다시 있을 것이다. 그리고 또 어쩌다 누군가와의 쿼텟이나 퀀텟도 있을지 모른다. 그러나 심포니, 더구나 랩소디는 없을 것만 같다. 지난 13년 동안 나와 함께 산에 오른 맑은 얼굴들을 마음속에 그려 본다. 그리고 이제 혼자 눈을 밟고 산을 타는 나 자신을 그지없이 아끼고 사랑해 본다.

작/품/감/상

#머리말

　오화섭(吳華燮, 1916~79)은 30여 년 간 줄곧 대학교수로 생애를 마친 영문학자이다. 한때는 '한국영문학회' 회장을 역임하기도 했지만, 보다 그의 이름이 두드러지게 알려진 것은 연극 번역가로 우리나라 현대 연극의 발전에 한 전기를 마련한 족적에 있다 할 것이다. 일찍부터 연극에 뜻을 두고, 주로 미국의 현대 극작가 오닐, 와일러, 윌리엄스, 밀러, 헬먼 등의 희곡을 번역 소개하여 국내 공연에 이바지하는 한편, 직접 극단 활동에도 관여하면서 연극 운동가로서의 면모를 과시하기도 했다.
　그는 생전에 희곡 번역 외에도 음악과 연극에 관한 시평 등 다방면의 집필 활동을 하였는데, 그 문필적 생애에서 예능 취향의 풍류학자답게 수필도 빼놓지 않았다. 그리하여 그가 운명한 해인 1979

년, 수필집 《물같이 와서 바람같이 가다》(三中堂 간) 한 권을 고명 딸처럼 남기고 갔다.

이번에 감상하는 수필 〈산이 좋아…〉가 발표된 것은 1974년 정초 《조선일보》 지상으로 기억한다. 그 무렵 감상자는 그 몇 해 전부터 등산에 맛을 들여 주말 산행을 즐기고 있던 터여서 신문 지상으로는 드물게 보는 2회 분재分載의 이 수필을 퍽이나 감명 깊게 읽었던 기억이 새롭다.

그래서 의당 '좋은 수필'의 감상 대상으로 삼기 위해 그 고명 딸 수필집을 찾아 챙겨 보았으나, 어떻게 된 영문인지 거기에는 수록되어 있지 않았다. 그가 운명하기 직전인 1979년에 손수 엮어낸 수필집인데(저자의 서문까지 곁들여져 있다.) 왜 하필이면 이 백미의 작품을 빠뜨린 것일까? 신문지상에 실린 작품이어서 챙겨 놓지 않은 실수로 영영 일실된 것인지도 모른다. 감상자는 큰 실망과 함께 애틋한 심사를 가눌 수가 없었다.

그렇다고 30여 년 전에 실린 자료를 신문사에 알아볼 방도도 막연한 처지여서 허탈한 심경으로 지내다가 문득, 혹시나? 하는 생각이 들어 책장에서 유달영柳達永 외 76인의 글을 모아 놓은 《에세이 산山》(1978, 평화출판사 간)이라는 책을 찾아 들추어 보았다. 순간 감상자는 잃었던 귀중품을 되찾은 때처럼 환희의 쾌재를 올렸다. 거기 목록 세 번째에 그의 이름과 함께 〈산이 좋아…〉가 어엿하게 있지 않은가. 그러니까 깔끔하고 고지식한 성미의 오화섭 교수는 일찍이 발표한 수필을 모아 단행본으로 꾸미면

박재식의
좋은 수필 감상

서, 바로 그 전해인 1978년에 단행본으로 출판된 《산》에 실었던 작품을 재탕으로 수록하는 것이 학자의 도리가 아니라고 생각한 것이 분명할 듯하다.

아무튼 '산' 수필의 백미이자 그가 남긴 수필 가운데서도 가장 문학성이 돋보이는 〈산이 좋아…〉를 음미하는 보람찬 시간을 독자와 함께 누리기로 한다.

#해설

산을 소재로 한 수필의 내용을 대별하면 대충 세 가지 유형을 들 수 있다. 첫째로 특정 산에 대한 기행문 형식의 탐방기이다. 그 산이 갖는 자연 경관의 묘사로부터 유적, 명소, 고사, 전설 등의 소개와 탐방 도정의 여화余話나 감상 등을 곁들여 엮어내는 체험적인 산행 수필이다. 금강산 등반을 소재로 한 정비석鄭飛石의 〈산정무한山情無限〉이 이 유형의 대표적인 수필이라고 할 수 있겠다. 둘째는 '산' 자체가 갖는 덕목이나 철학적인 의미를 설파하고 인생의 진리나 지혜와 결부시킨 중수필 형식의 글이다. 이를테면 "산은 자연의 철학자이다. 그는 우리에게…… 운운"의 투로 씌어진 안병욱安秉煜의 〈산의 철학〉과 같은 것이다. 셋째는 그저 산이 좋아 등산을 즐기는 알피니스트의 애환과 심리적인 인정 기미를 그려낸 서정적 수필이다. 그 대표적인 작품으로 감상자는 오화섭의 〈산이 좋아…〉를 꼽는다.

〈산이 좋아…〉는 등산 경력 14년째에 접어든 작자인 그가 그 동안 여러 동행자와 함께 어울려 다니다가 이제는 혼자 등산을 하게 된 내력을 담담하게 서술한 글이다. 산행은 으레 산을 좋아하는 동호인끼리 동아리를 이루어서 하게 되는데, 세월이 흐름에 따라 이합집산이 있게 마련이다. 그리하여 그를 중심으로 형성된 동아리의 변전 과정을 구성 인원의 수와 성격에 따라 각각 음악의 구성 형식에 견주어 장을 나누었는데, 거기에는 회자정리會者定離의 무상감이 기조음처럼 작품의 주제를 밑받친다.

허두의 '프롤로그'에서 그는 일요일에 동행자 없이 혼자 등산길에 나서는 여유로운 행색과 담담한 심정의 피력으로 화두를 잡는다. 시간과 목적지에 자유로울 수 없는 패거리 등산 때와는 달리 그저 느지감치 집에서 점심까지 챙겨 먹고 "혼자 집을 나서면" 되는 것이다.

박재식의
좋은 수필 감상

제1막 '랩소디'에서는 등산 초창기에 사제간이 어울려 다니던 때의 행장을 회상한다. 4·19를 즈음하여 나라 안의 형세가 젊은이들의 가슴에 어두운 먹구름을 드리우던 시절, 캠퍼스 안 40대의 교수와 20대의 학생이 주말이면 적을 때는 10명, 많을 때는 23명까지 모여 버스를 타고 서울 근교의 산을 찾아 등반을 한다. 카타르시스를 위한 산행이었을 것이다.

그 무렵 젊은 그들에게는 "돈이 없었다." 버너와 코펠을 마련하지 못한 그들은 산에서 여러 개의 캔틴(군대에서 사용하는 야전용 반합)에 쌀과 찌갯거리를 넣고 긴 막대기에 끼워 두 사람이 양쪽

끝을 들고, 꺾어 온 삭정이를 태워 점심밥을 짓는다. 막대기 끝을 드는 편한 부역은 주로 교수의 몫이 되고, 쉴새없이 삭정이를 조달하여 불을 지피는 힘찬 노역은 젊은 학생들이 맡아 분주하는 정겨운 산중의 공동 취사 장면이 한 폭의 파노라마 사진처럼 눈앞에 보이는 듯하다(이것은 그 시절의 일반적인 등산 풍경이기도 하다).

그가 "랩소디(내용과 형식이 비교적 자유로운 환상적인 기악곡) 등산패"로 치부한 이 "사제 혼합팀"의 멤버들은 산에서는 물론, 하산 후에 으레 들르는 소줏집에서 "저마다 행여 질세라 핏대를 올리면서" 정의를 논하고 "미운 놈들 욕을 실컷" 하며 젊음의 스트레스를 한껏 푼다. 그 시절의 사회적 분위기를 점묘하는 구실의 대문이기도 하다.

그러나 이 '랩소디'는 그 후 얼마 안 가서 막을 내리게 된다. 모임의 주축을 이룬 학생들이 캠퍼스를 떠나 하나둘 저마다 제 갈 길을 찾아 떨어져 나갔기 때문이다. 그가 산행에서 회자정리의 무상한 윤회를 겪은 첫 막의 사연이다.

제2막의 '심포니'는 그로부터 짜임새 있게 재정비된 보다 규모가 큰 등산모임을 만들어서 다니던 시절을 회상한 대목이다. 문맥으로 보아 '랩소디'의 잔류 멤버를 중심으로 새로 구성된 '산악회' 형식의 모임이었을 듯하다.

심포니는 다양한 관현악기로 연주되는 악곡이다. 그와 마찬가지로 새로 구성된 등산 멤버는 다양하고 다채로웠다. "이제 여성 멤버도 적당히 끼여 등산에 한결 윤기가" 감도는가 하면, P 시인 내외와 같은 나이 먹은 부부 동반의 멤버도 없지 않았다. 그러나 이런 등산모임에 화려한 색채와 발랄한 생기를 깃들이게 하는 요소는 '젊음'일 수밖에 없다.

거기에 1, 2, 3악장의 변화가 있었고 화려한 색채가 있었다. 거기, 터질 것 같은 젊음이 있었다. 그러나 그 젊음은 내가 잡을 수 없는 거리에 있었다. 나는 그 젊음을 공감할 수는 있으나, 그 공감은 산속에서만 빛을 내다가 하산과 더불어 꺼져 버리는 허전함이었다.

초로에 접어든 그가 '젊음' 속에 휩쓸려 산행을 하면서 느끼는 엇갈리는 애환의 정회를 짐작게 하는 구절이다. 이 등산모임에도 세대교체의 기가 움트고 있는 것이다.

그리하여 '심포니' 등산모임 속에서는 "매우 자연스럽고 조용"한 변화가 이루어진다. "한 쌍의 부부가 되어 다시 나타나지 않는 젊음"이 있는가 하면, 계절 따라 산빛이 바뀌듯이 "젊은 여성도 바뀌었다." 이런 변화의 흐름에 밀려나듯 P 시인 부부도 차츰 산행의 발걸음이 뜸해지고, 모임은 점차 "허탈의 심연으로 빠져 들어가는" 모습이 완연했다.

이런 정황 속에서 그가 더 머물러 있을 까닭이나 명색도 없다. 별수 없이 접었던 날개를 펴 들고 떠날 수밖에.

제3막 '퀸텟'. 그의 등산 인생(?)은 '랩소디'에서 '심포니'를 거쳐 '퀸텟'으로 유전한다. 퀸텟은 5중창 또는 5중주로 이루어지는 음악이니, 말하자면 다섯 사람이 어울려 동반 산행을 하게

박재식의
좋은 수필 감상

된 것이다. 그동안 아이들을 키우느라 동행 못했던 그의 아내와, '랩소디' 시절 초심자 등반의 어설픈 걸음걸이로 쩔쩔매면서 좇아다니던 제자 김 군의 내외, 그리고 이 두 쌍의 커플에 "눈치도 없이 따라나서는(남들이 그렇게 핀잔을 준다.) 장 박사." 이렇게 다섯 사람이 한 패가 되어 한 동안 등산을 한다. 단출하고 오붓한 일행이다. 그만큼 다정하고 허물없는 조화 속에서 등산의 멋과 재미를 자별하게 누릴 수가 있었다. 산에서는 장 박사의 익살스런 강담에 모두가 눈물이 나도록 웃었고, 하산 후의 뒤풀이는 맥줏집에서 시원한 맥주 한 잔으로 피날레를 장식한다. 그의 아내 미스 김("산에서는 여성은 누구나가 미스로 통한다. 그것이 싱싱하다."고 그는 부연한다. 싱싱한 산의 정기는 사람의 마음까지 젊게 만들기 때문이다.)도 이와 같은 산행의 멋과 재미에 매혹되어 "등산을 서둘렀다."라고 한다. 그리하여 그는 '퀸텟' 시절의 열정을 다음과 같이 되새긴다.

　　진달래가 시들고 철쭉이 한창인 도봉 능선을 타던 늦봄, 석양에 비친 붉은 단풍이 자칫하면 식기 쉬운 내 심장을 용광로로 만들던 계절, 그때 나는 젊었었다.

　　제4막 '솔로'. 결국 '퀸텟'도 해체될 수밖에 없었다. 김 군이 도미渡美하게 되자 자연히 커플 한 쌍이 떨어져 나가고, 장 박사도 얼마 동안 그의 내외를 따라나서다가 '눈치'가 생겨 "다른 팀으로 옮아가 버렸기" 때문이다. 한동안 미스 김(아내)과의 '듀엣'이 그의 동아리 등산 역정의 꼬리처럼 남게 된다. 그러나 그는 이 '듀엣' 등산 시절의 "행복했던 시간"을 잊지 못한다. "산은 나와 미스 김을 더욱 가깝고 서로 의지하는 사이로 만들어 주었다."라고 한다. 산은 이렇게 가정에서보다 한층 부부애를 새롭게 제고시키는 매체 구실을 한다.

그러나 마침내 그는 "솔로로 변할 수 밖에 없게" 된다. 그의 아내도 가정의 바쁜 일에 매여 동행할 수 없게 된 것이다. 고독한 산행이다. 하지만 '고독한 행복'의 패러독스를 실감케 하는 곳이 산이기도 하다. 누구의 구애도 받지 않고 발 닿는 대로 묵묵히 산을 타는 아늑한 멋, 쉬고 싶은 바위 위에 걸터앉아서 수려한 산경을 바라보며 차분히 생각에 잠기는 안온한 시간, 이것은 '솔로' 만이 누릴 수 있는 등산의 진미이다.

그러나 혼자 다니는 등산이 때로는 자신이 걷고 있는 인생의 길과 맞물리면서 어떤 숙명적인 고독감을 자아내기도 한다.

망월사 뒤 통신부대(?) 밑을 지나 회룡사로 떨어지는 길로 접어들 때마다 왼쪽으로 우뚝 솟은 봉우리 밑에 역광선을 받아 검게 보이는 판자 막사가 내 심장을 지그시 누르고는 한다. 나는 갑자기 섬찟해진다. 외로움을 느낀다. 이 길을 걸어가면서 언제나 똑같이 느끼는 것이 있다면, 그것은 나와 관련이 있는 어떤 폐허를 찾아가는 심정 바로 그것이다.

감상자가 일찍이 이 글을 읽으면서 크게 공감을 느낀 인상적인 대문이기도 하다. 망월사(도봉산에 있는 절) 뒤 산봉우리 중턱에

박재식의
좋은 수필 감상

철조망에 에워싸인 꽤 큰 흰 판자 막사가 이물질처럼 서 있었다. 등산자들은 그곳을 '통신부대'라고 불렀다. 높은 산에 시설된 축조물인지라 그런 짐작에서 생긴 호칭인 성도 하다. 그 밑을 지나 도봉산 뒤쪽 기슭에 있는 회룡사로 떨어지는 오솔길은 그 무렵 감상자도 즐겨 찾던 인적이 드문 호젓한 산행 코스이기도 하다.

늦은 오후 하산에 즈음하여 그 밑을 지날 때 석양의 역광선을 받고 폐허처럼 검게 보이는 그 판자 막사가 어떤 괴기 영화 속 장면의 요적寥寂처럼 '섬찟한 외로움'을 느끼게 하곤 했다.

그런데 그는 "그 길을 걷기가 두려우면서도 내 발길이 자꾸만 그 쪽으로 향하는 이유는 무엇일까?" 하고 자문한다. 그것은 구경 인생이 밟아야 할 숙명적인 고독에 대한 폐허의식이었을 것이다.

마지막 '에필로그'에서 그는 "지난 13년 동안 나와 함께 산에 오른 맑은 얼굴들을 마음속에 그려 본다."라고 한다. 그리고는 "이제 혼자 눈을 밟고 산을 타는 나 자신을 그지없이 아끼고 사랑해 본다."라고 글을 맺는다. 인간이란 구경은 고독한 존재일 수밖에 없다. 그 고독한 자아에 그지없는 애착심을 일깨워주는 것이 산의 웅숭깊은 덕목이기도 하다.

촌평

전문 수필가의 글이 아닌 만큼 문장이나 구성에 있어 조금 거친 느낌이 없지는 않다. 하지만 데설궂고 선이 굵은 문체가 알피니즘의 세계에 적응하는 호흡으로 작품의 소재와 주제를 매우 간결하고 실감나게 소화시키고 있는 점을 주목할 필요가 있다.

등산 인원의 규모를 음악의 구성 형식에 견주어 나눈 구성법은 어떻게 보면 견강부회의 느낌이 있는 대로 작품의 흐름에 내재율을 밑받치는 구실을 단단히 하고 있다. 음악에도 조예가 깊은 작자이기에 시도할 수 있는 발상이어서 기발하고 호감이 가는 기법이다.

무엇보다도 읽고 난 뒤에 '인생이 무엇인가?' 하는 생각을 하게 만드는 수필이다.

박재식의
좋은 수필 감상

김 소 운

- 1908년 부산 출생
- 초등학교 4년 중퇴
- 13세의 나이로 일본에 밀항하여 독학으로 중학에 들었다가 중퇴
- 일본에서 한국 동·민요의 일역 문필가로 활동
- 해방후 한국에서 수필가로 변신하여 작품활동을 하다가 1981년 별세

외투

계절 중에서 내 생리에 가장 알맞은 시절이 겨울이다.

체질적으로 소양小陽인 데다, 심열心熱이 승하고 다혈질이다. 매양 만나는 이들이 술을 했느냐고 묻도록 얼굴에 핏기가 많고 침착 냉정하지 못해 일쑤 흥분을 잘한다. 아무리 추운 날씨라도 김나는 뜨거운 것보다는 찬 음식을 좋아한다. 남국에서보다는 눈 내리는 북극에 살고 싶다.

그러면서도 유달리 추위는 탄다. 추위에 대한 저항력이나 자신으로 겨울을 좋아하느니보다, 추위 속에서 그 추위를 방비하고 사는, 추위는 문 밖에 세워 두고 나 혼자는 뜨끈하게 군불 땐 방 속에 앉아 있고 싶은, 이를테면 그런 '에고'의 심정이다.

눈보라 뿌리는 겨울 거리에 외투로 몸단속을 단단히 하고 나선, 그 기분이란 말할 수 없이 좋다. 어느 때는 외투라는 것을 위해서 겨울이 있는 것 같은 착각조차 느낀다.

그런데도 나는 그 외투 없이 네 번째 겨울을 맞이한다. 무슨 심원心願이 있어서, 무슨 주의 주장이 새로 생겨서 그러는 것은 아니다. 외투 두 벌은 도적맞았고, 서울 갈 때 남에게 빌려 입고 간 외투 한 벌조차 잃어버리고, 그러고 나니 외투하고 승강이하기가 고달프고 귀찮아졌다. 그냥 지낸다는 것이 한 해, 두 해－벌써 네 해째이다.

겨울의 즐거움을 모르고 겨울을 난다는 것은 슬픈 노릇이다. 하기야 외투뿐이랴. 가상다반家常茶飯의 일체의 낙이 일시 중단이다. 나 하나만이 아니길래 도리어 마음 편한 때도 있다.

벌써 10여 년－채 십오 년까지는 못 되었을까? 하얼빈서 4, 5백 리를 더 들어간다는 무슨 현懸이라는 데서 청마青馬 유치환柳致環이 농장 경영을 하다가 자금 문제인가 무슨 볼일이 생겨 서울을 왔던 길에 나를 만났다. 2~3일 후에 결과가 시원치 못한 채 청마는 도로 북만北滿으로 돌아가게 되었다.

눈이 펑펑 내리는 날이었다. 역두에는 유치환 내외분－그리고 몇몇 친구가 전송을 나왔다.

영하 40몇 도의 북만으로 돌아간다는 청마가, 외투 한 벌 없는 세비로1) 바람이다. 당자야 태연자약일지 모르나 곁에서 보는 내 심정이 편하지 못하다. 더구나 전송 나온 이 중에는 기름이 흐르는 낙타 오버를 입은 이가 있었다.

내 외투를 벗어 주면 그만이다. 내 잠재의식은 몇 번이고 내 외투를 내가 벗기는 기분이다. 그런데 정작 미안한 일은 나도 외투란 것을 입고 있지 않았다.

　기차 떠날 시간이 가까웠다.

　내 전신을 둘러보아야 청마에게 줄 암 것도 내게 없고, 포켓에 꽂힌 만년필 한 자루가 손에 만져질 뿐이다. 내 스승에게서 물려받은 불란서제 '콩쿠링'-, 요즈음 '파카'니 '오터맨' 따위는 명함도 못 들여 놓을 초고급 만년필이다. 당시 육원圓하는 이 만년필은 일본 안에도 열 자루가 없다고 했다.

　"만년필 가졌나?"

　불쑥 묻는 말이 무슨 뜻인지도 모르고 청마는 제 주머니에서 흰 촉이 달린 싸구려 만년필을 끄집어내어 나를 준다. 그것을 받아서 내 주머니에 꽂고 '콩쿠링'을 청마 손에 쥐어 주었다. 만년필은 외투도 방한구防寒具도 아니련만, 그때 내 심정으로는 내가 입은 외투 한 벌을 청마에게 입혀 보낸다는 기분이었다.

　5~6년 후에 하얼빈에서 청마를 만났을 때, 그 만년필을 잃어버리지 않은 것이 고마웠다. 튜브가 상해서 잉크를 찍어 쓴단 말을 듣고, 서울서 고쳐서 우편으로 보내마고 약조하고 '콩쿠링'을 다시 내가 맡아오게 되었다. 튜브를 갈아넣은 지 얼마 못 되어 그 '콩쿠링'은 쓰리[2]가 채갔다.

　아마 한국에 한 자루밖에 없을 그 청자색青磁色 '콩쿠링' 만년필이 혹시 눈에 뜨이지나 않나 하고 만년필 가게 앞을 지나칠 때마다 쑥스럽게 들여다보곤 한다.

작/품/감/상

머리말

　작자인 삼오당 김소운(三誤堂 金素雲, 1908~81)은 번역문학가이자 수필가이다. 주로 한국의 민요와 문학작품을 일본어로 번역하여 일본에서 출판함으로써 지칭된 특이한 번역문학가이기도 하다. 부산 영도에서 태어난 그는 초등학교 4년을 중퇴하고 1920년 13세의 나이로 일본에 밀항하여 들어가 독학으로 일어를 공부하여 도쿄(東京)에 있는 중학에 들어갔으나 1923년 동경대진재東京大震災를 만나 중퇴하고 귀국한다. 귀국 후 부산에 있으면서 문학에 뜻을 품고 서울에 올라가 포석 조명희(抱石 趙明熙, 일정시 소련으로 망명 후 행방불명된 시인), 오상순, 변영로 등을 만나 사사하고 최남선이 사장인 《시대일보》에 습작시를 발표하는가 하면 부산에 돌아와 조명희의 서시序詩를 붙여 시집 《출범》의 출간을 꾀하다가 인쇄비 미불로 빚

박재식의
좋은 수필 감상

을 보지 못하는 등 시작에 대한 재능과 열정을 엿보이기도 한다.

19세가 되는 1926년 다시 일본으로 들어간 그는 재일교포 노무자를 찾아다니며 채집한 구전 민요를 〈조선의 농민 가요〉라는 제명으로 일본의 시 동인지 《지상낙원》에 연재함으로써 당대의 유명한 일본 시인 키다하라 하쿠슈(北原白秋)의 초대로 일본 문화예술계의 유수한 원로 인사가 참석하는 '김소운 소개의 밤'이 열릴 만큼 일역日譯 시인으로 환대를 받는다. 그리고는 그 이듬해 '지상낙원' 동인들의 소개로 9세 연상의 일본 여자와 결혼하여 일본에 체재하며 문필 활동을 하는 기반을 굳히는 셈이 된다.

김소운이 일본에서 필명을 떨치게 된 계기는 한국의 구전 동요와 민요를 일본어로 번역하여 소개한 실적에 있다. 1929년 키다하라 시인의 서문을 붙여 《조선민요집》을 처음 발간하고 일시 귀국하여 서울 《매일신보사》 학예부 기자로 2년 동안 근무하면서 3천 수의 동민요를 수집하여 다시 일본으로 돌아가 1933년 한글판 《조선구전민요집》을 간행하는 한편 그중 일부를 초역하여 《조선동요선》과 《조선민요선》을 일본의 권위 있는 출판사에서 내는 '이와나미 문고(岩波文庫)'로 출판함으로써 일약 유명해진 것이다. 그리고는 서울에 들어와 소년잡지 등을 발행하여 활동 무대를 조국에서 잡으려고 꾀하다가 여의치 않자 다시 일본으로 돌아가 정착하고 동화집과 사화집 그리고 《조선시집》 등을 일어로 출판하여 일역 문필가로 본격적인 저작 활동을 한다. 이 무렵(1943년) 그는 조선학도병의 출정을 찬양하는 서한문을 서울의 《매일신보》에 발표하여 광복 후 일부 평론가들에 의해 친일 문학가라는 오명을 쓰기도 한다.

　1944년 일본인 처와 이혼하고 1945년 조국에 돌아와 해방이 되자 그해 가을 한국 여성과 재혼한다. 심기일전하여 부산에서 문예강좌를 여는가 하면 대구에 '상화시비尙火詩碑'를 세우는 등 한국문학 선양을 위한 문화활동을 전개하면서 일본에서 발행한 한글판 《조선구전민요집》의 개정판을 내어 한국문인으로의 변신 자세를 다잡는다. 그리하여 1951년 6·25동란 중의 한국을 '지옥'이라 하고 일본을 '천국'이라고 하는 일본 주간지의 좌담 기사에 격분한 그는 일본에 보내는 공개장 〈목근통신木槿通信〉을 《대한일보》에 연재하여 그 역문이 일본의 권위 잡지 《중앙공론》에 전재됨으로써 소운의 최초이자 대표적인 수필문이 된다. 그리고는 1952년 첫 수필집 《마이동풍첩馬耳東風帖》을 대구에서 발간한다.

　그러나 그의 일본과의 인연이 그것으로 끝나는 것은 아니다. 1952년 유네스코의 초청으로 소설가 김말봉 등과 더불어 이태리 베니스에서 열린 국제예술가회의에 참석하고 돌아오는 길에 일본에서 신문 인터뷰를 하는 어간에 이승만의 자유당 정권을 비판한 것이 빌미가 되어 발이 묶이고 만다. 그로부터 13년 동안 일본에 체류하면서 다시 일어로 숱한 저작활동을 하게 되고 그중 민화집 《파를 심은 사람》이 일본 전국 학교도서관의 추천 도서로 선정되기도 한다. 그러면서 1955년 두 번째 수필집 《삼오당잡필三誤堂雜筆》의 원고를 서울 《진문사進文社》로 보내 출판함으

박재식의
좋은 수필 감상

로써 한국 수필가로서의 명맥을 잇기도 한다.

  1965년 해금이 되어 고국에 돌아온 그는 필명을 '巢雲'으로 고쳐 본격적인 수필활동을 펼쳐 1978년 전 5권에 달하는 《김소운 수필선집》을 부산에서 발간하여 그것으로 피천득, 이희승에 이어 제3회 '현대수필문학대상'을 받는다. 그러는 한편 《한일사전》의 편저와 전 5권의 《현대한국문학선집》을 일역판으로 내는 등 일역 문필가로서의 저작활동도 지속한다.

  소운의 수필세계는 자신의 지일성知日性과 주체성(한국인이라는 자각)의 틈바귀에서 겪는 갈등의 척결과 도저한 인간애와 정의관을 기조로하는 사회 비평적인 글이 대종을 이루는데, 꾸밈없이 서술하는 높은 톤(tone)의 문체가 그의 솔직 담백한 다혈질의 성품을 엿보이고 있는 것이 특징이다. 그래서 스스로 자기가 쓰는 글을 '발한작용發汗作用'이라 하기도 한다.

  감상할 〈외투〉는 그의 수필 중 대표작의 하나로 꼽히는 작품이다.

해설

〈외투〉는 일제 식민지 시절, 한때 북만주에서 농장을 경영하던 시인 유치환이 자금 문제로 서울에 왔다가 빈손으로 돌아가는 것을 전송 나간 작자가 눈이 오는 한겨울에 외투도 없이 혹한의 땅으로 떠나는 딱한 모습을 보고 자기가 입은 외투라도 벗어 입혀 보내고 싶은 마음이 불현듯 간절하였지만, 마침 자신도 도둑을 맞아 외투를 입지 못한 몸이어서 외투 대신 자기가 지닌 고급 만년필을 주어 보낸 사연을 기술한 인정가화적인 서사수필이다.

작자는 주제의 중심 소재가 되는 '외투' 얘기를 채비하기 위해 "계절 중에서 내 생리에 알맞은 시절이 겨울이다." 하고 허두를 뗀다. 추운 겨울을 선호하는 것은 작자의 체질이 사상의학四象醫學에서 말하는 소양小陽이기 때문이며 소양 체질이 갖는 자신의 생리 현상과 성미를 덧붙여서 소개한다.

그러면서도 유달리 추위는 탄다. 추위에 대한 저항력이나 자신으로 겨울을 좋아하느니보다, 추위 속에서 그 추위를 방비하고 사는, 추위는 문 밖에 세워 두고 나 혼자는 뜨끈하게 군불 땐 방 속에 앉아 있고 싶은, 이를테면 그런 '에고'의 심정이다.

눈보라 뿌리는 겨울 거리에 외투로 몸단속을 단단히 하고 나선, 그 기분이란 말할 수 없이 좋다. 어느 때는 외투라는 것을 위해서 겨울이 있는 것 같은 착각조차 느낀다.

그런데 막상 작자는 그 외투 없이 네 번째 겨울을 맞는 신세이다. 있던 외투 두 벌을 도둑 맞고, 게다가 빌려 입은 남의 외투까지 잃어버리고 나니 "외투하고 승강이하기가 고달프고 귀찮아"져서 그냥 지내고 있는 것이다.

박재식의
좋은 수필 감상

겨울의 즐거움을 모르고 겨울을 난다는 것은 슬픈 노릇이다. 하기야 외투뿐이라. 가상다반家常茶飯의 일체의 낙이 일시 중단이다. 나 하나만이 아니길래 도리어 마음 편한 때도 있다.

외투 없이 겨울을 지내는 서글픔을, 모든 낙을 잃고 살아가는 식민 치하의 민족의 슬픔과 아울러서 이렇게 피력하고 주제의 사연을 펴는 단락으로 접어든다.

빌써 10여 년- 재 십오 년까지는 못 되었을까? 하얼빈서 4, 5백 리를 더 들어간다는 무슨 현懸이라는 데서 청마青馬 유치환柳致環이 농장 경영을 하다가 자금 문제인가 무슨 볼일이 생겨 서울을 왔던 길에 나를 만났다. 2~3일 후에 결과가 시원치 못한 채 청마는 도로 북만北滿으로 돌아가게 되었다.
눈이 펑펑 내리는 날이었다. 역두에는 유치환 내외분-그리고 몇몇 친구가 전송을 나왔다.

그러니까 얘기의 배경은 일정 말기인 1930년대 말엽, 전시의 경제적 핍박으로 우리 겨레의 백성들의 생계가 극도로 궁지에 몰리고, 특히 한글이 철폐된 문단에서 뜻있는 조선 문인의 설 자리가 없게 된 시기이다. 그래서 〈깃발〉의 시인 청마가 혹한 지대인 북만주의 벽지에 단신으로 들어가 황무지를 개간하여 농장을 만들고 그 운영 자금을 마련하기 위해 서울에 왔다가 여의치 못해 되돌아가는 것을 작자가 전송차 역두에서 만나 이루어진 사연이다.

영하 40몇 도의 북만으로 돌아간다는 청마가, 외투 한 벌 없는 세비로 바람이다. 당자야 태연자약일지 모르나 곁에서 보는 내 심정이 편하지 못하다. 더구나 전송 나온 이 중에는 기름이 흐르는 낙타 오버를 입은 이가 있었다.

내 외투를 벗어 주면 그만이다. 내 잠재 의식은 몇 번이고 내 외투를 내가 벗기는 기분이다. 그런데 정작 미안한 일은 나도 외투란 것을 입고 있지 않았다.

외투가 없어 벗어 주지 못한 작자는 기차 떠날 시간이 가까워지자 몹시 마음이 안타까워 뭔가 주어서 보내고 싶은 생각이 간절하여 자신의 주머니 사정을 더듬어 보았지만 아무 것도 없고 오직 안주머니에 꽂힌 만년필 한 자루가 만져질 뿐이다. 작자가 일본의 스승(키다하라 시인으로 추측된다)에게서 물려받은 불란서제 '콩쿠링'으로 일본 내에서도 몇 자루밖에 없는 고가의 고급 만년필이다.

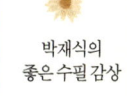

박재식의
좋은 수필 감상

"만년필 가졌나?"

불쑥 묻는 말이 무슨 뜻인지도 모르고 청마는 제 주머니에서 흰 촉이 달린 싸구려 만년필을 끄집어내어 나를 준다. 그것을 받아서 내 주머니에 꽂고 '콩쿠링'을 청마 손에 쥐어 주었다.

만년필은 외투도 방한구防寒具도 아니련만, 그때 내 심정으로는 내가 입은 외투 한 벌을 청마에게 입혀 보낸다는 기분이었다.

만년필은 당시 지식층의 필수 휴대품이다. 그 만년필을 그저 문우끼리 바꾸어 가지듯이 자연스럽게 자신의 고급 만년필을 줌으로써 친구의 자존심을 배려한 우정의 표시가 아름답다. 당장엔 청마는 그것이 작자가 애지중지하는 고가의 만년필인 줄은 몰랐을 것이다.

그런데 작자가 몇 년 후(작자의 연보로 보아 1945년 초에 해당한다) 북만주 하얼빈에서 청마를 만났을 때, 그 만년필의 튜브가 상해서(아마 전용 잉크가 아닌 아무 잉크나 넣어서 쓴 탓으로 짐작된다) 잉크를 찍어 쓴다는 말을 듣고 "서울서 고쳐서 우편으로 보내마고 약조하고" 그것을 되맡아 가지고 돌아온다. 그러나 서울에서 튜브를 갈아넣은 지 얼마 안 되어 그 '콩쿠링'은 소매치기를 당하여 잃어버리고 만다.

아마 한국에 한 자루밖에 없을 그 청자색靑磁色 '콩쿠링' 만년필이 혹시 눈에 뜨이지나 않나 하고 만년필 가게 앞을 지나칠 때마다 쑥스럽게 들여다보곤 한다.

하고 친구에게 돌려 주지도 못하고 잃어버린 '콩쿠링'의 행방을 아쉬워하며 글을 맺는다.

※ 본문중 인용자가 '1), 2)'로 표시한 '세비로'와 '쓰리'는 '평상의 신사복'과 '소매치기'의 일본어인데 당시에는 적합한 한국어가 없어 한국 내에서도 일종의 외래어격으로 통용되던 단어이다.

촌평

　글 중에 작자가 가진 물건(외투와 만년필)을 도둑맞은 대목이 두 번이나 나오는데, 이것은 평소 자신이 가진 물건에 대한 관심과 집착이 느슨한 작자의 소탈한 성품을 드러낸 무언의 표현이다. 이 무언의 표현법은 문인인 작자에게 가장 애중한 만년필을 선뜻 우정과 바꾸는 주제의 초점이 되는 행동에서도 잡아볼 수가 있다.
　스산하면서도 가슴을 포근하게 하는 명수필로 우리 수필문학사에 길이 남을 고전으로 평가하기에 조금도 손색이 없는 작품이다.

박재식의
좋은 수필 감상

이 장 규

- 1926년 대전 출생
- 서울대 의대 및 대학원을 거쳐
- 독일 함부르크 대학에서 핵의학 수학, 의학박사
- 서울대 의대 교수, 원자력 병원장 역임
- 1985년 별세

낮은 목소리

　어느 방송국 인터뷰에 나간 적이 있다. 인터뷰는 질색이다. 구변이 없기 때문. 텔레비전은 더욱 질색이다. 상판이 틀렸으니까.
　그런데 어쩌다 감쪽같이 속아 '명사와의 대담'이란 라디오 프로에 끌려 나간 적이 있다. 물론 그 명사라는 칭호에 끌린 것은 아니다. 대담을 청하는 여자 아나운서의 곱고 낮은 목소리.
　대담 중 음악을 곁들인다고 했다. 그래서 나는 하이든의 〈전시戰時 미사곡〉을 청했다. 미사곡이 작곡된 사연을 말하면 웬만큼 시간이 때워지리라 믿었기 때문이다.
　1809년의 비엔나.
　하이든은 죽어 가고 있었다.
　프랑스와 오스트리아의 전투는 치열했고, 끝내 나폴레옹은 비엔나에 입성하고 말았다. 나폴레옹이 우선 한 일은 하이든 집에 보초를 세우는 것이었다. 나폴레옹은 그런 배우이기도 했던 것이다. 며칠 후 하이든 앞에 한 프랑스 장교가 나타났다.

살아생전 존경하던 분, 하이든 앞에서 그 프랑스 장교는 하이든 곡 〈천지 창조〉에 나오는 아리아를 노래했다. 낮은 목소리, 눈물을 흘리면서-.

'적과 나'가 없는 순간.

며칠 후 그 장교는 전사했다.

"왜 싸우는가, 무리들아!"

그 전사 소식을 듣자, 임종의 병상에서 일어난 하이든은 혼신의 힘을 기울여 〈전시 미사곡〉을 작곡했다는 것이다.

안타깝게도 인터뷰를 청한 방송국에는 그 〈전시 미사곡〉이 없었다. 난감, 화제가 없어진 것이다.

대신 바하의 칸타타가 흘러 나왔다. 좋아하는 곡이다.

대학 거리에 있던 다방 마담은 내가 그 곡을 좋아하였기에 들어설 때마다 늘 그 곡을 들려주었던 것이다. 알토보다 낮은 그 마담의 목소리가 어쩌면 그렇게도 매력적이었을까.

근 20년을 대학에서 지냈지만 이른바 '명강의'라는 걸 해본 적이 없다. 목소리가 낮았기 때문인지도 모른다.

강의를 시작한 지 10분쯤 되면 뒷자리 학생들이 슬금슬금 뺑소니를 치는 것이다. 몇 번인가 참았지만, 매번인지라 울화가 치밀었다.

"야, 이 친구들아! 왜 허락없이 내빼는 거야?"

"선생님 말씀이 들려야죠! 앉아 있으나마나입니다."

작품감상 53

그 '명사와의 대담'을 듣고 있던 아내는 몇 번인가 아이들에게 "진짜 아버지야?"라고 되물었다고 한다. 그 여자 아나운서의 매혹적인 낮은 목소리가 나에게 없는 구변을, 나에게 없는 화제를 끄집어내게 하여 아내를 놀라게 했던 것이다.

실험적으로 입증된 것은 아니지만 지능과 목소리는 반비례하는 것으로 알고 있다. 큰소리 치는 남자는 사기꾼이 될 소질이 있다. 큰소리 치는 여자는 소박데기가 될 소질이 있다.

"왜 소리치는가, 무리들아!"

작/품/감/상

#머리말

작자 이장규(李章圭, 1926~85)는 생전에 원자력청 방사선의학 연구소장을 거쳐 원자력병원장을 역임한 우리나라 핵의학의 권위자이다. 그런 만큼 그의 수필에는 의학에 관한 작품이 많고, 그의 둘째 수필집인 의학 에세이《속상한 원숭이》(1976, 正宇社 간)는 당시 비소설 부문 베스트셀러 1위에 랭크되기도 했다. 말하자면 의사(의학박사) 수필가인 셈이다.

그뿐 아니라 한때(의과대학 재학시)는 오케스트라에 입단하여 제1바이올린 연주자로 활동할 만큼 음악에도 비범한 재능을 과시했는가 하면, 그 이루지 못한 꿈을 대물림으로 피우기 위해 어린 둘째 아들(민용)을 미국에 유학시켜 유수한 바이올리니스트로 키워내는 등 예적藝的 분야에 남다른 소양과 집념을 보인 내면에 '멋'을 지닌 도규인刀圭人(의사)이다. 그가 만년에 수필가(한국문인협회 및 수필문우회 회원)로 어엿한 일가를 이루게 된 것은 그 '멋'에 연유하는 자기 성취의 한 결실이라고 할 수 있겠다.

그의 작품이 갖는 특장은 수필 문장의 꽃이라고 할 수 있는 유머와 기지가 빼어나게 돋보이는 데 있다. 빼어나다는 것은 이런 문장이 흔히 범하기 쉬운 '억지 춘향적'인 작위성의 혐점嫌點이 없는, 수필 문장이 금과옥조로 삼는 '진실'의 리얼리티와 혼연한(기지와 유머의) 표현 기법을 두고 한 말이다. 그러므로 그가 작품 속에서 간결한 문체에 담아 천연덕스럽게 구사하는 재치 있는 유머를 만나면 일회성의 폭소보다는 절로 흘러나오는 회심의 미소와 함께 중후한 정감을 자아내게 한다. 이것이 이장규 수필이 갖는 은근한 매력이다.

〈낮은 목소리〉는 그러한 그의 작풍作風을 가장 효과적으로 대표한 수작으로 그의 셋째 수필집 《낮은 목소리》(1978, 正宇社 간)의 표제 작품이기도 하다.

#해설

〈낮은 목소리〉는 '낮은 목소리'가 갖는 매력과 미덕을 작자가 '명사와의 대담'이라는 라디오 프로에 출연한 이벤트를 통해 그려낸 작품이다. 줄거리를 좇아 감상해 본다.

작자인 그는 어느 라디오 방송의 대담 프로에 본의 아니게 "끌려

나간"다. 방송국이 '명사와의 대담'이라는 타이틀로 당대의 명사들을 한 분씩 초빙하여 진행하는 기획 프로인지라, 한국 핵의학의 선구적인 권위 학자요, '의학 에세이집'으로 장안의 지가紙價를 올린 그가 당연히 의료학계의 명사로 낙점된 것이다. 그러나 그 간택의 영광(?)이 그에게는 결코 달갑지 않다. 왜냐면 "인터뷰는 질색이다. 구변이 없기 때문. 텔레비전은 더욱 질색이다. 상판이 틀렸으니까."(매스컴 타기를 꺼리는 까닭을 이처럼 간명하게 일도양단의 논법으로 처리한 기막힌 해학 필법이여!). 그렇잖아도 수년 전 어느 신문사에서 발암 요인과 결부하여 '흡연'의 시비를 가리는 문제를 놓고 벌인 지상 토론에, 직분상 비非 쪽의 대표로 참석했다가 시是 쪽을 대표한 "입심 세기로 이름난 정신과의 L 교수"에게 참패를 당한 내력이 있는 터이다(《속상한 원숭이》 소재 〈팰멀의 애화〉).

그런데 그는 "어쩌다 감쪽같이 속아" 그 '명사와의 대담' 프로에 나가게 된다. "물론 그 명사라는 칭호에 끌린 것은 아니다." 유명세를 위해 애써 그런 호기好機를 찾아다니는 탤런트형 명사와는 위인의 질이 다르니까. 그런데 왜 "감쪽같이 속아" 끌려 나간 것인가? 기실은 속은 것이 아니라 "대담을 청하는 여자 아나운서의 곱고 낮은 목소리"에 홀려 차마 거절을 못했던 것이다(감상자가 풀이한 이 장황한 사연을 단 몇 줄의 글로 엮어 낸 솜씨가 절묘하다).

대담 중에는 음악을 곁들인다고 하여 그는 하이든의 〈전시戰時 미사곡〉을 청한다. 음악에도 조예가 깊은 그가 그 "미사곡이 작

박재식의
좋은 수필 감상

곡된 사연"에 대한 얘기로 화두의 고삐를 잡고 늘어지면 따분한 인터뷰 시간을 웬만큼은 메워질 수 있으리라는 속셈에서였다.

 1809년의 비엔나./ 하이든은 죽어가고 있었다./ 프랑스와 오스트리아의 전투는 치열했고, 끝내 나폴레옹은 비엔나에 입성하고 말았다. (중략) 며칠 후 하이든 앞에 한 프랑스 장교가 나타났다./ 살아생전 존경하던 분, 하이든 앞에서 그 프랑스 장교는 하이든 곡 〈천지창조〉에 나오는 아리아를 노래했다. 낮은 목소리, 눈물을 흘리면서—./ '적과 나' 가 없는 순간./ 며칠 후 그 장교는 전사했다.
 "왜 싸우는가 무리들아!"
 그 전사 소식을 듣자, 임종의 병상에서 일어난 하이든은 혼신의 힘을 기울여 〈전시 미사곡〉을 작곡했다는 것이다.

 '구변이 없는' 그가 '시간 메우기' 의 화제로 원용하기 위해 준비해 간 에피소드이다. 작품의 본문에서 거의 3분의 1을 차지하는 분량의 에피소드이니 얼핏 보기에 '원고 메우기' 로 원용한 셈이 되었다. 수필 문장이 원용하는 에피소드는 작품의 문학성과 결부하여 매우 세련된 배려를 요하는 구성상의 영역이다. 그것이 주제성과 무관할 때 무위한 군더더기 잡담이 될 뿐이고, 비록 주제성과 연관하더라도 그 주제성의 비중이 본문의 배보다 인용의 배꼽이 크게 되면 작품은 과분수의 기형아가 되기 쉽다. 그러면 수필 〈낮은 목소리〉에 끼어든 이 하이든의 작곡에 얽힌 에피소드는 불과 10매 남짓의 분량으로 갈무리한 작품에서 어떤 구실을 한 것일까.

죽음을 앞둔 늙은 하이든 앞에 나타난 적국(프랑스)의 젊은 장교는 하이든 자신이 작곡한 '낮은 목소리'의 서정적 독창곡 아리아를 눈물을 흘리면서 노래한다. 그것이 고음의 노래였다면 하이든의 감발感發을 일깨우지도 않았을 뿐더러 '낮은 목소리'의 미덕을 섬기는 수필의 소재가 될 수도 없었을 터이다. 그러나 이 에피소드가 갖는 의미는 한갓 '낮은 목소리'의 소재적 구실에만 머무는 것이 아니다. "'적과 나'가 없는 순간"의 정경을 통해 음악, 즉 예술의 힘이 국경을 초월하여 인류 화해의 모멘트를 조성하는 아름다운 국면을 실증적으로 보여 주고('낮은 목소리'는 그런 예술의 힘의 상징이라 할 수도 있다), 그 젊은 장교가 전사하자 분연히 병상을 박차고 일어나 "왜 싸우는가, 무리들아!" 하고 외친 하이든의 절규(이것은 작자 자신의 절규라고도 볼 수 있다)를 통해 전쟁의 부조리와 평화에 대한 인류 보편의 양식을 호소한다.

이것은 전시에 의무 장교로 복무하면서 전쟁의 부조리를 체감하고, 평화에 대한 열망을 몸소 음악(바이올린)으로 달랜 자신의 체험이 자아낸 주제 의식의 발로이기도 하다.

그러므로 이 하이든의 고사는 작품 중에 인용한 단순한 에피소드가 아니라 〈낮은 목소리〉의 주제 형성에 중요한 구실을 하는 대목임을 유의하고 감상할 필요가 있다.

그런데 "안타깝게도" 방송국에는 그 〈전시 미사곡〉이 없었고, 대신 바하의 칸타타가 흘러나온다. 그가 "좋아하는 곡"이었으니 우정 청한 것인지도 모른다. 왜냐하면 이 곡에는 한 시절의 낭만적인 추억거리가 묻어 있기 때문이다.

그는 근 20년 동안 대학에서 교편생활을 했다. 그때 단골로 다닌 대학 거리에 있던 다방 마담은 그가 들어서기만 하면 으레 그가 좋아하는 이 교성곡을 들려준 것이다. 이 자별한 호의가 그를 단골로 이끈 것일까. "알토보다 낮은 목소리가 어쩌면 그렇게도 매력적이었을까." 하고 회상한 것으로 보아 그 '낮은 목소리'의 매력 때문일 듯도 하다. 아무튼 두 사람 사이에는 '단골손님' 과 '다방 마담' 이라는 세속적인 터수의 차원을 넘는 어떤 연정 같은 것이 무언중에 교감되었을 성도 하다.

그런데 본문에는 이런 사연을 인터뷰에서 피력했다는 언급이 없다. 하지만 맥락으로 보아 언급된 것이 분명하다. 왜냐하면 "근 20년을 대학에서 지냈지만 이른바 '명강의' 라는 걸 해본 적이 없다." 라고 그 다음 사연에 대한 화제가 바로 꼬리를 물고 등장하기 때문이다. 톤이 낮은 목소리 때문에 강의 중 뒷자리의 학생들이 "슬금슬금 뺑소니"를 친다는 얘기를 매우 코믹하게 소개하는데, 느닷없이 튀어나온 대목이 아니다. 대학교수 시절의 다방 마담 얘기가 나오니까 아나운서가 "그러면 대학교수 시절 캠퍼스 안에서의 비화 같은 것을" 하고 화두의 실마리를 유도한 것이다.

이렇게 이어져간 '명사와의 대담' 은 그것을 경청하던 그의 아내가 몇 번인가 아이들에게 "진짜 아버지야?" 하고 되물었을 만큼 망외로 잘 이루어진 것이다.

"그 여자 아나운서의 매혹적인 낮은 목소리가 나에게 없는 구변을, 나에게 없는 화제를 끄집어내게 하여 아내를 놀라게 했던 것"이라고 그에게는 생소하기만 한 인터뷰를 거뜬히 치를 수 있게 한 공덕을 〈낮은 목소리〉의 주제성과 결부시킨 주도한 배려가 또한 압권이다. 그리하여

실험적으로 입증된 것은 아니지만 지능과 목소리는 반비례하는 것으로 알고 있다. 큰소리치는 남자는 사기꾼이 될 소질이 있다. 큰소리치는 여자는 소박데기가 될 소질이 있다.
"왜 소리치는가, 무리들아!"

하고 '낮은 목소리의 미덕'을 대조법으로 다짐하면서 글을 맺는다.

박재식의
좋은 수필 감상

후평

이 작품은 '낮은 목소리'가 갖는 미덕을 주제로 삼은 글이다. 이 영락없는 주제를 작자는 자신이 출연한 '대담 방송'이라는 이벤트의 한정된 틀 속에서 다양한 소재를 통해 극명하게 그려 냈다. 그를 본의 아니게 인터뷰 방송에 끌어내고 그것을 성공리에 진행시킨 여자 아나운서의 '낮은 목소리', 하이든으로 하여금 〈전시 미사곡〉을 작곡하게 한 프랑스 장교가 부른 노래의 '낮

은 목소리', 그의 추억 속에 아련한 그리움으로 남아 있는 다방 마담의 매혹적인 '낮은 목소리', 그리고 자신의 '낮은 목소리' 때문에 강의 중에 뒷자리 학생들이 뺑소니를 쳤다는 반기능反機能의 에피소드에 이르기까지의 다채로운 소재가 10매 남짓의 간결한 문장 속에 파노라마처럼 전개되면서 소품성 수필 〈낮은 목소리〉의 주제를 튼실하게 뒷받쳐 주고 있다.

어떤 사물의 미덕을 관념적인 사설로 엮어내는 '무슨 송頌' 형식의 수필과는 유를 달리한 문학성 높은 '좋은 수필'이 아닐 수 없다.

오 천 석

- 1901년 평남 강서 출생
- 미 컬럼비아 대학원(교육학 전공) 철학박사
- 고대 교수, 이화여대 대학원장, 문교부장관, 주멕시코 대사 역임
- 1987년 별세

청바지

청바지란 원래 영어이 blue jean을 번역힌 말이다. 누가 그렇게 번역하였는지는 알 수 없어도 명名번역이라 하지 않을 수 없다.

본래 jean이라는 단어는 올이 가는 능직綾織으로서, 노동 또는 운동복을 만드는 데 쓰이는 천의 이름이다. 미국사람들은 여기에 때가 잘 타지 않는 푸른 물감으로 염색하여 주로 바지를 만들어 입고 일을 한다. 그러니까 블루진의 뿌리를 캐보니 어린이보다 어른이 많이 입는 의복지衣服地였던 것이, 뒤에 청소년들의 바지로 현란한 유행을 탔다.

그 뿌리야 어찌됐든 나는 청바지를 좋아한다. 하도 젊은이들이 이것을 많이 입어서인지 젊은이하면 청바지를 생각게 하고, 청바지 하면 젊은이를 연상케 한다. 젊음이 좋다면 청바지를 입은 젊은이가 안 좋을 리 없다.

단지 불만이 있다면, 우리나라에서는 젊은이들이 이를 독점하고 있다는 사실이다. 만일 청바지가 본연의 어의語義를 지켰더라면 노동복인데, 미국에서처럼 성인층에서도 입는다면 우리나라에서도 못 입는다는 법이 없을 것이다. 미국 대통령이 가끔 청바지를 입고 공중 앞에 나타나는 모습을 본다. 그렇다면 우리나라에서도 성인이 못 입을 리 없지 않은가.

 나도 가끔 그것을 입고 싶은 충동을 받지만 '영감 바람났다'는 소문이 두려워 실행하지 못한다. 한 반세기만 나이가 덜 먹었더라면 아마 나는 이것을 입고 '아마존' 같은 곳을 찾아갔을지 모를 일이다.

 청바지가 젊은이를 젊은이화化한다는 점에서도 나는 청바지를 좋아한다. 필경 우리나라에서도 처음에는 청바지를 입으면 점잖지 못하다는 핀잔을 받을까보아 꺼려한 젊은이들이 적지 않을 것이다. 막상 입고 보니 별것 아니다. 어른이 될 뻔한 젊은이들이 이리하여 완전히 젊은이 기분을 되찾았을 것이다. 청바지를 입고 좀 어리광 피우더라도 모든 것이 용서되니 얼마나 좋은가. 혹 젊은이 무드를 한번 다시 찾아보려거든 청바지를 입어보라.

 청바지는 사람을 모두 서민화해서 좋다. 청바지에는 상하上下도 없고 귀천도 없으며 빈부도 없다. 모두가 평민이다. 청바지라는 유니폼으로 모두 획일화한 것이다. 획일화란 항상 바람직한 것은 아니지만 청바지의 경우만은 다르다. 청바지만 입으면 모두가 도도한 일류 젊은이가 된다. 청바지들 사이에 술김에 싸움이 벌어지면 기운 센 청바지가 승리를 거두게 마련이다. 여기서는 문벌이나 재산이 맥을 못 춘다. 누구와 한번 싸움을 하려거든 재빨리 청바지를 입고 싸워라. 사람들이 자비를 베풀고 용서할 것이다. 돈깨나 있다고 으스대는 사람이 있거든 청바지로 갈아입고 싸워라. 승리는 너의 것일 것이다.

청바지는 경제적이어서 좋다. 청바지는 헌 것일수록 좋으니 중고품도 가하다. 한번 입으면 한 달쯤은 세탁소에 안 보내도 좋을 것이다. 사실 세탁소에 보낼 필요도 없다. 자기 전에 몸소 꿀적꿀적 빨아서 잠자리 밑에 신문지를 잘 깔고 그 사이에 넣어 두고 자나가 아침에 일어나 툭툭 털어 입으면 그만이다. 좀 덜 말랐다고 걱정할 것은 없다. 입고 다니느라면 저절로 말라버리기 때문이다.

나는 청바지만 입으면 못 갈 데가 없어 좋아한다. 카터 美 대통령이 청바지를 입고 세계에서 제일 강대한 나라의 통치자 노릇도 하거늘, 우리 젊은이들이야 무슨 문제가 있는가. 교실에도 교회에도 다방에도 결혼식장에도— 어디를 간들 누가 막겠는가. 노동복을 입고 상당한 신사 노릇을 하려거든 청바지를 입어라. 그 대신 심장이 강해야 한다. 심장이 약하거든 집에서 연습을 하여 자신을 얻어라.

청바지를 입은 두 남녀 학생들이 커다란 책을 끼고 뭐라고 농담을 하면서 다방에 들어서는 것을 보면 실로 대견하다. 거기에 청춘이 있음은 물론, 세속의 때가 묻지 않은, 이제부터 가야 할 길이 얼마나 험난한 줄도 모르고 주어진 오늘을 즐기는 것이 얼마나 아름다운가.
나도 청바지가 입고 싶다.

작/품/감/상

#머리말

작자인 오천석(吳天錫, 1901~87)은 교육학자이다. 1901년 평안남도 강서江西에서 목사의 아들로 태어나 일찍이 일본 동경으로 건너가 그곳에서 중학 과정을 이수한다. 그러나 1919년 2월, 고국에서 일어난 3·1운동의 기폭제 구실을 한 동경 유학생들의 '독립선언 포고 사건'에 휩쓸려 그해 3월 졸업을 앞두고 고향으로 되돌아와 1년 동안 집 근처에 있는 보통학교(초등학교)에서 교편을 잡는다. 이것이 계기가 되어 교육을 통한 근대의식 개발의 필요성을 절감한 그는 미국으로 건너가 10년 동안 유학 생활을 한 끝에 1931년 컬럼비아 대학원(교육학 전공)에서 철학박사 학위를 취득한다.

해방이 되자 3년 동안 미美군정청과 과도정부에서 문교행정의 책임(차장을 거쳐 장관급인 부장)을 맡아 한국 교육의 체제 개편에 앞장섰고(6년제 중학교-후에 중학 3년 고교 3년으로 분리-와 서울대학교를 위시한 국립 종합대학의 창설은 그의 재임시에 틀이 잡힌 학제이다), 1948년 대한민국 정부가 수립되자 관직에서 물러나 고려대학 교수를 거쳐 1950년 이화여자대학교의 대학원장을 역임한다. 그리고는 1955년 한국교육학회장에 취임함으로써 교육학자로서의 권위와 지보를 다진다.

그러나 1960년 장면張勉내각이 구성되면서 문교부장관에 기용됨으로써 다시 관계에 발을 들여놓게 되지만, 미구에 닥친 5·16혁명으로 물러나 대학교수의 정년이 60세로 제한되는 바람에 1년여 동안 야인 생활을 하다가, 1962년 미국대사관의 주선으로 헤이스 기금 프로그램에 의한 1년 계약의 객원교수가 되어 미국의 대학 두 곳에서 강의를 마치고 돌아와서 이번에는 멕시코 대사(1964년)로 부임한 것을 시작으로 UN총회 한국대표(1965년)를 역임하는 등 외교관으로서의 공직생활을 하기도 한다.

이렇게 그가 역임한 사회적인 직분을 놓고 개관하면 학자로서는 적이 외도를 걸은 흔적이 점철되기도 하지만, 그것은 흔히 전문 지식을 가진 학자(특히 교수)가 정부의 고위직에 기용되는 관례에 의한 것이었을 뿐, 인간 오천석 박사의 진면목은 어디까지나 초지일관 근대의식 계발을 근간으로 하는 교육이념의 구현에 남다르게 주력한 교육학자로서의 생애에 있다. 그리하여 그는 전 10권의 《오천석교육사상문집》과 《한국신교육사》 등 교육사상에 관한 값진 저서를 남겼고, 1976년에 대한민국학술원 회원, 1981

박재식의
좋은 수필 감상

년에는 원로회원으로 추대되어 학자로서의 만년을 장식하게 된다.

그런데 그는 만년에 들어 그로서는 잡문에 속하는 수필성의 글을 즐겨 썼다. 고희를 넘겨 은거 생활을 하며 "먼 젊음의 뒤안길에서 인제는 돌아와 거울 앞에 선" 심정으로 자신의 인생을 되돌아보는 감회와 그 무렵 붐을 이룬 수필문학에 자극된 소위였는지도 모른다. 아무튼 그는 1975년, 그동안 외지外誌를 통해 감동을 받은 기사를 번안하여 엮은 실화집 《노란 손수건》을 내어 스테디 셀러가 되자 이어 그 속편인 《인생은 아름다워라》를 내고, 1979년에는 그새 틈틈이 써낸 수필 51편을 모아 수필집 《정情》(이상 세 저서는 '샘터사'에서 간행)을 상재하여 늦게나마 문학적인 자질을 과시한다.

그가 남긴 유일한 수필집인 《정》에는 우리 겨레의 전통적인 심성인 '정'을 주제로 하여 그것이 아쉬워져가는 세태를 탄하는 글들을 위시하여 과거사에 관한 회고성의 수필, 그리고 자신의 교육철학을 기조로 한 계몽성의 에세이 등이 수록되어 있다.

그런데 이 수필집에 수록된 작품들을 대할 때, 유교적인 전통의 탈피와 의식의 근대화(자유와 평등 사상)를 교육이념으로 견지한 그가, 그 이념을 주제로 한 글들이 공존하는 책의 표제를 '정'으로 삼을 만큼(그는 '머리말'에서 수필집의 발간 동기를 '정'에 두고 강조했다.) 근대화에 의해 퇴화하는 우리 겨레의 전통적인 정서인 '정'을 기리며 아쉬워하는 것은 얼핏 보기에 자가당착의 모순된 수필세계로 평가할 법도 하다.

하지만 한국의 선지적인 교육학자 오천석은 일견 당착된 개념처럼 보이는 이 두 세계를 중용의 지혜로 조화시킴으로써 그가 소신하는 교육이념의 진실을 엿보인다. 일례를 들면 전통 윤리인 '효孝' 사상에 대한 현실적인 의미를 추구하는 글에서 부모에 대한 자식의 효도가 혈연의 종적縱的관계나 유교적 규범에 의한 당위의 의무로서가 아니라 가족이라는 공동체를 통해 횡적橫的으로 오가는 '정' 즉 '사랑'에 의해 자연발생적으로 나타나는 효심이 근대화사회에 부합하는 진정한 '효' 사상이라고 설파하는 것과 같은 것이다.

작자는 서문에서 자신이 수필가는 아니라고 했다. 교육학자 오천석은 물론 수필가는 아니다. 전공 학문 못지않게 수필에 정열을 쏟은 다른 학자 수필가에 비하면 작품활동이나 실적면에서 상대적으로 미약한 것만은 사실이다. 하지만 지적이면서도 인간적인 정서가 면면한 작자의 내면 세계(어쩌면 그의 철학과 인간적인 면모가 집약된 세계)를 질감 높은 문학으로 빚어 놓은 귀중한 수필 유산을 수필가가 아니라고 하여 간과할 수는 없는 일이다. 그래서 감상자는 작자의 뜻을 거슬러 감히 작고 수필가의 한 분으로 여겨 그의 수필 한 편을 골라 짚어 보기로 한 것이다.

감상할 〈청바지〉는 그의 수필 중 비교적 내용과 형식면에서 우리 현역 수필가들의 취향에도 낯설지 않은 이른바 '본격수필'의 요소를 갖춘 작품이라 할 수 있다.

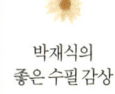
박재식의
좋은 수필 감상

#해설

〈청바지〉는 젊은이들이 즐겨 입는 청바지의 생성 유래와 효용성을 송찬하며 젊음의 아름다움과 기개를 고무한 글이다.

작자의 수필적 에스프리는 1970년대에 들어 우리나라 젊은이들 사이에 새로운 입성으로 한창 유행의 붐을 타기 시작한 청바지를 천착한다.

청바지란 원래 영어의 blue jean을 번역한 말이나. 누가 그렇게 번역하였는지는 알 수 없어도 명名번역이라 하지 않을 수 없다.

본래 jean이라는 단어는 올이 가는 능직綾織으로서, 노동 또는 운동복을 만드는 데 쓰이는 천의 이름이다. 미국사람들은 여기에 때가 잘 타지 않는 푸른 물감으로 염색하여 주로 바지를 만들어 입고 일을 한다. 그러니까 블루진의 뿌리를 캐보니 어린이보다 어른이 많이 입는 의복지衣服地였던 것이, 뒤에 청소년들의 바지로 현란한 유행을 탔다.

일찍이 미국에서 노동복으로 발생되어 주로 어른들이 입던 청바지가 젊은이들의 입성으로 유행한 내력을 이렇게 허두에서 밝히고, 젊은이들이 즐겨 입는 청바지를 작자도 "좋아한다"고 한다. 젊음을 좋아하기 때문이다. 하지만 미국과는 달리 우리나라에서는(지금은 노인층에서도 캐주얼 복장으로 이용되고 있지만) 젊은이들만의 독점물로 유행되고 있는 현상에 불만을 나타낸다. 발상지인 미국에서는 대통령까지 그것을 입고 공중 앞에 나타나는 옷을 우리나라라고 하여 "성인이 못 입을 리 없지 않은가." 하고 이의를 제기한다. 유행 풍조에 대한 선지자다운 견해의 표명이기도 하다. 그래서 "나도 가끔 그것을 입고 싶은 충동을 받지만 '영감 바람났다'는 소문이 두려워 실행하지 못한다. 한 반세기만 나이가 덜 먹었더라면 아마 나는 이것을 입고 '아마존' 같은 곳을 찾아갔을지 모를 일이다." 하고 젊음에 대한 선망에 결부시켜 청바지가 입고 싶은 소망을 피력한다. '아마존'은 남미에 있는 강 이름이 아니라 그 무렵 젊은이들로 붐비는 카바레인 듯하다. 젊음에 대한 선망을 점층법漸層法의 가상假想에 의해 강조한 대문이기도 하다. 그리고는 청바지를 좋아하는 까닭을 그것이 "젊은이를 젊은이화化한다는 점"을 들고, 필경 우리나라 젊은이들도 처음에는 "점잖지 못하다는 핀잔"을 꺼려 망설이다가 막상 입고 보니 그냥 점잖기만 한 어른이 될 뻔한 젊은이들이 "완전히 젊은이 기분을 되찾았을 것"이라고 한다. 청바지를 입고 좀 어리광을 피우더라도 세상은 그것을 너그럽게 용납할 것이니 얼마나 좋으냐면서 자기처럼 늙은 사람들도 "혹 젊은이 무드를 한번 다시 찾아보려거든 청바지를 입어보라."라고 권한다. 이렇게 청바지가 갖는 젊은이의 특권과 상징성을 프런트에 세운 작자는 이어 청바지 그 자체가 갖는 장점을 자기 나름의 철학을 배경으로 하여 섬긴다.

첫째, 평등 사상에 부합하는 입성이라는 점이다.

청바지는 사람을 모두 서민화해서 좋다. 청바지에는 상하上下도 없고 귀천

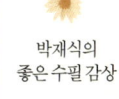

박재식의
좋은 수필 감상

도 없으며 빈부도 없다. 모두가 평민이다. 청바지라는 유니폼으로 모두 획일화한 것이다. 획일화란 항상 바람직한 것은 아니지만 청바지의 경우만은 다르다. 청바지만 입으면 모두가 도도한 일류 젊은이가 된다. 청바지들 사이에 술김에 싸움이 벌어지면 기운 센 청바지가 승리를 거두게 마련이다. 여기서는 문벌이나 재산이 맥을 못 춘다.

그러니 '싸움을 하려거든 재빨리 청바지를 입고 싸우라.'고 한다. 사람들은 시비를 물론하고 청바지가 상징하는 젊음의 특권으로 하여 자비와 관용을 베풀 것이기 때문이다. 그래서 '신神 앞에 인간은 평등하다.'는 진리를 거슬러 "돈깨나 있다고 으스대는 사람이 있거든 청바지를 갈아입고 싸워라."라고 한다. 승리는 만민이 즐겨 입는 서민 복장인 청바지 편이 될 것이기 때문이다. 정치도 '서민 위주'를 지상의 시책으로 삼고 있지 않은가.

다음은 경제적인 면에서 장점을 꼽는다. 요즘은 천만 원을 호가하는 청바지도 있다지만, 그 무렵은 젊은이들 누구나가 입고 다닐 수 있는 저렴하고 내성 강하고 세탁 등 관리하기에 매우 간편한 평상복이 청바지이다. "꿀적꿀적 빨아서" 자리 밑에 깔고 자다가 아침에 일어나서 "툭툭 털어" 입는다는 매우 자상한 세탁 방법의 묘사가 미소를 자아낸다. 한때 멀쩡한 청바지를 일부러 찢어 너덜하게 만들어 입고 다닌 패션은 작자의 '청바지는 헌것일수록 좋다.'고 한 견해에 입각한 발상에 불과하다 하겠다.

마지막의 장점은 자유분방성에서 든다.

나는 청바지만 입으면 못 갈 데가 없어 좋아한다. 카터 미美 대통령이 청바지를 입고 세계에서 제일 강대한 나라의 통치자 노릇도 하거늘, 우리 젊은이들이야 무슨 문제가 있는가. 교실에도 교회에도 다방에도 결혼식장에도 - 어디를 간들 누가 막겠는가. 노동복을 입고 상당한 신사 노릇을 하려거든 청바지를 입어라. 그 대신 심장이 강해야 한다. 심장이 약하거든 집에서 연습을 하여 자신을 얻어라.

진취적인 창조의 원동력은 자유분방한 사고와 행동에 있다. 그런 패러다임에 힘입어 세계의 강대국이 된 미국, 그 미국을 통치하는 대통령이 입는 청바지는 바로 자유분방의 기풍을 의미하고 표상하는 입성이라 할 수 있다. 그러니 우리나라 젊은이들도 인습과 형식의 굴레를 벗어나 당당히 청바지를 입고 자유분방의 기개를 키우라는 교훈이 시사된 주장으로 해석할 만도 하다. 그리하여 작자는 에필로그에 청바지를 입은 두 남녀 학생들이 커다란 책을 끼고 뭐라고 농담을 하면서 다방에 들어서는 것을 보면 실로 대견하다. 거기에 청춘이 있음은 물론, 세속의 때가 묻지 않은, 이제부터 가야 할 길이 얼마나 험난한 줄도 모르고 주어진 오늘을 즐기는 것이 얼마나 아름다운가.

박재식의
좋은 수필 감상

나도 청바지가 입고 싶다.

하고 글을 맺는다.

촌평

작자는 수필집의 '머리말'에서 "순수 수필은 교훈이 없어야 한다."라고 한 금아선생(피천득)의 말을 인용하여 "이 표준으로 보면, 나의 글에는 아마 한 편의 순수 수필도 없을지 모른다."라고 했다.

미상불 이 글은 교훈성이 내포된 수필이라고 할 수 있다. 심지어 '입어라' '싸워라' 등 지시형의 표현법을 구사함으로써 그 교훈을 강권하는 인상마저 주기도 한다(기실은 문장의 뜻과 억양을 고조시키는 문체상의 기법에 불과하다).

그러나 수필, 특히 에세이성(서구적인 의미의) 수필에서는 모름지기 주제성의 메시지가 담기게 마련이다. 그것이 내용이나 대상에 따라 필자의 생활철학일 수도 있고 교훈적인 성격을 띨 수도 있다. 다만 그것을 어떻게 형상화하느냐에 따라 그 글의 문학성이 평가될 따름이다.

〈청바지〉는 '젊음을 상징하는 청바지를 입고 진취적인 기개를 키워라'는 교훈적인 메시지를 담고 있다. 그러면서도 "나도 청바지를 입고 싶다."라고 할 만큼 청바지를 선호하는 철학적인 배경을 깔아 소재로 삼은 '청바지'의 이미지를 부각시킴으로써 그 교훈적인 메시지를 문학으로 승화시켜 놓았다.

이로理路의 기승전결을 좇아 차근하게 짜여진 구성이나 해학성을 곁들인 창달한 문장은 본령과 경지를 터득한 본격수필의 모본으로 삼을 만하다.

김 우 현

- 1929년 경남 양산 출생
- 서울사대 국어과 졸업
- 파나여행사 회장
- 한국수필문학진흥회 부회장 역임
- 1991년 별세

선물 2제 (二題)

1. 약병아리의 체온

고등학교 교원 노릇을 하고 있을 때의 일이다.

화창한 5월 어느 휴일이었다. 따뜻한 햇살을 등줄기에 느끼며 화분갈이를 하고 있는데 한 학생이 찾아왔다.

내 반의 김 군이었다. 보자기에 싼 것을 조심스럽게 안고 있었다. 자세히 보니 보자기 매듭 사이로 닭이 머리를 내밀고 있었다.

웬 닭이냐니까 약병아리라면서 어머니가 선생님 드리라시기에 안고 왔다는 것이다.

김 군이 편모슬하의 외아들이고 홀어머니가 시골에서 단손으로 농사를 짓고 계시다는 사실은 학적부를 통해서 익히 알고 있었다.

그러나 이렇게 약병아리를 보내어 주시리라고는 꿈에도 생각하지 못했었다.

시골의 김 군 어머님 얼굴을 나 나름대로 그려 보았다. 잔주름이 수없이 잡힌, 까맣게 그을린, 나이보다 훨씬 늙어 보이는 얼굴이었다.

나는 아무 말 못하고 그 보자기를 받아 안았다.

약병아리의 체온이 손바닥에 느껴졌다. 김 군 어머님의 따스한 모정母情이 그것을 통하여 내 마음에 와서 닿았다.

그 후 나는 끝내 그 닭을 약병아리로 쓰지 못했다.

닭장을 만들어 뜰에 두고 꽤나 오래도록 기른 생각이 난다.

2. 내다버린 카스텔라

동경에 나가 근무하고 있을 때의 일이다.

옆집에 기따무라[北村]라는 성씨의 젊은 내외가 살고 있었다. 김치를 좋아한다면서 그 부인이 간혹 우리 집에서 깍두기나 배추김치를 얻어 가곤 했다. 그럴 때마다 그녀는 한국 부인들의 솜씨를 침이 마르도록 칭찬했었다.

복중伏中 어느 날, 그 댁에서 상자 하나를 보내어 왔다. 카스텔라라고 했다.

고마웠다. 국적이야 다르지만 이웃끼리 서로 정을 나누며 산다는 것은 참으로 좋은 일이라는 생각이 들었다.

우리 내외도 이리저리 궁리 끝에 찹쌀떡 한 상자를 사와서 그 댁에 보내었다.

그래놓고 우리가 받은 선물 상자의 예쁜 매듭을 풀어 보았다. 한

꺼풀 풀고 보니 또 싸였는데, 그 위에 기따무라 사마(님)라는 받을 쪽의 이름과 간단한 여름 문안 사연이 적힌 하얀 종이 한 장이 놓여 있었다.

참으로 서운했다. 받은 선물을 돌리면서 입에 발린 인사로 생색을 내는 그 얄팍한 속임수도 싫었지만, 내용도 보지 않고 함부로 돌리는 그 무성의가 더 싫었다.

성의없는 선물에 정이 담길 리 없고 정이 담기지 아니한 선물에 선물로서의 의미가 있을 리 없다.

나는 그 상자를 한구석에 밀쳐 두었었다. 그리고 그것이 상해서 버리게 될 때까지 먹지 않았던 기억이 난다.

작/품/감/상

머리말

박재식의
좋은 수필 감상

작자인 범촌 김우현(凡村 金于玄, 1929~91)은 생전에 '파나여행사'라는 관광사업을 경영한 기업인이자 우리나라 수필문학의 진흥을 위해 남다르게 기여한 수필인이다. 그 내력을 먼저 짚고 넘는 것이 작품과 함께 고인의 인간적 면모와 문학적 생애를 살필 수 있는 길이 될 것 같다.

그가 수필 문단에 모습을 나타낸 것은 1975년 월간 ≪수필문학≫(발행인 金承禹) 8월호에 〈이 소중한 것들을〉을 발표하면서부터이다. 당시의 ≪수필문학≫지는 그로부터 3년 전인 1972년에 창간된 우리나라 최초의 정기 월간 수필 전문지인데, 윤오영尹五榮의 ≪수필문학 입문≫, 김태길金泰吉의 장편 수필 〈흐르지 않는 세월〉과 피천득皮千得의 대표작 〈인연〉을 탄생시키는 등 우리나라 현대수필 발흥에 주요한 매체 구실을 한 잡지이기도 하다.

그런데 1976년 그 ≪수필문학≫지가 누적된 적자로 폐간의 위기에 몰리게 되자, 그것을 막기 위해 수필 애호가들이 모여 '한국수필문학진흥회'(이하 '진흥회'로 약칭)라는 후원단체를 만들었는데 그가 초대 부회장(초대 회장 김태길, 2대 회장 차주환)으로 피선되어 이후 10년 동안 초창기의 단체 운영에 중추적인 역할을 한다. ≪에세이문학≫('진흥회' 발행 계간지)의 전신인 ≪수필공원≫의 창간과, 40년의 연륜을 갖는 '수필문우회'(중진 수필가로 구성된 동인 모임. 이하 '문우회'로 약칭)가 창립된 내력의 줄기를 거슬러 가면 그 남상濫觴이 그가 경영하던 여행사(서울 태평로 소재)의 회의실이라는 사실만으로도 저간의 기여도를 짐작할 만하다.

어떻게 보면 지체 있는 실업인의 터수에 힘입은 기여 같기도 하다. 그러나 범촌의 경우 반드시 그렇게만 치부할 수 없는 속내를 그의 사후에 간행된 ≪김우현수필선집≫(1992. 미리내 간)의 서문에서 김태길(당시의 '문우회' 회장)은 추념사를 겸해 밝히고 있다.

… 범촌의 본업을 관광 사업이라고 본다면, 우리 두 사람은 모두 외도의 길에서 애환을 함께했다고 말할 수 있을 것이다.

그러나 범촌은 수필의 길을 외도라고 생각하는 기색이 전혀 없었다. 그는 수필이 본업이요, 기업을 도리어 외도라고 생각하는 눈치였다. 서울 사대에서 국문학을 공부한 그는 고등학교에 적을 두고 문학에 정열을 기울였으나, 뜻하지 않은 일로 교직을 떠나게 되었고, 어떤 인연으로 여행사 일에 손을 댄 것이 그의 성실하고 후덕한 인품 덕분에 그 길에서 성공한 것으로 알고 있다. 그러나 범촌은 기업인으로서의 성공에서 삶의 보람을 크게 느낀 것 같지 않으며, 수필의 길에서 높은 경지에 오를 것을 필생의 목표로 삼은 것으로 보인다. (중략) 어쨌든 그는 파나여행사 사장 자리를 때 이르게 물러났고, 수필과 인간 수업의 길에 전념하였다.

그러니까 범촌의 인생에서 수신修身의 목표는 문학(수필)에 있었고, 기업은 제가齊家에 따른 부수적인 생활 여건에 불과한 셈이다. 그가 우여곡절 끝에 기업인으로 전신하여 성공한 내력에 대해서는 그의 대표작 중 하나인 〈실직〉(《월간중앙》 1977·12월호 발표)을 통해 극명하게 피력된 바가 있다.

아무튼 경영 일선에서 일찌감치 회장으로 물러앉은 그는 회사의 회의실에 자리를 옮기고, 그곳을 수필 동호회원들의 전용 모임 장소로 삼았다. 문학서적이 서가의 대부분을 차지한, 명색이 기업체의 회의실에서 그가 타계할 때까지 줄곧 '문우회'의 전통 행사인 '월례 합평회'가 이루어지던 이른바 '태평로 시절'을 그 때의 동인들은 잊지 못하고 있다.

수신의 경지를 본으로 삼은 범촌의 수필을 대하는 자세는 누구보다도 엄격하고 철저했다. 동인의 작품을 합평하는 자리에서도 친소를 불문하고 흠점을 바르집어 서슬 푸른 논평을 서슴지 않았다. 따라서 자신이 생산하는 작품에도 이 엄격성과 철저함이 어김없이 적용되는 것이 김우현 수필의 특징이라고 할 수 있

박재식
좋은 수필 감상

작품감상 83

다. 구구절절 철저한 퇴고와 탁마의 품이 깃든 깔축없는 문장, 군더더기나 협잡적인 요소가 철저히 배제된 깔끔한 구성, 그리고 결코 기교奇巧한 발상이나 세속적인 시류에 흔들리지 않는 엄격한 주제의식이 마치 품질 보증의 규격품처럼 갖추어진 것이 그의 수필이다. 중등교과서에 그의 수필 〈가풍〉이 채록된 것은 우연의 사실이 아닐 터이다.

감상할 〈선물 2제〉도 그런 규격성을 엿볼 수 있는 수작 수필 중의 하나이다.

해설

이 수필은 '선물'이 갖는 순정의 뜻을 작자가 겪은 두 사례를 통해 형상화한 글이다.

선물은 남에게 선사하는 물건이다. '선사善事'는 대가성 없이 남에게 주는 것을 뜻하는 말인데 어원상 '착한 일' 또는 '좋은 일'이라는 뜻과 통한다. 그러므로 선물은 보내는 이의 '착한 뜻'과 받는 사람의 '좋은 마음'이 조화를 이루는 매체 구실을 할 때 비로소 순정한 의미를 갖게 된다. 주는 사람의 '선의'가 받는 사람의 마음에 '좋은 일'로 고맙게 느껴졌을 때 선물이 제구실을 할 수 있다는 얘기이다.

그래서 작자는 그 '선의'를 보내는 사람의 '정'과 '성의'에 두고,

자신이 받은 두 경우의 선물 사례를 대조시켜 받은 사람으로서의 심적 반응과 처우를 그림으로써 선물이 갖는 참뜻을 표상한다.

첫 번 사례로 소개한 '약병아리의 체온'은 그가 1950년대 말엽, 부산 변두리에 있는 원예園藝고등학교에서 교편생활을 할 때의 얘기이다. 원예를 전수하는 학교인지라 대다수가 근교의 가난한 농촌 출신 학생들이 통학 등을 하며 공부하는 곳이기도 하다.

햇살이 따스한 5월의 어느 휴일, 집 뜰에서 화분갈이를 하고 있는데 한 학생이 찾아왔다. 그가 담임하고 있는 반의 김 군인데, 보자기에 닭 한 마리를 조심스럽게 싸 안고 있다. "웬 닭이냐니까 약병아리라면서 어머니가 선생님 드리라시기에 안고 왔다는 것이다."

'약병아리'가 따로 있는 것은 아니다. 그 무렵 농가에서는 아이들의 학자금 마련을 위해 닭 몇 마리를 뜰안에 놓아기르곤 했다. 시작은 병아리 한 쌍을 사와 큰 닭으로 자라면 거기서 생산되는 달걀로 병아리를 깨워 키운다. 이렇게 하여 몇 년이 지나면 닭의 숫자가 기하급수로 늘어 훌륭한 양계업도 될 법하지만, 가난한 농가의 처지로는 불감청의 궁리이다. 첫째, 그 많은 닭을 좁은 뜰안에서 건사할 방도가 없을 뿐더러, 먹일 사료를 감당할 수도 없다. 그보다는 우선 급한 학자금을 조달하자면 병아리가 중닭쯤으로 자라기가 바쁘게 그 중 씨받이 감의 암컷 한두 마리만 남기고 약병아리로 죄 내다 팔아야 한다. 그것이 주로 보신용

박재식의
좋은 수필 감상

의 삼계탕 재료가 되는 데서 '약병아리'라는 속칭이 생겼을 뿐이다.

 그러니까 김 군은 집에서 키운 그 약병아리를 가지고 온 것이다. 담임선생인 작자는 "김 군이 편모슬하의 외아들이고 홀어머니가 시골에서 단손으로 농사를 짓고 계신다는 사실을 학적부를 통해 익히 알고 있었다." 그 홀어머니가 귀한 약병아리를 선생님께서 보신용으로 잡아 잡수시라고 보낸 것이니 꿈밖의 일이 아닐 수 없다. 요즘처럼 치맛바람의 촌지가 말썽을 빚는 시절도 아니고, 가난한 농가 출신 학생의 홀어머니가 어렵사리 보내는 선물이 아닌가. 고된 농사일로 까맣게 찌든 김 군 어머니의 안쓰러운 모습을 상상 속에 떠올리며 그는 잠시 당혹했을 것이다.

 그러나 그는 "아무 말 못하고 그 보자기를 받아 안았다." 그 조그만 선물 속에 담긴 모든 사연을 초월하는 아름다운 모정母情이 문득 가슴에 와 닿았기 때문이다.

 약병아리의 체온이 손바닥에 느껴졌다. 김 군 어머님의 따스한 모정이 그것을 통하여 내 마음에 와서 닿았다.

 약병아리의 체온을 통해 그의 마음에 와 닿은 '모정.' — 우리는 이 압권의 주제를 깊이 음미해 볼 필요가 있다.

 학부모가 자식을 가르치는 스승에게 보내는 선물, 여기에는 그것이 고마움에 대한 순수한 예표이건 혹은 다른 학생들보다 각별한 배려를 바라는 속셈이건 간에 자식을 위하는 부모의 정이 담겨 있게 마련이다. 김 군의 어머니가 느닷없이 보낸 약병아리에도 소박한 대로 이런 모정의 메시지가 무언중 담겨 있었을 터이다.

하지만 스승으로서의 양심과 체면은 직분상 그것을 선뜻 받아들일 수 없다. 하물며 가난한 농가의 아낙이 자신이 직접 가르치고 있는 학생을 통해 보내는 선물임에 있어서랴이다.

그런데 평소에 강직하고 엄정한 성품의 그는 '아무 말 못하고' 그것을 받아들인다. 왜냐? 오로지 외아들의 공부 뒷바라지를 위해 집에서 키운 약병아리였기 때문이다. 닭을 시장에 넘기면서 여투어 놓은 한 마리의 약병아리. 홀어머니의 모정은 먼 길을 통학하며 공부하는 아들에게 고아 먹이고 싶은 생각이 십분 앞섰을 것이다. 그러나 어차피 아들의 공부를 위해 키운 닭, 그 아들을 가르치는 담임선생님께 선사하는 것이 '아들의 공부를 위해' 더욱 보람있는 일이라 여기고 보낸 선물임이 분명하다. 이런 갸륵한 모정이 담긴 선물을 물리친다는 것은 외강내유外剛內柔의 인간 김우현 선생이 취할 처사가 아니다.

그리하여 그는 차마 그 닭을 약병아리로 쓰지 못하고 닭장을 만들어 오래도록 집에서 키운다.

두 번째의 '내다버린 카스텔라'는 그가 '관광협회'(지금의 '관광공사')의 간부 직원으로 일본 동경에 나가 근무할 때의 얘기이다.

옆집에 젊은 일본인 내외가 살고 있었는데 가끔 음식도 나누어 먹으면서 이웃사촌의 좋은 터수로 지냈다. 복중伏中 어느 날, 그쪽에서 잘 포장된 카스텔라 한 상자를 보내왔다. 일본에서는

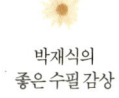

박재식의
좋은 수필 감상

복중에 친한 사람들 사이에 '서중문안暑中問安'의 명목으로 다과류茶菓類의 선물을 주고받는 풍습이 있다. 그래서 그의 내외도 궁리 끝에 찹쌀떡 한 상자를 사와서 답례로 보낸다.

그리고 보내온 선물의 포장을 풀어 보니 그 과자 상자는 또 한 겹의 단정한 포장 속에 싸여 있다. 그것을 마저 풀고 보니 그 속에 문안 사연이 적힌 쪽지 한 장이 들어 있는데, 뜻밖에도 받을 쪽의 명의가 그 선물을 보내온 옆집 일본 사람 이름으로 적혀 있지 않은가. 그러니까 다른 친지한데서 받은 선물을 풀어보지도 않고 겹포장을 하여 보낸 것이다.

참으로 서운했다. 받은 선물을 돌리면서 입에 발린 인사로 생색을 내는 그 얄팍한 속임수도 싫었지만, 내용도 보지 않고 함부로 돌리는 그 무성의가 싫었다.

성의없는 선물에 정이 담길 리 없고, 정이 담기지 아니한 선물에 선물로서의 의미가 있을 수 없다.

그는 그 명색만의 선물 상자를 밀쳐 두었다가 끝내 먹지 않고 내다 버린다.

해설

　작자가 받은 두 사례의 선물을 견주어서 다시 생각해 보기로 한다. 전자의 '햇병아리'는 엄정한 의미에서 교사의 직분상 받아서는 안 될 선물이라고 할 수 있다. 반면 후자의 '카스텔라'는 미풍양속의 통념상 받아들이는 것이 온당한 선물이라 할 것이다. 그런데 그 선물에 대한 작자의 처우는 역설적으로 나타난다. 이 역설적인 처우를 통해 작자는 '선물에는 모름지기 정과 성의가 담겨 있어야 한다.'는 주제의식을 이론의 여지가 없는 진실로 형상화시키는 기막힌 수법을 구사하였다.

　어떻게 보면 주제 자체는 단조롭고 평범한 진리에 불과하다. 구성상의 디테일이나 수사적인 기교도 없이 그저 깔끔하기만 한 작품 같다. 그러나 이런 내용과 형식을 통해 문학성 높은 작품을 매만져 내는 곳에 김우현 수필이 갖는 규격성의 비밀이 있다.

　첨삭의 나위가 없는 간결한 문장으로 짜여진 퍽이나 짧은 분량의 글 속에 담긴 극명한 주제성. 가히 교본으로 삼을 만한 '좋은 수필'이 아닐 수 없다.

박재식의
좋은 수필 감상

김 원 룡

- 1922년 평북 의주 출생
- 경성제대(서울대 전신) 사학과 졸업
- 뉴욕대학원 수학, 문학박사
- 서울대 문리대 교수 및 대학원장 역임
- 문화재위원으로 종신하며 1993년 별세

파초나무 옆에서

　10월 14일 일요일은 중앙일보사 새 전시관을 보고 선選 화랑의 김창락전金昌洛展에 들렀다가 간송澗松미술관의 청대서가전淸代書家展으로 갔다. 파초가 있고 석불石佛이 있는 간송미술관은 언제 들어서도 감회가 깊다. 혜화국민학교에 다닌 나는 학교가 파하면 곧잘 고개를 넘어 여기 성북동 골짜기로 놀러 왔었다. 당시는 고개 바로 밑은 맑은 개울이 흐르고 서울이 눈앞이지만 시골 같은 분위기가 우리들을 즐겁게 해주었다. 그러나 이제는 큰 길이 개울을 덮고 삼청동 언덕 쪽으로는 새집이 꽉 들어서 있다.

　간송미술관의 이번 전시는 조선후기의 우리나라 문인들과 교분 있는 청나라 명가들의 글씨를 모은 것이며 전시실에 들어서자 맑고 깨끗한 문기文氣와 서향書香에 압도된다. 글도 좋고 글씨도 좋다. 우러나오는 격과 품위와 멋이 글 쓴 사람들의 학문과 인격과 서도書道 3천 년의 전통을 그대로 반영하고 있다. 추사秋史의 말대로 압록강 동쪽에서는 도달할 수 없는 중국서도의 경지라고 하겠다. 옛날도 그랬지만 아파트에 사는 20세기의 한국 사람들이 중국글씨를 쓰겠다고 나서는 것부터가 잘못이라고 생각된다. 한문을 몸으로 느끼지 못하고 서예연습 이외에는 붓을 잡지 않는 사람들이 어떻게 한문서도를 익혀보겠다고 생각하는 것일까, 글씨는 붓과 먹과 손이 있다고 되는 것이 아니다.

우리나라에서는 좋은 중국글씨를 대할 기회가 적다. 그런 뜻에서 이번 전시는 글씨 쓰는 사람들에게는 인쇄물에서 얻지 못하는 생생하고 힘찬 감명과 영감의 산실이 될 것이다. 축軸마다 간송의 아낌과 사랑이 감돌고 있다. 평생을 고미술의 향기 속에서 산 분이 간송이다. 일본의 통치에 의해서 우리들이 우리 문화와 전통에서 멀어지고 있을 때 간송은 우리의 미술품을 혼자서 사서 모았다.

내가 간송을 처음 만난 것은 1957년이었다. 그때 간송은 52세, 나는 36세, 열여섯의 나이 차였다. 그러나 우리는 나이를 초월한 벗이 되었다. 간송과 함께 나는 많은 술을 마셨다. 때로는 간송 댁에 2차로 끌려갔다가 늦어서 자고 오기도 하였다. 주흥이 나면 간송은 고려청자니 분청사기니 하는 명기를 꺼내서 술잔으로 하였다. 그 술잔이 아무리 커도 아무도 그것을 거역할 수 없었다. 그래서 통금에 걸려 결국은 자고 오게 되는 것이다.

그러나 간송은 꼿꼿하고 말쑥하였다. 물에 씻긴 차돌처럼 깨끗하였다. 단아한 용모, 화낼 줄 모르는 성격, 세련된 교양, 뛰어난 안목─ 57세로 돌아가시기에는 너무나 아까운 우리나라 근세의 큰 인물이었다. 간송이 병으로 갑자기 돌아갔을 때 나는 사진 앞에서 소리를 내고 통곡하였다. 그것이 벌써 20년 전의 일이다.

전시된 글씨 중에는 간송의 인품과 인생철학을 회상케 하는 것들이 있다.

매자준梅子駿의 "춘풍 같은 아량은 만물을 담아 넣고 추수 같은 문장은 먼지 하나 없다."(春風雅量能涵物 秋水文章不染塵)나 적문천翟文泉의 "스스로 나서서 설치지 않으면 잘했다 못했다가 없을 게 아니오."(不作風波於世上 自無毁譽到胸中)는 바로 간송 자신을 두고 하는 얘기다. 그는 평생 벼슬을 하지 않았고 적을 만들지 않았다.

전시실 밖으로 나오니 가을 날씨는 너무나 좋다. 미술관 앞에는 굽이치는 향나무가 있고 돌아서면 석불과 파초가 있다. 파초의 모습이 멋이 있어서 문득 스케치를 하고 싶으나 몸에는 아무것도 지닌 것이 없었다. 되돌아가 방명록에 쓰는 붓을 빌려서 도록圖錄의 표지 뒤에 가지 모습을 베꼈다. 파초를 보니 감회가 무량하다. 올해도 이제 두 달이 남았을 뿐이다. 빨리 흘러가는 세월이 한스러울 때도 있지만 어서 더 늙어서

창명궤정怠明几淨한 암자에 은퇴하여 글씨나 쓰고 그림이나 그리다가 죽었으면 할 때도 있다. 이제는 고고학 고자만 들어도 진저리가 날 때도 있다. 새 유적이 나왔다고 밤차를 타고 달려가고 제일 오랜 석기가 나왔다고 신문에서 자랑하던 일들이 바로 여기 걸린 〈작풍파 도훼예作風波 到毁譽〉의 경우들이 아니었던가.

지난주에는 무령왕릉 일로 공주에 갔다가 대전·옥천으로 해서 속리산 법주사까지 갔다. 단풍은 아직 붉지 않지만 가을은 속리산 골짜기를 중턱까지 내려오고 있었다. 여기 집채 같은 큰 바위들을 나는 참으로 좋아한다. 그렇게 커도 속리산 바위에는 모가 없어서 좋다. 나의 평생 소원은 그런 큰 바위 마당에 굴러 있는 넓은 산거山居에서 살아보는 것이다. 그러나 그 꿈을 이루지 못한 채 나는 내 생을 마칠 것이다. 광주의 이석암 마당에 있는 냇바위 두 개는 너무 작아서 봄이면 개나리에 덮이고 가을에는 코스모스에 가려진다. 그것들은 역시 돌이지 바위라고 할 수가 없다.

파초 옆에 서 있으니 왜 그런지 간송이 함께 서 있는 것 같다. 아니 간송이 살아 계셨으면 이 파초도 떼를 써서 이석암으로 옮겨 심을 수 있을지도 모른다.

그러나 간송 안 계신 마당, 뒤돌아보며 나 혼자 걸어 나와야 한다. 파초 옆의 간송도 이제 발을 돌렸을 것이다.

작/품/감/상

[#] 머리말

김원룡(金元龍, 1922~93)의 수필 〈파초나무 옆에서〉를 감상의 대상에 올리면서 잠시 생각을 가다듬어 본다. 작자인 그를 과연 수필가의 반열에 올리는 것이 타당할 것인가 하는 생각이다. 알다시피 그는 우리나라 고고학계의 태두이다. 일찍부터 종신토록 문화재위원을 지내고, 서울대학교 고고학과의 창설 멤버 교수와 한때는 국립박물관장 등을 역임하면서 학문적으로는 말할 것도 없고, 우리나라 문화유적 발굴에 숱한 업적을 남긴 분이다(특히 무령왕릉 발굴로 유명하다).

그런데 그가 생전에 펴낸 많은 저서 가운데 사학斯學(즉 고고학)의 전공서와 함께 수필집 세 권(1973 ≪三佛庵隨想錄≫, 1978 ≪老學生의 鄕愁≫, 1985 ≪하루 하루와의 만남≫)이 있는 사실을 현재의 수필계에서 아는 사람은 그렇게 많지 않다. 흔히 있는 학자의 여기쯤으로 치부된 탓인 듯하다.

그러나 그는 수필이 아직 문단적인 지보를 다지기 전인 1950년대부터 틈틈이 수필을 써서 ≪사상계≫를 위시한 각종 잡지에 발표하였고, 첫 수필집 ≪삼불암…≫은 세간의 호평으로 판을 거듭할 만큼 수필에 있어서도 일가의 문력을 지닌 학자이다. 다만 영문학자인 금아(琴兒, 피천득)나 철학자인 우송(友松, 김태길)과는 달리 수필 문단의 표면에 떠오르지 못한 아쉬움이 있을 뿐이다. 그렇게 된 원인은 그의 작품적 취향이(위의 두 분과는 달리) 전공 학구에 수반하는 주변사의 얘기와 상념에 보다 많은 비중을 둔 데서 오는 여기성적 인상이 문학적인 평가를 소외시킨 때문이 아닌가 싶다.

박재식의
좋은 수필 감상

용혹 그것이 이유라고 한다면 수필이 갖는 성격의 다양성을 존중하는 의미에서도 매우 부당한 처사이다. 왜냐면 문제의 요점은 작품이 갖는 문학성에 있는데 그의 수필은 그 요소를 충족하고 남음이 있기 때문이다. 중학생 때부터 문학에 탐닉하며 한때는 작가를 지망하기까지 한 내력이 빚어내는 세련된 문체와 그 속에 번득이는 문학적 에스프리는 가히 딜레탕트의 여기성으로 견줄 바가 아닌 것이다. 무엇보다 작가 자신의 유장한 인품과 생활 철학을 엿볼 수 있게 하는 진솔한 내용들이 자못 수필의 진수를 터득한 경지의 수필가로 평가함에 아무런 손색이나 이의의 여지가 없을 줄로 안다.

≪수필공원≫ 1984년 겨울호에 발표된 〈파초나무 옆에서〉는 이와 같은 그의 수필의 진면목을 접할 수 있는 대표작 중의 하나이기도 하다.

#해설

이 수필은 작자인 그가 '청대서가전淸代書家展'이 열리고 있는 간송미술관에 들러, 생전의 연상의 벗이자 그 미술관의 창설자인 간송 전형필(全鎣弼, 1906~62)의 인품과 유덕을 추모하며 감회에 젖는 글이다.

작품의 구성 형식은 단락 사이에 행간을 띄운(그가 즐겨 쓰는 문단 배열법이다.) 7개 문단으로 이루어져 있다. 문단별로 내용을 살펴보면 다음과 같다.

첫 문단은 미술 애호가인 그가 일요일의 여가를 이용하여 두 곳의 미술 전시관을 들러 때마침 열리고 있는 '청대서가전'을 보기 위해 간송미술관에 갔다는 내용이다. '10월 14일'이라는 날짜까지 명시한 표기에서 고고학자다운 르포정신을 엿볼 수가 있다. 간송미술관이 있는 성북동은 그가 어린 시절 "맑은 개울이 흐르고 서울이 눈앞이지만 시골 같은 분위기"였는데, 사뭇 상전벽해로 변한 지금의 모습을 두고 잠시 금석지감에 젖는다. 이것은 앞으로 술회할 간송과의 인연에 대한 그리움과 정서적으로 연계하는 전주곡 구실이 되기도 한다.

둘째 문단에서는 전시된 청나라 명가들의 글씨를 감상하며 그 "맑고 깨끗한 문기文氣와 서향書香에 압도된다." 여기 삼아 붓글씨도 쓰고 있는 그가 막상 한자문화의 본향인 중국 서도의 진수를 접하면서, 희세의 서성 추사秋史조차도 "압록강 동쪽에서는 도달할 수 없는 경지"라고 한 말의 진의를 절감하며 "한문을 몸으로 느끼지 못하"는 "20세기의 한국 사람들이 중국 글씨를 쓰겠다고 나서는 것부터가 잘못이라고 생각."한다. 그리고는 "글씨는 붓과 먹과 손이 있다고 되는 것이 아니다."라고 자괴를 겸한 한자 서예에 대한 여염의 무분별한 유행 풍조에 비평의 일침을 가한다.

박재식의
좋은 수필 감상

셋째 문단은 이 같은 귀중한 고미술 자료를 수집하여 남긴 간송의 고아한 인품과 행적을 새삼 기리면서 본문의 주제로 접어드는 화두의 고삐를 잡는다. 간송은 "일본의 통치에 의해서 우리들이 우리 문화와 전통에서 멀어지고 있을 때" 민족문화의 보존과 선양을 위해 선대로부터 물려받은 10만 석의 재산을 몽땅 기울여 국보급 고미술품 등을 사모아 국내에서(그것도 일제 치하에) 처음으로 사설 박물관을 세운 독지의 문화재 수집가이다.

넷째 문단에서는 간송과의 교분과 간송의 곧고 맑은 풍격을 그리며 20년 전에 유명을 달리한 그를 안타깝게 추모한다. 간송은 그보다 16년 연상인 전배前輩이다. 고고학자와 문화재 수집가인 두 사람의 만남은 물론 전공 학문과 사업의 취향이 갖는 공통

작품감상 99

적인 기호가 맺어준 인연이었겠지만(두 사람은 '문화재위원' 과 간송이 주재한 '고고미술동인회' 의 같은 멤버이기도 했다.) 그런 나이의 차이와 인연을 초월하여 "때로는 간송 댁에 2차로 끌려갔다가 늦어서 자고 오기도" 할 만큼 "많은 술을" 나눈 허물없는 벗이기도 하다. 불과 5년 사이에 이루어진 친교에서 느낀 간송의 인품에 대한 추앙과 짙은 우정이 자아내는 추모의 애틋한 정을 헤아릴 수 있는 대목이다. 간송이 갑자기 죽었을 때 유영 앞에서 "소리를 내고 통곡하였다."라는 대문이 그 충정을 실감케 한다.

다섯째 문단에서는 전시된 글씨 중에서 "평생 벼슬을 하지 않았고, 적을 만들지 않"은 "간송의 인품과 인생철학을 회상케 하는" 글귀를 골라 소개하면서 간송의 사람됨을 재삼 다짐한다. 수필에서의 인용의 묘를 현장의 전거典據를 빌려 처리한 수법이 놀랍다.

여섯째 문단에서는 전시장을 나와 일찍이 눈에 익은 미술관 앞 조경을 바라보며 깊은 감회와 함께, 간송과는 달리 전공의 성과를 좇아 줄곧 공명에 매달려 살아온 자신의 인생에 대한 회의와 허무감에 젖는다. 특히 파초의 멋스러운 모습을 스케치하기 위해 방명록에 쓰는 붓을 빌려와 도록의 표지 뒤에 옮겨 그렸다는 작자의 풍류가 인상적이다. 파초는 생전의 간송의 모습을 연상시키는 상징적인 존재라는 것을 짐작할 수가 있다.

에필로그에 해당하는 일곱째 문단은 황혼기에 접어든 그의 노후 생활에 대한 소박한 소망을 담고 있다. 담담한 표현 속에 문학성의 향훈이 가장 돋보이는 대목이기에 원문을 추려 옮기기로 한다.

지난 주에는 무령왕릉 일로 공주에 갔다가 대전·옥천으로 해서 속리산 법주사까지 갔다. 단풍은 아직 붉지 않지만 가을은 속리산 골짜기를 중턱까지 내려오고 있었다. 여기 집채 같은 큰 바위들을 나는 참으로 좋아한다. 그렇게 커도 속리산 바위에는 모가 없어서 좋다. 나의 평생 소원은 그런 큰 바위 마당에 굴러 있는 넓은 산거山居에서 살아보는 것이다. 그러나 그 꿈을 이루지 못한 채 나는 내 생을 마칠 것이다. (중략). 파초 옆에 서 있으니 왜 그런지 간송이 함께 서 있는 것 같다. 아니 간송이 살아 계셨으면 이 파초도 떼를 써서 이석암으로 옮겨 심을 수 있을지도 모른다.

그러나 간송 안 계신 마당, 뒤돌아보며 나 혼자 걸어 나와야 한다. 파초 옆의 간송도 이제 발을 돌렸을 것이다.

이석암二石庵은 그가 주말의 전원 생활을 즐기기 위해 광주廣州의 산골에 마련한 토담집이다.

촌평

박재식의
좋은 수필 감상

이 수필을 읽으면 한 폭의 문인화를 감상하는 느낌이 든다. 학자가 쓴 수필, 그것은 그림으로 치면 문인화의 경지와 같다 할 것이다. 장인적인 기교와 형식을 떠난 소탈한 선과 구도에서 그린 이의 품격과 내면을 읽을 수 있는 것이 문인화이다.

우리나라 수필의 정통을 발상적으로 따질 때, 거개의 문헌이

사대부 학자의 소작이라는 사실로 미루어 '글은 곧 사람'이라고 하는 수필의 본질에 대한 개념의 근원이 문인화적인 성격에 연유하고 있음을 알 수가 있다.

이런 의미에서 수필 〈파초나무…〉는 한국수필의 전통을 매우 방불하게 승습한 모형이라고 할 수 있다. 한문 서도에 대한 도저한 조예나 그 비류非類를 비정批正하는 선비다운 기품, 지체 있는 옛 선비의 교환을 연상케 하는 간송과의 인격적인 투합과 그것의 상실감에서 오는 자기 인생에 대한 허무 의식, 그리고 산거 은자山居 隱者의 여생을 희구하는 탈속한 성품이 고졸한 문인화처럼 그려진 작품이다.

그러나 이와 같은 중후하고도 다기한 지정의 내면세계를 첨삭의 나위가 없는 절제된 문장과 구성에 의해 담아낸 필법은 현대수필의 모본으로도 후학이 눈여겨 감상할 만한 '좋은 수필'이다.

유 병 석

- 1936년 충남 서산 출생
- 서울대 사대 국어교육과 졸업, 동대학원 문학박사
- 강원대학교 교수, 한양대학 교수 및 인문대학장 역임
- 1995년 별세

왕빠깝빠

 지난 1970년대의 어느 세월에 있었던 이야기다.
 명실상부한 대학의 전임교수였지만 툭하면 학교가 문을 닫는지라 나는 실업자와 같이 집에서 뒹굴며 지내기 일쑤였다. 문을 닫는 시절이 마침 가장 화창한 계절인 4, 5월이거나 가장 생기 나는 때인 9, 10월이었다.
 일도 손에 잡히지 아니하고 풀 수 없는 울분이 치솟아 집에서 혼자 소주잔이나 홀짝대고 허송세월할 도리밖에 없었던 시대. 왕빠, 깝빠, 땅고마, 풀떼기 등의 기발한 딱지 용어를 이때 배웠다.
 아내는 돈 벌러 가게에 나가고 큰놈들은 학교에 간 고즈넉한 오전이면 푸른 바다 넓은 백사장에서 하루 종일 게와 노니는 심정으로 네 살짜리 막내와 집을 지키며 놀았다. 어른과 아이가 함께 놀 때 어른이 아이가 돼야지, 아이가 어른이 될 수 없는 노릇이어서 나는 그놈의 말이 되어 주기도 하고 구슬치기나 딱지치기의 상대가 되어주기도 했다.

  그때 막내는 딱지 치는 시간 이외의 시간은 모조리 딱지 접는 데 쓰는 판이라 접은 딱지가 박카스 상자로 가득했다. 열병들이 상자가 아니라 열병들이 상자 열 개가 들어가는 커다란 상자로 가득했다는 말이다.

  딱지 중에서 모양이 앙증스레 작게 접힌 놈이 땅꼬마, 육중하고 큰놈이 왕빠라는 것이다. 왕빠 중에는 문고본 책만 한 크기와 두께를 가진 놈이 있는 반면에 땅꼬마 중에는 가로 세로 1.2cm까지 다양했다. 그런가 하면 얇고 힘없는 종이로 접었기 때문에 시들시들한 것을 풀떼기라 부르고 딱딱한 무거운 종이로 접어서 땡땡한 것을 깝빠라고 했다.

  말하자면 왕빠와 땅꼬마는 딱지의 크기에 의한 구분이요, 깝빠와 풀떼기는 재료의 강도에 의한 구별이다. 그리하여 박카스 상자에 가득 찬 딱지 중에는 왕빠와 깝빠와 땅고마와 풀떼기가 어지럽게 섞여 있는 것이다.

  왕빠에는 풀떼기왕빠와 깝빠왕빠가 있고 깝빠에는 왕빠깝빠와 땅꼬마깝빠가 있다. '남녀노소'가 성별로 남과 여, 연령으로 노와 소로 구별하여 남男 중에 노남老男과 소남少男이 있는 것과 마찬가지다. 막내가 딱지를 붙일 때에는 가장 허약한 풀떼기땅꼬마깝빠나 풀떼기왕빠를 대고 그래도 못 견딜 최후에 가서 비장한 왕빠깝빠를 댄다. 이때는 최후의 일전인지라 그것을 땅에 밀착되도록 여러 번 발로 눌러놓는다. 왕빠깝빠가 풀떼기와 땅꼬마를 넘기기란 차車로 졸

♣치기처럼 쉽다. 그러나 반대로 풀떼기나 땅꼬마로 왕빠나 깝빠를 넘기기란 거의 무망한 노릇이다. 이 아비는 비록 열을 올려 딱지치기를 하지만 딴 딱지를 간수해둘 상자도 없거니와 그럴 처지도 아니어서 모두 돌려준다. 다음에 다시 딱지치기를 할 때는 언제나 적으로부터 얻어야 하는데 효도가 뭔지 잘 모르는 네 살짜리 막내는 언제나 풀떼기나 땅꼬마를 아빠에게 준다.

어느 날 나와 같은 신세의 잠정 실업자 친구가 내 집에 나타나 부자지간의 이 유치한 놀이를 관전한 일이 있었다. 그가 막내에게 너 커서 뭐가 되고 싶냐고 물으니까 대답이 '왕빠 대통령' 이다. 막내에게 있어서 대통령은 되고 싶으면 되는 것이고 또 대통령은 왕빠 같은 존재인 모양이다. 왜 하필 왕빠 대통령이 되고 싶으냐고 풀떼기 같은 실업자가 물었것다. 그 이유를 이 아비가 통역, 해설, 요약하면 요컨대, 나쁜 놈 빨빨 쏴 죽이고 길에 거치적거리는 사람들을 쫙 제치고 사이드카 수십 대 앞뒤로 거느리고 기관총을 단 자동차 타고 웽 달리고 싶어서라는 것이었다.

돈 벌러 아침 일찍 일터에 나갔다가 저녁 늦게 파김치가 되어 돌아온 아내가 아비와 막내의 매일 하는 딱지놀이를 눈치챘다. 딱지를 접으면 손재주가 는다는 등 다 교육적으로 좋은 일인데 왼손으로 치는 것을 오른손으로 치도록 왜 교정하지 않느냐고 한다. 이 말을 곁에서 듣고 있던 큰놈이 끼어들

며 놔두란다. 억지로 왼손잡이를 고치려고 강제하면 말더듬이가 된
다나.

 맙소사, 풀떼기 같은 나는 할말이 없었다. 교육이면 세상 다되는
줄 아는 불쌍한 아내. 그래서 자식들 교육 때문에 즐거이 파김치가
되는 아내. 지식이면 다되는 줄 아는 순진한 큰놈. 글자로 종이에 박
힌 것이면 모두 옳은 것인 줄 믿어 의심치 않는 큰놈. 왕빠깝빠면 세
상 다되는 줄 아는 막내만 못한 사람들은 아닐까.

 이 세상은 막내의 딱지 상자다. 풀떼기와 땅꼬마와 깝빠가 무질서
하게 뒤섞여 담긴 딱지 상자로 만약에 세상이 두 동강이 나서 딱지
치기와 같은 싸움이 붙는다면 수십 개의 풀떼기땅꼬마가 아니라 단
한 장의 왕빠깝빠가 승리를 쟁취하게 마련이다. 더구나 왕빠깝빠의
수효가 많은 진영이 적의 진영을 이길 것은 말할 필요도 없으리라.
한 명의 장군이 공을 세우기 위하여서는 수만의 병졸이 죽어야 하는
것처럼 풀떼기와 땅꼬마는 그저 있으나마나한 민초民草일 뿐일 것이
다.

 막내가 자라 유치원에 가고 학교에 들어가고 학년이 올라가면서
어느 사이엔가 딱지치기는 잊어버렸던 모양이다. 헛간을 치우다가
몇 년 동안 먼지를 뒤집어쓰고 있던 예의 딱지 상자를 발견했다.

 족히 한아름이나 되는 종이들을 처분할 길은 태우는 것밖에 없었
다. 벽난로에 이것들을 하나하나 집어던지면서 소리 없이 타는 모
양을 구경하며 한동안 앉아 있었다. 인생들의 종명終命을 지켜보고
있는 기분으로.

죽음에 있어서도 역시 깝빠와 풀떼기는 같지 아니하였다. 풀떼기는 푸시시 검불처럼 제대로 불꽃도 내지 못하고 금시 스러지지만, 깝빠는 나무조각처럼 제법 불길을 뿜으며 한동안 장렬하게 버티는 것이었다.

깝빠와 왕빠와 풀떼기와 땅꼬마를 하나하나 던지면서 아내는 풀떼기, 나는 땅꼬마 하고 별을 헤아리듯 속으로 뇌어보는 것이다.

작/품/감/상

머리말

박재식의
좋은 수필 감상

우민 유병석(又民 柳炳奭, 1936~95)의 수필 〈왕빠깝빠〉를 감상의 대상으로 삼으면서 잠시 감회에 젖는다. 고인에 대한 추모의 정일 터이다. 그는 1995년 여름, 향년 60세의 나이에 폐암으로 타계했다. 시쳇나이로는 한창때이기는 하나, 국문학자로 일찍이 교육계에 입신하여 만년에 한양대학교 사범대학장을 역임하고, 슬하의 3형제를 모두 장래가 촉망되는 동량지재棟樑之材로 키워놓고 떠난 몸이니 당자로서는 가위 '여한 없는 생애'(그가 운명하기 얼마 전에 피력한 소회)를 마쳤다고 할 수가 있다.

그런데 감상자는 그의 죽음을 두고 생각할 때 지금도 요절夭折이라는 아쉬움의 정을 지울 수가 없다. 우리 문학사에서 혜성같이 나타났다가 요절한 이상李箱이나 소월素月의 죽음이 우리의 마음속에

작품감상 109

못내 아쉬움의 꼬리를 남기고 있는 것처럼.

그러나 이상이나 소월과는 달리 수필의 유병석은 생전에 우리 수필 문단에서도 '혜성 같은 존재'로 주목 받지는 못했다. 명색의 수필가로 문단에 얼굴을 내민 것은 1974년 월간 《수필문학》 1월호에 〈용돈〉을 발표한 것이 단초가 된 셈인데, 이를 전후하여 벌여온 작품 활동은 그가 교수로 근무한 강원대학교의 학보를 위시한 그 지방의 신문과 잡지가 주된 발표 무대가 되었으니 중앙(서울) 문단의 눈길에서 소원할밖에 없었기 때문이다. 게다가 그 흔한 수필집 한 권 낸 적이 없고, 따라서 숱한 문학상의 대상에도 오르지 않았다. 그의 성미로 보아 이런 의례적인 명분은 관심 밖의 일이었을 터이다.

무엇보다 같은 문학 모임(수필문우회와 한국수필문학진흥회 그가 회원으로 참여한 문학 단체는 고작 이 2개가 전부이다.)의 동인으로 비교적 가까이 지낸 감상자조차 그가 쓴 수필 한 편을 읽지 못하고, 그저 수필 이론에 밝은 평론가 쯤으로(그가 발표한 몇 편의 '수필론'을 읽고 탄복한 바가 있으므로) 치부하고 있었으니 더 말할 나위가 없다. 오활하게도 감상자가 처음으로 그의 수필을 읽게 된 것은 그의 사후 《수필공원》(1995년 가을호)에서 꾸민 '추모 특집'에 〈유병석의 인간과 수필세계〉를 쓰면서이다. 그때 감상자는 묵은 문집과 잡지를 뒤져 간신히 몇 편의 수필을 찾아 읽고는 아연실색하고 만 것이다. 그래서 그 글을 맺으면서 다음과 같은 '사후 약방문'의 제언을 한 바가 있다.

알다시피 그는 그 흔한 수필집 하나 남겨놓지 않고 갔다. 그러나 그의 주옥같은 수필이 결코 묵은 잡지나 문집 속에 묻혀 산일될 수 없는 우리 문단의 귀중한 유산임에는 틀림이 없다. 그것을 거두어 집대성하는 것이 그를 잃은 우리 수필인들의 남은 과제가 아니겠는가 싶다.

아무튼 수필 작가로서의 유병석의 진면목이 올연한 모습으로 두드러진 것은 그의 1주기를 즈음하여 한양대 국문과 동료 교수들이 흩어져 있는 글을 모아 엮어낸 유고집 ≪왕빠깝빠≫(1996, 〈한양대학교 출판원〉 간행)에 의해 그동안 관심 밖에 묻혀 있던 수필들이 새삼 문단적인 재조명을 받게 되면서부터이다. 그리하여 그도 뒤늦게 고인의 수필을 접한 수필평론가 김종완은 자신의 편저 ≪다시 읽는 우리 수필≫(2004, 〈을유문화사〉 간행)의 '유병석 편'을 통해 "한국 수필사를 말할 때 유병석의 문학을 빼놓고는 말할 수가 없다."라고 단언하고 있다.

박재식의
좋은 수필 감상

그러니까 한양대 국문과 교수들이 작고한 동료 교수의 추념 사업으로 엮어낸 유고집이 우리 한국수필사에서 빼놓을 수 없는 귀중한 자료를 제공한 것이다. 그 아름다운 우정의 선물이 하마터면 망실될 뻔한 우리 수필문학의 값진 유산을 되찾게 해준 그들의 갸륵한 공덕에 대해 수필인의 한 사람으로 깊은 경의와 감사의 뜻을 표하지 않을 수가 없다.

유고집에는 평론성의 글 7편을 포함하여 69편의 작품이 수록되어 있다. 감상자는 그 중에서 대표작급 수필 하나를 골라 '좋은 수필'의 대상에 올릴 참으로 달라붙었다. 그러나 대표작이 따로 없었다. 무작위의 임의 추출로 어느 것을 집어 대표작으로 세워도 흠잡을 데가 없는 '좋은 수필'의 충분조건이 흔연하게 갖추어진 정제품들이었다. 그래서 별수 없이 유고집의 표제가 된 〈왕빠깝빠〉를 감상하기로 했다.

정진권(鄭震權, 유병석의 대학동문 선배이기도 하다.)은 유고집에 기고한 '작품 해제'에서 그의 '인간과 수필 세계'에 대해 다음과 같이 논평하고 있다.

내 눈에 뜨인 첫 번째의 구성 요소는 유머와 위트다. 그것은 그의 화법, 조어법, 표현법 등 도처에서 빛난다.

다음은 고고한 양반주의(고전주의)다. 그것은 어려서부터 그의 정신 세계를 지배한 변함없는 사상이다.

셋째는 비판 정신이다. 이것은 중요한 구성 요소의 하나다. 그러나 예리하면서도 표현은 비교적 온건하다.

끝으로 하나는 인정과 여린 마음이다. 그의 수필 속에는 사람뿐만 아니라 무정물에 대한 정까지 드러나 있다.

유병석 수필의 정곡을 꿰뚫은 관찰이라 할 만하다. 그의 수필을 읽노라면 이 네 가지의 구성 요소가 잘 짜여진 비단처럼 알게 모르게 수필을 읽는 쾌적한 보람을 밑받치고 있는 사실을 발견할 수가 있다. 그 중에도 수필문장의 백미라고 할 수 있는 격조 높은 유머와 위트는 가히 타의 추종을 불허하는 유병석 수필이 갖는 경지의 특장이라고 할 만하다. 〈왕빠깝빠〉에서도 예외 없이 그 수필세계의 진미를 만끽할 수 있으리라 믿는다.

해설

박재식의
좋은 수필 감상

〈왕빠깝빠〉는 1980년 1월 그가 교수로 근무하던 강원대학교의 《대학신문》에 발표한 작품이다. 알다시피 이 무렵은 박 대통령 시해사건 이후 신군부의 태동에 저항하는 '민주화운동' 바람이 학원가를 휩쓸고 있을 때이다. 그도 이 바람을 타고 그 해 8월 신군부에 의해 '해직 교수'의 신세로 몰려 4년 동안 실직 생활을 하게 되는데, 이 수필도 그 빌미에 한몫하였음 직한 작품이다. 마치 일제 말기에 김교신(金敎臣, 1901~45)의 수필 〈조와弔蛙〉가 그로 하여금 옥고를 치르게 한 빌미가 된 것처럼.

유병석 교수는 그 민주화운동 바람이 학원가를 휩쓸고 있는 와중에 '왕빠깝빠'라는 희한 야릇한 제목으로 1970년대의 유신 정권 시절 "툭하면 학교가 문을 닫는지라 나는 실업자와 같이 집에서 뒹굴며 지내기 일쑤"였던 과거사를 들추어 회고하는 글을 써서 대학신문에 발표한 것이다.

아내는 돈 벌러 가게에 나가고 큰놈들은 학교에 간 고즈넉한 오전이면 푸른 바다 넓은 백사장에서 하루 종일 게와 노니는 심정으로 네 살짜리 막내와 집을

작품감상 113

지키며 놀았다. 어른과 아이가 함께 놀 때 어른이 아이가 돼야지, 아이가 어른이 될 수는 없는 노릇이어서 나는 그놈의 말이 되어 주기도 하고 구슬치기나 딱지치기의 상대가 되어 주기도 했다.

실업자 아닌 실업자가 되어 "네 살짜리 막내와 집을 지키며" 놀던 시절을 회고한 글이다. 그때의 처량한 심정을 "푸른 바다 넓은 백사장에서 하루 종일 게와 노니는" 모습으로 비유한 것은, 불우한 생애로 요절한 일본의 국민 시인 이시가와 다꾸보꾸[石川啄木]가 고향에 처자를 두고 구직차 북해도北海島에 가서 혼자 지내던 때의 처연한 신세를 읊은

동쪽 바다 작은 섬
하얀 모래톱에서
나는 눈물에 젖어 게와 노닐다

라는 시구를 연상한 대목이다. 좀 과장된 인용 같지만 그때 자신이 처한 신세의 아이러니를 풍자적으로 표현한 기지가 돋보이는 적절한 연상법이다.

그러니까 '왕빠깝빠'는 막내의 딱지치기 놀이의 상대 구실을 하면서 배운 "기발한 딱지 용어"이다. 막내가 상자 가득히 접어놓은 딱지에는 딱지의 크기와 강도에 따라 네 가지 종류의 명칭이 붙어 있다. 즉, '왕빠'와 '땅꼬마'는 딱지의 크기에 따른 구분인데 "문고

본 책만 한 크기"로 접은 큰 딱지가 왕빠이고, 반대로 "모양이 앙증스레 작게 접힌 놈"이 땅꼬마이다. 그리고 '깝빠'와 '풀떼기'는 딱지의 강도에 따른 구분으로 "딱딱한 무거운 종이로 접어서 땡땡한 것"이 깝빠이고, 반면에 "얇고 힘없는 종이로 접었기 때문에 시들시들한 것"을 풀떼기라 부른다.

그러므로 막내의 딱지 상자 속에는 딱딱한 종이로 크게 접힌 '왕빠깝빠'가 있는가 하면 모양은 크지만 얇고 힘없는 종이로 접은 '풀떼기왕빠'가 있고, 그저 딱딱한 종이로 작게 접어놓은 '땅꼬마깝빠'와 얇고 힘없는 종이로 작게 접은 '풀떼기땅꼬마'가 들어 있는 것이다.

이 네 종류의 딱지를 골고루 나누어 갖고 부자가 딱지치기를 하는데, 서로 번갈아 한쪽이 딱지를 붙이면 다른 쪽이 그것을 쳐서 넘기면 따 가져가는 것이 놀이의 룰이다. 당연한 일로 성능이 강대한 왕빠깝빠가 풀떼기와 땅꼬마를 넘기기란 "차車로 졸卒치기처럼" 쉽지만, 반대로 풀떼기나 땅꼬마로 왕빠나 깝빠를 쳐서 넘기기란 "거의 무망한 노릇"이다. 그래서 작전상 딱지를 붙일 차례가 되면 빼앗겨도 무방한 '풀떼기땅꼬마'로부터 '땅꼬마깝빠'나 '풀떼기왕빠'를 대고, 그래도 못 견딜 최후에 가서 '왕빠깝빠'를 대게 마련인데, 그 성패의 결과는 뻔하다. 열을 올려 치다보면 종당은 힘이 센 어른인 아비가 몽땅 따서 막내의 상자 속에 되돌려주는 수순으로 끝난다. 그러자 "효도가 뭔지 잘 모르는 네 살짜리 막내"는 다음에 다시 딱지치기를 할 때는 언제나 풀떼

박재식의
좋은 수필 감상

기나 땅꼬마를 아비의 밑천으로 주는 것이다.

절로 미소가 비어져 나오는 광경이다. 잠정 실업자가 되어 집에 죽치고 앉아 어린 막내아들을 상대로 딱지치기에 열을 올리고 있는 작자의 딱하면서도 우스꽝스러운 모습이 한 폭의 희화를 보는 것처럼 눈앞에 선하게 그려져 있다. 이 사연만으로도 수필 감으로 손색은 없다.

그러나 그는 한때의 하릴없는 세월을 어린 아들과 함께 딱지치기를 하며 "백사장에서 하루 종일 게와 노니는 심정"으로 처량하게 지냈다는 얘기를 하려고 붓을 든 것은 아니다. 하수상한 시대를 살아가는 지식인의 비판 정신이, 아니 지적 감수성이 강한 수필가의 문제의식이 무심한 어린이들의 세계에서 이루어지는 놀이를 통해 어떤 메시지성의 의미를 발견하고 그것을 말하고 싶은 것이다.

어느 날 나와 같은 신세의 잠정 실업자 친구가 내 집에 나타나 부자지간의 이 유치한 놀이를 관찰한 일이 있다. 그가 막내에게 너 커서 뭐가 되고 싶으냐고 물으니까 대답이 '왕빠 대통령'이다. 막내에게 있어서 대통령은 되고 싶으면 되는 것이고 또 대통령은 왕빠 같은 존재인 모양이다. 왜 하필 왕빠 대통령이 되고 싶으냐고 풀떼기 같은 실업자가 물었것다. 그 이유를 이 아비가 통역, 해설, 요약하면 요컨대, 나쁜 놈 빵빵 쏴 죽이고 길에 거치적거리는 사람들을 쫙 제치고 사이드카 수십 대 앞뒤를 거느리고 기관총을 단 자동차 타고 웽 달리고 싶어서라는 것이었다.

그가 말하고 싶은 것은 권력(특히 군사 정권)이 갖는 생태의 부조리에 있다. 그것을 "대통령은 되고 싶으면 되는 것이고", "대통령은 왕빠 같은 존재"라고 생각하는 철부지 막내의 권력관의 수준에 견주어 비꼰 성동격서聲東擊西의 풍자 수법이 절묘하다.

그러면 '왕빠깝빠'가 갖는 위력과 맞물려 생각하는 막내의 권력관이 짜장 어리고 철없기만 한 것인가?

이 세상은 막내의 딱지 상자다. (중략) 만약에 세상이 두 동강이 나서 딱지치기와 같은 싸움이 붙는다면 수십 개의 풀떼기땅꼬마가 아니라 단 한 장의 왕빠깝빠가 승리를 쟁취하게 마련이다. (중략) 한 명의 장군이 공을 세우기 위하여서는 수만의 병졸이 죽어야 하는 것처럼 풀떼기와 땅꼬마는 그저 있으나마나한 민초民草일 뿐이다.

상자 속 가득히 담긴 대소大小와 강약强弱이 자별한 딱지들의 성능과 쓰임새를 딱지치기의 실전을 통해 터득한 진리가 아니겠는가.

자, 그러면 왕빠깝빠의 절대 권력 앞에 풀떼기나 땅꼬마와 같은 '있으나마나' 한 존재는 어떤 사람들인가? 언제나 딱지치기의 선두 희생물이 될밖에 없는 풀떼기땅꼬마와 같은 바닥의 민초들은 말할 것도 없고, 적어도 사회적인 위치로 보아 풀떼기왕빠나 땅꼬마깝빠로 자처할 수 있는 작자 자신의 가족들도 별수 없는 존재가 될 뿐이다.

맙소사, 풀떼기 같은 나는 할말이 없었다. 교육이면 세상 다되는 줄 아는 불

박재식의
좋은 수필 감상

쌍한 아내. 그래서 자식들 교육 때문에 즐거이 파김치가 되는 아내. 지식이면 세상 다되는 줄 아는 순진한 큰놈. 글자로 종이에 박힌 것이면 모두 옳은 것인 줄 믿어 의심치 않는 큰놈.

이 불쌍하고 순진한 가족들을 보며 싹쓸이 권력 앞에서 왕빠와 깝빠의 저항 요소를 잃고 한갓 풀떼기 신세가 되어 "할말이 없"게 된 명색의 대학 교수 유병석은, 이들이 "왕빠깝빠면 세상 다되는 줄 아는 막내만 못한 사람들은 아닐까." 하고 쓴웃음을 짓는다.

세월이 흘러 막내가 자라서 상자 속의 딱지들이 무용지물이 되자 그것을 벽난로에 집어넣어 태우는 장면으로 그는 이 글의 도미掉尾를 장식한다.

벽난로에 이것들을 하나하나 집어던지면서 소리 없이 타는 모양을 구경하며 한동안 앉아 있었다. 인생들의 종명終命을 지켜보고 있는 기분으로.

죽음에 있어서도 역시 깝빠와 풀떼기는 같지 아니하였다. 풀떼기는 푸시시 검불처럼 제대로 불꽃도 내지 못하고 금시 스러지지만, 깝빠는 나무조각처럼 제법 불길을 뿜으며 한동안 장렬하게 버티는 것이었다.

깝빠와 왕빠와 풀떼기와 땅꼬마를 하나하나 던지면서 아내는 풀떼기, 나는 땅꼬마 하고 별을 헤아리듯 속으로 뇌어보는 것이다.

이것은 세월을 따라 맞이할 절대 권력의 종말을 의미하는 은유로 해석하여도 무방할 듯하다.

촌평

 '해설'의 허두에서도 밝혔듯이 이 글은 이른바 신군부의 세력이 5공의 탄생을 향해 나라의 판세를 몰아가던 시기에 쓰인 일종의 저항 수필이다. 과독寡讀의 탓인지는 몰라도 감상자는 일찍이 김교신의 〈조와〉 이후 이만큼 문학적으로 잘 포장된 저항 수필을 대한 적이 없다.
 집권 이후의 치적 여하를 차치하고 집권 과정이나 정치의 행태가 부조리한 때는 한 사람의 양심적인 지식인으로 그의 인품에 배인 '양반주의'와 '비판정신'이 알레르기성 거부 반응을 일으키는 것이 유병석 교수이다.
 그러나 신군부에 대한 저항 의식을 직설적으로 표현하지는 않았다. 그것은 문학적인 방법이 아니기 때문이다. 비교적 직설적이라고 할 수 있는 신군부의 자의적인 집권 낌새나 집권 후에 예상되는 공포 정치에 대한 비평도 "왕빠깝빠면 세상 다되는 줄 아는" 어린 막내의 철없는 생각을 빌려 대변하는 형식의 풍자 수법으로 처리했다.
 무엇보다도 이 경직한 저항성 메시지를 유머와 기지가 넘치는 문체에 의해 가족에 대한 역설적인 애정까지를 곁들여 천의무봉

박재식의
좋은 수필 감상

의 문학 수필로 엮어낸 솜씨에 대해 그저 숙연한 찬사를 보낼 수밖에 없다. 그를 잃은 수필계의 애틋한 정과 함께.

정 재 은

- 1937년 충북 충주 출생
- 충주여고 졸업
- 종갓집 맏며느리로 가사에 종사하면서 작품활동
- 1996년 별세

산딸기

　잊고 있다가 문득 생각난 것처럼 날씨가 갑자기 무더워졌다.
　아들아이가 하학하는 길에 산딸기를 한 도시락 사 가지고 돌아왔다. 버스에서 내리니 전선주 밑 뜨거운 햇빛 아래, 때묻은 수건을 머리에 얹은 시골 할머니가 새빨간 산딸기를 한 양푼 앞에 놓고 앉았는데, 소문난 명화를 보는 것처럼 강렬한 인상을 주더란다. 삼남매가 엉키어 떠들썩 먹으며 나의 입에도 한 알씩 넣어 준다. 떫은 듯 새콤달콤 맛 짙은 딸기알이 입 속에서 오독오독 깨물어진다. 그 시고 달고 쌉쌀한 딸기알을 깨물며 나의 기억은 선명하게도 나의 미각을 유혹해 오던 산딸기를 찾아 산자락을 누비던 어린 시절을 더듬고 있었다.
　6·25가 났을 때 우리 가족은 충주 읍내에서 산 하나를 넘는 난영이란 마을로 피난을 갔었다. 종범鍾範이네라는 선량한

농가의 뜰 아랫방에 우리는 피난짐을 풀었다. 10여 호쯤의 촌락인데 주민과 피난민이 반반 섞이어 여름 난리를 치르게 되었다.

종범이네와 우리는 한식구처럼 한솥엣밥을 먹었다. 하루 걸러 한 번쯤 점심때가 너웃해지면 나는 다래끼를 어깨에 걸고 산비알에 걸린 목화밭으로 배추를 솎으러 갔었다. 목화밭 이랑 사이에 심은 배추를 솎아 놓고는 뱀을 쫓듯 작대기 끝으로 풀섶을 이리 헤척 저리 뒤척하며 멍석딸기를 찾았다. 좀 휘미진 곳에서 산딸기가 여남은 포기나 담송담송 모여 난 곳을 찾게 되었다. 검지손가락 끝마디만 큼씩 한 검붉은 산딸기가 소담하게 열려 있었다. 산딸기 맛에 김치거리 장만은 짜증스럽지 않은 심부름이 되었다.

언제부터인지 나 말고도 이 산딸기를 따 먹는 사람이 생겼다는 것을 알게 되었다. 어떤 땐 희끄므레 덜 익은 딸기만 남겨진 때도 있었다. 그럴 땐 배암딸기나 멍석딸기를 찾으며 서운한 마음을 달래곤 했다. 어느 날 배추를 다듬어 다래끼에 담아 놓고 숲을 헤치며 올라가니 누가 먼저 와서 딸기나무 위에 허리를 굽히고 있었다. 인기척을 느꼈던지 허리를 펴며 후딱 뒤돌아 보았다. 십사오 세쯤, 꼭 내 또래의 머스매였다. 희멀건 얼굴에 눈과 입이 작은 머스매는 유순한 표정에 좀 무안한 빛을 띠고 나를 나려다보고 서 있었다. 범인이 바로 너였구나 싶어,

"니가 맨날 딸기 다 따갔구나?"
하고 대담하게 다가서며 싸움 걸듯 쏘아붙였다.

"산에 나는 딸기에두 임자가 있나?"

머스매는 똑 따온 듯한 서울 말씨를 썼다. 그러지 않아도 흰 반바지 흰 러닝에 검은 허리띠를 맨 깔끔한 차림새며 계집애보다도 하얀 살결이 서울내기란 딱지처럼 눈에 두드러졌다. 등갱이 넘어 촌락으로 피난 온 애일 거라고 짐작이 갔다. 나는 풀이 죽어

"내가 먼저 맡아 놨거덩."

머스매는 비죽이 웃으며,

"야, 산이나 들에 나는 건 누구나 먹는 게 임자야."

나는 흰 운동화를 꺾어 신은 머스매의 희고 통통한 송아리와 뒤꿈치를 바라보았다. 새까만 종아리에 꺼먹 고무신을 신은 내 다리가 창피해서 오히려 오기가 치밀 지경이었다.

딸기 밭에서 곧잘 그 머스매와 마주치곤 했다. 이름이 성준인데 그냥 준이라고 부른단다. 다 같은 열네 살인데 나는 초등학교 육학년이었고 준이는 중학교 일학년이었다. 준이는 처음 인상처럼 무척 순한 아이였다. 시골뜨기라는 자격지심에 말끝마다 톡톡 쏘아 붙이는데도 준이는 늘 부드러운 억양을 썼다. 내 말투도 어느덧 많이 눅어지며 준과 나는 서먹서먹하면서도 싫지 않은 친구가 되어갔다.

어머니를 졸라서 허리에 고무줄 넣은 소창치마, 소창반소매 속에 나는 꼭 조끼가 단단한 속치마를 받쳐입고 배추를 뽑으러 갔다. 젖몽오리가 목화 다래알만큼 여물어 있었기 때문이다.

어느 때는 내가 먼저 목화밭에 나가 있었고 어떤 땐 준이 먼저 딸기밭에 나와 있었다. 준이는 나를 도와 배추도 뽑고 풋고추도 땄다. 〈성불사의 밤〉을 가르쳐 주어 함께 부르기도 했다. 피난 왔다는 사실은 깜빡 잊고 여름방학에 외가에라도 간 듯 곤충채집한다고 하늘소·딱정벌레를 잡기도 했다. 마을 앞 논 귀역지에 있는 삼밭에는 풍뎅이가 많았다. 풍뎅이 큰 다리를 한 마디씩 끊어 넙적한 바위 위에 재껴놓고 손바닥으로 주위를 탁탁 치며

"풍뎅아, 풍뎅아, 앞마당 쓸어라. 뒷마당 쓸어라."

하면 풍뎅이는 쫙 펼친 짙은 청록색의 날개를 번쩍이며 앵앵 세차게 맴돌았다.

어느 날이었다.

"저기 좋은 데 있다. 이리 와 보아."

준이는 나를 데리고 조금 더 거슬러 올라갔다. 절벽처럼 선 바위 밑에 50센티쯤이나 굴처럼 패어 있었다. 그 앞에 산골 물이 자갈 섞인 모래바닥을 투명하게 빛내며 시리도록 말갛게 흐르고 있었다. 인동덩굴·다래덩굴이 나뭇가지에 얽히어 터널 속처럼 짙은 그늘을 서늘하게 드리워주고, 그늘을 벗어난 물가에 산나리·패랭이·범부채꽃들이 눈부시게 피어 있었다.

"얘, 여기서 세수해. 발두 담가 봐라. 무척 시원해."

물속에서 더욱 희고 통통해 뵈는 준이 발에서 조금 떨어져 머뭇거리며 새까만 나의 발을 들이밀고는 손으로 발등을 자꾸 부비었다. 준이 얼굴은 햇빛에 그을면 빨개졌다가 다시 희어지는데, 시골아이

라 그런지 나의 살은 검붉게 익었다가 그대로 까맣게 타버리는 것이 야속했다. 그런데도

"야, 네 눈, 나하고 바꿨음 좋겠다."

하며 황소눈깔이라고 놀림받는 터무니없이 크기만 한 내 눈을 칭찬해 주었다. 준이는 몸을 뒤로 젖힌 채 발장단 치며 노래를 부르고, 나는 발가락으로 물속의 자갈을 빼글빼글 굴리고 있을 때였다. 준이가 별안간 나를 왈칵 잡아다녔다. 내가 미처 놀랄 새도 없이 귀를 짜개듯 날카로운 제트기의 금속성이 내 고막을 때려왔다. 난영에서 1킬로 좀 못 되게 흘러내린 계곡을 가로 막으며 충주忠州읍에서 안동安東, 김천金泉으로 빠지는 대로大路가 걸려 있었다. 인민군이나 말[馬]들이 지나가기 때문에 이따끔 쌕쌕이의 공습을 받곤 했었다. 준이와 나는 꼬꾸라지듯 패어진 바위 밑으로 뛰어 들어갔다. 쌕쌕이의 기총 소사는 꼭 우리들 머리 위에서 쏘아대는 듯 들렸다. 얼핏 눈을 뜨니 건너 산마루 위로 원을 그리듯 비행기가 부웅 떠오르다간 곤두박질로 내리꽂히었다. 우리가 있는 곳은 큰 위험이 없다는 것을 알면서도 준과 나는 서로 부둥켜 잡고 공포에 떨고 있었다.

  공습이 멎고 비행기가 돌아간 것을 확인하자 우리는 꿈에서 깨이듯, 감았던 팔을 풀며 부스스 일어나 나왔다. 안도의 숨을 쉬던 준의 얼굴이 먼저 빨개졌다. 나도 얼굴이 화끈 달았다. 뽕긋한 젖가슴이 파닥파닥 뛰고 있었다.

어머니께 꾸중을 들으면서도 나는 배추 뽑으러 가지 않았다. 사흘이 지났을 때 나는 박우물가에 앉아 감자를 벗기고 있었다. 나직한 노랫소리가 들려왔다. 준이가 내 옆을 지나가며 〈성불사의 밤〉을 부르고 있었다. 준이가 우리 동네에 온 것은 이것이 처음이었다. 보리쌀 닦는 아주머니들 때문인지 준이는 데면데면한 얼굴로 느릿느릿 가버리고 말았다. 다음날 점심때쯤 개울가에 앉아 빨래를 빨고 있었다. 뒷등에 누군가의 눈길이 닿는 듯이 느껴졌다. 준이가 그 희멀건 얼굴로 시침을 뚝 떼고 서 있었다. 얼른 머리를 숙이고 빨래만 부비었다. 내 옆의 빨랫돌 위에 흰 운동화를 꺾어 신은 준의 두 발이 성큼 올라섰다.

"너, 내일 딸기밭에 안 나오면 죽어. 내가 따져 둘 게 있단 말이야."

준이라고 믿을 수 없을 만치 거칠고 단호한 음성이 튀어 나왔다. 준이는 성큼성큼 돌다리를 건너더니 엉덩이에 힘을 주어 멋을 부리며 스척스척 아카시아 숲길로 들어갔다.

다음날 나는 배추 뽑으러 갔다. 준이는 산딸기를 한 종구리 따놓고 기다리고 있었다.

"어제 죽인다고 해서 미안해."

준이는 멋쩍게 고개를 꼬았다. 넝쿨들이 터널 속처럼 그늘을 이룬 바위 밑에 올라가 놀다보니 너무 늦어졌다. 준이가 겉장은 떨어졌지만 삽화가 예쁜 동화책을 갖고 나왔던 것이다. 준이는 목화밭 이랑을 누비며 배추를 뽑고 나는 창칼로 다듬어 다래끼에 담고 있었다. 배추를 다듬다가 무심히 고개를 들었다. 계곡 저쪽을 가로지르는 산등갱이 위에 마름모꼴로 편대 지은 쌕쌕이 네 대가 소리도 없이 쑤욱 올라왔다. 벌떡 일어서는데 그제야 귀를 째듯 폭음이 울려왔다. 숨을 곳을 찾을 겨를도 없었다. 준이와 나는 통기듯 풀섶에 박힌 커다란 바위 밑으로 굴러들었다.

그 날의 폭격은 유독 자심한 것 같았다. 폭탄도 몇 갠가 떨어뜨려졌다. 폭음이 유달리 가깝게 들렸다.

폭격 소리가 멎고 한참이 지나도록 준과 나는 두 귀를 막은 채 꿈쩍도 못하고 엎드려 있었다. 얼마 만에야 나는 손을 내리며 일어섰다. 큰길 쪽에 보랏빛 포연이 자욱하게 하늘을 덮고 있었다. 넘어가는 해를 정면으로 마주한 위치여서 우리는 땀투성이가 되어 있었다. 세수를 하려고 가늘게 흐르는 도랑물 앞에 쪼구리고 앉았다.

"얘, 너 딸기 깔구 앉아 있었구나."

뒤에서 준이가 소리 질렀다. 무망결에 일어나 치마 뒷자락을 당겨 올렸다. 손바닥 크기만큼 딸기즙이 배어 있었다.

"얘, 속치마, 속치마 좀 봐."

속치마 뒷자락에는 손바닥 넓이보다 더 넓게 딸기물이 새빨갛게 배어 있었다. 나는 치마를 탁 놓으며 치마 뒷자락을 준이가 못 보도록 돌아섰다. 병풍처럼 바위를 배경으로 서 있는 준과 저절로 마주 선 자세가 되었다. 준이 얼굴도 새빨개 있었다. 정작 빨개진 것인지 저녁 햇살, 황혼빛을 받아 빨갛게 보이는 것인지 검은 바위에서 붉게 피어난 것 같은 얼굴을 한 채 부신 듯한 눈으로 나를 바라보고 서 있었다. 나는 손을 뒤로 돌려 치맛자락을 흡싸며 비슬비슬 뒷걸음치기 시작했다.

그것은 초조初潮였다.

들일 하시던 이웃 할아버지 윗입술에 파편이 박히어 동네가 어수선했다. 어머니는 경황없이

"피난 온 게 아니라 난리 마중을 왔구나."

다음날 새벽, 우리 가족은 피난짐을 다시 챙겨 이고지고 더 깊은 산골을 찾아 마을을 떠났다. 성姓도 주소도 모른 채 준에겐 온다간다 말도 못 건네고 가족들 뒤를 따라 나도 고개를 넘었다.

결혼하여 서울서 살며 거리에서 혹 얼굴이 희멀건 내 연배의 남자와 엇비끼게 되면 문득 되돌아볼 때가 있었다.

그러나 나는 준과의 해후를 원치 않는다. 준이가 어린 왕자에 나오는, 숫자를 좋아하거나 지배하기를 좋아하는 어른처럼 변해버렸다면 패랭이꽃처럼 풋되고 눈부신 나의 영상이 깨어지는 아픔을 견디기 어렵겠기에—. 가을 풀처럼 시들은 내 모습을 보이기가 두려웁기에—.

작/품/감/상

머리말

　작자인 운곡 정재은(雲谷 鄭在恩, 본명 : 鄭寅順, 1937~96)은 전업 주부로 1970년대의 수필 문단에 비상한 관심과 주목을 끈 규방閨房수필가이다. 그를 유독 '규방 수필가'로 칭하는 이유는, 흔히 사회적인 직분을 지니고 작품 활동을 하는 다른 여류들과는 달리 순전한 주부의 신분으로 글을 쓴 수필가라는 뜻에서가 아니다. 대종갓집 8남매의 맏며느리로 생애를 보낸 그의 작품세계가 흡사 조선시대의 규방문학을 연상할 만큼 그 삶에 얽힌 애환을 주로 다루고 있는 데서 붙여진 평가에 불과하다. 그러한 작품세계를 이해하기 위해서는 작자 정재은의 생애의 발자취를 그의 약력을 통해 잠시 들여다볼 필요가 있다.

　그는 충북 충주에서 비교적 부유한 집(부친이 사업가)의 장녀로 태어난다. 본고향인 괴산槐山에는 종조부가 성취시킨 세 아들의 가족을 한집안에 거느리고 살 만큼 대대로 행세하는 봉건적인 토호가문의 규수로 태어난 것이다. 그러한 그가 1957년 충주의 명문 충주여고를 졸업하였으나 완고한 부모의 반대로 대학 진학을 단념하고 집에서 가사에 종사한다. 그러나 일찍부터 문학에 뜻을 둔 그는 여고 시절에 〈하늘〉이라는 시로 ≪학원≫사에서 제정한 '학원문학상'을 받고, 졸업 후에는 〈방천둑 사람들〉이라는 소설을 써서 ≪여원≫사의 '여류문학상'을 받는 등 문학에 대한 싹수를 나타낸다.

하지만 이 싹수는 1960년, 집에서 정한 혼처 대종갓집 맏며느리로 시집감으로써 좌절된다. 그때 신랑인 이용준(李龍俊, 후에 노동부차관 역임)은 대학 3년 재학중으로 타관에 나가 있었고, 시집에 남아 "시외할머니까지 모신 층층시하에서…… 세 살 막내시누이 위로 5세, 7세, 9세……. 종구리에 담긴 밤알처럼 올망졸망"한 시동생 7남매와 자신이 낳은 어린아이를 기르면서, 지체가 까다로운 집안인지라 "오뉴월 폭양에도 속바지, 속치마, 겉치마에 긴 앞치마까지 겹겹이 껴입고 땀띠가 가득한 종아리로 삼시 세끼에 세 번의 새참까지 곁들인 농사 뒷바라지를 밀짚불 때어가며 수발해야" 했고, 거기에 "일 년에 봉제사奉祭祀 여덟 기È에 이중 과세로 명절이 세 번, 그 사이사이에 낀 어른들의 생신"까지 치르다 보면 "초가을부터 손등이 트기 시작하여 깊은 겨울이면 팔꿈치까지 빨갛게" 터지는(이상은 수필 〈묵은 노트〉에서) 경황

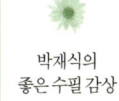
박재식의
좋은 수필 감상

없는 시집살이로 문학에 대한 궁리는 엄두조차 내지 못했던 것이다. 이 같은 인고의 세월은 종손인 신랑이 대학을 졸업하고 서울에 딴살림을 차려 나간 뒤에도 이윽히 뒤따른다.

그러나 그의 내부에 밑불처럼 잠재한 문학에의 소망은 마침내 1970년에 이르러 10년의 공백을 뛰어넘고 주부클럽에서 주최하는 '주부백일장'에 참가, 산문 부문에 입상함으로써 다시 살아나게 된다. 이것을 계기로 1972년부터 월간 ≪수필문학≫(발행인 金承禹)에 아마추어 자격으로 수필을 발표하다가 1977년 〈돌배의 꿈〉과 〈예각 銳角〉으로 완료 추천을 받고 정작의 수필가로 등단했고, 1980년에 그의 유일한 수필집 ≪돌배의 꿈≫(관동출판사 간)을 상재하여 그것으로 1990년 '수필문학진흥회'가 제정한 '제8회 현대수필문학상'을 받는다.

이런 내력에서 쓰인 그의 수필은 처음부터 '종갓집 맏며느리'로서의 고된 생애와 내면의 갈등, 그리고 양가 규수로서의 조신한 삶과 그에 수반하는 애환의 사연을 풍부한 내간체의 어휘와 토속적인 냄새가 물씬 풍기는 구수한 문장으로 그려내는 데 시종하다시피한다. 그리하여 강호의 수필인으로부터 "인정미 넘치는 내방가사들을 대하는 느낌"(柳斗永, 1921~99)이며 "규방문학의 일인자"(金于玄, 1929~91)라는 찬평을 받게 된다.

여기에서 감상할 〈산딸기〉는 그와 같은 그의 수필세계와는 얼마큼 궤를 달리하고 있는 대표작의 하나이다.

해설

　〈산딸기〉는 아들이 길거리에서 사온 산딸기를 먹으면서, 6·25때인 소녀 시절, 피난살이를 하던 작자가 산골 마을의 산딸기 밭에서 만난 서울에서 피난 온 소년과의 사이에 스스럽게 피다 만 꽃봉오리 같은 풋사랑의 사연을 추억한 글이다.

　추억 속에 감추어진 이 사연을 꼬드긴 것은 우연찮게도 아들이 하학길에 사온 새빨간 '산딸기'의 "떫은 듯 새콤달콤"한 맛에서 연유한다. 대개 옛 추억을 소재로 다루는 글이 취하게 되는 모티브의 패턴을 여기에서도 답습한 셈이지만 산딸기의 "새빨간 빛"과 "떫은 듯 새콤달콤한 맛"이 작자가 얘기하고자 하는 '피다 만 풋사랑'을 암묵적으로 상징하고 있다는 점에 주목할 필요가 있겠다.

　6·25가 나자 작자의 가족은 고향인 충주 읍내에서 산 하나를 넘는 난영이라는 마을로 피난을 하게 된다. 남침한 인민군의 치하에 든 충주는 핍박한 식량난과 간단없이 내습하는 UN 전투기의 성화로 배겨 있을 수가 없었기 때문이다. 난영마을은 "십여 호쯤의 촌락인데 주민과 피난민이 반반 섞이어 여름 난리를 치르게" 된 것이다. 그곳에서 작자의 가족도 "종범이네라는 선량한 농가의 뜰아랫방"을 얻어 피난 짐을 풀게 된다.

박재식의
좋은 수필감상

종범이네와 우리는 한식구처럼 한솥엣밥을 먹었다. 하루 걸러 한 번쯤 점심때가 너웃해지면 나는 다래끼를 어깨에 걸고 산비알에 걸린 목화밭으로 배추를 솎으러 갔었다. 목화밭 이랑 사이에 심은 배추를 솎아 놓고는 뱀을 쫓듯 작대기 끝으로 풀섶을 이리 헤척 저리 뒤척하며 멍석딸기를 찾았다. 좀 휘미진 곳에서 산딸기가 여남은 포기나 담송담송 모여 난 곳을 찾게 되었다. 검지손가락 끝마디 만큼씩 한 검붉은 산딸기가 소담하게 열려 있었다. 산딸기 맛에 김칫거리 장만은 짜증스럽지 않은 심부름이 되었다.

난리를 피해 산골 마을로 온 어린 작자는 뜻하지 않은 전원생활의 아취를 산딸기 맛과 함께 누린다. "너웃해지면", "이리 헤척 저리 뒤척", "휘미진 곳", "담송담송" 등 적절한 방언과 조어를 구사한 표현 기법이 문장에 신선미를 돋보인다. 그런데 자기의 독점물로만 여겼던 산딸기밭이 누군가에 의해 침범당한 흔적을 발견하고 무연해진다. 눈여겨둔 익은 딸기가 없어지고 희끄므레 덜 익은 것만 남아 있는 경우가 흔한 것이다. 아니나 다를까, 어느 날 배추 솎는 일을 마치고 올라가 보니 거기 덤불 속에 먼저 와서 산딸기를 찾고 있는 자기 나이 또래의 소년을 발견하고 두 사람 사이에는 잠시 승강이가 벌어진다. "니가 맨날 딸기 다 따 갔구나?" "산에 나는 딸기에두 임자가 있냐?" "내가 먼저 맡아 놨거덩." "야, 산이나 들에 나는 건 누구나 먹는 게 임자야."

머스매는 똑 따온 듯한 서울 말씨를 썼다. 그러지 않아도 흰 반바지 흰 러닝에 검은 허리띠를 맨 깔끔한 차림새며 계집애보다도 하얀 살결이 서울내기란 딱지처럼 눈에 두드러졌다. 등갱이 넘어 촌락으로 피난 온 애일 거라고 짐작이 갔다. (중략) 나는 흰 운동화를 꺾어 신은 머스매의 희고 통통한 종아리와 뒤꿈치를 바라보았다. 새까만 종아리에 꺼먹 고무신을 신은 내 다리가 창피해서 오히려 오기가 치밀 지경이었다.

그러나 그 뒤로 두 사람은 딸기밭에서 곧잘 마주치게 되고 어느새 "서먹서먹하면서도 싫지 않은 친구" 사이가 되어간다. 소년은 같은 나이인 열네 살 중학교 1학년이고(작자는 호적이 잘못되어 초등학교 6학년이다.), 이름은 성준인데 그냥 준이라고 부른다고 한다. 준이는 무척 순한 아이로 "시골뜨기라는 자격지심에 말끝마다 톡톡 쏘아 붙이는" 작자와는 달리 늘 부드러운 억양의 말투로 응수한다. 따라서 작자인 소녀의 말투도 어느덧 누그러질 수밖에.

박재식의
좋은 수필 감상

작자는 이성인 소년을 의식하여 "목화 다래알만큼 여물어 있는" 젖봉오리를 단속하기 위한 옷매무시에 신경을 쓰지 않을 수 없게 된다. 두 사람은 앞서거니뒤서거니하며 산딸기 밭에서 자주 만나게 되기 때문이다. 만나면 소년은 시골뜨기 소녀를 도와 배추를 뽑고 고추를 따기도 한다. 그리고는 작자에게 〈성불사의 밤〉 노래를 가르쳐 주며 함께 부르고, 마치 여름방학에 외가에라도 온 듯 곤충채집을 하면서 피난살이 처지엔 아랑곳없이 군다.

그런 어느 날, 준이는 작자를 데리고 그곳에서 조금 더 올라간 언덕바지에 절벽처럼 서 있는 큰 바위 밑으로 간다. 바위 밑에는 50센티쯤의 깊이로 파인 조그만 굴이 형성되어 있고, 그 앞, 자갈이 섞인 모래 바닥을 눈이 시리도록 맑은 산골 물이 고여 흐르고 있다. 그 언저리에는 나뭇가지에 얽힌 덩굴풀들이 우거져 터널 속처럼 짙은 그늘을 드리우고, 그늘을 벗어난 물가에는 산나리, 패랭이 등 여름 풀꽃이 눈부시게 피어 있다. 피서를 겸한 안성맞춤의 데이트 장소에 온 셈이다.

그런데 소년은 임의로운 말투로 세수를 하고 발도 담가 보라고 소녀에게 권하고서 제가 먼저 희고 통통한 발을 물속에 담근다. 지민큼 떨어져 머뭇거리던 작자는 이윽고 소년의 것과는 사뭇 대조적인 새까만 발을 물속에 담가 손으로 발등을 자꾸 부비고 발바닥으로 자갈을 빼글빼글 굴리며 납량의 한때를 누린다. 그러면서도 "준이 얼굴은 햇빛에 그을면 빨개졌다가 다시 희어지는데, 시골아이라 그런지 나의 살은 검붉게 익었다가 그대로 까맣게 타버리는 것"이 야속하기만 한 열등감으로 소년의 시선을 피하고 있는데, 준이는 "야, 네 눈, 나하고 바꿨으면 좋겠다." 하고 언제나 "황소눈깔이라고 놀림 받는 터무니없이 크기만 한" 작자의 눈을 칭찬해 준다. 그리고는 몸을 뒤로 젖힌 채 발장단을 치며 노래를 부르는 도시의 아이다운 소탈한 매너를 발휘한다.

그러고 있는데 준이가 별안간 작자를 왈칵 잡아다닌다. 동시에 작자가 놀랄 새도 없이 귀를 짜개듯 제트기의 날카로운 폭음 소리가 엄습하고 지났다. 그곳에서 1킬로쯤 떨어져 나 있는 국도는 충주에서 안동과 김천으로 빠지는 길인데, 그 길을 인민군과 장구를 실어 나르는 거마가 지나다니는 탓으로 이따끔 쌕쌕이라고 불리는 제트기의 폭격을 받곤 한 것이다. 두 사람은 꼬꾸라지듯 바위 밑 파인 굴에 뛰어들어 서로 부둥켜 잡고 공포에 떤다. 원을 그리며 부웅 떴다가 곤두박질치는 쌕쌕이의 기총 소사가 꼭 그들의 머리 위에서 쏘아대는 듯 들리기 때문이다.

공습이 멎고 비행기가 돌아간 것을 확인하자 우리는 꿈에서 깨이듯, 감았던 팔을 풀며 부스스 일어나 나왔다. 안도의 숨을 쉬던 준의 얼굴이 먼저 빨개졌다. 나도 얼굴이 화끈 달았다. 뽕긋한 젖가슴이 파닥파닥 뛰고 있었다.

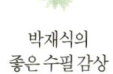

박재식의
좋은 수필 감상

스스러운 가운데 이루어지는 사춘기 소년 소녀의 이성간의 사귐이 뜻하지 않은 사건(폭격)을 매개로 본의 아닌 '포옹'이라는 극적인 국면으로 발전하는 과정을 마치 영화 속 줄거리의 한 장면처럼 풋풋하게 그려내고 있다.
그 뒤로 작자는 어머니의 꾸중을 들어가면서도 배추 뽑으러 산에 가지 않는다. 공습 때 겪은 일의 수치심 때문이다. 그러자 며칠이 지나 개울가에서 빨래를 하고 있는 작자 앞에 소년이 나타나 "너, 내일 딸기밭에 안 나오면 죽어. 내가 따져 둘 게 있단 말이야." 하고 준이답지 않은 거칠고 단호한 말투를 남기고 간다.
다음날 작자는 배추 뽑으러 산으로 올라간다. 죽인다는 말이 무서워서가 아니라 오히려 사내다운 그런 준이의 단호한 태도가 조신한 소녀의 마음을 무가내하 이끈 것이다. 먼저 와서 산딸기 한 종구리 따놓고 기다리던 준이는 작자를 보자 "어제 죽인다고 해서 미안해." 하고 멋쩍은 표정을 짓는다. 두 사람은 언덕바지 바위 밑으로 올라가 넝쿨들이 터널을 이룬 그늘 아래 앉아 준이가 갖고 나온 "겉장은 떨어졌지만 삽화가 예쁜 동화책"을 같이 읽으면서 꽤 오랜 시간을 보낸다. 그리고는 밭으로 내려와 "준이는 목화밭 이랑을 누비며 배추를 뽑고 나는 창칼로 다듬어 다래끼에 담는" 흡사 죽이 맞은 한 쌍의 농삿집 내외처럼 배추 뽑는 일을 서두른다.

그러자 때마침 약속이나 한 듯이 마름모꼴로 편대 지은 쌕쌕이 넉대가 갑자기 나타나 이번에는 그곳에서 무척 가까운 곳에 폭탄까지 투하하는 폭격이 감행되는 돌발 사태에 쫓겨 두 사람은 퉁기듯 근처 풀섶에 박힌 바위 밑으로 굴러 들어가 귀를 막고 엎드린다. 그날의 폭격은 유독 자심하여 폭음이 멎은 뒤에도 한참 동안 귀를 막은 채 꼼짝 않고 있다가 두 사람은 땀투성이가 되어 나온다. 소녀는 세수를 하려고 가늘게 흐르는 도랑물 앞에 쪼그리고 앉는다. 그런데

"얘, 너 딸기 깔구 앉아 있었구나."

뒤에서 준이가 소리 질렀다. 무망결에 일어나 치마 뒷자락을 당겨 올렸다. 손바닥 크기만큼 딸기즙이 배어 있었다.

"얘, 속치마, 속치마 좀 봐."

속치마 뒷자락에는 손바닥 넓이보다 더 넓게 딸기물이 새빨갛게 배어 있었다.

나는 치마를 탁 놓으며 치마 뒷자락을 준이가 못 보도록 돌아섰다. 병풍처럼 바위를 배경으로 서 있는 준과 저절로 마주 선 자세가 되었다. 준이 얼굴도 새빨개 있었다. 정작 빨개진 것인지 저녁 햇살, 황혼빛을 받아 빨갛게 보이는 것인지 검은 바위에서 붉게 피어난 것 같은 얼굴을 한 채 부신 듯한 눈으로 나를 바라보고 서 있었다. 나는 손을 뒤로 돌려 치맛자락을 흡싸며 비슬비슬 뒷걸음치기 시작했다.

그것은 딸기물이 아니라 초조初潮였던 것이다. 소녀의 은밀한 비밀인 초조의 현장과 그것을 처음 발견하고 딸기물로 착각하며 띄워주는 소년의 순직한 놀라움, 이 소설 같은 이벤트는 산딸기에 얽힌 풋사랑의 사연에 클라이맥스를 이루는 대목이라고 할 수 있다.

마을에 돌아오니 들일을 하던 이웃할아버지가 윗입술에 파편이 박히는 부상을 입고 동네가 온통 어수선했다. 작자의 어머니는 "피난 온 것이 아니라 난리 마중을 왔구나." 하며 이튿날 새벽 피난짐을 다시 챙겨 더 깊은 산골을 찾아 난영마을을 떠난다. 성도 주소도 모른 채 준에게는 작별 인사도 못하고 가족을 따라 작자도 고개를 넘을 수밖에.

결혼하여 서울에 살면서 작자는 거리에서 혹간 얼굴이 희멀건 자기 또래 나이의 남자와 스쳐 지나게 되면 문득 뒤돌아보게 된다. 풋사랑에 대한 아련한 그리움의 잠재의식이 빚는 막연한 기대감에서일 터이다.

박재식의
좋은 수필 감상

그러나 나는 준과의 해후를 원치 않는다. 준이가 어린 왕자에 나오는 숫자를 좋아하거나 지배하기를 좋아하는 어른처럼 변해 버렸다면 패랭이꽃처럼 풋되고 눈부신 나의 영상이 깨어지는 아픔을 견디기 어렵기에-. 가을 풀처럼 시들은 내 모습을 보이기가 두려웁기에-.

풋사랑이 허무했던 것처럼, 막상 준이를 만나 그새 속정에 물이 들어 풋풋했던 소년의 옛모습이 꿈밖으로 변한 현실과 마주치는 것도 허무한 일일 뿐더러, 이제는 종갓집 맏며느리가 되어 숱한 삶에 시달려 마른 풀처럼 시들은 자신의 모습을 보이는 것도 두렵고 부질없는 일이다. 그래서 작자는 그런 허무감 속에서 자기의 인생을 한 줄기의 산들바람처럼 스쳐간 산딸기에 얽힌 풋사랑의 추억을 담담하게 되새겨볼 뿐인 것이다.

촌평

이 수필을 읽으면 누구나가 문득 황순원의 단편소설 〈소나기〉를 연상하게 될 것이다. 그만큼 이 글은 소설적인 구도와 내용을 지닌 서정성 짙은 서사수필이다. 6·25라는 처절한 시대적 상황을 배경으로 하여 그 속에서 순진무구한 야생화처럼 가녀리게 피다 만 사춘기 소년 소녀의 첫사랑의 사연이 읽는 이의 가슴에 풋풋하게 와 닿는 글이다. 그러면서도 한 치의 감상이나 허튼 수식이 철저히 배제된 등장 인물의 성격이나 자연 묘사의 리얼한 형상 수법이 산문 수필로서의 품격을 묵직하게 돋보인다.

무엇보다도 이 수필에서 사야 할 장점은 해당 문장의 적소適所에 활용된 적재適材의 어휘 구사에 있다. 해설을 통해 잠시 예시한 바와 같이 통상의 표준어로는 뭔가 마뜩지 않은 단어에 대한 방언의 대담한 활용('사내아이'를 '머스매', '종구라기'를 '종구리'로 하는 등), 그것으로도 못다 하는 표현 대상에 대하여는 작자 특유의 언어 감각에 의한 조어('너웃하다', '이리헤척 저리뒤척' 등)의 창안을 들 수가 있고, 그밖에도 후미진 어휘의 발굴('소창치마', '무망결' 등)에 의한 광범한 단어 지식을 동원하여 문장의 리얼리티와 신선미를 돋보이고 있는 점을 눈여겨둘 필요가 있다. 플로베르의 이른바 일사일어주의(一事一語主義. 하나의 사물을 나타내는 말에는 오직 하나의 어휘밖에 없다.)의 원리를 가장 충실하게 터득한 수필의 모본으로 후학들이 사사하기에 손색없는 글이라 할 수 있겠다.

박재식의
좋은 수필 감상

유 두 영

- 1921년 서울 출생
- 국학대학 국문과 졸업
- 중·고등학교 교사를 거쳐 출판사 근무
- 1999년 별세

새치기

아침 일찍 잠에서 깬 채, 그대로 누워 머리맡에 놓인 라디오에 귀를 기울이고 있노라면, "주욱 주욱 줄서세. 우리 모두 줄서세…." 하는 노래가 들린다.

이 노래는 질서를 바로잡아야 할 여지가 많은 우리 일상생활의 모든 경우에 깨우침이 되겠지만, 내게 있어서 가장 절실하게 느껴지는 것은, 이제부터 나서야 할 출근길에 맨 먼저 부닥칠 러시아워에서 더러 눈에 띄는 불쾌한 광경이다.

내가 버스를 타는 곳은 시발점이다. 그래서 일렬로 주욱 서서 차례대로 타게 되어 있다. 그런데 대체로 질서 있게 잘 시행이 되지마는, 이 질서를 깨트림으로써 명랑하게 하루를 지내야 할 직장인들의 눈살을 찌푸리게 하는 사람이 더러 있다.

중학교 1·2학년 학생들 중에, 줄 앞머리 근처에서 얼씬거리다가 틈을 보아 잽싸게 뛰어 올라서서는 무슨 큰일에 성공이나 한 듯이 깔깔거리며 좋아하는 놈들이 있다. 이 철부지들의 짓거리는, 그들이 자신들의 행동이 비도덕적이라는 의식은 거의 없이 그저 단순한 장난기에서 재미로 까부는 것이라, 어찌 보면 천진난만한 면도 없지 않아 붙잡고 타이르면 곧 잘못을 깨닫는다.

그러나 문제는 어른들의 경우다. 이리저리 눈치를 살피다가 경계가 허술한 사람 곁에 가서 살며시 끼어드는 얌체형이 있는가 하면, 아예 문 앞으로 달려가서 남들을 밀어젖히면서 기어오르는 저돌형이 있다. 이때 줄은 무너지고 승강대 앞은 난장판이 되기 일쑤다.

어떤 이들은 핏대를 세우며 그들을 매도하기도 하지만, 나는 부드럽게 타일러 그를 뒤로 돌려보내려고 힘쓴다. 그러면 간혹 수치감을 느끼는 듯이 잠자코 물러나는 이도 있으나, 네가 뭔데 건방지게 구느냐 하는 듯이 빤히 쳐다보는 사람도 있다. 이럴 때, 나는 과연 이들을 타이를 만한 자격이 있는가 하는 자격지심에서 스스로 부끄러운 생각이 들어 입을 다물고 만다.

내가 부끄러운 마음을 가지는 데에는 그럴 만한 사연이 있다. 이 이야기는 멀리 일제 말엽으로 거슬러 올라간다. 그리고 그때부터 나는 '새치기'에 대해 남다른 관심을 가지게 되었다.

어느 날 춘천에 갈 일이 있었다. 그때는 지금처럼 교통이 편리하지 못했다. 춘천행 버스가 없는 바 아니었지만, 가장 편리한 교통 수단은 역시 열차편이었다. 지금은 그 자리에 무슨 백화점이 들어선 것 같은데, 어쨌든 경춘철도 시발역인 성동역 앞 광장에는 하루 몇 차례 왕복하는 완행열차를 기다리는 승객들로 항상 장사진長蛇陣을

작품감상 145

이루고 있었다.

내가 나갔을 때는 벌써 차표를 사기 위해 늘어선 줄은 그 넓은 광장을 가로질러 전찻길 가까이까지 뻗어 있었다.

줄 끝에 서서 기다리자니 불안했다. 표는 팔고 있는 것 같은데, 줄은 좀처럼 줄지 않으니 더욱 그러했다. 그 차를 놓치면 폭양에 시달리면서 두 시간 이상을 더 기다려야 한다.

나는 줄이 좀처럼 줄어들지 않는 까닭을 이내 알아냈다. 그것은 매표구 근처에서 새치기하는 사람이 하도 많기 때문이었다. 그것을 알고 난 나는, 남들 다하는 짓을 난들 왜 못하랴 하는 대담한 생각이 들었다.

그래서 매표구 근처에 가서 기회를 엿보았으나 용기가 나지 않았다. 줄 중간쯤에 가서 기웃거렸으나 모두 경계하는 눈초리였다. 더 뒤로 물러나 어느 농부 차림의 중노인 옆으로 슬며시 다가서 보았다. 그분은 아무 말 없이 자리를 틔워준다. 나는 염치불구하고 들어섰다. 그러나 하도 새치기가 많아 이번 차를 탈 수 있을까 어떨까 하는 불안은 여전했다.

그럭저럭 매표구 근처까지 왔다. 표를 끊은 사람들은 자꾸 개찰구로 빠져 나간다. 곧 매표구 창문이 닫힐 것만 같아 초조하던 끝에 간신히 표를 끊었다. 살아난 듯한 기분으로 표를 들고 돌아서는 순간, '덜컥' 하고 매표창구 닫치는 소리가 들리는 듯했으나, 별 생각 없이 개찰구를 향해 달렸다.

개찰구를 빠져 나가서야 내게 자리를 양보하고 바로 내 뒤에 섰던 그 분의 일이 궁금해서 뒤를 돌아다 보았다. 그런데 그분은 그대로 닫힌 매표구 앞에 말없이 서 있는 것이 아닌가. 내가 마지막 표를 샀던 것이다.

"아이구, 저런!"

나는 멈추어 서고 말았다. 움직일 수가 없었다. 그때 열차가 기적을 울린다. 나는 얼떨결에 차 안으로 들어서고 말았다.

초만원을 이룬 찻속에서는 사람들 틈바구니에 끼여 시달리느라고, 그분에게 그저 미안하다는 생각이 들었을 뿐이었으나, 그날 밤 자리에 누워서는 그 뒤로 두 시간 이상을 더 기다리느라고 매표 창구 앞에 멀쑥이 서 있던 그분의 모습이 자꾸 떠올라 잠을 이룰 수가 없었다.

나는 그날 밤에는 다시는 염치 없는 짓을 하지 않고 평생을 살아 가리라고 다짐했다. 그리고 오늘날까지 그 결심을 지키느라고 내딴에는 힘을 기울여 왔다. 무슨 일에 있어서나 새치기는 하지 말아야 한다고 다짐해 왔다.

정 급할 때는 좀 실례하고 싶은 생각이 간혹 들기도 하지만, 그럴 때마다 그때 그분의 모습이 선연히 떠오른다. 떠오르는 그분의 모습은 바로 성자의 모습 그대로다. 그분은 나에게 평생의 바른 길을 말없이 일깨워 준 나의 스승이었다. 어쩌면 그분은 나 같은 위인을 제도하기 위해 출현한 관음觀音의 화신化身이었는지도 모른다.

작/품/감/상

머리말

　작자인 묵암 유두영(墨岩 柳斗永, 1921~1999)은 교육자 출신의 수필가이다. 서울에서 태어나 국학대학 국문과를 졸업하고 약 20년 동안 중·고교의 교사로 근무하다가 출판사로 자리를 옮겨 직장생활을 한다.
　그가 문학에 뜻을 둔 것은 해방 후 교사로 근무할 시절 학생들의 작문을 지도까지 맡아보면서 자작의 단편소설과 수필 등을 발표하기도 하면서 장차 문인으로 입신할 채비를 차린 것이다. 그러던 중 6·25가 발발하여 1·4후퇴 때는 제2국민병으로 소집되어 후송대열에 끼여 경남 고성으로 내려가 하염없는 수용생활을 하다가 정훈공작대장으로 선발되어 장정 위문용의 〈태극기가 그리워〉라는 4막짜리 극작품을 써서 그의 연출로 공연하기도 한다. 얼마 안 있어 국민병이 해산되자 서울로 복귀하려고 시도했지만 중공군의 2차 공세를 만나 한강을 건너지 못하고 전주에서 피난중인 대학 때의 은사를 찾아가 그의 주선으로 당시 전주에서 창간된 태백신문의 문예부에 취업한다. 문예부장인 시인 신석정(辛夕汀, 1907~74)은 그의 비범한 필력을 인정하고 소설을 써보라고 권유하여 중편소설〈새벽닭이 울 때〉를 써서 보였더니 곧바로 신문에 연재된 것을 시발로 그로부터 문예란의 고정 집필자로 활동하기도 한다.

서울이 완전히 수복되자 서울로 돌아와 다시 교편 생활을 하며 소설로 등단하기 위해 김동리 선생을 만나 사사하기도 했지만 뜻을 이루지 못하고, 원체 술을 좋아하는 그는 퇴근 후면 술친구들과 어울려 술집 순례를 일삼느라 한동안 작가 지망의 붓을 놓는다.

이윽고 출판사로 직장을 옮겨 직분상 남의 글을 다루면서 그의 나이 어언 이순이 가까워지자 '나도 한때는 문학 지망생이었으니 뭔가 나의 글을 써야한다.'는 생각이 불현듯 솟구친다. 그는 이것을 '만각晩覺'이라고 표현한다. 그가 만각한 '나의 글'은 곧 '진솔한 자기 표현의 문학'인 수필일 수밖에 없다. 그래서 몇 편의 수필을 써서 몇 군데 월간 잡지사에 무작정 송고하여 더러는 채택되어 빛을 보기도 했지만 대개의 경우 '수필가'의 수필이 아니라는 이유로 냉대를 받는다.

그리하여 등단 절차의 필요성을 절감한 그는 당시의 수필문단

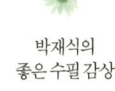

박재식의
좋은 수필감상

을 주름잡던 박연구(朴演求, 1936~2003)를 찾아가 상의한 끝에 그의 주선으로 회갑을 맞는 해인 1981년 ≪한국수필≫의 추천을 받아 정식으로 등단한다. 이래로 수필활동을 활발히 전개하여 1984년 그 동안에 발표된 작품을 묶어 첫 수필집 ≪세월, 그 한 마디≫ (교학사. 추천작품인 〈그 한 마디〉와 〈세월〉을 합성하여 표제로 삼음.)를 상재하고, 이어 1988년 ≪되돌아 보기≫, 1991년 ≪이화에 월백하고≫(이상 '자유문고' 간)를 간행함으로써 생애에 3권의 수필집을 남긴다.

그의 수필에는 현대의 인정 물태를 고전적인 전통 의식과 자신의 체험적 생활관에 의해 관조함으로써 인간의 보편적인 양식에 대한 자기 나름의 패러다임을 주제로 제시한 작품들이 많다. 따라서 평범한 진리 속에 번득이는 경세의 깨우침을 마치 입담 좋은 고로古老가 도란도란 정담을 나누듯 부드러운 목소리로 담아 내는 그의 작풍作風이 토속성 짙은 한국 수필의 모델로 평가 받기도 했다. 〈새치기〉는 그런 그의 작풍의 진면목이 잘 드러나 있는 수필이라 할 수 있다.

〈새치기〉는 사회 생활의 양식이자 불문율의 준칙인 '줄서기 문화'의 정착을 염원하는 작자가 그 당위성에 대한 인식의 기제를 자성적 체험을 통해 담론한 수필이다. 공동체 생활에서의 '줄서기'의 당위성과 그에 위화적 존재로 끼어드는 '새치기' 현상의 부당성은 수필 작가의 문제의식으로 쉬이 짚어볼 만한 소재이기는 하다. 하지만 이 번하고도 단조로운 사안의 명제를 어떻게 하나의 문학 작품으로 승화시켜 독자의 공감대에 닿게 만드느냐 하는 방법론적인 측면에서 보면 간대로 다루기가 쉽지 않은 까다로운 소재가 아닐 수 없다. 〈새치기〉는 이런 관점에서 그 진가를 음미해볼 만한 수필이다.

도입부에서 작자인 그는 아침 일찍 잠에서 깨어나 머리맡의 라디오가 흘려보내는 "주울 주울 줄서세, 우리 모두 줄서세." 하는 노래를 듣게 된다. 사회질서 바로잡기 운동의 일환으로 벌이는 '줄서기' 캠페인의 주제가이다.

줄서기는 '선착자 우선'의 통념에 따라 같은 목적물에 수요가 붐빌 때는 줄을 서서 차례를 기다리는 행동 법칙으로, 선진 외국에서는 일찍부터 생활 관습으로 정착된 사회적 규범이다. 그런 외국에 가보면 정류장 같은 데서 서너 사람만 되어도 한 줄로 서서 차를 기다리는 광경을 흔히 잡아볼 수가 있다. 그래야만 사회라는 공동체 생활의 질서가 물이 흐르듯 순조롭게 이루어질 수 있는 법이다.

이런 줄서기 문화의 근간이 되는 '선착자 우선'의 원리는 사회생활의 모든 분야에서 적용되는 법칙이기도 하다. 입학시험이나 채용시험에서 합격자를 뽑는 것도 해당 정원에 선착하는 성적을 순위로 정하는 것과 같다. 얼핏 보기에 이것은 경쟁 행태이지 '줄서기'와는 무관한 듯하지만, 결코 그렇지 않다. 경쟁 원리

박재식의
좋은 수필 감상

는 시험이라는 '줄서기의 선착자'가 되기 위한 응시자의 노력에 동기를 부여하는 메커니즘에 불과하고, 그 노력의 결과에 대한 객관적인 평가는 어디까지나 성적순이라는 선착자 우선의 '줄서기'의 원칙에 의하는 것이기 때문이다. 이 원칙을 거슬러 개중에 부정한 합격자가 새치기로 끼어 든다면 의당 합격권에 들어야 할 응시자가 탈락하는 부조리를 빚고 시험 제도 자체의 질서가 무너져 혼란을 조성하는 근본이 되게 마련이다. 그러므로 줄서기 문화가 갖는 적극적인 덕목은 선착자 지향의 경쟁 심리를 유발하여 사회 발전의 역량을 조장시키는 밑거름의 구실에도 큰몫을 하는 셈이다.

이와 같은 문화 풍토가 아쉬운 우리 사회를 깨우치는 캠페인의 노래가 우리 사회의 소박한 모랄리스트 묵암으로 하여금 그에 장애 요소가 되는 '새치기'의 비리를 질정하는 붓을 들게 만든 것이다. 물론 앞에서 감상자가 췌론贅論한 '줄서기의 당위성'이 전제되는 것이지만 그는 다만 "이 노래는 질서를 바로잡아야 할 여지가 많은 우리 일상생활의 모든 경우에 깨우침이 되겠지만" 하고 넘겨 버린다. 원래 당위성이란 감상자의 췌론에서 보듯이 새삼스럽고 뻔한 담론이다. 이것을 생째 훈도식으로 수필 속에서 중언부언하게 되면 독자는 이내 하품을 뿜게 마련이다. 그래서 그는 "내게 있어서 가장 절실하게 느껴지는 것은, 이제부터 나서야 할 출근길에 맨 먼저 부닥칠 러시아워에서 더러 눈에 띄는 불쾌한 광경이다." 하고 본론으로 접어든다.

'불쾌한 광경'은 버스를 타려고 줄을 서서 기다리는 그의 눈에 으레 띄게 되는 얌체족들의 '새치기' 행태이다. 얌체족 중에는 어린 중학생들의 장난기 어린 철부지 새치기가 있는가 하면, 멀쩡한 어른들 중에 "이리저리 눈치를 살피다가 경계가 허술한 사람 곁에 가서 살며시 끼어드는 얌체형"과 "아예 문 앞으로 달려가서 남들을 밀어젖히면서 기어오르는 저돌형"이 있다. 그러면 줄서기의 질서는 무너지고 승강대 앞은 난장판이 될 수밖에 없다.

이런 난장을 교사 출신인 그의 훈장 기질이 간과할 수가 없다. 그래서 일일이 그들을 붙들고 곱게 타일러 뒤로 돌려 보내는 줄서기 질서의 조율사 구실을 자임하여 실천한다. 사회생활의 명랑한 풍토를 조성하는 데는 이런 '소금' 구실을 하는 사회적 훈장의 존재가 많을수록 바람직한 일이지만 그것이 아쉬운 것도 우리 사회의 현실이다.

개연의 현상으로 그의 타이름이 제대로 먹혀들기도 하지만 개중에는 "네가 뭔데 건방지게 구느냐 하는 듯이 빤히 쳐다보는 사람"도 으레 있게 마련이다. 이럴 때 그는 "과연 이들을 타이를 자격이 있는가 하는 자격지심에서 스스로 부끄러운 생각이 들어 입을 다물고 만다." 왜일까? "그럴 만한 사연"이 있어서이고, 그 "새치기에 대해 남다른 관심"을 갖게 된 것도 못내 잊을 수 없는 그 사연 때문이다.

일제 말엽, 그는 춘천에 갈 일이 생겨 경춘선京春線 열차의 시발역인 성동역에서 차표를 사기 위해 승객들이 장사진을 이룬 줄 끝에서 차례를 기다렸다. 그런데 차표는 팔고 있었지만 늘어

박재식의
좋은 수필 감상

선 줄이 좀체 줄어들지 않아 까닭을 알고 보니 매표구 근처에서 새치기하는 사람이 하도 많아서였다. 그는 초조해질 수밖에 없었다. 파는 표는 한정이 있고, "그 차를 놓치면 폭양에 시달리면서 두 시간 이상은 더 기다려야" 하기 때문이다. 그래서 "남들 다 하는 짓을 난들 왜 못하랴 하는 대담한 생각"이 들어 매표소 근처에 가서 기회를 엿보았지만 용기가 나지 않아 '저돌형'은 포기하고, 물러나와 줄의 중간쯤에 서 있는 "어느 농부 차림의 중노인 옆으로 슬며시 다가"가니 "그분은 아무 말 없이 자리를 틔워 주어" '얌체형'으로 끼어들기에 성공한다. 그리하여 공교롭게도 아슬아슬하게 마지막 차례의 표를 끊을 수 있게 된다.

살아난 듯한 기분으로 표를 들고 돌아서는 순간, '덜컥' 하고 매표창구 닫치는 소리가 들리는 듯했으나, 별 생각 없이 개찰구를 향해 달렸다.
개찰구를 빠져 나가서야 내게 자리를 양보하고 바로 내 뒤에 섰던 그분의 일이 궁금해서 뒤를 돌아다 보았다. 그런데 그분은 그대로 닫친 매표구 앞에 말없이 서 있는 것이 아닌가. 내가 마지막 표를 샀던 것이다.
"아이구 저런!"
나는 멈추어 서고 말았다. 움직일 수가 없었다. 그때 열차가 기적을 울린다. 나는 얼떨결에 차 안으로 들어서고 말았다.

그는 그날 밤 자기 때문에, 자기를 대신하여 "그 뒤로 두 시간 이상을 더 기다리느라고 매표 창구 앞에 멀쑥이 서 있던" 중노인의 모습을 떠올리며 잠을 이루지 못한다. '멀쑥이' 서 있는 모습은 화자인 자신의 이기적인 부조리 행위가 빚어낸 선의의 피해자의 모습인 것이다.

나는 그날 밤에 다시는 염치 없는 짓을 하지 않고 평생을 살아가리라고 다짐했다. 그리고 오늘날까지 그 결심을 지키느라고 내 딴에는 힘을 기울여 왔다. 무슨 일에 있어서나 새치기는 하지 말아야 한다고 다짐해 왔다.
 정 급할 때는 좀 실례하고 싶은 생각이 간혹 들기도 하지만, 그럴 때마다 그 때 그분의 모습이 선연히 떠오른다. 떠오르는 그분의 모습은 바로 성자의 모습 그대로다. 그분은 나에게 평생의 바른 길을 말없이 일깨워 준 나의 스승이었다. 어쩌면 그분은 나 같은 위인을 제도하기 위해 출현한 관음觀音의 화신化身이었는지도 모른다.

박재식의
좋은 수필 감상

수필〈새치기〉는 이렇게 자신의 사회 생활에 대한 기조 의식에 영향을 준 반사적 진리의 깨우침으로 맺는다. 정작으로 젊은 시절의 이와 같은 자성적 계기에서 연유하는 것인지는 알 수 없으나, 줄곧 양식 있는 사회인으로 생애를 마친 묵암의 인품과 수필 세계에 일관된 신조임에는 틀림이 없다.

총평

  이 수필은 얼핏 보기에 부담감 없이 읽을 수 있는 그저 평이한 내용의 작품 같다. 주제성의 깊이나 문장과 구성이 갖는 작품성의 밀도로 따져 그의 다른 수필에 비한다면 오히려 '잘 쓴 수필'의 수준에서 처지는 작품이라고도 할 수 있겠다. 그러나 그 평이한 내용과 형식의 문장이 자아내는 경세의 감동적인 울림은 읽은 이의 가슴에 제야除夜의 종소리처럼 신선한 여운을 남겨 주는 '좋은 수필'이 아닐 수 없다.

김 병 규

- 1920년 경남 고성 출생
- 홍익대학 법과 졸업, 법철학 전공
- 동아대학교 법과 교수 및 부총장 역임, 법학박사
- 2000년 별세

나무가 있는 풍경

자연의 리듬을 우리가 아는 것은 식물의 모습의 변화에 의하는 일이 많다. 나무가 우리에게 갑자기 알려 주는 것은 다른 것으로서는 알 수 없던 자연의 생성의 추이이다. 우리는 이제 4월이라고 하지 않고 벚꽃이 피는 계절이라고 말한다.

이렇게 말함으로써 나는 시계의 리듬으로부터 벗어나 자연의 리듬 속에 숨쉬는 것이 된다. 지금 나무들은 잎들을 날려보내고 나목裸木이 되어 있다. 나목의 을씨년스러운 모습이 새 봄을 몹시 기다리고 있다. 훌훌 벗은 나무에서 그 리듬이 숨쉬는 소리가 은은히 들리는 것 같다.

대학에 있었을 때 나의 연구실 창문 앞에 청매靑梅 한 그루가 있었다. 그것은 해묵은 나무였다. 응달이라서 그런지 꽃도 나무도 마음대로 자라지는 못하였다.

그것은 꽃잎이 겹이 아니고 홑이라서 더욱 아름다워 보였다. 그만큼 고고孤高하였다. 꽃이 많이 달리지도 않고 어떤 가지에는 아예 꽃도 없었다.

　청매는 홍매紅梅처럼 화려하지 않고 쓸쓸하다. 청매란 말 자체가 청상처럼 청승스러워 보인다. 그러나 청매는 그 아련한 푸름이 아름답기 그지없다. 그것이 풍류일 것이다.

　청매나무 곁에 부도가 있었다. 옥개석屋蓋石은 연꽃 모양을 하고 있었다. 매끈하지는 않지만 그게 오히려 마음이 놓였다. 탑신은 둥글고 2층으로 돼 있었다.

　청매나무는 스스로를 중심으로 하여 맑고 온화한 하나의 세계를 만들고 있었다. 확실히 그것은 시간이 만들어 낸 하나의 걸작이라고 나는 생각했다. 부도가 그 의미를 더욱 더하고 있다고 나는 여겼다.

　그것은 얼어붙었듯이 움직이지 않던 긴 겨울의 인내 속에서 돌연히 해방되어 나타난 꿈과도 같은 하나의 세계였다. 그때 나는 지금은 과거가 돼버린 현재라는 그 시간의 접점接點에서 말할 수도 없는 아름다운 하나의 풍경을 바라보고 있었다. 그것은 나에겐 전율에 가까운 기쁨을 안겨 주었다.

　그리고 다음 순간에는 이 접점이 재빨리 시간의 뒤안길로 사라지고 나는 이와는 비슷하지만 그러나 다른 하나의 풍경을 바라보게 되었다.

　청매나무를 유심히 바라본 그 이튿날이었다. 약간 푸른 빛깔을 머금은 꽃잎이 거의 땅에 떨어지고 조금만 남아 있었다. 남아 있거나 떨어진 꽃잎이 모두 어떤 엷은 한恨 같은 것을 지니고 있었다.

나는 이 청매나무가 있는 풍경에 자기도 참가하면서 그것이 그때 그 순간의 것이라 함을 알았다. 나는 그 풍경이 순식간의 것이라 함을 깨닫는 것이었다.

우리는 언제든지 오직 한 번만인 이러한 풍경 앞에 서 있다.

이윽고 황혼이 오고 밤이 된다. 내일 내가 발견하는 것은 이미 오늘의 것과 같은 풍경은 아니다. 밤사이 비가 올는지도 모른다. 새벽에 바람이 세차게 부는 일도 있을 것이다. 그런 일이 없더라도 꽃이 저절로 떨어지기도 할 것이다. 실제로 청매 꽃잎은 이튿날 많이 떨어지고 말았다.

시간 속에서 일어나는 이러한 변화는 예상할 수 있는 일이다. 이러한 변화는 자연의 리듬이다. 우린 꽃이 피었다든가 잎이 떨어졌다고 하는 나무의 변화에서 자연의 생성변화를 보고 그러한 자연의 리듬에 맞춰 숨쉬고 일을 한다. 그런 속에서 삶의 보람을 느끼기도 한다.

나날이나 다달, 그리고 각 계절과 세세연년이란 완전히 획일적인 시간 속에 우리는 살고 있으면서 다른 한편 변화가 있고 항상 놀라움을 가져오는 일들이 있다는 것이 우리를 넉넉하게 해주고 우릴 보다 위대한 것으로 접근하게 한다.

인간적인 것 중에서 다소간 아름답고 훌륭한 것은 모두 어느 정도 이와 같은 획일성과 다양성이 섞이고 어우러져 일어난 것이라 할 것이다.

가령 농부의 일은 태양과 별이 빛나는 하늘의 리듬이며 그것은 시계가 분초를 기록하는 변화 없는 균일의 리듬과는 본질적으로 다르다. 태양과 수액樹液이 농부의 밭에서 이 세계에서 가장 위대한 것에 대하여 증언하고 있는 것이다.

자연의 리듬은 항상 우리에게 놀라움과 감동을 가져오는 시시각각의 변화의 리듬이다. 그리고 이 변화의 리듬은 인간의 마음속에 항상 눈에 보이지 않는 영역을 회상하게 하고, 또한 예감하게 하기도 한다.

하나의 풍경은 시간의 뒤안길에 물러나게 되고 그것은 당연히 순간마다 새로운 풍경이 탄생하는 것을 의미한다. 자연의 리듬은 항상 이와 같은 회전에 의하여 이루어지는 것이다. 따라서 내가 바라보고 있는 이 순간의 풍경은 다음 순간에는 이미 영원의 공간의 것이 되어 있는 것이다.

왜 나무가 있는 풍경은 나에게 또 하나의 눈에 보이지 않는 세계를 상기하게 하는 것일까? 그것은 땅 밑에 숨어 있는 그 뿌리 때문일까? 아니면 얼핏 움직이지 않는 것같이 보이는 조용한 나무의 줄기와 가지에 시시각각으로 삶의 리듬을 주고 있는 수액 때문일까? 수목에 대한 사고는 나의 안에서 볼 수 없는 영역으로 이끌어간다. 나는 하나의 풍경을 앞에 두고 그것과 꼭 같은 또 하나의 세계를 상기한다. 그것은 아마 이 풍경이 지금 내가 눈앞에 갖고 있는 이 풍경이, 영원 안에 갖고 있는 모습이기도 할 것이다.

영원이란 무시간無時間의 공간이어서 영원이란 공간은 시간을 초월하고 있다. 따라서 거기에서는 꽃을 피우고 있는 청매나무는 언제든지 꽃을 피우고 있는 것이다.

어떤 풍경 속에 자기가 놓여 있을 때 현실의 경험으로서는 그런 풍경에 접하는 것이 그때 처음인데도 불구하고 이런 풍경을 언젠가 본 일이 있는 것이 아닌가라는 놀라움이 우리의 마음을 사로잡는 일이 있다. 이 놀라움 안에 눈앞의 세계와 눈에 보이지 않는 세계와의 사이에 교감交感이 생긴다. 현재와 과거와의, 때론 현재와 미래의 시간 사이에 교감이 일어난다.

시간과 이미 시간을 초월한 것과의 사이의 교감이라고 함이 오히려 나을는지 모른다. 시간과 무시간의 사이의 장場이 거기에 있다.

작/품/감/상

#머리말

박재식의
좋은 수필 감상

작자인 현석 김병규(玄石 金秉圭, 1920~2000)는 법철학자이자 수필가이다. 경남 고성固城에서 태어난 그는 대구사범학교 심상과를 나와 3년 동안의 의무 교편생활을 마친 후 1943년 일본으로 건너가 중앙대학 전문부 법과에 입학하였으나, 이듬해 전쟁 중의 일제가 강요하는 학도병 지원을 기피하여 학업을 중단하고 만주로 망명하여 그곳에 있는 중학교의 영어 교사 등을 하며 지낸다. 해방 후 고국에 돌아와서 50년 변호사 시험에 합격하고 52년 홍익대학 법과를 졸업하였지만 변호사 개업을 하지 않고 그때부터 법철학 연구에 전념한 듯하다.

1958년 부산에 있는 한국해양대학에서 강사, 부교수로 근무하다가 1964년 동아대학교로 옮겨 1985년 부총장으로 정년퇴임하고 내처 명예교수로 팔순의 종명시까지 줄곧 강단에 서서 후진 육성에 심혈을 기울이는 교육자로 종신한다. 그 사이〈법률학에 있어서의 인간상의 변천에 관한 연구〉라는 논문으로 법학박사 학위를 취득하기도 한다. 전공인 법철학의 대표적인 논저로는 1988년에 출간된《법철학의 근본 문제-동서비교 서설》이 있다.

이런 현석이 수필에 대한 애정과 열의로 또 다른 면모를 나타낸 것은 1963년 부산에서 의료인이자 수필가인 박문하(朴文夏 1918~75) 등과 함께 동인지 ≪수필≫을 창간하면서부터이다. 우리 문단에 본격적으로 수필 붐이 일기 시작한 시점을 1970년으로 볼 때, 그에 7년을 앞선 이 부산의 동인 활동은 그 붐에 불을 붙인 작은 불씨가 되지 않았는가 싶기도 하다.

그가 본분인 학문과 교직 못지않게 전공적인 탐구와 성취의 자취를 남긴 것이 수필문학이라고 할 수 있다. 그는 수필문학에 대해 "단순한 문인화文人畵 같은 수필에 우리는 만족할 수는 없다. 수필도 끝까지 가보는 노력이 필요한 것"(그의 글〈에스프리의 섬광〉, ≪수필공원≫, 1995, 봄호 게재, 유병근의〈김병규의 수필세계〉에서 재인용)이라는 소신을 바탕으로 작품 활동에 임했을 뿐 아니라 각종 수필행사의 강연을 통해 그것을 주제의 기조로 삼아 역설하기도 했다. '끝까지 가보는 노력'은 곧 '궁극을 추구한다'는 뜻으로 수필이 갖추어야 할 철학적인 경지를 의미한다고 이해할 수가 있다. 이것은 마치 법률학을 전공한 그가 번연히(?) 법철학을 붙들고 늘어진 품성적인 정신과 맥을 같이하는 소신이라고 볼 수 있다.

그런 만큼 이와 같은 소신의 산물로 씌어진 그의 작품은 주제를 향한 소재 선택의 모티브와 형상 과정의 사유적 패턴이 모름지기 '궁극을 추구'하는 철학 정신에 준거할 수밖에 없다. 그래서 그의 수필을 두고 '철학수필'이라 하고, 통상의 신변적인 수필과 차별되는 본격수필의 모본으로 평가하는 소이연이기도 하다.

그가 남기고 간 작품집에는 첫 수필집 ≪목탄으로 그린 인생론≫(1982, 문학세계사 간)을 위시하여 칼럼집 ≪동아춘추≫(1983, 동아대학출판부 간), 철학에세이 ≪인생산책(제1집)≫(1993, 문학유산사 간. 1995년 제7회 '현대수필문학대상' 수상 작품집) ≪인생산책(제2집)≫(1996, 동아대학출판부 간), 수필·수필론 ≪바람이 부는 길목에서≫(1999, 동아대학출판부 간) 등이 있다.

감상할 〈나무가 있는 풍경〉은 현석의 철학적 수필세계를 엿볼 수 있는 대표작 중의 하나로 ≪인생산책(제2집)≫에 수록된 작품이다.

박재식의
좋은 수필 감상

#해설

〈나무가 있는 풍경〉은 작자가 창문 앞에 을씨년스럽게 서 있는 해묵은 청매나무 한 그루를 바라보며 그 속에서 시간을 초월하는 영원의 실재를 사색한 철학수필이다. '청매'는 열매가 아닌 꽃의 빛깔을 두고 홍매紅梅에 대칭對稱하여 작자가 명명한 나무 이름임을 유념할 필요가 있겠다.

자연의 리듬을 우리가 아는 것은 식물의 모습의 변화에 의하는 일이 많다. 나무가 우리에게 갑자기 알려주는 것은 다른 것으로서는 알 수 없던 자연의 생성의 추이이다. 우리는 이제 4월이라고 하지 않고 벚꽃이 피는 계절이라고 말한다.
　이렇게 말함으로써 나는 시계의 리듬으로부터 벗어나 자연의 리듬 속에 숨쉬는 것이 된다. 지금 나무들은 잎들을 날려 보내고 나목이 되어 있다. 나목의 을씨년스러운 모습이 새 봄을 몹시 기다리고 있다. 훌훌 벗은 나무에서 그 리듬이 숨쉬는 소리가 은은히 들리는 것 같다.

　작자는 허두에서 세월을 "시계의 리듬으로부터 벗어나 자연의 리듬 속에"서 관조하는 사색의 관점을 이렇게 명토를 박아 밝혀 놓는다. 그리고는 소재의 대상을 그가 대학 교수 시절 연구실 창문 앞에 서 있던 해묵은 청매나무로 잡는다.
　그 청매나무는 응달이라서 그런지 나무도 잘 자라지 않고 꽃도 성글게 핀다. 그러나 작자에게는 겹꽃이 아닌 청매의 홑잎에 담긴 "아련한 푸름"이 고적한 미와 풍류스러운 느낌까지 주어 그지없는 매혹의 대상으로 부각된다. 거기에 나무 바로 옆에 서 있는 수수한 부도浮屠의 2층 석탑이 세월의 창연한 분위기를 곁들인다. 그래서 청매나무는 "시간이 만들어낸 하나의 걸작"으로 "스스로를 중심으로 하여 맑고 온화한 세계"를 이루고 있는 것이다.

그것은 얼어붙었듯이 움직이지 않던 긴 겨울의 인내 속에서 돌연히 해방되어 나타난 꿈과도 같은 하나의 세계였다. 그때 나는 지금은 과거가 돼 버린 현재라는 그 시간의 접점接點에서 말할 수도 없는 아름다운 하나의 풍경을 바라보고 있었다. 그것은 나에게 전율에 가까운 기쁨을 안겨 주었다.

그 세계는 죽음과 같은 "긴 겨울의 인내 속에서 돌연히 해방되어 나타난 꿈과도 같은" 아름다운 풍경이다. 그러니까 작자에게 "전율에 가까운 기쁨을 안겨"준 그 아름다움은 '긴 겨울의 인내'라는 과거와 거기에서 '돌연히 해방되어' 전개한 현재의 풍경이 갖는 동질 이상同質異像의 경이를 그 '시간의 접점'에서 바라본 감동이 자아내는 미의식에 다름 아니다. 그래서

그리고 다음 순간에는 이 접점이 재빨리 시간의 뒤안길로 사라지고 나는 이와는 비슷하지만 그러나 다른 하나의 풍경을 바라보게 되었다.

하고 그가 펴고자 하는 주제를 향하여 사색의 고삐를 잡는다.

그가 한순간 경이와 감동 속에서 바라보았던 청매나무에는 이튿날 꽃잎이 거의 땅에 떨어지고 얼마 남아 있지 않았다. 나무에 남아 있거나 땅에 떨어진 꽃잎들의 "약간 푸른 빛깔"이 "어떤 엷은 한恨 같은 것"을 머금고 있는 듯하다. '화무 십일홍花無十日紅'이라는 자연의 섭리가 자아내는 허무의 표상인 양 어제와는 "다른 하나의 풍경"을 나타내고 있는 것이다.

박재식의
좋은 수필 감상

작자는 이런 청매나무의 풍경에 "자기도 참가하면서"(보고 느끼면서) 그것이(미의식이나 허무감 등이) 그때 그 순간의 일이며 따라서 풍경 자체가 순식간의 영상에 불과하다는 것을 깨닫게 된다. 그리고는 "우리는 언제든지 오직 한 번만인 이러한 풍경 앞에 서 있다."고 변함없이 흐르는 시간 속에서 수시로 변화하는 시재의 사상事象이 갖는 일회성을 시사한다. 이런 일회성 앞에서 인간은 실존적인 삶을 선택하게 되고 그 선택에 의해 희비애락과 행불행이 가름되게 마련이다.

작자는 이 진리를 깨우치는 사고의 줄거리를 비교적 극명한 이치를 들어 되짚어 강조한다.

먼저 현재의 시점에서 자신이 바라본 청매나무의 모습은 그가 내일에 발견할 풍경과 같을 수가 없다. 밤새 비가 올지도 모르고 세찬 바람이 불 수도 있다. 또 그런 일이 없더라도 꽃이 저절로 떨어지기도 한다. 미상불 청매 꽃잎은 이튿날 많이 떨어진 것이다. 작자는 "시간 속에서 일어나는 이러한 변화"는 인간이 예상할 수 있는 "자연의 리듬"이며 이 리듬에 맞추어 일을 하고 보람도 느끼는 것이 인간의 삶이라고 한다.

그러니까 세월이라는 변함없이 흐르는 시간의 획일성 속에 생존하면서 다른 한편으로 항상 놀라움을 가져오기도 하는 자연의 다양한 변화(리듬)에서 넉넉하고 위대한 것으로 접근해 가는 것이 인간의 삶이라는 얘기이다. 따라서 모든 인간사에서 "다소간 아름답고 훌륭한 것"은 "이와 같은 획일성과 다양성"의 조화 속에서 이루어진다고 하며 그 실상을 삶의 대본인 농사로 들어 인간의 삶이 선택해야 할 당위의 방향을 암시한다.

가령 농부의 일은 태양과 별이 빛나는 하늘의 리듬이며, 그것은 시계가 분초를 기록하는 변화 없는 균일의 리듬과는 본질적으로 다르다. 태양과 수액樹液이 농부의 밭에서 이 세계에서 가장 위대한 것에 대하여 증언하고 있는 것이다.

자연의 리듬은 항상 우리에게 놀라움과 감동을 가져오는 시시각각의 변화의 리듬이다. 그리고 이 변화의 리듬은 인간의 마음속에 항상 눈에 보이지 않는 영역을 회상하게 하고, 또한 예감하게 하기도 한다.

인간이 삶의 일회적인 현실 앞에서 선택할 길은 획일적인 시간에 의존하지 않고 수시로 변화하며 경이와 감동을 수반하기도 하는 자연의 리듬에서 찾아야 한다는 형이하적形而下的인 상황에 대한 지혜의 제시이다.

박재식의 좋은 수필 감상

그러나 이 지혜의 제시가 이만한 정도의 차원에서 끝난다면 철학자의 수필로서는 아쉬움이 남는다. 철학의 매력은 항상 형이상적인 세계를 모색하는 곳에 있기 때문이다. 그래서 그는 눈 앞의 청매나무를 두고 철학의 근원적인 명제가 되는 '영원'의 실재에 대해 사색의 끈을 이끌어 간다. '영원'은 시간을 초월하는 공간의 존재 그 자체이다. 내가 죽고 지구가 없어져도 '영원'으로 존재하는 것이 대우주의 공간이기도 하다.

작품감상

하나의 풍경은 시간의 뒤안길에 물러나게 되고 그것은 당연히 순간마다 새로운 풍경이 탄생하는 것을 의미한다. 자연의 리듬은 항상 이와 같은 회전에 의하여 이루어지는 것이다. 따라서 내가 바라보고 있는 이 순간의 풍경은 다음 순간에는 이미 영원의 공간의 것이 되어 있는 것이다.

이렇게 '영원의 공간' 속에 묻혀가는 나무의 다양한 변화를 천착하는 그의 사고의 끈은 마침내 지금 자신이 바라보고 있는 이 풍경이 "영원 안에 갖고 있는 모습일 것"이라며 "따라서 거기에서는 꽃을 피우고 있는 정매나무는 언제든지 꽃을 피우고 있는 것"이라는 "그것과 꼭 같은 또 하나의 세계"를 상기시킨다. 그리고는

> 어떤 풍경 속에 자기가 놓여 있을 때 현실의 경험으로서는 그런 풍경에 접하는 것이 그때 처음인데도 불구하고 이런 풍경을 언젠가 본 일이 있는 것이 아닌가라는 놀라움이 우리의 마음을 사로잡는 일이 있다. 이 놀라움 안에 눈앞의 세계와 눈에 보이지 않는 세계와의 사이에 교감이 생긴다. 현재와 과거와의, 때론 현재와 미래의 시간 사이에 교감이 일어난다.
> 시간과 이미 시간을 초월한 것과의 사이의 교감이라고 함이 오히려 나을는지 모른다. 시간과 무시간의 장場이 거기에 있다.

하고 그가 앞서 제시한 '획일성과 다양성'의 조화 속에서 찾는 보다 '아름답고 훌륭한' 삶의 지혜를 눈에 보이지 않는 '영원'이라는 이데아의 세계와 결부시킨다. 이것은 영혼 불멸에 대한 신앙적인

사유의 표백일 듯도 하다.

촌평

통상 우리가 수필을 두고 논할 때 문학성과 함께 철학성을 문제 삼는다. 문학성은 수필이 문학이 될 수 있는 문학형식에 대한 충족요건이라고 할 수 있고, 철학성은 수필의 내용이 갖는 무게와 깊이를 헤아리는 일종의 가치 척도에 대한 충족요건이라고 할 수 있다.

그러므로 '좋은 수필'의 이상형은 깔축없는 문학형식(문장과 구성과 주제의 형상 수법) 속에 작자 나름의 철학(인생관이나 세계관)이 담긴 작품이라고 할 수 있겠다. 물론 그 철학이 참신하고 무게와 깊이를 지닐수록 질감이 돋보일 것은 두말할 나위가 없다.

그러나 철학성이라고 하여 숱한 철학자가 남긴 그 난해한 사상이나 이론을 원용한다거나 새로운 철학 사상을 창안하여 체계화한다는 뜻은 물론 아니다. 그것은 학문에 속하는 철학이며 문학의 영역은 아니다. '철학'의 사전상의 해석을 보면 첫째는 '인간이나 세계에 대한 지혜와 원리를 탐구하는 학문'이고, 둘째는 '자기 자신의 경험 등에서 얻어진 기본적인 생각'이라 했는데 수필에서 말하는 철학성은 후자에 해당하는 '철학'일 뿐이다. 일상 생활의 주변에서 겪고 보고 느끼는 사상事象의 관찰 속에

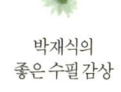

박재식의
좋은 수필 감상

잠재한 작자의 '기본적인 생각'이 철학성인 셈이다.

그러니까 수필이라는 나무의 꽃과 열매에서 땅 속에 묻힌 그 나무의 뿌리까지를 느끼게 하는 경지의 작품 세계라고 할 수 있다. 이 세계가 학문적인 철학이 추구하는 '지혜와 원리'의 경지를 방불하게 할 때 그것을 '철학수필'이라고 할 수 있겠다.

이런 의미에서 현석의 〈나무가 있는 풍경〉은 철학수필의 전형을 짐작게 하는 수작품이라고 할 만하다. 눈앞에 서 있는 한 그루의 청매나무를 바라보며 그 을씨년스런 모습에서 변함없이 흐르는 시간과 맞물려 변화를 거듭하는 자연의 섭리를 체감하며, 아울러 시간을 초월하는 영원의 실재를 직관하는 사색의 줄거리가 철학적인 경지를 매우 돋보이게 한다.

매화나무라는 실존하는 사물의 생태 속에서 이만큼 방대하고 경이로운 세계의 실재를 상출想出하기란 아무나가 할 수 있는 사색법이 아니다. 철학적인 직관력을 지닌 작자만이 발상할 수 있는 접근법이다. 이것을 좀 추상적이기는 하나 인간의 실존적인 삶의 문제와 결부시킴으로써 인간과 인생을 주체로 삼는 문학으로서의 수필의 면모를 유루없이 갖추게 하고 있다.

현재에 실존하는 '나'의 위상을 근원에서부터 생각하게 만드는 철학수필의 진수가 아닌가 싶다.

정 봉 구

- 1925년 경기 화성 출생
- 성균관대학 불문학과 졸업
- 동대학원 수료, 문학박사
- 상명여대 및 숭실대학 교수
- 2002년 별세

꿈과 꿈

　어느 곳인지 정확히 분간이 안 가는 장소였다. 언뜻 보기에는 고대 희랍 궁전의 폐허 한 모퉁이도 같고 또 어떻게 보면 뉴욕 할렘가의 무너진 빌딩 한 귀퉁이 같기도 했다.
　나는 그 건물 여기 저기로 허덕이며 급하게 달리고 있었다. 그러나 내가 찾는 교실은 도무지 나타나지 않았다. 짐작이 가는 대로 긴 복도를 두리번거리기도 하고 위 아래 층으로 계단을 오르내려 보지만 거기도 아니고 저기도 아니었다. 초조한 조바심만 증폭되었다. 수업 시작종이 울린 지도 벌써 한동안이 지났는데 나는 출석부와 교재를 들고 그렇게 이쪽 저쪽으로 보이지 않는 교실을 찾아 헤매고 있었다.
　이것은 내가 자주 꾸는 꿈의 한 토막이다. 그런데 이상한 것은 그 현상 상황이 벌써 옛날에 떠나온 고등학교 교사 시절의 일이었다. 최근에 몸담아 있던 대학의 강의실을 찾는 상황이 아니라 고등학교 근무 당시의 현상이었다.

어쩌다 꾸는 꿈이지만 매번 비슷하였다. 그렇게 쩔쩔매며 찾아 헤매는 초조함 속에서 나는 매양 시간을 맞추지 못하는 안타까움과 책임을 못다 하는 불안으로 위협을 느꼈다. 그것이 꿈이지만 무엇인가 뒷맛이 개운치 않았다. 다시는 그런 꿈을 꾸지 않았으면 하고 바랐지만 번번이 그것은 그렇게 찾아왔다. 어째서 그렇게 끈질기게 따라붙는지 알 수가 없었다.

나름으로 추리해 본 결론으론 그 시기가 내 인생에서 가장 어렵고 힘들던 갈등의 분기점이었기 때문인 듯도 싶다. 내 나이 30대에서 40대로 접어들던 시절이다. 고등학교 교직에 있으면서 대학원에 적을 걸고 있었다. 근무시간 틈틈이 감독자의 눈치를 보며 강의를 들으러 나갔다. 대학원 공부가 끝난 뒤에는 대학강사직을 겸하며 여전히 그런 상태를 계속해야만 됐다. 현상유지를 위한 직장일과 학문 탐구로 쏠리는 진취적인 야망과 두 가지 방편을 놓고 양쪽에 다 충실하자니 여간 고역이 아니었다. 그 시기에 겪은 심리적인 고뇌가 뇌리에 깊이 찍혀져 두고두고 그와 같은 꿈으로 현몽되는 것이려니 짐작한다.

그러나 따지고 보면 그와 같은 줄타기는 그전에도 그 후에도 계속되었던 과정이다. 말하자면 나는 항상 현상에서의 탈출을 희구하고 있었기 때문이다.

향리에서 시작한 중학교 교사 생활, 한때는 농촌 청소년에게 희망을 심어주며 심훈의 '상록수' 마을을 건설해 보려는 생각도 있었다. 그러나 나의 동경은 곧 서울로 옮아갔다. 그리고 기어이 서울에서 중학교 교사로, 다시 고등학교 교사로 사다리 타기를 계속했다. 그 다음으론 대여섯 개 대학의 강사 생활을 거쳐 어렵게 전임 교수가 되었다. 그나마 대학에서도 자리를 한 번 더 옮기고서야 정년을 맞았다.

'산 너머 먼 곳에 행복이 있다기에' 나는 그곳을 찾아갔고 '다시 더 먼 곳에 행복은 있다 하기에' 돌아서지 않고 다시 더 먼 그곳을 찾았다. 어쩌면 채워지지 않는 목마름 앞에서 새로운 샘을 구하려 한 욕구 탓이었는지도 모른다. 그 길 찾기에 매양 부족한 자신을 회의하며 갈등을 곱씹었다. 그런 것들이 잠재되어 아마도 꿈의 현상으로 나타난 것이 아니었을까 하는 짐작도 선다. 실상 새로 찾는 신천지에서도 모든 갈증이 완전히 해소되고 기대한 성과에 도달케 되었던 것도 아니다.

이런 것과 관련하여 나는 종종 알랭(Alain)의 「행복론」에 실린 한 대목을 생각한다. 사람이 죽은 뒤에 겪는다는 시련의 일종이다. 지옥에서 망령亡靈들이 끌려간 대초원大草原에는 많은 자루들이 내던져져 있고 그들은 다시 선택하게 될 새로운 운명의 자루를 하나씩 집어 들고 돌아서게 된다는 얘기다. 그런데 그들이 선택하는 자루는 이승에서 채우지 못한 동일한 욕망이 든 더 큰 자루라 한다. 그것을 짊어지고 되돌아오다가 망각忘却의 강 레테에서 물을 마시게 된다는 것이다.

만약 내가 그 처지에 놓인다면 분명히 나도 그럴 것이다. 더 순조롭고 의욕적인 대학 교수의 운명으로 불룩한 자루를 선택할 것이다. 그러면 새로이 맞이하는 삶에서는 사다리 오르기 식의 줄타기도 없었을 것이며 처음부터 목표에 몰두할 것이다.

지나간 세월의 명암을 돌이켜 보며 꿈과 꿈 사이의 묘한 아이러니를 생각한다. 애당초 내가 첫 출발한 향리의 중학교에서 그대로 교직을 마무리했다면 어찌 되었을까? 그 생활에서 안분지족安分知足하였다면 부질없는 꿈에 쫓기는 일도 없지 않았을까…. 모를 일이다. 꿈과 꿈이 엇갈리는 삶의 무늬들을 어떻게 해석해야 하는지, 판단하기 어려우니 그저 생각해 볼 뿐이다.

이제 나머지 여생을 바라보며 어렴풋이나마 새로운 모습으로 이런 저런 상황을 그려 보긴 하지만, 그것이 다시 또 삶의 평정을 어지럽게 하는 색다른 꿈을 유발시키는 일은 없으리라 확신한다.

알랭이나 플라톤이 말한 대초원의 비유가 바로 현세 인간사, 욕망의 세계임을 알기 때문이다. 내 앞에 가로놓인 레테 강은 차라리 지난날의 모든 갈등을 망각게 하는 물이었으면 한다.

예닐곱 살 무렵 나는 곧잘 뒷동산 양지바른 잔디에 누워 푸른 하늘을 바라보며 생각에 잠기길 좋아했다. 문득 지금 그 시절의 마음을 떠올려 본다.

작/품/감/상

머리말

  작자인 남사 정봉구(南沙 鄭鳳九 1925~2002)는 불문학자이자 수필문학가이다.

  우리나라 수필문학을 내력에서부터 개관할 때 다른 문학 장르에 비해 여러 학계의 전공 학자들에 의한 작품 활동이 두드러지는 것이 특색이라고 할 수 있다.

  우리나라 수필문학사에 뚜렷한 족적을 새긴 이양하 영문학, 김진섭 독문학, 피천득 영문학은 말할 것도 없고, 감상자가 '좋은 수필'의 전범으로 다룬 작품의 작자인 대다수가 교수 등 전공 학문의 직종에 종사하면서 눈부신 수필 작품을 남긴 학자 문인들이다. 물론 이들의 작품(수필)활동은 문학에 대한 평소의 소양과 취향이 바탕이 되어 이루어진 것이지만, 그들 자신의 영위한 학구적 생애로 볼 때 그것은 어디까지나 학문적인 여기요 외도라고 할 수 있다.

그러나 그런 여기나 외도가 전공 학문에 못지않은 값진 문학으로 꽃을 피울 수 있는 것은 수필의 포용성이 갖는 문학적인 덕목이라고도 할 수 있지만, 한편으로는 "수필에는 전문성이 없다."고 하는 문학에 대한 수필 소외론의 빌미가 되기도 한다.

말하자면 불문학자인 정봉구도 그런 '학자문인'에 속하는 수필가라고 할 수 있다. 그러나 그의 경우는 좀 유類를 달리한다는 사실을 그의 문학적 행각과 전공 선택의 동기를 통해 알 필요가 있다. 즉 1945년 해방이 되자 문학에 뜻을 둔 그는 청년 작가 모임인 백맥白脈의 동인으로 참여하여 시인 구경서, 김윤성, 정한모 등과 함께 시 창작활동을 하였다. 그러는 한편 학업을 위해 성균관대학의 예과를 거쳐 불문학과에 진학한다. 전공을 불문학으로 정한 동기는 장차 불문학자가 되겠다는 뜻에서가 아니라 일찍부터 프랑스 문학에 매혹된 그가 문학 수업의 방편으로 선택한 것에 불과하다는 것은 그가 남긴 여러 글 속에서 짐작할 수가 있다.

박재식의
좋은 수필 감상

프랑스 문학에 흥미 관심을 둔 것이 10대 후반이었고 프랑스어 공부를 시작한 것이 20대 초였다. 프랑스 문학의 본고장인 그 땅은 자그마치 내 안에서 한 세대가 넘도록 꿈으로 키워지며 태동한 환상의 고장이다.
　-〈아름다운 환상 프랑스, 프랑스 문학〉에서

그런데 6·25동란은 그가 뜻한 진로에 수정을 가할 수밖에 없는 변수로 작용한다. 부득이 학업을 중단(대학 3학년 때)하고, 피난 중 국민병에 동원되는 등 전시의 수난을 치른 뒤 고향으로 돌아와 향리의 유지들과 함께 중학교를 세우고 그곳에서 국어와 영어 교사직을 맡아 헌신하다가 다시 문학 수업과 학업을 잇기 위해 상경한 것은 그가 장년에 접어든 1958년의 일이다. 그때는 이미 한 가정의 가장으로 식솔을 거느린 몸인지라 대학에 복학한 그의 만학의 길은 평탄할 수가 없었다. 향리에서의 교사 경력을 살려 중·고등학교 교사로 취업하여 그 박봉으로 식근을 삼고 주경야독晝耕夜讀의 고학 생활을 하게 된다.

그리하여 그는 대학원의 석사과정을 이수하고 대학(상명여자 사범대학)의 불문학과 교수가 됨으로써 본격적으로 불문학자로서의 전공의 길을 걷게 된다.

내처 그는 학구의 길을 멈추지 않고 대학원에서 박사과정(1978~1981년)을 이수하여 문학박사 학위를 취득하고, 종합대학인 숭실대학교 불문학과 교수로 자리를 옮겨 91년 학자로서의 교직 생활을 명예롭게 마친다.

불문학자로서의 그의 족적은 만만치 않다. 앙리 바르뷔스의 소설 ≪포화砲火≫(1969, 을유문화사간)을 위시한 20여 권에 달하는 불문학 역서가 있고, 한국 불문학회의 회장(1981~1982년)도 역임했다. 특히 그의 문학(수필)에 적잖은 영향을 끼친 알랭에 대한 연구는 한국의 권위자로 평가되고 있다.

그러면 그가 애초에 지망했던 작가로서의 문학에 대한 꿈은 실종한 것인가? 결코 그럴 수는 없었다. 1970년대에 접어들어 우리나라에 수필에 대한 열기가 움터 오르자 거기에 앞장서 새 바람을 일으키는 구실에 한 몫을 듦으로써 그 꿈을 되살린다. 공덕룡, 서정범, 박연구, 윤재천 등과 함께 동인지(≪현대수필≫ (1970~72년, 5집으로 마감.)에 참여하여 수필가로서의 활발한 작품 활동을 전개한 것이다.

그런데 시와 소설에 뜻을 두었던 꿈을 접고 왜 수필가로 문학의 길을 전환한 것일까? 그는 실상 수필을 하면서도 소설에 대한 미련을 못 버려 작품의 구상까지 해 놓고도 끝내 소설을 쓰지 못하고 만다.

박재식의 좋은 수필 감상

지금쯤 나는 벌써 한 권 정도의 장편소설, 그리고 네댓 편의 중·단편 소설도 써냈어야 할 일이다. 그런데 여전히 나는 소설을 환상으로만 쓸 뿐 오늘에 이르고 있다.(중략) 그 동안 써 오던 수필에 대한 매력이 발목을 붙잡았고 강단에 서는 교수 체질의 타성이 새로운 변혁을 두렵게 했다.

— 〈환상 속에서 쓰다만 소설〉에서

정년으로 교직에서 물러난 이윽한 뒤(1999년)에 쓴 글에서 그는 그 까닭을 이렇게 밝히고 있다. "강단에 서는 교수 체질의 타성" 때문에 교직을 떠난 뒤에도 차마 소설을 쓰지 못하고 "수필에 대한 매력이" 그의 문학의 발목을 끝까지 붙들어 맨 것이다. 왜일까?

 그가 처음 문학에 뜻을 둔 동기는 주로 빅토르위고를 위시한 프랑스의 낭만파 작가들의 작품에 심취하고 그 문학세계를 동경한 데에 있었다. 그의 석사 논문도 〈빅토르위고 시(詩)의 낭만주의 세계〉였다. 낭만주의는 자유분방한 상상의 세계이다. 이성보다는 감성, 고전적인 규범을 초월하여 분방한 상상력이 미치는 비현실적 반모럴적인 세계까지를 포용하는 문학이다. 그 중에서도 그의 관심을 사로잡은 것은 남녀간의 애정 문제였다.(그는 두 번째 수필집 ≪영혼의 새벽≫(1985, 한마음사 간)의 서문에서 "나에게 있어 특히 흥밋거리로 부각된 것은 인간의 애정 감정에 관한 문제"라고 피력하였다.) 그래서 그가 프랑스 문학(비단 낭만주의 문학만이 아닌)을 주제로 한 글에서는 혼외의 남녀 관계나 사디즘과 마조히즘과 같은 비정상적인 애정 문제를 다룬 대목들이 흔히 눈에 띄기도 한다.

 그러나 이 자유분방한 애정의 세계를 자신의 작품으로 펴기에는 "강단에 서는 교수"의 현실적인 모랄의식이 용납할 수가 없다. 그래서 차선책으로 택한 문학이 수필이었다. 이 점에 대해서는 감상자가 그의 수필 〈축제 거리에서 산 장미〉를 다룬 졸평 〈이 꽃을 누구에게 줄까?〉(≪에세이 문학≫ 2001년 가을호 게재)에서 언급된 것이 있으므로 초록하기로 한다.(생전의 작자가 "옳게 보았다"고 긍정한 대목이기도 하다.)

 그의 문학은 끝내 시나 소설에 대한 꿈을 접고 수필에 낙착한다.(중략) 교수생활의 타성으로 몸에 밴 모랄 의식은 그의 자유분방한 문학적 동기의 주제가 되는 '낭만 지향적인 기'에 안티테제로서의 구실을 하게 마련이다. 따라서 그가 특히 문학적인 '흥밋거리'로 삼는 '인간의 애정 감정에 관한 문제'를 분방하게 다루어야 할 작가적인 에스프리에 한계를 느낄 수밖에 없다. 이런 문학적 위기에 활로를 제공한 것이 수필문학의 개안이다.

수필은 문학적 동기의 연원이 되는 감성의 세계를 지적 사유에 의해 조화시키는 데 가장 적절한 산문 형식이다.

불문학을 전공하는 그에게 이와 같은 수필, 즉 에세이의 문학적 기능을 눈 뜨게 한 것은 프랑스 모럴리스트의 전통을 잇는 철학자이자 에세이스트인 알랭의 영향이 컸던 것으로 짐작된다.

박재식의
좋은 수필 감상

그가 후년에 알랭의 연구에 유독 힘을 기울인 의도가 점쳐진다. 그리하여 그는 수필에 대해 전공 학문 못지않은 애정과 열정을 갖고 많은 작품 활동과 함께 후진 양성에도 남다른 업적을 남기고 간 정진正眞의 수필가이다. 그가 교직을 떠난 후 여러 문화 센터 등에서 지도하여 문단에 배출한 제자들이 그의 1주기를 즈음해서 뜻을 모아 추모 문집 ≪영혼의 새벽≫(2003년,신아출판사 간)을 출판한 것은 특기할 만한 미담이다.

이런 내력에서 그가 여느 '학자 문인'과는 유를 달리하는 '문인 학자'로 그 선행적 전문성을 문학으로 규정하여 평가함이 타당할 듯도 하다. 감상자가 허두에서 그를 '수필 문학가'로 지칭한 소이연이기도 하다.

그의 작품은 다분히 프랑스 모럴리스트의 영향을 잇는 지적 사유를 내용으로 하는 에세이풍의 수필이 주종을 이루는데 감상할 〈꿈과 꿈〉은 자성적인 회고록 형식의 다소 서정성 짙은 사유의 세계를 담고 있는 점에서 그의 작품으로 보아 약간 이색적인 수필이라고 할 수 있다.

이 작품은 그가 운명하기 전 해인 2001년에(불치의 위암 진단을 받은 뒤가 아닌가 짐작된다.) 쓰인 글로 그의 사세 문집이라고 할 수 있는 다섯 번째 수필집 ≪꿈과 꿈≫(2002년 신아출판사 간)의 표제작이라는 것을 염두에 두고 감상할 필요가 있다.

#해설

〈꿈과 꿈〉은 인생의 황혼을 맞는(어쩌면 죽음을 앞둔) 작자가 자신이 걸어온 생애의 역정을 되돌아보며 꿈과 현실의 갈등 속에서 못다 이룬 소망의 아쉬움을 처연한 허무감으로 술회한 글이다.

어느 곳인지 정확히 분간이 안 가는 장소였다. 언뜻 보기에는 고대 희랍 궁전의 폐허 한 모퉁이도 같고 또 어떻게 보면 뉴욕의 할렘가의 무너진 빌딩 한 귀퉁이 같기도 했다.

작자는 그 허무의식의 근원을 '어쩌다 꾸는 매번 비슷한 꿈'의 현장으로 화두를 잡는다. 그 꿈속의 현장은 '황성옛터'와 같은 폐허이다. 작자인 그는 출석부와 교재를 들고 수업을 하기 위해 학생들이 기다리는 교실을 찾아 그 폐허의 건물 여기저기를 다급한 심정으로 허덕이며 헤매고 다닌다. 그러나 찾는 교실은 "도무지 나타나지 않고" "초조한 조바심만 증폭"할 뿐이다.

이 딱한 꿈속의 상황은 작자가 고등학교에서 교사로 근무하던 "나이 30대에서 40대로 접어들던 시절"에 겪은 심리적인 갈등과 고뇌가 현몽한 것이라고 한다. 그 무렵 그는 대학원에 적을 두고 "근무 시간 틈틈이 감독자의 눈치를 보며 강의를 들으러 나갔으니" 현실적인 직분에 대한 책임감과 미래지향적인 학구욕의 틈바구니 속에서 그가 겪은 심적 고통은 이만저만한 것이 아니었다. 그래서 그는 그 시기가 "내 인생에서 가장 어렵고 힘들었던 갈등의 분기점이었다."고 회고한다.

박재식의
좋은 수필 감상

그리고는 그 '갈등의 분기점'을 딛고 꾸려온 삶의 행각을 광대의 아슬아슬한 '줄타기'에 비유하여 "그와 같은 줄타기는 그 전에도 그 후에도 계속되었던 과정"이라고 하며 자신의 인생 역정을 광대의 줄타기로 치부한다. 따라서 그 동인을 "항상 현상에서의 탈출을 희구하고 있었기 때문"이라고 밝힌다.

그러면 작자가 줄타기의 인생을 살아오면서 고비 때마다 겪은 '갈등의 분기점'과 '현상 탈출에의 욕구'가 갖는 의미의 정체는 무엇인가? 작자가 피력한 이 '줄타기'의 현상 대응에 수반되는 내면세계의 양태를 이해하기 위해 우리는 본고의 '머리말'에서

작품감상 **185**

개관한 작자의 생애에 대한 내력과 함께 자신의 사세문집《꿈과 꿈》의 서문을 통해 실토한 심경을 음미할 필요가 있다.

생각하면 평생을 살면서 수많은 유형有形 무형無形의 꿈을 그리며 그 속에서 허우적거리고 번민해 왔다.
그것은 언제나 삶의 편린으로 이상과 현실 사이에서 자신을 고무시키기도 하고 좌절케도 하였다. 그것은 태반이 욕망이었고 또 환상이었다.

그는 '책을 내면서'라는 제하의 서문에서 허두를 이렇게 떼 놓았다. 그리고는 "많은 시행착오를 거듭하여 쌓고 쌓인 탑이 되어 오늘의 '나'를 만들었다."라고 자기의 줄타기 인생의 단원을 헤아리며 얼마큼 회한의 정에 젖는다. 그 '탑'은 '유형의 꿈'을 추구한 끝에 이룬 "삶의 의미로 당면한 현실을 모양새 있게 포장해 준"(같은 '서문'에서) 허울에 불과하다고 여기기 때문이다. 현실 지향의 욕구를 의미하는 '유형의 꿈'과 그 결실의 일단을 의미하는 '탑'의 실상을 작자는 〈꿈과 꿈〉의 본문에서 다음과 같이 밝힌다.

향리에서 시작한 중학교 교사 생활, 한때는 농촌 청소년에게 희망을 심어주며 심훈의 '상록수' 마을을 건설해 보려는 생각도 있었다. 그러나 동경은 곧 서울로 옮아갔다. 그리고 기어이 서울에서 중학교 교사로 다시 고등학교 교사로 사다리 타기를 계속 했다. 그 다음으론 대여섯 개 대학의 강사 생활을 거쳐 어렵게 전임 교수가 되었다. 그나마 대학에서도 자리를 한 번 더 옮기고서야 정년을 맞았다.

그러니까 '유형의 꿈'은 그의 현실적인 생활을 지탱해 준 교직에 대한 향상욕이고, 그로 인해 이룩한 결실은 누가 보아도 기릴 만한 '공든 탑'이다. 그런데 "항상 현상에서의 탈출을 희구"하는 작자인 그는 그에 자족하지 않고 "채워지지 않는 목마름 앞에서 새로운 샘을 구하려는 욕구"에 쫓긴다. 그러나 "실상 새로 찾는 신천지에서도 모든 갈증이 완전히 해소되고 기대한 성과에 도달케 되었던 것도 아니다." 무릇 현실 지향적인 '유형의 꿈'이 갖는 숙명적인 한계이다. 그래서 그는 알랭의 ≪행복론≫에 나오는 '욕망의 큰 자루' 얘기를 상기하며 "이승에서 채우지 못한 동일한 욕망이 들어있는 더 큰 자루"를 짊어지고 나오면 "새로이 맞이하는 삶에서는 사다리 오르기 식의 줄타기도 없을 것이며 처음부터 목표에 몰두"할 것이라고 생각하기도 한다. 그러나 이것은 어디까지나 '교수 체질의 타성'('머리말' 참조)이 자아내는 자기 모순적인 상념일 따름이며 '해소되지 않은 갈증으로 하여 찾는 새로운 샘'의 실체는 현실 생활에서 추구해 온 '유형의 꿈'에 있는 것이 아니고 그의 의식 속에 면면히 잠재하는 '무형의 꿈'에 있다는 사실을 우리는 '머리말'에서 개관한 작자의 생애를 근거로 삼아 천착해야 할 감상자 측의 몫이 아닌가 싶다.

박재식의
좋은 수필 감상

그의 인생 노정의 시발점은 문학에 있었다. 그래서 해방이 되자 동인 활동에 참여하여 문학에의 꿈을 다졌고, 아울러 그 꿈을 실현하는 수업의 방편으로 대학에서 그가 동경하는 불문학을 전공했다. 그러나 6·25로 인해 그 꿈은 학업과 함께 중단되었고

"향리에서 시작한 중학교 교사 생활"을 계기로 그것이 현실적인 생활 수단과 결부되면서 내쳐 대학의 불문과 교수에 이르기까지 줄곧 "사다리 오르기 식"의 교직 생활을 영위하였다. 현실생활에 발판을 둔 이 '유형의 꿈'을 좇아 '줄타기'에 진췌하면서 그가 애초에 품었던 문학의 꿈은 '무형의 꿈'으로 의식의 밑바닥에 잠재할 수밖에 없었다.

그가 뒤늦게나마 수필을 쓰게 된 것은 이 '무형의 꿈'의 발로 형태에 불과하다. 그러나 수필에서도 그는 '무형의 꿈'이 갖는 "갈증이 완전히 해소"될 수는 없었다. 왜냐면 그 '무형의 꿈'의 실체는 문학의 정통적인 영역이라고 할 수 있는 시와 소설(특히 프랑스 낭만파의 문학세계)에 있었기 때문이다. 그러므로 그가 항상 '현상 탈출에의 욕구'에 의해 찾는 '새로운 샘'에서도 해갈을 느끼지 못하는 연유가 여기에 있었다.(작자가 시나 소설을 단념하고 수필을 하게 된 이유에 대해서는 '머리말'을 통해 해설한 부분을 재참조하시기 바람.)

그래서 인생의 황혼에 서서 자신이 생애를 두고 쌓아 올린 탑(학문과 문학)을 바라보는 인간 정봉구의 마음은 허무했다. '욕망'이라는 이름의 꿈을 접은 다음에 인간의 마음 자리에 깃드는 것은 허무의식이기 마련이다. 따라서 허무의식 속에 비치는 '탑'은 허상의 탑일 수밖에 없다. 그가 꿈속에서 교실을 찾아(현실지향의 욕구에 쫓겨) 헤매고 다닌 폐허는 그 허상의 탑이 무너져 내린 폐허를 상징하는 현몽이라고 할 수 있겠다. 그리하여 그는 예닐곱 살 무렵 나는 곧잘 뒷동산 양지바른 잔디에 누워 푸른 하늘을 바라보며 생각에 잠기길 좋아했다. 문득 지금 그 시절의 마음을 떠올려 본다.

하고 장을 맺으며 회한의 정을 달랜다.

이렇게 해설을 해 놓고 보니 작품 내용의 궤도를 벗어나 견강부회牽强附會의 누를 범한 것 같은 우려가 없지 않다. 작자는 〈꿈과 꿈〉의 본문에서 감상자의 몫으로 동원된 '문학'에 관해서는 한마디도 언급하지 않았기 때문이다.

그러나 문학 작품에는 본문의 행간에 잠재한 작자의 무의식의 세계까지를 천착하여 음미함으로써 감상의 묘를 얻는 경우가 적지 않게 있다. 특히 정봉구의 수필에서 이런 묘미의 경지를 만나는 경우가 많은데, 그것은 자기 모순적인 내면세계의 갈등을 평면적으로 사유를 통해 서술함으로써 독자에게 입체적인 해석의 여지를 남겨 주는 효과를 노린 수법이라고 할 수 있다.

그가 만년의 대표작으로 세운 〈꿈과 꿈〉도 그 수법의 구사가 현저한 작품인데, 만약 우리가 소재의 모티브가 된 '꿈'이라는 사이비 현상의 추상적인 대유代喩에서 그 사유의 주제를 이루는 '목마름'이나 '새로운 샘'을 한갓 문맥을 좇아 '현실 추구에 대한 욕망'이라는 평면적인 해석에 머문다면 이 작품이 갖는 숨겨진 진실을 놓치는 결과가 될 것이다.

그래서 감상자는 그의 작고를 즈음하여 마련한 추모 특집(《에세이문학》 2002년 가을호)에서 본제의 작품을 중심으로 다룬 추모의 글을 다음과 같이 맺은 바가 있다.

아무튼 사세辭世를 앞두고 생애를 돌아보는 선생의 마음에 못내 '채워지지 않는 목마름'처럼 아쉬움으로 남은 '환상'이라는 이름의 문학의 꿈. 그러나 그 환상을 초월하는 모럴리스트의 강인한 에세이 정신이 그것을 극복하고 한국의 수필 세계에 '새로운 샘'을 스스로 마련하는 보다 차원 높은 꿈을 이루었으니 저승에 계신 선생이여, 부디 갈증을 푸시라.

박 규 환

- 1916년 전남 구례 출생
- 일본 중앙대학 경제학부 졸업
- 조선대학교 및 전남대학교 교수 역임.
- 2003년 별세

노인 3장 老人三章

1. 불안한 노인들

우리 집 앞 버스정류장은 출퇴근 때가 아니면 그다지 붐비는 편은 아니다. 그러나 나 같은 노인에겐 붐비지 않아 편리한 점도 있지만 그 때문에 불편한 점도 없지 않다. 누구나 아는 바와 같이 일정한 연세에 이른 노인들은 경로 대상이어서 버스 무임승차의 특권(?)이 주어져 있는데도 이따금 이 특권이 무시되는 경우가 없지 않아서 하는 말이다. 젊은 사람들과 같이 서 있을 때라거나 때마침 그 정류장에서 내리는 손님이 있을 때는 염려될 것이 없지만 나 같은 노인이 달랑 혼자서 있고 거기서 내릴 손님도 없을 경우는 이런 노인쯤 무시하고 그냥 내닫는 일이 없지 않고 보니 불안할 수밖에 없다. 그래서 붐비는 정류장이 오히려 불안하지 않아 좋을 수도 있다. 외출이 그다지 잦은 편도 아니고 또 버스요금 정도의 잔돈푼에는 별로 궁색할 것도 없는, 나같이 꿀릴 것도 없는 노인은 토큰 몇 개쯤 비상용으로 언제나 지니고 있는데도 다만 외관상 노인이란 이유만으로 세워주지도 않고 달리는 버스에게 나는 여느 노인과는 다른 노인임을 알릴 재간이 없다. 그래서 젊은 사람과 같이가 아닌, 고립무원孤立無援인 채 버스를 기다리는 노인은 항시 불안하다.

며칠 전만 해도 정류장에 외로이 서서 불안해하고 있는 판에 엎친 데 덮친 격으로 내 나이 또래의 노파 한 분이 더 늘었다. 그러잖아도 좌불안석坐不安席인데 이 노파의 출현은 아무래도 반갑잖은 일이다. 무임승차권權자가 한 사람도 많은데 두 사람씩이나 서 있으면 내가 운전수라도 미풍양속만을 앞세울 수 있겠는가! 아무래도 버스가 멈출 확률은 줄어든 셈이다. 그러니 나로선 그 노파가 반가울 리 없고 얼핏 보기에도 셈에 빠를 것 같은 그 할망구인들 나 같은 영감쟁이가 반가울 턱이 없지 않겠는가! 내가 속으로 젊은 여자이기라도 했으면 금상첨화錦上添花일걸 하고 아쉬워하는 동안 그 노파도 젊은 사람, 이왕이면 젊은 남자였으면 하고 생각했음직도 하다. 어느 모로 보나 다정할 수도 있고 반가울 수도 있을 것 같은 황혼길의 늙은 남녀가 타율적인 경로가 빚은 결과로 선린善隣의 정을 서끌게 했음은 아무래도 유쾌한 일일 수 없다.

아니나 다를까 기어이 이 노파는 "버스가 서 주지 않으면 어쩌지요?" 하고 내게 물어왔으나 나라고 그 물음에 냉큼 대답할 말이 없다. "그럼 못 가는 거지요 뭐." 해놓고 노파의 표정을 살피는데 버스가 오고 쫓아오는 젊은 사람과 내리는 사람도 있어서 버스는 우리

앞에 서고 잠시의 불안과 의혹과 시기猜忌는 씻은 듯 대단원을 이루었는데 어찌 버스 타는 일뿐이리오. 이는 나날이 갖는 노인들의 하고많은 불안의 하나에 지나지 않는다.

2. 동문서답東問西答

수壽가 오복의 으뜸 자리를 차지했던 시대는 지난 것 같다. 70의 장수가 고래로 드물었던人生七十古來稀 지난날이야 수가 오복의 서열에 맨 앞자리를 차지할 만도 했을지 모르지만 요즘이야 밭두렁에 개똥처럼 흔해빠진 게 노인이고 보니 우선 희소성稀少性에서 찾아야 될 가치를 인정할 수가 없게 된 셈이다. 거기다 핵가족이라는 새로운 제도가 정착돼 가면서 노인의 설 자리가 좁아져 가고 위태로워져 가고 있다.

내가 아는 L 노인도 핵가족시대의 희생자임이 분명하다. 그는 두 아들을 두었는데 모두 회사원이란 말을 들었다. 재산이라곤 조그만 집을 한 채 가지고 있을 뿐인데 이 집이야말로 이 노인에게 아비로서의 모든 권위의 원천이요 자식들에겐 그들 앞에 던져진 매력 있는 미끼임직도 하다.

처음엔 큰아들과 같이 살았으나 큰며느리가 어쩌다 유산流産한 일을 두고 엉뚱하게도 시아버지를 모시기 때문이란 이유를 들어 그 매력 있는 미끼와 노인을 함께 버리고 저희들끼리만 방을 얻어 이사를 가버렸다. 노인과 유산과의 인과관계는 '동양철학' 하는 분이나 알지 그 노인이 어떻게 알겠는가!

그래 이 노인은 할수없이 같은 미끼로 둘째 아들 내외를 불러들여 함께 살았으나 어찌된 일인지 둘째 며느리마저 유산하는 변고가 일어나고 보니 아무래도 마가 붙은 노인의 누명을 벗기 더욱 어렵게 되었다.

이번엔 작은아들 내외가 이사를 나가겠다고 제안해 왔으나 노인은 절대로 그럴 수는 없다고 반대했다. 옥신각신 끝에 외출에서 돌아와 보니 작은아들 내외는 이미 트럭을 불러 이삿짐을 싣고 어디론지 나가버린 뒤라 사양의 폐허에 서는 나그네인 양 지금은 혼자 외로이 살고 있다.

취사炊事를 어떻게 하느냐는 나의 걱정스런 물음에 얼마쯤 있다가 "밥이란 뜸이 잘 들어야…." 하고 동문서답이다.

밥짓는 데는 이골이 난 노인인가 보다고 생각했지만 실은 내가 대답하기 난처한 물음을 던졌는지 모를 일이다.

3. 파고다 공원

놀랍도록 많은 노인들이었다. 일언이폐지一言以蔽之해서 공원이라기보다 노인 수용소란 느낌인데 자의인가 타의인가만 다를 뿐이다.

하늘엔 6월의 태양이 이글거리는데 짙은 나무그늘에 놓인 벤치마다에 무더기 무더기 앉아 있다. 생각하면 얼마 남지 않은 여생이어서 그 일분 일초가 피처럼 아까운 세월일 텐데 '소일消日'이란 이름으로 이렇게 보내야 되는 나날이 생각하면 얼마나 아픈 일인가!

그들은 한결같이 별로 대화가 없다. 발등을 밟힌다거나 담배 피울

성냥이 필요할 때 같은 부득이한 경우가 아니면 되도록 말은 절약하기로 되어 있는 듯하다. 결국은 잃어야 될 대화이기에 미리 예행하는 것일까.

내가 이곳에 들른 것은 6·27의 일이라 그 전날 터뜨린 최루탄 냄새로 목이 아프고 눈물이 나긴 공원 안이라고 다를 바가 없지만 이미 그런 것쯤은 기정사실인데 새삼스레 화제에 오를 것도 없다.

앞으로 더 나아질 것 같지도 않은 세월, 그걸 이 공원에 앉아 탈없이 보내는 일이 목적인데 뜻밖에 재수 좋으면 전경들의 방패로 파출소 앞에 뽑혀 앉는 행운(일당이 있겠으니)에 얻어걸릴 수도 있고 앞으로 이 사업(데모)이 더욱 번창하면 이번엔 최루탄의 방패막이로 데모 군중의 전위대로의 발탁도 기대할 수 있지 않을까. 그러나 여기선 경로敬老가 덕목德目으로 인정될 때만 안전하리라.

어물어물 하루 이틀 지나는 동안 6·29를 기해 독재에의 조종弔鐘 같은 게 울려 퍼졌다. 재빨리 신문의 연재만화(고바우)는 울면서 박수 치는 '가스 마스크 도매상'으로 시국을 풍자했다.

바야흐로 호황을 맞는 데모계界 경기景氣로 '산업 예비군' 격인 이들 노인의 전망이 밝을 무렵, 뜻밖에 '직선제 개헌'이라니 아쉽지만 울면서라도 박수는 보내야 되지 않겠는가!

작/품/감/상

머리말

박재식의
좋은 수필감상

　작자인 모헌 박규환(慕軒 朴圭煥 1916~2003)은 전남 구례에서 태어나 일본의 중앙대학 경제학부를 졸업하고, 해방 후에는 교육계에 입신하여 고등학교 교사를 거쳐 대학의 영문학 교수로 줄곧 교편생활을 하다가 1982년 전남대학교에서 정년퇴임한 영문학자이다.
　따라서 토마스 하디Thoms Hardy의 단편선 ≪엘리사의 일기≫ (1963, 형설출판사 간행)를 위시한 몇 권의 역서도 있다.
　그런데 대학에서 경제학을 전공한 그가 왜 영문학자로 변신하였는지의 내력에 대해서는 본인의 작품이나 연보를 살펴보아도 언급된 것이 없으므로 알 수 없으나, 다만 소싯적에 "소설류를 탐독하였다."는 것으로 미루어 문학 지향적인 취향과 기질이 동기가 되지 않았는가 짐작된다.

작품감상　197

그래서 그는 대학에서 "명맥을 유지하기 위해 의무적으로 써야 되는" 영문학 관계의 연구 논저와 앞서 소개한 영문 소설의 번역 등 영문학자로서의 저작활동을 하는 한편으로 틈틈이 수필을 써서 주로 그가 속한 대학의 학보와 그 지방의 신문 잡지 등에 발표하기도 했다.

그러던 그가 한 사람의 어엿한 수필문학가로 그 진면목을 드러낸 것은 정년퇴임 후 생활 근거지를 서울로 옮겨오면서부터이다. 즉, 1984년 《수필공원》(지금의 《에세이문학》)에 〈망향의 언덕〉을 발표한 것을 효시로 완숙한 노련미와 관록이 돋보이는 수필을 간간이 발표함으로써 뜻있는 수필 애호가 사이에 비상한 관심을 이끌게 된 것이다.

말하자면 서울중앙 문단에 거물급의 원로수필가가 혜성처럼 나타난 셈이었다. 하지만 발표 지면이 처음 인연을 맺은 《수필공원》에 단골로 한정되다시피 하였고, 그 숱한 문인 단체의 아무 곳에도 관계하지 않은 은자적隱者的인 처신 탓으로 작품에 비해 수필계 일반의 지명도는 그다지 높은 편이 아니었다.

그의 수필의 진가眞價가 문단적인 조명을 받은 것은 첫 수필집 《아직도 봄을 기다리며》(91년 진명사 간)가 상재되고, 그것이 1993년 '한국수필문학진흥회'가 시상하는 제6회 '현대수필문학대상'을 수상함으로써이다. 이 대상은 1977년 제1회 수상자로 금아琴兒 선생이 테이프를 끊은 이후 16년에 이른 그때까지 5명(피천득, 이희승, 김소운, 김태길, 차주환)밖에 수상하지 못한 권위있는 상이므로 일약 수필계의 신데렐라로 각광을 받게 된 것이다. 그러나 동화 속의 신데렐라는 행운의 상징이지만 수필가 박규환이 상징하는 속내는 결코 그런 차원이 아닌 우리 문학인이 귀감으로 삼아야 할 불요불굴의 집필창작 의욕에 있다.

수상 대상이 된 그의 첫 수필집에는 61편의 글이 3부로 나뉘어 수록되어 있다. 권두의 서문에서 밝힌 바에 의하면 1부는 70대에, 2부는 60대, 그리고 3부는 50대에 쓴 작품이라고 하니 연대순으로 따져 앞뒤의 배열이 뒤바뀌어 있다.

이 같은 분류가 의도적이었다면 그는 고희를 넘기고 쓴 작품을 책의 앞부분에 세울 만큼 노익장의 경지를 스스로 과시한 셈인데, 실상 대표작으로 꼽히는 작품의 대부분이 70대 이후의 소산임을 감안할 때 그의 글은 노경에 접입할수록 완숙과 광채의 도를 더하고 있는 것을 발견할 수가 있어 무엇보다도 조로早老 현상이 두드러지는 우리나라 문단 풍토에 하나의 청신한 충격과 희망을 안겨주는 문학의 본보기가 아닐 수 없었다.

박재식의
좋은 수필 감상

그리고 그는 "나의 본직은 교수가 아닌 '투병'"이라고 했을 만큼 평생 지병인 신경통과 만성기관지염에 시달린 지극히 부실한 건강의 소유자였다. (대학 재직 중에 네 차례의 대수술을 받았고, 수상 당시에도 심장 수술을 받아 가슴에 심장박동기를 묻고 와병중에 있었다.) 그럼에도 불구하고 내처 집필의 손을 멈추지 않고 작품 활동을 지속하여 신작 20여 편과 미발표의 구고를 묶어 자녀들의 강권에 따라 팔순을 기념하는 두번째 수필집 ≪이제는 봄을 기다리지 않는다≫(95년 형설출판사 간)를 냈을 뿐 아니라, 그가 미수(88세)의 나이로 운명하기 직전까지 기거조차할 수 없는 병구를 무릅쓰고 추호도 무디지 않은 필봉을 휘둘러 계속 질 높은 수필을 발표함으로써 독자들의 심금을 울렸으니 그 강인하고도 열정적인 작가정신에 절로 고개가 수그러지지 않을 수 없다.

그의 작품세계를 주름잡고 있는 내용과 스타일을 개관하면 세태풍정에 대한 자조적인 해학과 풍자, 그리고 그 밑바닥에 인생의 숙명이 갖는 페이소스를 깔아 조화시킨 문학적인 뉘앙스라고 특징지을 수 있겠다. 그래서 그의 수필을 읽노라면 저절로 뿜어나오는 웃음과 함께 가슴이 찡한 눈물을 중후하게 느끼게 되는 소이연이기도 하다.

감상할 〈노인 3장〉(≪수필공원≫ 1987년 가을호 발표 및 첫수필집 수록)은 이와 같은 그의 작품세계를 간결하게 담아낸 소품성 수작 수필이다.

해설

〈노인 3장〉은 노년에 겪게 되는 세태의 처우에 대한 비애를 거리, 가정, 시국 세 가지 배경으로 조명하여 해학적으로 풍자한 글이다.

첫 장은 버스 정류장에서 경로 무임승차를 하기 위해 기다리는 '불안한 노인들'의 인정 기미를 주제로 한 글이다.

지금은 없어졌지만 한때 노인에게 버스를 무임으로 승차할 수 있는 특권(?)이 주어진 적이 있다. 정부의 지시에 따라 경로사상을 명분으로 마련된 제도였다.

따라서 경로 대상인 작자도 당연히 그 특권을 누리게 된다. 그런데 그 갸륵하고도 고마운 특권이 때때로 버스를 기다리는 그에게 되레 불편과 불안감을 안겨주는 빌미가 되는 경우를 겪는다.

젊은 사람들과 같이 서 있을 때라거나 때마침 그 정류장에서 내리는 손님이 있을 때는 염려될 것이 없지만 나 같은 노인이 달랑 혼자 서 있고 거기서 내릴 손님도 없을 경우는 이런 노인쯤 무시하고 그냥 내닫는 일이 없지 않고 보니 불안할 수밖에 없다.

모든 제도에는 서로 이해가 상충하는 '제로섬'의 법칙이 따르게 마련이다. 그 특권이 정부가 '경로 정책'이라는 명분의 정치적인 효과를 얻는 반면에 영리를 목적으로 운영하는 버스회사 쪽은 그만큼 수입에 구멍이 생기므로 결코 달가울 턱이 없다. 따라서 버스를 운전하는 기사는 돈도 안 되는 노인이 "혼자 달랑 서 있는" 정류장에 일껏 차를 갖다 대는 시간과 수고의 낭비를 피하여 그냥 지나치기가 일쑤이다. 그들에게 노인의 존재는 경로 대상이 아니라 그저 돈을 내는 젊은이들에게 껴묻혀 어쩔 수 없이 덤으로 태우는 의무치레의 반갑잖은 손님일 뿐인 것이다. 그래서 그냥 지나쳐 가는 버스를 보고 돈을 내어 흔들어 보이며

박재식의
좋은 수필 감상

쫓아가는 희비극이 벌어지기도 하지만 소용이 없다. 돈을 받고 태우면 경로 의무를 어기고 타고 있는 손님들을 지체시키는 일이 되기 때문이다. 그러니 "젊은 사람과 같이가 아닌, 고립무원孤立無援인 채 버스를 기다리는 노인은 항시 불안" 할밖에 없다.

이런 판국에서 그가 노상 이용하는 집 앞의 정류장은 "출퇴근 때가 아니면 그다지 붐비지 않는" 한가한 곳이라 얼핏 생각하기엔 노인에게 편리할 것 같지만 되레 그렇지 못한 모순된 여건을 지니고 있다. 출퇴근과는 상관없이 되도록 붐비지 않는 시간을 골라 나가게 되는지라 젊은이와 함께 껴붙여 날 기회가 썩 드물기 때문이다. 더군다나 "외출이 그다지 잦은 편도 아니고 또 버스요금 정도의 잔돈푼에는 별로 궁색할 것도 없는" 그와 같은 터수의 노인으로서는 "다만 외관상 노인이라는 이유만으로 세워주지도 않고 달리는 버스에게 나는 여느 노인과는 다른 노인임을 알릴 재간"이 없는지라, 그런 억울한 불편과 불안감을 주지 않는 "붐비는 정류장"이 오히려 편리할 법한 것이다.

하루는 그런 불안감 속에서 혼자 차를 기다리고 있는데 "엎친 데 덮친 격으로" 자기 나이 또래의 노파 한 사람이 더 늘었다. 그 한적한 정류장에 무임승차감의 두 늙은이만 서서 차를 기다리게 된 셈이다. 한 사람도 뭣한데 두 사람씩이나 되니 버스가 멈출 확률은 더욱 희박해질 수밖에 없다.

그러니 나로선 그 노파가 반가울 리 없고 보기에도 셈에 빠를 것 같은 그 할망구인들 나 같은 영감쟁이가 반가울 턱이 없지 않겠는가! 내가 속으로 젊은 여자이기라도 했으면 금상첨화일 걸 하고 아쉬워하는 동안 그 노파도 젊은 사람, 이왕이면 젊은 남자였으면 하고 생각했음직도 하다. 어느 모로 보나 다정할 수도 있고 반가울 수도 있을 것 같은 황혼길의 늙은 남녀가 타율적인 경로가 빚은 결과로 선린善隣의 정을 서끌게 했음은 아무래도 유쾌한 일일 수 없다.

다른 때 같으면 의당 동병상련의 정으로 대하여야 할 처지인 "황혼길의 늙은 남녀"의 인간관계가 "타율적인 경로가 빚은 결과로" 내심 서로 시기하며 경원하는 시틋한 존재가 된 것이다. 지문에 느닷없이 "할망구"와 "영감쟁이"이라는 비어를 사용하여 상대방을 지칭한 것은 그런 관계의 심리적 양태를 매우 적절하게 드러내 보인 해학이기도 하지만, 노인 천시賤視에 대한 세태의 아이러니를 강도 있게 풍자하는 효과를 돋보인 표현 수법이라 할 수 있다.

아니나 다를까, 노파는 "버스가 서 주지 않으면 어쩌지요?" 하고 기어이 동병同病의 불안감을 토로하며 물어오자 그는 "그럼 못 가는 거지요 뭐?" 하고 퉁명스런 대꾸를 하고 상대방의 표정을 살핀다. 이 짧은 대화 속에는 피차간의 존재를 탓하는 속내와 함께 '서 주지 않고' '못가는' 비정한 세태의 처우에 대한 노인의 비애와 체념이 깔려 있다.

박재식의
좋은 수필 감상

그러나 마침내 "버스가 오고 쫓아오는 젊은 사람과 내리는 사람도 있어서" 버스는 그들 앞에 서고 조마조마하던 잠시의 불안과 함께 두 늙은이의 불편한 관계도 씻은 듯 없어지지만, 작자는 "나날이 갖는 노인들의 하고많은 불안"이 어찌 버스 타는 일뿐이겠는가 하고 탄식한다.

둘째 장의 '동문서답'에서는 핵가족시대의 희생자로 사랑하는 가족들로부터조차 천시의 대상이 되어 버림을 받는 노인의 고독한 신세를 통해 무너져가는 천륜의 실태를 간접적인 풍자 수법으로 실감나게 그려 놓았다. 그 모델케이스로 작자는 그가 아는 L 노인의 경우를 잡는다.

그는 두 아들을 두었는데 모두 회사원이란 말을 들었다. 재산이라곤 조그만 집을 한 채 가지고 있을 뿐인데 이 집이야말로 이 노인에겐 아비로서의 모든 권위의 원천이요, 자식들에겐 그들 앞에 던져진 매력 있는 미끼임직도 하다.

전설에 의하면 옛날(고구려시대)에 늙은 부모를 산 채로 갖다 버려 죽게 하는 '고려장'이라는 풍습이 있었다고 한다. 이 고약하고도 끔찍한 전설이 사실이라면 먹고살기 어려운 백성들이 식구를 줄이는 부득이한 방편에서 생긴 악습이었을 터이다.

이런 불효 막급의 악습은 '존속유기치사尊屬遺棄致死'의 중죄로 다스려지는지라 당연히 없어졌지만 그러나 노후의 부양을 자식에게 의존하는 늙은이는 짐스러운 존재가 될 수밖에 없는 것이 예나 이제나 다를 바 없는 인간사의 상정이다. 왜냐면 부모와 자식간의 관계를 맺고 있는 정리情理는 같을 수가 없기 때문이다. 부모는 어디까지나 '내리사랑'의 섭리에 따라 자식을 사랑의 대상으로 여겨 위하기도 하고 또 그 사랑의 믿음에 의해 의지하기도 하지만, 자식에게는 그런 부모가 '효孝'의 대상일 뿐인 것이다. '효'의 실체는 따지고 보면 부모에 대한 보은의 자율적인 의리의식일 수도 있고 타율성을 지닌 의무감일 수도 있다. 그러므로 의무감에 부담이 가중되면 의리를 배반할 요소가 다분한 것이 '효'이기도 하다. 그래서 개인주의의 소산인 핵가족시대에 와서 노인들 사이에는 되도록 자식들에게 그런 부양의무의 부담을 주지 않는 길을 모색할 뿐 아니라 죽기 전까지는 상속의 매력을 지닌 재산을 움켜쥐고 그것을 미끼 삼아 애오라지 타율적인 '효'나마 붙들려는 경향이 짙어지고 있다. 그 미끼의 매력이 빌미가 되어 자식에게 죽임을 당하는 불상사가 있기도 하지만.

박재식의
좋은 수필 감상

아내를 사별하고 홀몸이 된 L 노인에게는 다행히도 조그만 집 한 채의 재산이 있다. 그것을 미끼 삼아 처음에는 그 집에서 큰아들 내외와 함께 살았는데, 어쩌다 큰며느리가 유산流産하는 변고를 당하자 "엉뚱하게도 그것이 시아버지 모시기 때문"의 동티라는 이유를 들어 "그 매력 있는 미끼와 노인을 함께 버리고 저희들끼리만 방을 얻어 이사를 가" 버린다. 그래서 "할 수 없이 같은 미끼로 둘째 아들 내외를 불러들여 함께 살았"다. 그런데 "어찌된 일인지 둘째 며느리마저 유산하는 변고"가 생기고 보니

"아무래도 마가 붙은 노인"이라는 누명을 벗기가 더욱 어렵게 된다. 그러자 이번에는 둘째 아들 내외도 이사를 나가겠다고 하여 되느니 안 되느니 옥신각신 끝에 노인이 외출한 틈을 타 이삿짐을 싣고 "어디론지" 나가 버렸으니 노인은 떨꺼둥이 신세가 되어 "사양의 폐허에 서는 나그네인 양 지금은 혼자 살고 있다."는 것이다.

딱하게 여긴 그가 "취사炊事를 어떻게 하느냐?"고 걱정스럽게 묻자, 노인은 얼마쯤 말머리를 아끼다가 "밥이란 뜸이 잘 들어야…." 하고 동문서답을 한다. 그 동문서답은 난처한 질문에 대한 둔사 같기도 하지만 어쩌면 자신의 노후를 뜸이 널 든 선밥에 비유하여 인생에 대한 회한의 정을 토로한 말로 새겨들어도 무방할 듯하다.

셋째 장은 '파고다 공원'에 모여 앉아 소일하는 노인들의 따분한 모습을 통해 그 무렵 돌아가고 있는 시국의 흐름을 풍자적으로 관망한 글이다.

하늘엔 6월의 태양이 이글거리는데 짙은 나무그늘에 놓인 벤치마다에 무더기 무더기 앉아 있다. 생각하면 얼마 남지 않은 여생이어서 그 일분 일초가 피처럼 아까운 세월일 텐데 '소일消日'이란 이름으로 이렇게 보내야 되는 나날이 생각하면 얼마나 마음 아픈 일인가!

그가 노인들의 소일처인 '파고다 공원'에 들른 것은 1987년 6월 27일의 일이다. 그러니까 5공 말엽 유신헌법에 의해 그동안 간선제로 이루어지던 대통령 선거를 직선제로 개헌하겠다고 공약한 이른

바 '6·29선언'이 발표되기 이틀 전이고, 그 선언에 결정적인 구실을 한 '6·26 민주화운동'의 극렬한 데모가 온 장안 거리를 휩쓴 바로 다음날에 해당되는 셈이다.

그러므로 공원 안은 "그 전날 터뜨린 최루탄 냄새로 목이 아프고 눈물이 나는" 지경인데 그것도 아랑곳없이 벤치에 무더기 무더기 앉아 얼마 남지 않은 생의 아까운 세월을 하릴없는 소일로 보내고 있는 노인들의 따분한 모습을 보고 마음 아파한다.

그러나 그의 작가의식이 무료하게 앉아 소일하는 노인들을 보고 마음 아파하는 일로 머문다면 이 글은 아무런 의미도 보람도 없는 싱거운 것이 되고 만다. 해학과 풍자에 빼어난 그의 작가적 에스프리는 그런 노인들의 쭈글스런 모습에 시사적인 문제의식을 접목시켜 활성화하는 기지를 발동한다.

박재식의
좋은 수필 감상

앞으로 더 나아질 것 같지도 않은 세월, 그걸 이 공원에 앉아 탈없이 보내는 일이 목적인데 뜻밖에 재수 좋으면 전경들의 방패로 파출소 앞에 뽑혀 앉는 행운(일당이 있겠으니)에 얻어 걸릴 수도 있고 앞으로 이 사업(데모)이 더욱 번창하면 이번엔 최루탄의 방패막이로 데모 군중의 전위대로의 발탁도 기대할 수 있지 않을까. 그러나 여기선 경로가 덕목으로 인정될 때만 안전하리라.

그 무렵 데모대의 습격을 막기 위한 궁여지책으로 경찰이 노인들을 뽑아 파출소 앞에 둘러앉힌 사례를 꼬집어 풍자한 발상이다. 격화 일로의 데모사태를 '사업의 번창'으로 대유代喩한 기발한 풍자 수법이 인용 문장 전체의 문의文意를 돋보이는 악센트가 되고 있는 점에 주목할 필요가 있다.

이틀 후 대망의 '6·29선언'이 발표되자 "재빨리 신문의 연재만화(고바우)는 울면서 박수"를 보내는 '가스마스크 도매상'의 착잡한 모습을 그려 시국을 풍자했다.

이슈와 함께 데모도 없어질 것이므로 데모 덕으로 호황을 누리던 상인의 이율배반적인 처지를 통해 시국을 풍자한 것이다.

따라서 실업자격인 노인들도 '방패막이'의 길이 끊어졌으니 "아쉽지만 울면서라도 박수는 쳐야되지 않겠는가!" 하고 작자인 그도 시국 풍자에 한몫을 든다.

촉평

작자는 각박한 세태에 조명된 노인의 인생을 3장의 소품 형식의 글로 담아냈다. 서사성 짙은 내용에 극명한 주제를 실어 이처럼 짧은 글 속에 완벽하게 담아낸 수필을 과독寡讀의 감상자는 일찍이 보지 못한 것 같다. 실로 촌철살인의 경지가 아닐 수 없다.

조금도 흐트러짐이 없는 노숙한 문장과 구성으로 알밤 같은 주제를 발라낸 솜씨는 숫제 달인의 경지를 터득한 원로 수필의 본으로 삼을 만하다.

박 연 구

- 1934년 전남 담양 출생
- 광주 고등학교 졸업
- 각 수필지의 편집주간을 거쳐 《에세이 문학》발행인 역임
- 2003년 별세

변소고 便所考

　변소가 없는 집에서 사는 것처럼 따분한 생활도 없을 줄 안다. 변두리로만 돌다보니 결국은 수재민 정착지라는 P동에 셋방을 얻었는데 변소가 없다. 변소 하나 용납을 못할 만큼 좁은 땅을 분배해주었던 까닭에 공중변소를 이용하게 마련이었다.
　이곳 사람들은 먹어야 하는 일도 걱정스러웠지만 또 그것을 배설해야 하는 일도 고역스러운 것이 아닐 수 없었다. 대개들 아침에 일어나면 먼저 들러야 하는 곳이 변소인지라 그 무렵의 공중변소 주변은 그야말로 진풍경을 이룬다.
　이른바 '화장실'이라야 어울리는 '신사', '숙녀'의 구별이 되어 있지만 지켜질 일이 못 된다. 남녀노소 할 것 없이 한 줄로 서서 차례를 기다려야만 된다. 평소에는 미장원을 잘 모르고 사는 빈민가의 여인들이라 머리를 매만지지도 않고 그냥 나온 까닭에 그런 여자 뒤에라도 서게 되는 아침이면 그날 하루 기분은 잡치게 마련이다. 시아버지와 며느리가 섞여 서서 기다리는 때도 없지 않을 것이지만 어쩌다 부부간에라도 변소 앞에서 같이 차례를 기다려야 하는 것처럼 쑥스러운 일도 흔하지 않을 것이다.

나는 이러한 고역을 면하기 위해서 사무실에 나가 변을 보려고 시도해봤으나 여의치 못했다. 꼭 식전에 다녀와야만 밥맛이 나는 습관을 고칠 수가 없었다. 형식으로라도 한 번 다녀와야만 시원했다.

그런데 근래에 나는 변비증이 생겨서 더욱 고난을 겪는다. 한 번씩 배변하려면 분만을 쉽게 하는 여자보다도 고생을 한다. 그러자니 용변 시간이 길 수밖에 없는데 바깥에서는 빨리 나오라고 성급한 여자는 문짝을 쾅쾅 치기까지 하는지라 일껏 배설되려던 것이 놀라서 그만 도로 들어가 버리는 수도 있었다. 들어가 버린 그것은 나올 생각을 않고 밖에서 발을 동동 구르는 것이 설사라도 난 모양이라 빨리 비켜주어야 되겠는데, 그냥 나오자니 2원이 아까운 생각을 안 할 수가 없었다.

시청 앞 지하상가 유료 화장실이 10원 하는 것에 비하면 관리 유지비로 받는다는 2원이 많다고 할 수는 없지만, 설사라도 났을 때 하루에 십여 번 출입하면서 몇십 원을 주고 나면 아까운 생각이 아니 날 수가 없었다.

어떤 때에는 차례를 기다리는 동안에 변의便意가 가셔버려서 그냥 돌아오기도 하지만 막상 '부춤돌'에 앉았는데 변의가 사라지고 보면 낭패다. 배설을 하지 못했으니 2원을 물러달랄 수도 없는 일이고 무작정 다시 변의가 있을 때까지 기다린다는 것도 안 될 말이라 그냥 추스르고 나오려면 꼭 어떤 승부에서 지고 난 것처럼 기분이 언짢다. 차라리 거지 아이에게 2원을 주었으면 그런 대로 적선을 했다는 의식이 있어서 개운한 것이지만 분명코 용변값으로 준 건데 배설 목적을 이루지 못한 만큼 액면 가치 이상으로 아까운 생각이 드는 것이다. 마치 어느 누가 창녀에게 갔다가 신겁腎怯으로 뜻을 이루지 못하고 나올 적에 느낀 것에야 비유할 수는 없지만…….

이곳의 공중변소야말로 '변소便所'로서는 실격이 아닐 수 없다. 아늑하고 편안함을 느껴야 명실공히 '변소'이거늘 절대로 편안하지가 못하다.

측상廁上에서는 생각이 통일되어서 새로운 아이디어도 떠오르게 마련이다. 소설을 써 가다가 막혔던 것이 변소에 앉아 있는 동안 비로소 뚫리는 수도 있다. 어제 애인과 데이트를 하느라 결근을 했는데 오늘 상사에게 뭐라고 거짓말을 할 것인가의 아이디어도 측상에서 떠오르기 쉬운 것이다. 뿐만 아니라 독서의 장소로도 측상이 꼽히고 있다.

그런데 불안하고 지저분한 공중변소에서야말로 아무리 시험 공부에 쫓기는 학생이라 할지라도 책 보기는 틀렸다. 생각도 통일이 안 될 뿐만 아니라 배설에만 정신이 쏠리는 것도 아니어서 자연히 앞에 보이는 낙서에 눈이 가게 마련이다. 대개는 유치한 춘화春畵투성이다. 여자의 음호陰戶 부분을

그려보는 것으로 해서 어떤 카타르시스를 하게 되는 것이다. 거기
에 걸작은 "낙서는 '문하인' 의 수치다."라는 낙서였다. 변소에 그린
춘화치고 잘된 것 없고 낙서치고 다 졸필이다. 정말 '문하인文下人'
이 쓴 것이다.

 내 고향에서는 변소를 측간廁間이라고도 한다. 부춤돌을 살펴보
면 여자의 그것 같기야 하지만 하필이면 측廁 자가 그런 의미에서
만들어졌는지는 모르겠다. 엄广자를 '음호변'이라고 일컫고 보면
말이다. 그리고 그 안에는 칙則 자인만큼 변소는 규칙적으로 들러야
한다는 신진대사의 원리를 의미한 것이라고 볼 수 있겠다.

 또한 '정방淨房'이라고도 말한다. 배설물이 떨어지는 곳이 깨끗할
수가 없음에도 굳이 정방이라고 명명한 데는 아이러니컬하게 생각
될 수도 있지만 사실은 깨끗해야 하는 곳이 변소다. 그런 뜻에서
'화장실'이란 말도 좋다. 정결한 식탁이라야만 소화가 잘되는 법이
고 깨끗한 변소라야 제대로 배설이 가능한 것이다.

 어쩌다 밤중에 변소를 가야 할 때처럼 심란스런 것도 없으리라.
그놈의 공중변소라는 것이 흡사 내가 입대해서 훈련을 받았던 군대
변소 같은 느낌이 들어 더욱 질색이었다. 그때 우리 중대 사병 하나
가 변소에서 자살을 했던 것이다. 그때부터 공중변소 같은 데서 밤
에 용변을 하려면 꼭 측귀廁鬼가 내 발을 잡아내릴 것 같은 무서움
이 들기도 했다.

 나는 변비를 치료해보려고 약을 써봤지만 그때뿐이고 마찬가지였
다. 나의 아버지가 오랫동안 그로 해서 고생하고 있는데 내가 그렇

게 된 것이다.

경제적 불안정을 겁내는 사람은 축재蓄財 콤플렉스로 해서 변비 증상을 일으키게 된다는 말이 있지만, 내가 바로 그런 경우라고 생각하고 싶지는 않다.

어느 해인가 나는 미군 영내에서 보았던 변소가 상기되었다. 미군들은 기상하자 세면도구를 들고 화장실로 갔다. '렛 츄린'이라고 말하는 영내 화장실은 세면대와 변기가 벽 하나 사이를 두고 있었다. 칸막이도 없는 변기를 타고 앉은 그들은 역시 용변 중인 옆의 동료와 잡담을 나누는가 하면 혼자서 신나게 노래를 부르는 사람도 있었다. 저들에게야 변비란 있을 수도 없을 것 같은 생각이 들었다.

다만 배설을 할 뿐이지 침실과 똑같은 분위기에서 개운하게 용변을 하고는 역시 노래를 부르면서 세면을 하고 돌아와서 즐거운 식탁을 맞는 그들이 나에게 선망을 금치 못하게 했다.

어느 날 대단한 변의를 느낀 끝에 오래간만에 시원스런 통변을 해보았다. 얼마나 마음이 상쾌한지 몰랐다. 아마 권태기에 든 아내와의 그것에서 느끼는 쾌감보다 상위라고 하면 과장이랄 사람도 있을 것이다. 이때만은 공중변소가 퍽 고마운 존재로 여겨졌다. 지저분하다는 생각을 버려야 되겠다. 사실 이곳에서 공중변소처럼 좋은 일을 맡고 있는 곳도 없을 줄 안다. 그 많은 사람의 배설을 다 용납하고 있다. 심지어 벽에까지도 온갖 낙서를 해도 그것 또한 심리적 배설인 만큼 미소로 용납해주고 있다.

　나는 공중변소를 어느 창부 같다고 생각해본다. 아내도 애인도 없는 사내들이 찾아와서 카타르시스를 하면 다소곳이 받아주고 또 기다리는 그러한 너그러운 창부 말이다. 어느 땐가는 그들이 자기만의 애인이나 아내를 찾아 떠나가기를 기도하는 자세로 있는 것이다.

작/품/감/상

머리말

　작자인 매원 박연구(梅園 朴演求 1934~2003)는 1963년 월간 ≪신세계≫에서 공모한 '제1회 신인작품' 수필부문에 〈수집 취미〉가 당선됨으로써 이후 40년 동안 줄곧 수필에 매달려 생애를 마친 전업 수필가이다.
　월간 ≪신세계≫는 당시에 발간되던 대중용의 종합 잡지이다. 기성 문인과 예술인, 학자들의 여기의 문학으로 전문 문예지가 신인 등용제를 외면하고 있던 수필을 문예지가 아닌 대중 잡지에서 하나의 떳떳한 장르로 '신인작품'의 공모 대상으로 삼아 수필가 등용의 효시 구실을 한 것은 우리 문단의 서글픈 아이러니라고 할 수 있는데, 그 아이러니가 한 사람의 정진한 전문 수필가(박연구)를 탄생시킨 이벤트는 그의 수필적 업적과 함께 문학사적으로 평가되어야 할 일이라고 할 만하다.

 그런데 그를 당선시킨 ≪신세계≫지는 미구에 폐간되고, 따라서 신인 수필가로서의 등단은 일과성의 명분으로 끝나고 만다. 당시의 배타적인 문단 풍토로 보아 대중 잡지는 명색이 인정되지 않은 매체였기 때문이다. 다른 사람 같으면 그것으로 좌절하여 물러앉았을 터이다. 하지만 문학, 특히 수필에 남다른 애착과 집념을 지닌 그는 ≪신세계≫지에서의 당선을 꼬투리로 문단에 정면 도전을 꾀한다. 고향인 담양에서 와신상담 수필공부에 진췌하던 그는 1965년 서울에서 문학평론가로 활동하는 고교 선배 장백일(張伯逸, 당시는 면식이 없는 3년 선배)에게 자신의 수필관을 곁들여 개략 다음과 같은 장문의 편지를 보낸다.

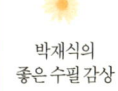

박재식의
좋은 수필 감상

 선배님! 지면을 통해서 선배님의 문학 활동을 기억합니다. 저는 대학 문턱도 못 간 전남 담양 촌놈입니다. 가난한 집안의 6남 맏이로 태어나 고교졸업 후 군에 입대했고, 제대 후에는 '수필'에 입지 양명하고자 공부하고 있습니다. 그 덕이었는지 ≪신세계≫ 제1회 작품상에 수필〈수집 취미〉가 당선된 바 있습니다. 그러나 우리 사회는 수필을 문학권에서 경원시하고 있습니다. 이는 심히 부당한 대우입니다.

 선배님! 제가 상경하면 현대문학사의 조연현 선생님을 소개해 주시기 바랍니다. 조 선생님에게 제 수필관을 피력하고 싶고 또 수필 추천제도 강력히 권장하고 싶습니다. 모든 문학 장르는 추천제로 등단이 가능한데 왜 수필만 제외돼야 합니까?

- ≪에세이문학≫, 2003여름호 게재. 장백일의 '박연구 추모문'에서

그리하여 장백일의 적극적인 주선으로 ≪현대문학≫지를 주관하는 조연현(趙演鉉, 1920~81)을 만난 백면의 문학청년 박연구는 수필에 대한 소신과 함께 신인 추천제에서 수필이 소외되고 있는 부당성을 들어 담론을 나누게 된다.

장시간의 면담을 끝내고 하직하는 그에게 조연현은 즉석에서 '10년 독자의 변'이라는 글제를 주며 원고 청탁을 했고, 이에 대해 그는 〈개근상을 받는 감회〉(그 무렵 매원은 ≪현대문학≫지를 창간호부터 결본 없이 구독하고 있었다.)라는 글을 써서 ≪현대문학≫ 1965년 9월호의 수필란에 실리게 된다. 물론 기성 문인으로서의 자격이 아닌 정기 독자에 대한 아마추어 대우의 청탁에 의해 발표된 글에 불과한 것이었지만, 아무튼 그것을 인연으로 그는 동지同誌의 1967년 1월호에 수필 〈아연啞然〉과 1969년 11월호에는 그의 대표작의 하나인 〈변소고便所考〉를 발표함으로써 기성 수필가로서의 문단적인 지보를 다지게 된다. 그로서는 명색이 없던 ≪신세계≫의 등용이 추인을 받은 셈이다. 그래서 그는 자신의 등단 시점을 당선작 〈수집 취미〉가 발표된 1963년 9월로 삼아 즐겨 내세우게 된다.

그러나 매원이 본격적인 수필 활동을 통해 전업 수필가로서의 진면목을 나타낸 것은 우리 문단에 수필 붐이 일기 시작한 1970년대에 접어들면서이다. 즉 1970년 그의 주동으로 발족한 '현대수필 동인회'의 주간직을 맡아 동인지 ≪현대수필≫(5집까지 발행)의 편집을

주관하면서 수필문학 개화에 중요한 계기를 조성한 것을 시발로, 1972년에는 우리나라 최초의 월간 수필지 《수필문학》(발행인 김승우)의 주간을 맡아 그가 숙원했던 수필 신인 추천제를 마련하는 데 큰 몫을 하게 된다. 그리고 1975년에는 계간 《한국수필》(한국수필가협회 발행)의 편집인이 되어 초창기의 기틀을 다지는 데 기여하기도 하고, 마침내 1985년에는 계간 《수필공원》(지금의 《에세이문학》 한국수필문학진흥회 발행)의 편집위원으로 참여하여 주간(1992년), 편집인(1995년), 발행인(1999년)에 이르기까지 종신토록 인연을 맺게 된다. 그러니까 1970년 이후의 수필문학 발흥기에 선도적인 역할을 한 주요 수필지의 소장의 역사에는 편집자로 기여한 매원의 입김이 거의 빠짐없이 서려 있다고 할 수 있는데, 이는 전업 수필가로서의 노하우가 수필계에 일찍부터 공인된 소이에 다름 아니다.

박재식의
좋은 수필 감상

이뿐 아니라, 각 문예지와 일간 신문에서 시행한 신인상의 수필 부문 심사에는 으레 '약방의 감초' 처럼 위촉되게 마련이었고, 1984년에는 한국일보 문화센터에서 수필 강좌를 맡아 이후 10년 동안 신인 수필가의 지도 육성에 종사하면서 안인찬安仁燦, 맹난자孟蘭子 등 숱한 역량 있는 제자를 배출시켰고, 이 밖에도 비단 미지의 터수라 할지라도 유망한 신인이나 기성 수필가가 발견되면 사신을 동봉한 원고 청탁과 심지어는 수필에 관한 참고 서지를 자비로 구해 보내주며 작품 활동을 뒷바라지하는 등 명실이 상부하는 '수필계 대부' 로서의 견마지로를 아끼지 않았다.

　이런 매원이 그동안에 벌인 작품 창작과 저작 활동에도 질과 양에 있어 눈부신 업적을 남긴다. 한때 수필 독서계의 스테디셀러가 된 첫 수필집 ≪바보네 가게≫(1973년 범우사 간)를 위시한 7권의 수필집과 함께 수 권의 문고판 선집과 국내외 명수필의 편저 등 많은 저서를 펴냄으로써 전업 수필가로서의 명색과 권위를 유감없이 나타낸다.

　그는 1994년에 낸 제6수필집 ≪수필과 인생≫(범우사 간)의 서문에서 "문단 30년, 인생 60년…… 내 이력서는 수필과의 관련을 빼고는 단 한 줄도 다른 것을 써넣을 거리가 없다. 어찌 생각하면 못난 사람이라고도 할 수 있지만, 후회도 변명도 하지 않으련다."고 피력하였는데, 이것은 거짓 없는 그의 '수필 인생'의 내력이며 소신의 표백이라고 할 수 있다. 그는 잡지사 등의 원고 청탁에는 매체의 종류를 불문하고 거절하는 법이 없었고, 심지어는 하한기夏閑期의 바캉스로 인해 생기는 필자의 공백을 메우는 원고의 청탁까지를 도맡아 땀을 흘리며 집필하여 응하기도 했다. 그래서 막내로 태어난 아들이 그를 가리켜 "수필장수"라고 호칭하는가 하면, 어느 지인으로부터는 "수필 쓰는 일과 딸 낳는 일밖에 한 것이 없는 사람"이라는 위인평을 듣고도 그것을 감수하며 기꺼이 자처하기도 한다.

　그러나 외곬으로 살아간 선비나 장인의 생애가 그러했듯 매원의 '수필 인생'은 결코 평탄할 수가 없다. 1960년대 중반, 부도 수표나 다름없는 '≪신세계≫의 당선'을 밑천 삼아 오직 수필문학에 대한 열정과 패기만으로 식솔을 이끌고 무작정 상경한 그의 생활은 궁핍과 고난의 시련 앞에 노정될 수밖에 없었다. "새끼 토막에 꿰어서 파는 연탄 한 장에, 국민학생들이 쓰고 난 공책으로 만든 봉지에 담아 파는 보리쌀 한 되를 가지고 하루를 연명하던 시절" 네 살배기 셋째 딸아이가 시커먼 꽁보리밥을 받고 "깨끗한 밥 줘." 하고 보챘다는 얘기를 회고한 글(〈얘깃거리가 있는 인생을 위하여〉에서)을 읽으면 1·4후퇴 때(6·25 때) 원산에서 제주도 서귀포로 피난 온 화가 이중섭李仲燮이 굶주림을 못 이겨 갯가에서 딱딱한 새끼게를 주워와 끼니로 삼으면서 그것을 어린아이들에게까지 먹인 연유로 게와 노니는 아이들 그림을 즐겨 그린다는 이야기(이것은 감상자가 이 화백으로부터 직접 들은 이야기 — 졸작 〈이중섭 씨와의 하루〉 참조)가 상기되면서 마음이 아프다.

 그러나 그런 아픔을 회고한 글에서 그 무렵(그가 간직하고 있는 기록에 의하면 1968년 6월 20일이라고 한다.) 한국에 온 임어당(林語堂, 중국의 철학자이자 에세이스트)이 강연을 통해 "한국은 개발도상국가이기 때문에 여러분은 행복한 국민입니다. 내일을 위해 도전할 수 있는 꿈을 지닌 국민이기 때문입니다."라고 한 신문 기사를 읽고 적실한 공감과 함께 고무된 일을 곁들여 회상한 것으로 보아, 그가 능히 그 아픔을 딛고 오로지 내일의 꿈(수필문학)을 위해 도전하는 불요불굴의 의지로 살아온 '수필 인생'의 자취를 짐작할 수가 있다.

 그렇다고 그의 도전 정신이 현실 부정의 반항의식을 기제로 삼은 것은 결코 아니다. 임어당이 한국을 후진국이 아닌 '개발도상국'으로 치부한 것에 전폭으로 동의할 만큼 긍정 마인드에 입각한 내일의 희망을 향한 진취성의 발로에 불과할 따름이다. 그래서 매원의 수필에는 자신의 가난에 대해 시세를 탓하거나 자기혐오에 빠지는 흔적을 찾아볼 수가 없고, 언제나 안빈낙도安貧樂道의 경지가 오히려 읽는 이의 마음을 따스하게 해 준다. 감상할 〈변소고〉는 이런 매원의 수필 세계를 가늠할 수 있는 초기에 씌어진 대표작의 하나이다.

해설

이 작품은 작자가 서울 변두리의 수재민이 정착하여 사는 판자촌에서 셋방살이할 때 주민 공용의 공중변소를 사용하면서 겪고 느끼는 사연을 해학적으로 엮은 글이다.

1960년대 중반, 작자인 매원이 솔가하여 상경한 후 변두리 셋방살이를 전전한 끝에 수재민들이 정착하여 사는 판자촌에 셋방을 얻어 살게 된다. 그곳에 가 본 그의 평생의 친구 양병석(번역문학가)의 증언에 의하면 "판잣집과 판잣집의 처마와 처마를 이어 비를 겨우 막은 집이 아니라 헛간"(《에세이문학》, 2003 여름호. '박연구 추모문'에서)이라고 하니 노부老父를 위시한 여섯 가족이 그런대로 기거할 수 있는 조금 넓은 주거 공간을 구해 옮긴 고육지책이었던 듯하다. 그런데 이 판잣집들에는 집 안에 따로 변소가 없다. 당국에서 "변소 하나 용납을 못할 만큼 좁은 땅을 분배해주었던 까닭"이다. 그래서 모두가 공중변소를 이용할 수밖에 없다.

이곳 사람들은 먹어야 하는 일도 걱정스러웠지만 또 그것을 배설해야 하는 일도 고역스러운 것이 아닐 수 없었다. 대개들 아침에 일어나면 먼저 들러야 하는 곳이 변소인지라 그 무렵의 공중변소 주변은 그야말로 진풍경을 이룬다.

공중변소에는 명색이 신사용과 숙녀용이 구별되어 있지만 지켜질 경황이 못 된다. "남녀노소 할 것 없이 한 줄로 서서 차례를 기다려야" 하니 차례가 되면 남·녀용을 막론하고 들어가게 마련이다. 이런 판국이니 줄서기에는 빈민층이라 몸가축에 아랑곳 없는 봉두난발의 여인 뒤에서 기분을 잡쳐가며 따분한 시간을 보내기도 하고, 때로는 시아버지와 며느리 그리고 내외가 변소 앞에 같이 서서 차례를 기다리는 쑥스러운 진풍경이 벌어지기도 한다.

박재식의
좋은 수필 감상

그런데 그 즈음 작자는 변비증이 생겨서 더욱 고난을 겪게 된다.

한 번씩 배변하려면 분만을 쉽게 하는 여자보다도 고생을 한다. 그러자니 용변 시간이 길 수밖에 없는데 바깥에서는 빨리 나오라고 성급한 여자는 문짝을 쾅쾅 치기까지 하는지라 일껏 배설되려던 것이 놀라서 그만 도로 들어가 버리는 수도 있었다. 들어가 버린 그것은 나올 생각을 않고 밖에서 발을 동동 구르는 것이 설사라도 난 모양이라 빨리 비켜주어야 되겠는데, 그냥 나오자니 2원이 아까운 생각을 안할 수가 없었다.

  2원은 변소 관리비로 받는 입장료이다. 그것을 변비 때문에 무위로 낭비했을 때의 "아까운 생각"을 피력한 대문의 해학이 야릇한 공감으로 미소를 자아낸다.

  ……그냥 추스르고 나오려면 꼭 어떤 승부에서 지고 난 것처럼 기분이 언짢다. 차라리 거지아이에게 2원을 주었으면 그런대로 적선을 했다는 의식이 있어서 개운한 것이지만 분명코 용변 값으로 준 건데 배설 목적을 이루지 못한 만큼 액면 가치 이상으로 아까운 생각이 드는 것이다. 마치 어느 누가 창녀에게 갔다가 신겁腎怯으로 뜻을 이루지 못하고 나올 적에 느낀 것에야 비유할 수는 없지만…….

  '신겁'은 막상 교접에 임한 남성이 죄의식이나 성병 따위의 피해의식 때문에 음경이 위축하는 현상인데, 예문에는 "어느 누가"라고 했지만 어쩌면 매원의 성품으로 보아 작자 자신의 총각 때의 체험담일지도 모른다.
  '변소便所'는 어의상 '대변大便과 소변小便을 누는 곳'이라는 뜻의 명사이지만 한편으로는 문자상 '편한 장소'라는 뜻도 갖는지라 이런 점에서 "아늑하고 편안함을 느껴야 명실 공히 '변소'이거늘 절대로 편하지 못"한 공중변소는 '변소'로서는 실격이라고 한다. 그리고는 측상廁上에 편안히 앉아 생각을 가다듬어 새로운 아이디어를 떠올리고, 막혔던 작품 구상의 활로를 찾기도 할 뿐 아니라 독서하기에도 최적의 장소라고 '변소'가 갖는 덕목을 섬기면서 "그런데 불안하고 지저분한 공중변소에서야말로 아무리 시험공부에 쫓기는 학생이라 할지라도 책 보기는 틀렸다."고 한다.

그러니 작자의 경우 "생각도 통일이 안 될 뿐만 아니라 배설에만 정신이 쏠리는 것도 아니어서 자연히 앞에 보이는 낙서에 눈이 가게 마련이다." 여자의 음호陰戶 따위 유치한 춘화를 그려 놓고 카타르시스를 즐긴 흔적이 난잡한데, "거기에서 걸작은 '낙서는 문하인('문화인'의 오기)의 수치'라는 낙서였다."고 하며 "변소에 그린 춘화치고 잘된 것 없고 낙서치고 다 졸필이다. 정말 '문하인文下人'이 쓴 것이다." 하고 낙서족의 수준을 꼬집어 일침을 놓는다.

그리고 변소를 측간廁間이라고도 이르는 '측廁'자의 글자 풀이를 통해 "엄厂자를 '음호변'이라고 일컫고 보면" 변소의 부춤돌이 여자의 그것 같다고 하여 붙인 것이 아닌가 하고, 그 안의 칙則자는 '법'인지라 "변소는 규칙적으로 들러야 한다는 신진대사의 원리를 의미한 것"이라는 기발하고도 그럴듯한 소견을 펴는가 하면, 또한 깨끗할 수 없는 변소를 '정방淨房'이라고도 명칭한 아이러니는 "정결한 식탁이라야만 소화가 잘되는 법이고 깨끗한 변소라야 제대로 배설이 가능한 것"이니 기실 지당한 명명임을 열거하면서 그 요건이 결격된 공중변소의 비류非類를 반증

한다.

이런 공중변소와 변비증은 속절없는 상극일밖에 없는지라, 그래서 작자는 언젠가 미군 영내에서 본 변소를 상기하지 않을 수 없다.

미군들은 기상하자 세면 도구를 들고 화장실로 갔다. '랫츄린'이라고 말하는 영내 화장실은 세면대와 변기가 벽 하나 사이를 두고 있었다. 칸막이도 없는 변기를 타고 앉은 그들은 역시 용변 중인 옆의 동료와 잡담을 나누는가 하면 혼자서 신나게 노래를 부르는 사람도 있었다. 저들에게야 변비란 있을 수도 없을 것 같은 생각이 들었다.

다만 배설을 할 뿐이지 침실과 똑같은 분위기에서 개운하게 용변을 하고는 역시 노래를 부르면서 세면을 하고 돌아와서 즐거운 식탁을 맞는 그들이 나에게 선망을 금치 못하게 했다.

한국 가정도 웬만한 집에는 침실 바로 곁에 세면대와 욕조까지 갖춘 화장실을 두고 사는 지금에 와서 보면 금석지감은 있을지언정 그다지 희한할 바가 없는 광경에 불과하다. 하지만 개발도상에 있는 가난한 나라, 더욱이 공중변소에 의존하며 변비증에 시달리는 당시의 작자로서는 꿈도 꿀 수 없는 먼 나라의 부럽기 짝 없는 풍경이 아닐 수 없다.

그런데 수필가 박연구에게 공중변소에 대한 인식 전환을 통해 귀중한 주제의식을 일깨운 이벤트가 생긴다. 하루는 대단한 변의 끝에 오래간만에 그 공중변소에서 시원스럽게 배변을 한 것이다. 배설의 쾌감- 그것은 "권태기에 든 아내와의 그것에서 느끼는 쾌감보다 상위"라고 할 만큼 감격한다. "이때만은 공중변소가 퍽 고마운 존재로 여겨졌"고, "지저분하다는 생각은 버려야 되겠다."고까지 마음먹으며 이곳 빈민굴 공중변소의 구실이 갖는 미덕을 섬기게 된다.

그 많은 사람의 배설을 다 용납하고 있다. 심지어 벽에까지도 온갖 낙서를 해도 그것 또한 심리적 배설인 만큼 미소로 용납해주고 있다.

그리고는 이 공중변소가 지니는 미덕을 어느 착한 창부의 그것과 결부시켜 장을 맺는다.

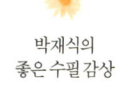
박재식의
좋은 수필 감상

아내도 애인도 없는 사내들이 찾아와서 카다르시스를 하면 다소곳이 받아주고 또 기다리는 그러한 너그러운 창부 말이다. 어느 땐가는 그들이 자기만의 애인이나 아내를 찾아 떠나기를 기도하는 자세로 있는 것이다.

이것은 고진감래苦盡甘來라는 내일의 비전에 대한 작자 자신의 생활신조가 주제로 형성되어 시사해주는 희망의 메시지에 다름 아니다.

#총평

  이 작품은 작자가 '연탄 한 장에 보리쌀 한 봉지로 하루를 연명하던 시절'에 씌어진 글이다. 그래서 1960년대의 개발도상에 있는 사회의 한 편에서 '먹는 걱정'에 앞서 그것을 '배설할 어려움'에 시달리는 빈민촌의 딱한 생활상이 어두운 그림자처럼 배경을 이루고 있다.
  그러나 이 글에서는 그런 어둠을 선혀 느낄 수가 없다. 지지분히고 악취가 풍기는 공중변소를 소재로 삼았는데도 사뭇 명랑하고 구수한 냄새가 감돌 뿐이다. 불안정한 공중변소에서 변비증에 시달리는 작자의 모습에서 도리어 안빈낙도의 여유를 읽게 되기 때문이다.
  이것은 긍정 마인드가 자아내는 매원 수필이 갖는 특징이자 비밀이기도 하다. 긍정은 낙관을 수반하고 낙관은 수필의 본령으로 삼는 여유와 유머의 경지를 조성한다. 그래서 그의 수필을 읽으면 마음이 오붓하고 가슴이 따스해진다. 담담한 여유와 유머가 넘치는 〈변소고〉가 매원의 대표작으로 꼽히는 소이이다.
  더욱이 그가 가장 어려웠던 시기에 씌어진 글임을 감안할 때 그가 남기고 간 수필의 발자취가 새삼 갸륵하다.

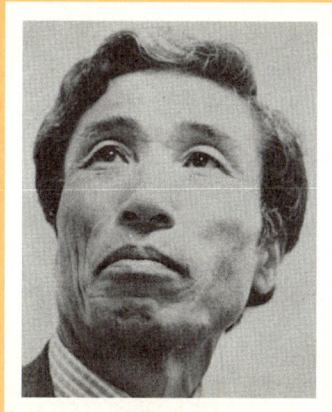

이 오 덕

- 1925 경북 청송 출생.
- 영덕 농업학교 졸업.
- 43년 동안 줄곧 초등교육에 종사
- 2003년 별세

거꾸로 사는 재미

　나는 설날에 차를 타고 여행하기를 즐긴다. 도시 사람들이 서로 다투어 시골로 나오려고 할 때 나는 반대로 도시로 들어가고, 다시 사람들이 도시로 모여들 때면 나는 시골로 돌아온다. 그러면 그토록 기막힌 교통지옥도 내게는 해소되어 유유히 차 타는 즐거움을 누리는 것이다. 스물 몇 해 전이던가, 음력 설날 어느 시골에서 ㅂ시로 가는데, 나 혼자를 위해 기차가 운행한다는 느낌이 들었다. 그때부터 설날 여행의 재미를 들인 것 같다. 요즘은 설날이라도 그렇게 빈 차는 아니지만, 그래도 평소 때보다는 훨씬 조용하다.

　산골 학교 숙직실엔 저녁마다 온 직원들이 모인다. 모두가 도시에다 가족을 두고 온 사람들이다. 이들의 대화 속에 거의 날마다 빠질 수 없는 것이 언제 산골에서 벗어나나 하는 것이다.

　"난 토요일만 되면 집에 갈 생각에 아침부터 들떠 있어요."

"일요일 오후, 버스를 타고 이놈의 골짝을 들어오는 게 죽으러 오는 것같이 싫어요."

벌써 나이 마흔이 넘고, 혹은 쉰이 넘은 사람들의 입에서 나오는 순진한 말이다. 나는 이런 말을 들을 때마다 딱한 생각이 들어 어쩔 수 없다.

"좀 달리 생각할 수 없는가요? 요즘 돈 많은 사람들, 산골에 별장 지어 놓고 도시에서 다니지요. 또 관광 다닌다고 돈 쓰며 여행하는 사람들 얼마나 많은가요? 일주일에 한 번씩 여행한다 생각하면 오히려 즐거울 수도 있습니다."

이건 동료들을 달래기 위해 내가 입으로만 지껄이는 말이 아니라 진정에서 나온 말이다. 왜 이들은 자기를 스스로 멸시하며 살아가는 것일까?

사람들이 끝없이 가고 있다. 어른 아이 남자 여자 할 것 없이 온통 길을 메워 뽀얀 먼지 속을 사람의 강물이 흘러간다. 이들은 방금 주차장에서 내려 어느 유원지로 가는 것이다. 그 주차장까지 차를 타고 온 것만 해도 몇 시간을 서로 다투고 아우성치고 했다. 그런데 이 많은 사람들을 받아들일 자리가 어딜까? 서로 부딪치고 발을 밟고 밟히면서 밀고 밀려 가기를 지치도록 하다가 이윽고 무슨 자연공원인가 하는 현판이 붙은 문 앞에 가서 또 땀을 닦으면서 반 시간이 넘게 줄을 서서 기다려 겨우 입장권을 산다. 천당 가는 입장권을 이렇게 산다 해도 반갑지 않은데 거기 들어가니 또 지옥이다. 어딜 가도 사람의 사태요, 짓밟히고 발에 걸리는 비닐봉지와 유리병이다. 골짜기 물은 더러워 들여다보면 기분이 나쁠 정도고, 아이들이 돈 내고 타는 노리개 차도 워낙 사람이 많아 탈 수 없고, 동물원의 새들은 날개가 잘려 날 수 없게 되어 있다. 이게 대도시의 공원이요 놀이터다. 그래도 아이고 어른이고 도시에 산다는 것, 이렇게 한번 와 보는 것이 영광인 모양이다. 도시에 살아도 이런 곳에 오지 못하는 가난한 아이들은 학교에 가서도 기가 죽어 있다. 이곳에 가족을 데려와 보지 못한 아버지들은 못난 사람이 된다.

자욱한 먼지 속을 남 따라 가고 있는 넋 빠진 인간들, 관광에, 유람에 미쳐 있는 인간들의 물결 속에 휩쓸려 가고 있는 나 자신을 발견한다. 아이들과 가족에 졸려 지옥에 끌려가듯 가고 있는 못난 나 자신을 때때로 발견하고 몸서리친다. 나는 탈주해야 한다. 이 미친 무리들의 행렬 속에서 탈주해야 한다.

거꾸로 살기를 즐기는 사람도 정신을 바짝 차리고 있지 않으면 어느 틈에 거대한 기계 속에 휘말려 들어가 비참한 꼴이 되는 세상이다.

작/품/감/상

#머리말

박재식의
좋은 수필 감상

 작자인 이오덕(李五德 1925~2003)은 아동문학가이자 수필가이다. 경북 청송에서 태어나 1943년 영덕농업학교를 나와 이듬해인 1944년 교사로 투신하여 1987년 교장직에서 정년퇴임하기까지 줄곧 초등학교에서 교편생활을 한 아동교육가이기도 하다.
 그를 구태여 아동교육가로 지칭하는 까닭은 초등학교에서 아동교육에만 종사한 경력을 두고 근거로 삼은 것은 아니다. 그는 누구보다도 제도권의 교육 중에서 어린이를 가르치는 초등교육이 가장 중요하다는 확고한 신념을 바탕으로 그것을 몸으로 실천한 교육자였기 때문이다. 한 인간이 세상에 태어나 오롯한 인격을 형성해가는 과정에서 그 싹수가 요정되는 시기가 막 지각이 들기 시작하면서 받는 초등교육에 의해서이다.

이 사실을 절감하는 작자는 입신과 투안을 꾀하는 교육자라면 누구나가 소망하는 상급학교에의 진출이나 도시 근무를 외면하고 끝내 초등교육자의 직분을 고수하면서 자진하여 시골 학교를 맴돌며 근무한다. 그리고는 농촌 어린이들의 순진무구한 정서 속에서 아동교육이 지향해야 할 참된 길을 모색하고 그것을 선양 파급시키는 일에 전념한다.

그는 어린이들의 올바른 인성 함양을 위해 무엇보다도 정서교육에 역점을 두고 그 기본되는 작업으로 언어 생활의 순화와 글쓰기 운동에 앞장선다. 그래서 일찍부터 아동문학에 뜻을 두고 동시와 동화를 써서 발표하고(1954년 《소년세계》지에 동시 〈진달래〉를 발표한 것을 시작으로 '71년 《동아일보》 신춘문예를 통해 동화 〈꿩〉이 당선됨으로써 명실이 상부한 아동문학 작가로 작품활동을 했다.) 청소년을 대상으로 한 《삶을 가꾸는 글쓰기 교육》, 《우리 문장 쓰기》 등 글쓰기 지도서와, 아동문학에 관한 평론 활동도 전개하여 《시정신과 유희정신》, 《어린이를 지키는 문학》 등 평론집도 펴낸다. 물론 이 밖에 자작의 동시집과 동화집도 많지만, 나아가 자신이 가르친 시골 아이들의 글과 그림을 모아 엮은 시집 《일하는 아이들》 및 산문집 《우리도 크면 농부가 되겠지》와 화집 《일하는 아이들이 그린 봄 여름 가을 겨울》을 펴내어 아동 본연의 구김살없는 정서를 도외시한 성인 위주의 아동교육을 반성케 하는 길잡이로 제시하는 열의까지 보인다.

그러므로 그의 아동문학 세계는 아동교육가인 그가 신념하는 교육철학과 결부된 일종의 실천적인 발현의 세계라고 볼 수가 있다.

이런 그가 우리 문단에 수필가로서 등장한 것은 1971년 《한국일보》 신춘문예를 통해 수필 〈포플러〉가 당선됨으로써이다. 등단 이전에도 ≪이 아이들을 어찌할 것인가≫ 등 몇 권의 교육 수상집을 낼 만큼 수필성 글을 꽤 많이 써왔지만, 정작 수필 작가로서 문단에서 작품 활동을 벌인 것은 이것이 계기가 된 셈이다. 수필집으로는 1983년에 상재한 첫 수필집 《거꾸로 사는 재미》와 ≪나무처럼 산처럼≫, ≪감자를 먹으며≫ 등이 있다. 이들 수필에서는 작자의 교육 이념과 생활철학, 자연 친화적인 사상과 농촌 그리고 농민에 대한 곡진한 사랑을 엿보이는 주제의식이 문명비평적인 필치로 표출된 작품세계를 잡아볼 수가 있다.

아동교육가이자 문필가인 이오덕은 정력적인 생애를 통해 무려 53권의 저서를 유산으로 남기고 그가 마지막 교육사업의 봉사처로 마련한 '이오덕 학교'가 자리잡은 충북 충주시 신니면 자택에서 향년 79세로 영면한다.

감상할 〈거꾸로 사는 재미〉는 1979년 ≪샘터≫지 7월호에 발표되어 수필로서는 그의 대표작의 하나로 꼽히는 작품이다.

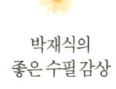
박재식의
좋은 수필 감상

#해설

이 글은 세태의 풍조를 거슬러 사는 재미를 들어 어진 삶의 진실을 역설적으로 드러내 보인 풍자 수필이다.

인간 생활의 복지 향상을 근간으로 하는 과학 문명의 발달과 경제 성장은 시쳇사람들의 생활 풍조에 사뭇 왜곡된 현상을 빚고 있다. '근검절약'이 미덕으로 숭상되던 생활 철학은 어느새 '소비가 미덕'으로 변하면서 사람들은 실용가치보다 거품(bubble)성의 사치와 유행을 선호하여 귀중한 자원과 정력을 낭비하는 풍조가 사회에 미만하게 된 것이다. 그 두드러진 현상이 레저 붐을 타고 열병처럼 유행하는 유람성의 관광과 여행이 빚는 사회적인 혼란이다. 그래서 작자는 그 부조리한 작태에 일침을 가하기 위해 붓을 든다.

나는 설날에 차를 타고 여행하기를 즐긴다. 도시 사람들이 서로 다투어 시골로 나오려고 할 때 나는 반대로 도시로 들어가고, 다시 사람들이 도시로 모여들 때면 나는 시골로 돌아온다. 그러면 그토록 기막힌 교통지옥도 내게는 해소되어 유유히 차 타는 즐거움을 누리는 것이다. 스물 몇 해 전이던가, 음력 설날 어느 시골에서 브시로 가는데, 나 혼자를 위해 기차가 운행한다는 느낌이 들었다. 그 때부터 설날 여행의 재미를 들인 것 같다. 요즘은 설날이라도 그렇게 빈 차는 아니지만, 그래도 평소 때보다는 훨씬 조용하다.

먼저 명절 연휴를 틈타 도시를 **빠져나와** 시골로 내려가는 귀성객과 관광객의 행렬로 막심한 정체와 혼잡을 이루는 교통지옥을 거슬러 자신이 근무하는 시골에서 되레 도시로 향하는 한가한 교통편을 이용하는 여행의 쏠쏠한 재미를 소개하며 허두를 잡는다.
　물론 나름대로의 의미와 명분을 갖는 귀성 행각과 레저 그 자체를 부정한 것이 아니고, 그 행위 원리의 배경을 이루는 거품성의 유행에 대한 모방 심리를 꼬집는 전차詮次로 세운 성동격서聲東擊西의 화두에 불과하다.

　이 역설적인 발상법을 작자는 자신이 즐겨 낙향하여 근무하는 시골 학교 숙직실에 밤마다 모여 앉아 불평을 토로하는 동료 직원들을 설득하는 화법으로 피력한다. 그들은 모두 도시에다 가족을 두고 내려와 본의 아니게 낙향 생활을 하는 4, 50대의 교사들인지라 주고받는 대화는 으레 '언제 이 산골을 벗어나느냐.' 하는 궁리와 넋두리가 차지하게 마련이다.

"난 토요일만 되면 집에 갈 생각에 아침부터 들떠 있어요."
"일요일 오후, 버스를 타고 이놈의 골짝을 들어오는 게 죽으러 오는 것같이 싫어요."

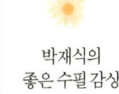
박재식의
좋은 수필 감상

이런 말을 들을 때마다 작자는 딱한 생각이 들어,

"좀 달리 생각할 수 없는가요? 요즘 돈 많은 사람들, 산골에 별장 지어 놓고 도시에서 다니지요. 또 관광 다닌다고 돈 쓰며 여행하는 사람들 얼마나 많은가요? 일주일에 한 번씩 여행한다 생각하면 오히려 즐거울 수도 있습니다."

하고 교사로서의 사명감과 긍지를 망각하고 불만을 앞세우는 동료들에게 역지사지易地思之의 지혜를 일깨운다. 이것은 한갓 동료들을 달래기 위해 한 임기응변의 궤변이 아니라 자신이 소신하는 진실을 일깨우는 방법으로 진심에서 사고의 전환을 촉구한 제언에 불과하다.

그런데 작자가 역설적인 발상으로 극복할 대상으로 삼은 세태의 부조리 현상을 직접 체감하고 문명비평적인 주제의식을 부추긴 사건은 "아이들과 가족에 졸려" 대도시 근처에 있는 유원지인 어느 자연공원의 유람 행각을 통해 겪은 흡사 지옥을 방불케 하는 실상에 의해서이다.

사람들이 끝없이 가고 있다. 어른 아이 남자 여자 할 것 없이 온통 길을 메워 뽀얀 먼지 속을 사람의 강물이 흘러간다. 이들은 방금 주차장에서 내려 어느 유원지로 가는 것이다.

차를 타고 주차장까지 오는 데도 살인적인 교통 정체로 몇 시간이 걸렸다. 그리고는 유원지로 향하는 인파 속에서 "서로 부딪치고 발을 밟고 밟히면서 밀고 밀려가기를 지치도록 하다가 이윽고" 도달한 곳이 목적지인 자연공원의 문 앞이다. 거기에서 땀을 닦으며 반시간이 넘게 줄을 서서 기다려 겨우 입장권을 산다.

천당 가는 입장권을 이렇게 산다 해도 반갑지 않은데 거기 들어가니 또 지옥이다. 어딜 가도 사람의 사태요, 짓밟히고 발에 걸리는 비닐봉지와 유리병이다. 골짜기 물은 더러워 들여다보면 기분이 나쁠 정도고, 아이들이 돈 내고 타는 노리개 차도 워낙 사람이 많아 탈 수 없고, 동물원의 새들은 날개가 잘려 날 수 없게 되어 있다.

"천당 가는 입장권을 이렇게 산다 해도 반갑지 않은데 거기 들어가니 또 지옥"이라고 한 반어법의 풍자가 절묘하다. 이것은 유원지로 향해 몰려가는 인파를 두고 "그런데 이 많은 사람들을 받아들일 자리가 어디일까?" 한 작자의 자문에 대한 자답이기도 하다.

아이들의 천국인 놀이터로 가느라 연옥煉獄의 시련 같은 시달림을 무릅쓰고 찾아든 곳은 뜻밖에 천국이 아닌 지옥이었던 것이다. 이 명증한 자답은 또한 거품성의 유행을 좇아 무턱 레저 붐에 휩쓸리는 현대인의 생태가 당도할 허망한 행로를 점치는 암유의 구실을 하기도 한다.

레저의 천국으로 믿는 지옥 같은 대도시의 유원지. 그런데도 사람들은 이곳에 한번 와 보는 것을 도시에 사는 보람이요 영광으로 여긴다. 그래서 도시에 살면서도 이런 곳에 오지 못하는 아이들은 학교에 가서도 기가 죽고, 이곳에 가족을 데리고 와 보지 못한 아버지들은 못난 사람이 된다. 이런 물정에 휩쓸려 작자도 가족을 거느리고 지옥 같은 유원지를 찾아가는 천려일실의 실태를 범하게 된 것이다.

박재식의 좋은 수필 감상

자욱한 먼지 속을 남 따라 가고 있는 넋 빠진 인간들, 관광에, 유람에 미쳐 있는 인간들의 물결 속에 휩쓸려 가고 있는 나 자신을 발견한다. 아이들과 가족에 졸려 지옥에 끌려가듯 가고 있는 못난 나 자신을 때때로 발견하고 몸서리친다. 나는 탈주해야 한다. 이 미친 무리들의 행렬 속에서 탈주해야 한다.

거꾸로 살기를 즐기는 사람도 정신을 바짝 차리고 있지 않으면 어느 틈에 거대한 기계 속에 휘말려 들어가 비참한 꼴이 되는 세상이다.

작자는 본의 아니게 현대의 메커니즘에 휘말린 실수에 대한 자성 자회의 다짐으로 짚어 경세의 종을 울리고 장을 맺는다.

촉평

이 글은 그릇된 세태 풍조에 대한 문명비평적인 관찰과, 그것을 극복하고 합리적인 삶을 찾는 지혜를 제시하는 두 봉우리의 주제성을 지니고 있다.

그런데 이 주제의 형상 과정을 통상의 구성 방식에 의해 다루자면 극복 대상이 되는 세태의 부정적인 현실을 전제로 앞세우고, 뒤에 가서 그것을 극복하는 긍정적인 방안으로 시류를 거슬러 사는 지혜를 밝히는 것이 온당한 구문법이 될 것이다. 대개의 경우 논문, 특히 비평성의 글의 논조가 이런 맥락으로 처리되는 것이 보통이다.

그러나 '거꾸로 사는 재미'에 이골이 난 작자는 그런 평이한 형식을 벗어나서 이것을 거꾸로 뒤집어 본문의 주된 명제가 되는 '거꾸로 사는 재미'와 '거꾸로 생각하는 지혜'를 화두로 앞세우고, 뒤에 가서 그 명제의 근거가 되는 부조리를 자신이 직접 겪고 체감한 현실을 통해 밝히는 구성 방법을 취했다.

이렇게 짜놓고 보니 작자가 의도한 작품 세계는 작품이 갖는 입체감과 함께 한층 문학성을 돋보임으로써 독자로 하여금 읽는 맛을 더불어 공감의 장으로 이끄는 효과를 나타낸다. 비록 가열한 비판정신이나 기교한 주제의식도 독자에게 아무런 저항과 부담없이 부드럽게 작용하는 비결은 문학만이 지니는 경지의 세계이다.

이런 견지에서 특히 구성 기법에 주목하여 감상할 가치가 높은 문학 수필이다.

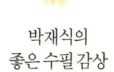

박재식의
좋은 수필 감상

유 달 영

- 1911년 경기도 이천 출생
- 수원고농水原高農(서울 농대 전신) 졸업
- 서울 농대 교수로 근무하며 농촌 및 사회 계몽 운동에 앞장섬
- 2004년 별세

반달과 여의도

여의도의 평면도를 보면 흡사 송편 모양의 반달형이다.

반달은 온 세계 사람들이 좋아하는 희망의 상징이다. 그러므로 국기로 제정한 나라들도 있다. 동서양을 통하여 얼마나 많은 시인들이 달을 시로 읊었으며 또 얼마나 많은 화가들이 화제畵題로 삼았던가? 태양은 숭배의 대상으로는 되지마는 달처럼 사랑의 대상으로 되지는 못한다. 달은 천만 가슴속에 깊이 안겨서 누구와도 사랑의 대화를 나눈다.

달은 밤마다 그 모습을 바꾼다. 그 변하는 모습이 곧 사람들과 대화를 할 수 있는 요인인 것이다. 실낱 같은 초승달은 곤고 속에 허덕이는 사람들의 더없는 희망의 상징으로 빛난다. 보름달은 부와 귀의 상징으로 사람들이 생각할 수 있는 충만充滿의 모습이다. 그러나 사람들은 만월을 바라보면서 참고 기다린다. '차면 기운다.'는 진리를 일년에도 열두 달을 통하여 내내 바라볼 수 있기 때문이다. 그믐달은 몰락과 서글픔의 상징이다.

　그러나 아무리 처절한 그믐달도 그것으로 끝나는 일이 없다. 몰락의 그믐달은 반드시 초승달로 바뀌게 마련이다. 그러므로 사람들은 달을 바라보면서 끝까지 실망으로 빠지는 일이 없다. 일제 36년 동안에 달은 우리 민족을 위로하고 격려해 준 가장 위대한 자연물이었다고 믿어진다. 우리는 그믐달에서조차 죽음에 연결된 노쇠를 느낄 수는 없다. 그러므로 달이 늙은이로 표현되는 일이 없다. 달은 쉬지 않고 변하지마는 어떤 모습으로 변하더라도 그 특유의 비길 데 없는 아름다움을 창조해간다. 그러므로 사람들은 달의 아름다움에서 싫증을 느낄 수가 없게 된다.

　초승달에서 우리는 청순한 소녀의 입김을 느끼고 보름달에서 원숙한 여인의 체취를 맡게 된다. 그런가 하면 날카로운 그믐달에서 청상靑孀의 처절한 고독을 보게 된다. 참으로 달은 그 표정이 다양하다.

　동산 위에 돋는 달, 매화 가지에 걸친 달, 서산에 떨어지는 달, 호수에 잠긴 달, 물결에 부서지는 달, 구름 속에 숨바꼭질하는 달, 눈벌판 위에 차디찬 달, 어느 것 하나 아름다움의 극치 아닌 것이 없다.

　여의도의 됨됨이가 송편꼴의 반달이라고 하였지마는 반달 중에서도 이 반달은 특유의 아름다움으로 선과 광채가 더할 나위 없다고 하겠다. 초아흐레쯤의 송편 반달은 결혼적령기의 처녀처럼 느껴지는 충실한 아름다움이다. 동양의 옛 철인哲人들은 항상 중용中庸의

도를 최고의 진리로 주장했지마는 송편반달이야말로 중용의 상징이라고 하겠다.

여의도 서쪽 끝 밤섬 자리에 웅대한 국회의사당이 준공을 서두르고 있다. 국회의사당은 민주주의 국가의 최고 전당이다. 나라의 흥망이 이 속에서 결정되기 때문이다. 반달 같은 여의도 한 모서리에 준공되어 가는 의사당이 부디 이 민족의 희망이 되기를 염원한다. 서울시청이 옮겨오고 신문사, 방송국들이 다투어 자리를 정해놓고 있다. 이제 여의도는 '서울의 서울'이 되어질 것이 틀림없다.

모든 것은 그것의 때가 있는 것이다. 충무공은 임진왜란을 만나서 충무공이 되었다. 임진왜란이 곧 충무공의 최선의 때였던 것이다. 너나 가지라던 '너섬'인 여의도는 이제야 때가 시작된 것이 틀림없다.

여의도의 모습은 진주조개 같기도 하다. 옛날 사람들이 가장 귀한 보배로 생각했던 것이 조개였다. 조개는 그 모양이 반달처럼 아름다울 뿐 아니라 그것이 곧 생식의 상징이었기 때문이다. 더구나 진주조개는 그 속에 눈부신 진주가 들어 있는 것이다. 여의도 속에 값진 진주가 앞으로 가득히 자라나서 세계의 보배가 되어야 하겠다. 한자漢字에는 조개 패貝자를 붙인 글자들이 많다. 현賢 재財 귀貴 정貞 책責 하賀 상賞 질質자들을 뜯어보면 조개가 얼마나 소중한 것인가를 깨닫게 된다.

맑은 한강물 가운데 송편반달처럼 예쁜 모습의 여의도는 이 나라 이 민족의 희망을 창조하는 진주처럼 소중한 고장으로 자라나가야 하겠다.

맑은 물, 맑은 공기, 맑은 마음의 여의도, 서로서로가 너만을 위하는 사랑의 섬 '서울의 서울'로 가꾸어져 가야겠다. 힘써 하면 안 될 리가 없다. 초승달이 자라듯이 확실한 사실이다.

작/품/감/상

머리말

　작자인 성천 유달영(星泉 柳達永 1911~2004)은 농학자이자 수필가이다.
　그러나 향년 94세로 종명한 그의 생애를 헤아리면 결코 이렇게 두 마디로 간단히 치부할 수 없는 다양한 행적과 면모를 지닌 인물이 농학박사인 성천 유달영 교수이다.
　일제가 우리나라를 병탐한 이듬해인 1911년 경기도 이천군 대월면의 농촌에서 한학자 집안의 외아들로 태어난 그는 서울 양정고보養正高普를 거쳐 수원 고등농림학교(서울대 농대 전신)를 졸업한다. 그리고는 심훈의 소설 ≪상록수≫의 주인공 최용신(1909~35)과 함께 농촌 계몽운동을 펼친다. 그뒤 ≪상록수≫가 주인공들의 연애담에 불과하다는 비판이 일각에서 일자 《농촌 계몽의 선구 최용신의 생애》

('37년, 〈아테네출판사〉 간)라는 평전을 쓴다. 일제 말엽인 1942년에는 김교신金敎臣(1901~45)이 발표한 수필 〈조와弔蛙〉가 빌미로 이른바 '성서조선聖書朝鮮 사건'에 연루되어 김교신을 비롯한 함석헌 등 13인 중의 한 사람으로 검거되어 서대문형무소에서 1년 간 옥고를 치른다.

해방이 되자, 1946년 모교인 서울대 농대 교수가 되어 이후 30년 동안 줄곧 그곳에서 교편을 잡는다. 그러나 교수로 재직하면서도 사회운동가적 기질이 강한 그는 상아탑에 묻혀 학술연구에만 집착하지 않고 자신이 견지하는 애국 애족의 정신에 부합하는 과업이 대두하면 과감히 뛰쳐 나와 그 운동에 앞장서기를 서슴지 않는다. 1951년 대구에 피난 중에는 농업 입국으로 번영을 누린 북구北歐의 소국小國 덴마크를 본따 한국도 그와 같은 패턴의 새 역사를 창조해야 한다고 제창하며 《새 역사를 위하여-덴마크의 협동과 교육사업》이라는 논저를 집필하여 1954년 '한국 4H클럽' 중앙위원이 되면서 《부민문화사》를 통해 상재한다. 1957년에는 경기도 화성군에 '시범협동조합'을 만들어 사업 육성에 힘쓰는가 하면, 1960년에 와서는 그 화성군 파장동芭長洞에 산지를 개간하여 '평화농장'을 창설하고 서울 농대의 부속농장장을 맡아보기도 한다. 1961년 군사혁명 후에는 '재건국민 운동본부장'에 취임하여 계몽 활동과 각종 재건 사업에 앞장섰고, 뒤이어 1962년에는 'FAO 기아해방飢餓解放한국위원회' 위원장과 '전국재해대책위원회'의 위원장에 피선되어 '사랑의 열

박재식의
좋은수필 감상

매 운동'을 펼치는 등 그 밖에도 시時와 의宜에 임하여 위민爲民과 국익에 이르기까지의 숱한 운동과 사업에 선도자적인 구실을 다하기에 몸을 아끼지 않았다.

그러면서도 일부 어용학자나 사회운동가들이 그런 활동을 발판 삼아 정계진출을 넘보는 것과는 달리, 그 따위 유혹에는 한 번도 귀 기울이는 법 없이 오직 애국과 애족의 신념만으로 학자로서의 긍지와 지사다운 행장行狀을 꿋꿋이 지켜 나간 고매한 인격자가 농학자이자 사회운동가인 유달영 선생이라고 할 수 있다.

성천이 남긴 저서는 그가 벌인 행장만큼이나 다양하고 무척 많다. 그 많은 저작 내용을 그가 밝힌 출간 연보에서 일별하면 여느 학자에 비해 좀 특이한 점이 발견된다. 전공인 농업에 관한 것도 학술적이기보다 ≪채소 원예≫(1964년, 〈수도문화사〉 간)와 같은 기술 지도적인 책과 선진농업에 대한 식견을 저술한 것이 고작이었고, 그 밖의 대부분은 그의 행장의 시의에 따라 쓴 미래사회에 대한 비전이나 인성 계발을 주제로 한 정신 교양성의 저서가 대세를 이루어 전 7권에 달하는 ≪유달영인생논집≫(1972년, 〈삼화출판사〉 간)으로 묶어 낼 만큼 농촌 및 사회운동가로서의 진면목과 문필가로서의 소양을 과시하고 있다.

이러다보니 1960년 ≪사상계≫지에 연재한 〈인생노우트〉를 효시로 틈틈이 써낸 수필도 괄목상대할 수작품들이 많다. ≪흙과 사랑≫(1964년, 〈농협중앙회〉 간)을 위시한 몇 권의 수필집이 있는데, 읽어 보면 자연·전원·조국·인간에 대한 사랑과 신변 서사에 이르기까지의 다양한 내용이 정교한 필치에 의해 문학성 짙은 작품으로 형상화되고 있는 것에 놀라게 된다. 감상할 〈반달과 여의도〉는 그중의 한 편이다.

해설

이 글은 서울 한강의 모래섬인 여의도가 건축지로 개발되어 국회의사당을 비롯한 국가 사회의 인프라적 건물이 축조될 무렵, 섬의 형상이 반달 모양으로 생긴 것과 결부시켜 반달이 갖는 상징적인 덕목을 들어 건설중의 시설물들이 장차 국가가 지향하는 재건 과업에 기여하는 소망스런 기반으로 결실되기를 염원하며 다짐하는 애국 수필이다.

여의도는 본문에서도 잠시 언급된 바와 같이 "너나 가지라던 '너섬'"으로 불리던 쓸모없는 모래땅인데, 1916년 일제가 이곳에 간이 비행장을 건설함으로써 '너섬'의 한문식 명칭인 여의도 汝矣島로 알려진 범람원(汎濫原 · 하천의 범람으로 형성된 땅)의 하중도 河中島이다. 해방 후에는 한때 미군이 사용하기도 하다가 1968년 서울시에서 대대적인 윤중제輪中堤 공사를 시행한 뒤 오늘날과 같이 정치를 비롯한 상업 · 금융 · 언론 · 주거 지역으로 발전하게 된 것이다.

그 조짐의 건설 공사가 한창으로 추진되던 1970년대 초엽, 이

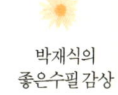

박재식의
좋은수필 감상

에 고무된 작자는 애국 충정의 붓을 잡아 국가 재건의 미래에 대한 비전을 전망하고 희원하는 글을 구상하게 된다. 그리하여 그 뜻을 펴는 주제의 단서를 "흡사 송편 모양의 반달형"으로 생긴 여의도의 지형에 잡고 풍수적인 관측을 한다.

반달은 온 세계 사람들이 좋아하는 희망의 상징이다. 그러므로 국기로 제정한 나라들도 있다. 동서양을 통하여 얼마나 많은 시인들이 달을 시로 읊었으며 또 얼마나 많은 화가들이 화제畫題로 삼았던가? 태양은 숭배의 대상으로는 되지마는 달처럼 사랑의 대상으로 되지는 못한다. 달은 천만 가슴 속에 깊이 안겨서 누구와도 사랑의 대화를 나눈다.

반달은 "희망의 상징"이라고 명토를 박은 대전제가 '달'이 "누구와도 사랑의 대화"를 나누는 자연물이기 때문이라는 명제를 밝히기 위해서는 '달'이라는 천체의 모습이 갖는 상징적인 의미를 풀이할 수밖에 없다.

달은 밤마다 그 모습을 바꾼다. 그 변하는 모습이 곧 사람들과 대화를 할 수 있는 요인인 것이다. 실낱 같은 초승달은 곤고 속에 허덕이는 사람들의 더없는 희망의 상징으로 빛난다. 보름달은 부와 귀의 상징으로 사람들이 생각할 수 있는 충만充滿의 모습이다. 그러나 사람들은 만월을 바라보면서 달도 차면 기우나니라고 독백獨白을 하게 된다. 권력의 횡포 아래서도 달을 바라보면서 참고 기다린다. '차면 기운다.'는 진리를 일년에도 열두 달을 통하여 내내 바라볼 수 있기 때문이다. 그믐달은 몰락과 서글픔의 상징이다.

 밤마다 모습을 바꾸어 가며 떴다가 때가 되면 다시 제 모습으로 돌아오는 달의 행태는 순환의 원리 속에 변화를 거듭하는 대우주의 섭리를 우리 인간에게 깨우쳐 주는 상징적인 모습이라고 할 수 있다. 이것은 흥망 성쇠를 거듭하는 인간 사회의 역사와 인생의 운명까지 점치게 하는 원리의 상징물이 될 수도 있다.
 그래서 삶의 밑천을 희망으로 살아가는 사람들은 달을 바라보면서 아무리 절망적인 현실 속에서도 끝까지 실망하는 일이 없다. 일제 치하의 36년 혹독한 세월 속에서 인고의 삶을 보낸 우리 민족에게 끝까지 희망의 빛으로 위로하고 격려한 "위대한 자연물"이 달이기도 한 것이다. "몰락과 서글픔"을 상징하는 그믐달을 바라보면서도 그것이 다시 초승달로 희망의 싹을 피워 이윽고 충만의 보름달을 이루어가는 역사의 섭리를 믿게 해 주었기 때문이다.

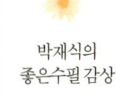

박재식의
좋은수필 감상

 그래서 "우리는 그믐달에서조차 죽음에 연결된 노쇠를 느낄 수는 없다." 달은 쉬지 않고 변하지마는 어떤 모습으로 변하더라도 그 특유의 아름다움을 창조해가는 낭만적인 모습의 소유자인지라 달을 두고 늙은이로 표현하는 일은 없기 때문이기도 하다.

 초승달에서 우리는 청순한 소녀의 입김을 느끼고 보름달에서 원숙한 여인의 체취를 맡게 된다. 그런가 하면 날카로운 그믐달에서 청상靑孀의 처절한 고독을 보게 된다. 참으로 달은 그 표정이 다양하다.

동산 위에 돋는 달, 매화 가지에 걸친 달, 서산에 떨어지는 달, 호수에 잠긴 달, 물결에 부서지는 달, 구름 속에 숨바꼭질하는 달, 눈 벌판 위에 차디찬 달, 어느 하나 아름다움의 극치 아닌 것이 없다.

이렇게 달이 표상하는 섭리의 미덕과 그 모습의 낭만적인 미관을 예찬한 작자는 "송편꼴의 반달"을 방불케 하는 여의도의 됨됨이에 지금 한창 진행되는 건설 공사의 미래 지향적인 의미를 접목하여 조명한다. '반달'은 미구에 보름달을 이루는 "희망의 상징"이고 '달'은 "누구와도 사랑의 대화"를 나누는 덕목의 소유자인 것이다.

초아흐레쯤에 뜨는 '송편 반달'은 "선과 광채가 더할 나위 없이" 아름다워 흡사 "결혼 적령기의 처녀처럼 느껴지는 충실한 미를 지닌다." 이 '충실의 미'는 동양의 옛 철인들이 항상 최고의 진리로 섬기는 '중용中庸의 도'를 상징하는 아름다움이기도 한다. 적령기 처녀의 칠칠한 모습은 결혼이라는 인간 대사에 대한 아름다운 기대와 가능성으로 하여 매력을 갖는 여인의 '중용의 미'이기도 하다. 그래서 정치에서도 즐겨 중도 좌파, 중도 우파의 표방을 선호하는 소이연이 되기도 한다.

여의도 서쪽 끝 밤섬 자리에 웅대한 국회의사당이 준공을 서두르고 있다. 국회의사당은 민주주의 국가의 최고 전당이다. 나라의 흥망이 이 속에서 결정되기 때문이다. 반달 같은 여의도 한 모서리에 준공되어 가는 의사당이 부디

이 민족의 희망이 되기를 염원한다. 서울시청이 옮겨오고 신문사, 방송국들이 다투어 자리를 정해놓고 있다. 이제 여의도는 '서울의 서울'이 되어질 것이 틀림없다.

모든 것은 그것의 때가 있는 것이다. 충무공은 임진왜란을 만나서 충무공이 되었다. 임진왜란이 곧 충무공의 최선의 때였던 것이다. 너나 가지라던 '너섬'인 여의도는 이제야 때가 시작된 것이 틀림없다.

이처럼 여의도에 건설되는 기반 시설에 고무적인 의미를 부여한 작자는 다시 관조의 고삐를 잡아 그 의미를 한층 고양시키는 수순으로 접어든다.

여의도의 모습은 진주조개 같기도 하다. 옛날 사람들이 가장 귀한 보배로 생각했던 것이 조개였다. 조개는 그 모양이 반달처럼 아름다울 뿐 아니라 그것이 곧 생식의 상징이었기 때문이다. 더구나 진주조개는 그 속에 눈부신 진주가 들어 있는 것이다. 여의도 속에 값진 진주가 앞으로 가득히 자라나서 세계의 보배가 되어야 하겠다. 한자漢字에는 조개 패貝자를 붙인 글자들이 많다. 현賢, 재財, 귀貴, 정貞, 책責, 하賀, 상賞, 질質자들을 뜯어보면 조개가 얼마나 소중한 것인가를 깨닫게 된다.

이런 전차詮次에서 신생하는 여의도는 작자의 주제의식에 나위 없는 긍정적인 위상으로 자리를 잡게 된다. 그리하여 맑은 한강물 가운데 송편반달처럼 예쁜 모습의 여의도는 이 나라 이 민족의 희망을 창조하는 진주처럼 소중한 고장으로 자라나가야 하겠다.

맑은 물, 맑은 공기, 맑은 마음의 여의도, 서로서로가 너만을 위하는 사랑의 섬 '서울의 서울'로 가꾸어져 가야겠다. 힘써 하면 안 될 리가 없다. 초승달이 자라듯이 확실한 사실이다.

하고, 이에 대한 자신의 믿음과 소망을 다짐하며 글을 맺는다.

촉평

우리는 국가 시책이나 사회적 사상事象에 대해 부정적인 측면에서 역설적인 풍자로 그 시비를 다루는 칼럼성수필을 흔히 대하게 된다. 그것이 독자의 정서에 영합하여 어떤 진실에 대한 공감대를 이끌어내기도 함으로써 문명비평적 수필의 본령처럼 행세되고 있는 것이 수필적 취향의 현실이기도 하다. 그러므로 이것을 긍정 일변도의 명제를 소재로 삼아 수필작품으로 형상하기란 매우 지난하고 위험한 작업이 아닐 수 없다. 자칫 어용御用과 아세阿世의 함정에 빠져 주제의 저속성과 안이성을 노정함으로써 진실의 실체화를 위주로 하는 수필의 문학성에 손상을 입힐 우려가 십상이기 때문이다.

그런데 〈반달과 여의도〉는 그 긍정 일변도의 명제를 흠잡을 데 없는 문학으로 승화시키는 놀라운 경지를 열어 보였다.

서울시가 이른바 기업 행정(사업으로 돈을 벌어서 예산을 확보하는 행정행위)의 일환으로 시행한 여의도 개발은 당시만 하더라도 시비의 여지가 많았다. 마치 국토 확장을 명분으로 바다를 메운 '새만금' 사업이 시비 거리가 된 것처럼. 이 시비의 와중에서 작자는 시_是의 편에서 붓을 든 셈이다. 당시의 5·16 정권이 지향한 산업화와 국가재건 사업에 공명하여 스스로 그 국민운동에 앞장선 그로서는 있을 수 있는 발상이기도 하다. 하지만 그 글이 개발의 당위성이나 그에 결부된 자신의 정신적인 지주로 삼는 애국 애족론을 강조하고 나열하는 글이 된다면 한갓 어용성의 글로 떨어져 수필로서 다시 감상할 나위없는 졸문이 될 터이다. 그래서 그는 여의도의 개발 사업을 기정사실로 삼고, 이에 문학적인 에스프리로 접근하여 그의 애국적인 소신을 주제로 펴는 수법으로 임했다.

먼저 여의도의 지형이 반달 모양으로 생긴 것에 착안하여 달이 갖는 덕목, 즉 밤마다 모습이 변하면서도 언제나 특유의 아름다움을 창조하고 사랑의 대화를 나누는 미덕을 좇아 여의도의 건설이 개발 도상의 소망스런 창조행위라는 것을 암시한다. 그리고는 여의도의 모양이 닮은 반달의 이미지를 '중용의 도'에 견주어 그곳에 축성되는 인프라가 중용의 미덕 속에 국가 사회의 발전과 민족의 번영에 기여할 것을 염원한다.

그리고서 결미에 가서 여의도의 모양이 한편으로 진주조개를 닮은꼴에 비겨 그 속에서 이루어지는 건설이 진주조개 속에 자라는 진주처럼 보배롭게 결실되기를 믿고 바란다.

　이런 줄거리의 긍정적인 관측과 소망을 천의무봉의 필치에 의해 문학으로 이루어낸 글을 읽는 독자는 구구절절 문학적 이미지에 깃든 주제성의 논조를 따라 그저 공명과 감동의 광장으로 무가내하 이끌릴 수밖에 없다.

　비록 그 뒤의 여의도가 추잡한 정치 행태와 투기의 고장으로 전락하여 작자의 여망을 무위로 돌렸다 하더라도 이 글의 생명은 오래도록 살아 숨쉴, 또 그래야만 할 당위의 문학 수필이다.

목 성 균

- 1938년 충북 괴산 출생
- 서라벌 예대 문창과 중퇴
- 25년 동안 산림직 공무원으로 근무
- 2004년 별세

배필配匹

 강화도 최북단 철산리 뒷산에 있는 180오피는 임진강과 예성강, 한강 하구의 질펀한 해협이 굽어보이는 돈대 위에 있다. 대원군의 쇄국정책을 위해서 흑색 쾌자를 입고 돼지털 벙거지를 쓴 병졸들이 창을 들고 불란서 함대와 맞서 있었음 직한 곳이다. 나는 43년 전, 이 곳에서 해병 제1여단 예하의 어느 중대에서 위생병으로 파견 근무를 했다. 그곳에서 바라보는 서해 낙조만치 아름다운 노을을 나는 그때 이후 보지 못했다.

 어느 날 집에서 보낸 하서下書가 당도했는데, 강원도 귀래라는 곳에 전주 이씨 성을 가진 참한 규수가 있어서 네 배필配匹로 생각하고 있으니 그리 알라는 내용이었다. 배필이라는 아버님의 굵직한 필적이 젊은 내 가슴을 설레게 했다. 평생 같이 뛰게 내 옆에 붙여줄 암말 한 필, 나는 저녁 식사 후면 돈대에 앉아서 서해낙조를 바라보며 생각했다.

'참하단 말씀이시지-. 꽃처럼 예쁠까, 암말처럼 튼튼할까.'

그러다 노을이 지고 대안의 북괴군 서치라이트가 불을 켜면 놀라서 천막으로 들어갔다. 어느 날은 북괴군의 서치라이트가 켜졌는데도 생각이 깊어서 미처 천막으로 돌아가지 못하고 중대장에게 들켰다.

"뭐해 임마-. 형편없이 기압 빠진 위생병아-."

대체로 야전지휘관들은 보병에 비해서 위생병을 경시하는 경향이 있다. 나는 중대장의 그런 눈치에 자존심이 상했다.

"무슨 생각이 깊어서 서치라이트 불빛도 의식하지 못하고 앉았어-. 빨리 천막으로 돌아갓!"

그리고 며칠 후, 중대장이 불렀다. 그의 천막으로 갔더니 자기 아내가 어린애를 낳았는데 영 기운을 못 차리고 미역국도 못 먹는다며, 의무중대에 가서 링거를 구해다 놓아줄 수 없겠느냐고 부탁을 하는 것이었다.

지휘관 처지로서 졸병에게 할 수 없는 기압 빠진 부탁이지만 그때 그의 태도는 중대장이 아니라 딱한 처지의 남편에 불과해 보였다. 나는 중대장이 지휘관의 고압적인 태도를 버리고 기압 빠진 위생병에게 솔직한 부탁을 해준 게 고마워서 선뜻 그런다고 약속했다.

나는 자대自隊인 의무중대에 내려갔다. 보급계 선임하사관에게 시집살이 사정하러 친정 온 딸처럼 파견부대 중대장님 아내의 딱한 사정을 이야기하고 5프로(링거)를 한 병 달라고 부탁을 했다.

"임마, 5프로는 사경死境의 전우戰友에게나 주사하는, 군인의 생명 같은 약이야-. 어린애 난 중대장 마누라한테 놓는 게 아니야-."

일언지하에 거절을 당했다. 늙은 군인의 완강한 군인정신에 당황해서 나는 하루 종일 뭐 마려운 강아지처럼 초조하게 의무중대를 빙빙 돌았다. 그러다 선임하사관 앞에 가서 말없이 서 있곤 했다.

빈손으로 돌아갈 수는 없었다. 빈손으로 돌아가서 중대장에게 당할지 모르는 보복이 두려워서도, 또 링거를 들고 가서 얻어질 군대생활의 편의를 바라서도 아니었다. 다만 약속 그 자체가 소중했기 때문이었다.

선임하사는 할 수 없는지 친정어머니처럼 생리식염수(sodium chloride)를 두 병 주었다.

"선임하사관님-! 이건 소금물 아닙니까?"

"임마, 같은 용도야-."

5프로나, 생리식염수나 다 같이 총상환자銃傷患者의 탈수 증세에 놓는 약품이긴 하다. 5프로는 생리식염수에 포도당 5프로가 희석되어 있다는 말로, 약간의 당분이 첨가된 소금물과 그냥 소금물의 차이다.

더 이상은 떼를 쓰는 것은 화를 자초하는 일이다.

"싫으면 그만 둬-. 임마."

그러면 그나마 얻어 가지고 올 수 없이 되고 마는 것이다.

막차를 타고 부대로 돌아왔다. 중대장이 노을에 벌겋게 물든 채 돈대에 서 있었다. 나를 기다리고 있었던 것이 분명하다. 링거라고 할 수도, 안할 수도 없는 내 실정이 마음을 무겁게 했으나 중대장님이 링거병과 똑같은 소금물 병을 보고 반색을 하는 바람에 마음을 놓았다.

다음날 아침을 먹고 나자 중대장님은 떠밀 듯 나를 철산리 동네로 내려보냈다.

중대장은 어느 농가의 문간방을 얻어서 살림을 하고 있었다. 산모가 핼쑥한 얼굴로 누워 있다가 부스스 일어나서 나를 맞이했다. 방 안 가득한 비릿한 냄새, 아기 냄새인지 아기 엄마 냄새인지 모르지만 내 정신을 몽롱하게 했다. 생전처음 맡아보는 냄새였다. 처음이 아닐지 모른다. 어머니가 내 막내 동생 낳을 때 내가 새벽에 읍내 가서 미역을 사왔으니까, 그때도 맡은 냄새일 것이다. 그러나 기억조차 없다. 그때 내 나이 열다섯에 불과했으니까 그 냄새를 의식하지 못했을 수도 있다.

나는 중대장 사모님을 뉘어 놓고 주사를 놓았다. 왜 그리 떨렸을까. 핏기 없는 하얀 산모의 팔뚝에서 떨리는 손으로 혈관을 찾아 주사 바늘을 꼽는 일이, 숙달된 위생병의 평소 솜씨와 달리 쉬운 일이 아니었다. 병사의 팔뚝에 주사바늘을 꽂는 것과는 다른 일이었다. 팔이 너무 투명하고 맑아서 그랬을까, 혈관이 파랗게 비치는 데도 불구하고 주사바늘을 혈관에 바르게 꽂느라고 진땀을 흘렸다. 떨리는 손으로 주사바늘을 뺐다 꽂았다 몇 번을 거듭했다. 못 미더운 수병의 주사 솜씨를 상 한 번 찡그리지 않고 정온(靜穩)하게 견뎌 준 중대장 사모님―. 나는 지금도 그녀의 교양을 존경해 마지않는다.

만약 그때 그녀가 불안하거나 불쾌한 표정을 노골적으로 드러내 보였으면 나는 주사 놓기가 오히려 더 수월했을지는 모르지만, 그러면 그녀의 모습이 아름다운 기억으로 남아 있을 리도 없고, 내가 지킨 약속 또한 그리 소중하게 기억될 리도 없다.

오전에 한 병 오후에 한 병 소금물 주사를 맞은 중대장 사모님은 딴사람처럼 생기가 돌았다. 굳이 저녁밥까지 해 줘서 먹고 왔다. 나는 밥을 먹고 중대장 사모님은 미역국을 먹고, 우리는 오누이처럼 겸상을 해서 먹었다. 비릿한 냄새 가득한 산모의 방에서 산모가 해 준 밥을 마주앉아 먹는 황홀한 영광 때문인지 밥맛도 몰랐다.

"위생병님, 애인 보고 싶으시지요. 집에 한 번 다녀오세요."

"애인 없습니다."

그러면서 아버님이 의중에 두신 내 배필, 전주 이씨 성을 가진 참한 규수를 생각했다.

밥을 먹고 서둘러 오피로 돌아오며 중대장님은 좋은 배필을 두었다고 생각했다.

나는 막 해가 진 바다를 향해서 돈대에 주저앉았다. 흑장미 빛 같은 노을이 해협을 물들이고 있었다. 비로소 손에 든 책표지를 보았다. '靑鹿集'이었다. 책표지가 손때에 곱게 절어 있었다.

"위생병님 고마워요. 뭐 드릴게 없어요."

중대장 댁을 나오는데 사모님이 따라 나와서 내 손에 쥐어준 책이었다. 손을 잡힌 채 바라본 중대장 사모님의 맑고 투명한 얼굴이 처연하리만치 고왔다. 나는 지금도 산모의 얼굴이 배필의 얼굴이다라고 생각한다.

대안의 북괴군 서치라이트 섬광이 환도(還刀)를 휘두르듯 흑장미 빛 노을을 가르며 지나가고 땅거미가 졌다. 나는 벌떡 일어나서 천막으로 들어갔다.

며칠 후 중대장님이 특별 휴가를 보내주어서 전주 이씨 성을 쓰는 참한 규수와 맞선을 보고 왔다. 중대장 사모님의 부탁에 의한 배려였을 것 같아서 찾아뵙고 인사를 드렸다. 그리고 배필을 선본 이야기를 했다. 사모님이 반갑게 손을 잡고 웃어주었다.

노을을 보면 60년대 초, 강화도 철산리 뒷산 돈대에 앉아 있던 상등 수병이 보인다. 파란만장한 해협을 물들이며 지던 장엄한 노을이 눈에 선하다.

작/품/감/상

#머리말

    작자인 목성균(睦誠均 1938~2004)은 산림직 공무원 출신의 수필가이다. 충북 괴산군 연풍면에서 태어나 청주상고를 졸업하고 서라벌예술대학 문예창작과에 장학생으로 입학했으나 중퇴하고 고향에 돌아와 집에서 농사일을 돕다가 1968년 산림직 공무원 채용 국가고시에 합격하여 25년 동안 주로 태백산맥, 소백산맥 자락의 산림 관리 일선에서 공직생활을 한다. 그의 청춘을 고스란히 바치다시피한 산림 일선에서의 공직생활은 그의 말년을 장식한 수필세계의 주요한 밑받침 구실을 한다.
    그가 문학에 눈뜬 것은 고교 재학 시절부터이고 전국학생 문예공모에 당선하여 일찍부터 남다른 자질의 싹수를 나타낸다. 서라벌예대의 장학생으로 선발된 계기도 그 싹수를 인정받은 덕분이다. 대학을 중퇴하고 가사에 종사하면서도 독학으로 문학 공부와 습작을 게을리하지 않았고 공직생활 중에는 특히 수필가를 지향하는 수련과 습작을 계속하여 그 목표 달성의 기초와 소양을 닦는다.

1993년 공직에서 물러나자 ≪월간 에세이≫의 초회 추천과 1995년 ≪수필문학≫에서 완료 추천을 받고 수필가로 등단한 그는 각 수필지를 통하여 속속 작품을 발표하여 일약 수필계가 괄목상대하는 중견 수필가로서의 지위를 확립한다. 그가 운명하기 전해인 2003년 첫 수필집 ≪명태에 관한 추억≫(하서출판사 간)이 출판되자 문예진흥원에 의해 당해연도의 '우수문학작품집'으로 선정되고, 2004년에는 수필문학진흥회에서 주는 제22회 '현대수필문학상'을 받는다.

그의 수필세계는 작자 자신이 첫 수필집의 연보란을 통해 밝힌 바와 같이 '추억 속에 담긴 돈독했던 삶의 부가가치'를 심층적으로 오벼낸 작품이 대종을 이룬다. 농익은 필치로 그가 접한 등장 인물들의 캐릭터와 사물에 대한 애정 어린 관찰을 깔축없이 묘사하는 수법이 문학성을 돋보이게 하는 것이 특징이라 할 수 있다.

감상할 수필은 그의 운명과 거의 때를 같이하여 나온 ≪계간수필≫ 2004년 여름호에 처음 발표되었고, 동년 11월 ≪수필과비평≫사에서 발간한 그의 유고집 ≪생명≫에 수록된 유작품 중의 하나이다.

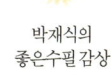
박재식의
좋은수필 감상

#해설

그는 43년 전, 위생병으로 입대하여 강화도 최북단의 천산리 마을 뒷산 돈대에 있는 OP(대북 관측소)에 배치된 해병 중대에서 파견 근무를 한다. 그곳의 지형을 설명하는 대문에서 "대원군의 쇄국 정책을 위해 흑색 쾌자를 입고 돼지털 벙거지를 쓴 병졸들이 창을 들고 불란서 함대와 맞서 있었음직한 곳"이라는 희화적인 표현으로 국토방위의 현장이 갖는 역사적인 아이러니를 암시하고 있다.

그는 그곳 돈대에 앉아 서해의 낙조가 자아내는 아름다운 노을을 넋을 잃고 바라보며 생각에 잠기곤 한다. 어떻게 아름답다는 정경의 묘사 없이 그저 "그때 이후 보지 못했다."는 탄사 한마디로 인상 지은 '서해 낙조의 노을'은, 어설픈 군대 생활을 하는 문학청년의 고독한 모습을 그려내는 배경화이자 작품 전체의 서정적 분위기를 뒷받치는 기조음악적인 구실을 하고 있다는 것을 주목할 필요가 있다.

그러나 노을이 지면 으레 대안에 있는 북괴군의 서치라이트가 불을 켜고 그 "섬광이 환도還刀를 휘두르듯 흑장미 빛 노을을 가르며" 지나간다. 그러면 그는 놀란 토끼처럼 일어나 황급히 천막으로 돌아가야 한다.

서해 낙조의 아름다운 노을과 그것을 짓밟고 지나가는 서치라이트 불빛의 대조가 빚어내는 냉전 지대의 이율배반적인 정경이 눈으로 보는 듯 음산한 영상으로 와 닿는다.

　그러던 어느 날, 그는 고향의 부친으로부터 편지를 받게 된다. "전주 이씨 성을 가진 참한 규수가 있어서 네 배필로 생각하고 있으니 그리 알라"는 내용의 편지였다. '배필'이라는 말에 젊은 그의 가슴은 설렌다. 그 날도 돈대에 앉아 노을을 바라보며 장차 배필이 될 미지의 규수를 상상 속에 그리느라 북괴군의 서치라이트가 켜진 것도 모르고 넋이 빠져 있다가 중대장에게 들킨다. "뭐해 임마! 형편없이 기압 빠진 위생병아." 일갈을 받고 천막에 돌아갔지만, 평소부터 위생병을 경시하는 중대장의 그런 눈치가 그의 자존심을 적이 상하게 하는 터수이기도 하다. 그런데 그 중대장이 며칠 후 그를 불러 딱한 부탁을 한다. 자기 아내가 아기를 낳았는데 영 기운을 못 차리고 미역국도 못 먹는다며 그가 소속하는 의무 중대에 가서 링거를 구해다 놓아줄 수 없겠느냐는 부탁이었다.

　여기에서 그는 지휘관의 체신으로는 졸병에게 할 수 없는 통사정조의 이 부탁에 대해 그가 당한 '기압 빠진 위생병'에 견주어 '기압 빠진 부탁'이라는 장군 멍군식의 표현으로 처리한 대문이 구문상의 재치와 여유를 돋보이게 한다. 그러나 이 '기압 빠진 부탁'을 하는 중대장의 태도는 군기의 화신 같은 존재로 그를 주눅 들게 하던 중대장이 아니라, 그저 딱한 처지에 있는 한 사람의 남편에 불과한 것이었다. 이런 인간적인 약한 모습에 감응된 그는 선뜻 그러겠다고 약속한다. 물론 자신이 있어서 한 약

박재식의
좋은수필 감상

속은 아니다. 타부대에 파견된 말단 위생병의 주제로는 벅찰 수밖에 없는 부탁이기 때문이다.

그 길로 자대自隊인 의무 중대에 내려가서, 보급계의 선임하사관에게 "시집살이 사정하러 친정 온 딸처럼" 중대장 부인의 딱한 사정을 이야기하고 5프로 링거 한 병을 달라고 간청하지만, 미상불 일언지하에 거절을 당한다. 거기서도 '형편없이 기압 빠진 위생병'으로 취급된 것이다. 하지만 빈손으로 돌아갈 수는 없었다. "빈손으로 돌아가서 중대장에게 당할지도 모르는 보복이 두려워서도, 또 링거를 들고 가서 얻어질 군대생활의 편의를 바라서도 아니었다." 그에게는 오직 군기의 메커니즘을 초월한 인간 대 인간의 "약속 그 자체가 소중했기 때문이었다." 그리하여 진종일 의무 중대를 맴도는 눈물겨운 노력 끝에 간신히 5프로보다 효험이 덜한 생리식염수 두 병을 선임하사관으로부터 얻어낸다.

막차를 타고 부대에 돌아오니, 중대장이 노을에 벌겋게 물든 채 돈대에 서서 기다리고 있다가 링거 병을 들고 오는 그를 보자 반색을 한다. 귀신 잡는 해병 중대장의 '기압 빠진' 인간적인 모습이 아름다운 노을의 조명 속에 처연히 드러나는 장면이기도 하다.

다음날, 아침 식사를 끝내기가 무섭게 중대장은 그를 산모가 있는 산 밑의 동네로 내려 보낸다. 여기에서 잠시 원문을 인용해 본다.

중대장은 어느 농가의 문간방을 얻어서 살림을 하고 있었다. 산모가 핼쑥한 얼굴로 누워 있다가 부스스 일어나서 나를 맞이했다. 방안 가득한 비릿한 냄새, 아기 냄새인지 아기 엄마 냄새인지 모르지만 내 정신을 몽롱하게 했다. 생전 처음 맡아보는 냄새였다.

이 작품의 클라이맥스라고 할 수 있는 대문이기에 인용했다. 담담하게 서술된 이 짧은 문장이 함축하는 내용을 우리는 애정 어린 눈으로 읽어야 할 것이다.

첫째로 그가 군 복무를 한 1960년대 초의 가난한 시대의 나라 형편을 새삼 짐작할 수가 있다. 국민소득 80불의 극빈한 나라, 공무원의 봉급이 쌀 한 가마니 값에도 못 미치고, 60만 대군을 지탱하는 국방 예산은 미군의 군사 원조에 의해 근근이 유지되던 시절이다.

이런 열악한 상황 속에서 국토방위의 최전선에 배치된 지휘관인 중대장은 병영 부근의 외딴 마을에 농가의 문간방 하나를 얻어 신접살림을 차렸다. 그리고는 신부가 첫아이를 해산한다. 문명 혜택이 전무한 벽촌인지라 산파를 부를 나위도 없이 주인집 아낙의 어설픈 도움으로 초산의 난고를 간신히 치른다. 가뜩이나 영양 상태가 부실한 산모는 산고의 후유증을 못 이겨 몸져눕게 된다. 방도가 막연한 남편인 중대장은 끝탕 끝에 지휘관의 체모를 무릅쓰고 '기압 빠진 부탁'으로 위생병을 시켜 기력 회복에 효험이 있다는 링거를 어렵사리 구해 내려 보낸 것이다.

여기까지 그가 '군대'라는 종속적인 인간관계의 카테고리 속에서, 비록 사적인 사역이기는 하나 '명령과 복종'의 경직된 동기에 의해 위생병의 구실을 수행하고 있을 뿐인 셈이었지만, 막상 시술 대상자인 산모를 접하면서 그의 심리에는 일종의 야릇한 감성적인 전기가 조성된다.

그가 찾아가자, 부스스 자리에서 일어나 맞는 핼쑥한 얼굴의 산모와 방안 가득한 산욕의 비릿한 냄새가 그의 정신을 몽롱하게 만든다. 젊은 산부의 가냘픈 자태가 풍기는 산욕의 비릿한 냄새가 이성의 소외 지대에서 생활하는 총각 졸병의 성애적性愛的 콤플렉스를 잠시 육감적으로 자극했던 것이다. 하지만 그 상대방은 하늘같은 중대장의 사모님이다. 그래서 스스로 내질 수밖에 없는 이런 심리적인 기제를 "생전 처음 맡아보는 냄새"라는 은유적 표현으로 처리하는 기막힌 수법을 구사한다.

그리하여 중대장 사모님을 눕혀 놓고 주사를 놓는데, 웬일인지 숙달된 위생병의 평소 솜씨와는 달리 손이 떨려 주사 바늘을 뺐다 꽂았다 몇 번을 거듭하면서 진땀을 흘린다. 그런데도 산모는 이 "못 미더운 수병의 주사 솜씨를 상 한 번 찡그리지 않고 정온하게 견뎌 준"다.

이런 중대장 사모님의 조신한 교양을 그는 "지금도 존경하는 아름다운 모습"으로 기억한다고 그때의 소회를 피력하고 있다.

오전에 한 병, 오후에 한 병의 소금물 링거 주사를 맞고 딴사람처럼 생기가 돈 산모는 굳이 그를 붙들어 놓고 저녁밥을 지어, 두 사람이 오누이처럼 겸상으로 마주앉아 식사를 하는 망외의 "황홀한 영광"을 누리게 된다.

중대장 댁을 나오는데 따라 나온 산모는 "위생병님, 고마워요. 뭐 드릴 게 없어요" 하면서 손때가 곱게 전 책 한 권을 그의 손에 쥐어 준다. 부대에 돌아와 "흑장미 빛 같은 노을이 해협을 물들이고 있는" 돈대에 앉아 비로소 손에 들린 책 표지를 보니 ≪청록집青鹿集≫이었다. 수고의 사례로 "줄 것이 없는" 그녀는 문학소녀의 꿈이 손때로 곱게 전 애용 시집을 마음의 선물로 쥐어 준 것이다. 기왕의 문학소녀가 문학청년인 수병에게 마음의 선물로 쥐어 준 애장의 시집. 이것은 우연의 작위가 빚어낸 교감이지만, 머나먼 인생길에서 고달픈 군대 생활을 하는 문학청년에게는 하나의 숙명적인 의미로 와 닿았을 것이다.

이런 그녀에 대해 그는 "중대장님은 좋은 배필을 두었다고 생각"하며, 그 모습 위에 부친이 의중에 두고 있다는 자신의 배필감의 모습을 덧그려 본다. 그리고는 "지금도 산모의 얼굴이 배필의 얼굴"이라고 배필관에 대한 자신의 소회를 피력한다.

며칠 후 중대장(사모님의 배려로)이 특별 휴가를 주어, 덕택으로 자신의 배필감과 맞선을 보고 돌아온다. 물론 미구에 성혼이 되어 43년의 세월을 동고동락하는 삶의 동반자가 된 것이지만, 정작 그 배필에 대한 모습은 본문에서 한 대목도 언급되지 않았다. 그러나 산모인 중대장 사모님에게서 느낀 배필의 참모습이 바로 43년을 함께해 온 자신의 배필의 모습이라는 사실을 우리는 짐작할 수가 있다. 이에 대한 김종완의 해설을 잠시 인용한다.

그러나 우리는 그의 배필의 모습을 알 수 있다. 사실은 중대장 사모님을

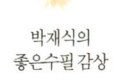

박재식의
좋은수필 감상

그리는 것은 자기 배필의 모습을 그린 것이기 때문이다. 항상 처음 그렸던 모습으로 배필과 함께 짝지어 43년을 살았던 아름다운 사람.

이것이 수필 〈배필〉을 밑받치는 모티브이자 주제라고 할 수도 있다. 그리하여 그는 에필로그를 "노을을 보면 60년대 초, 강화도 철산리 뒷산 돈대에 앉아 있던 상등 수병이 보인다. 파란만장한 해협을 물들이며 지던 장엄한 노을이 눈에 선하다."고 맺는다. "장엄한 노을", 이것은 바로 파란만장한 생애를 마감하는 그의 장엄한 종언을 물들인 아름다운 빛이 아닐 수 없다.

촉평

이 수필을 읽고 나면 마치 한 편의 서사시를 감상한 것 같은 감흥이 느낌에 와 닿는다. 그가 군대 생활을 하던 1960년대 초의 음울한 시대적 배경과 그 속에서 겪은 어쩌면 자기 인생에 하나의 소중한 의미를 부여하였다고 할 수 있는 에피소드적인 사건을 매우 절제된 문장과 구성에 의해 함축성 있게 그려낸 수법이 서사시의 경지를 방불케 한다.

그 시적 효과에 중요한 구실을 하고 있는 것이 '노을'이다. 서해 낙조의 아름다운 노을, 그 노을빛을 가르면서 지나가는 서치라이트 불빛, 돈대에 서서 링거를 안타깝게 기다리는 중대장 얼굴을 벌겋게 물들인 노을, 그리고 노을빛이 물든 돈대에 앉아 비로소 중대장 사모님이 손에 쥐어 준 시집의 책 표지를 보는 장면 등 작품 구성의 요소에 등장하는 '노을'이 서사성의 수필을 시적 분위기로 감싸 주고 있다. 그래서 이 수필의 제목을 '노을'로 삼았다면 오히려 작품의 서정성과 상징적인 의미를 돋보이는 타이틀이 되지 않았을까 하는 생각이 들기도 한다. 그러나 수필가 목성균은 굳이 '배필'이라는 극히 산문적인 제목을 취했다. 왜일까?

박재식의
좋은수필 감상

그가 생전에 펴낸 수필집 ≪명태에 관한 추억≫의 저자 약력란에서 그는 스스로 "우리의 추억 속에 담긴 돈독했던 삶의 부가가치를 기억하고 존중하며, 그 마음을 표현하고 싶어 수필가가 되었다"고 밝히고 있다. 그러니까 그는 군 복무 시절의 추억 속에서, 그가 만난 한때의 인정 가화적인 에피소드를 통해 얻은 '삶의 부가가치'를 자신이 터득한 배필관에 두고 그것을 형상화하는 데 주제의 포커스를 맞추었음을 알 수가 있다. 그것이 아무리 시적 성향을 지닌 글이라 하더라도 '수필의 본령은 산문'이라는 수필 본연의 문학정신을 엿볼 수 있는 수필 작품이라 할 수 있겠다.

※ 본고는 수필문우회 주최 제6회 '수필아카데미 강좌'(2005년 5월 19일)에서 필자가 행한 '수필 감상'의 내용을 초록한 것임.

이 정 호

- 1949년 경기 용인 출생
- 성균관대학 경제학과 졸업
- 우리은행 홍보부장 및 지점장 역임
- 2004년 별세

산사山寺에서

췌장을 들어내고 위와 십이지장 일부를 도려내는 큰 수술을 받고 요양차 절에서 겨울을 났다. 굳이 산에 있는 절을 택하게 된 것은 공기와 물이 좋은 곳으로 그만한 곳이 없기 때문이다. 어쨌든 묘한 인연으로 절에 머물게 되었고, 마침 일년에 두 번 치르는 승가의 안거安居 중 동안거冬安居를 스님들과 함께하였다.

안거 중 승가의 생활은 잠시도 느슨할 틈이 없다. 새벽 세시 반에 일어나서부터 밤 아홉 시 잠자리에 들 때까지 예불, 참선, 독경 또 참선, 이렇게 시계침 같은 일과를 따르자니 성치 않은 몸으로 무척 힘에 겨웠다. 뱃속이 편치 못해 하루 적어도 네더댓 번 대변을 보아야 하고, 소변은 수시로 보아야 하는 생리적 어려움이 특히 힘들었다. 초저녁에 한 번 보아도 한밤중이나 새벽에 또 두어 차례는 다녀와야 했다. 살을 에는 한겨울 밤바람은 사뭇 바늘로 찌르듯 아렸다. 재래식 변기라 밑에서 치부는 바람이 창자까지 파고드는 듯했다.

  이렇게 힘들고 귀찮은 중에도 도시에서는 맛볼 수 없는 산중의 정취는 있었다. 맑고 밝은 밤하늘의 별빛, 뭇 영혼들이 편히 쉴 수 있을 것만 같은 깊은 어둠과 무게를 감당하기 힘든 산중의 적막이 주는 침묵, 인류의 위대한 스승들이 하나같이 침묵을 영혼의 안식처로 삼는 까닭을 조금 알 듯하다. 침묵은 소리 없는 소리, 이는 곧 언어를 초월한 신과의 대화로 이어지는 신성한 영역인 까닭이다. 이 같은 침묵을 깨뜨리는 바람소리, 풍경 소리 그리고 부엉이 소리, 우주를 삼킨 듯한 침묵이 산사를 감싸안은 골짜기에 쏟아부으면 세상에 나오기 이전, 마치 어머니 뱃속 양수에 잠겨 있을 때 그랬음 직하게 감미롭고 포근하다. 유영遊泳하듯 편안하다.

  참선의 참맛이야 잘은 모르지만, 온몸이 저리고 뒤틀리는 고통을 넘기고 나면 밝은 햇살을 받아 잔잔히 흐르는 맑은 샘물 같은 고요, 분명 전에는 어둡고 탁하고 악하고 추한 것들이었음에도 이상하리만큼 그 고요에 비치는 것들은 하나같이 밝고 맑고 선하고 투명하다. 아직 세상이 잠에서 깨어나지 않은 새벽, 냉랭한 고요가 정수리에 스밀 때, 정신은 불빛을 머금은 수정처럼 명철明徹하다. 한낮이 기운 오후, 서창西窓에 번지는 햇살은 지극히 정갈하다. 밤은 또 어떤가. 바람도 자고 산새들도 둥지에 깃들고 나면, 별이 내려와 머물다 가는 깊고 깊은 적막, 입 안에 고인 침을 삼키는 소리가 천둥 소리만큼이나 크게 울릴 때 선객禪客들은 침묵에 주눅 들지 않을 수 없다.

무거운 업장덩어리가 참선이랍시고 앉아 있는다고 부처가 될 리 없지만, 어쩌다 언뜻언뜻 와 닿는 게 없지는 않았다.

부처님이 도를 깨쳤다는 성도일成道日 새벽, 철야 정진하던 중 잠시 쉬는 시간(방선放禪)에 밖을 거니는데 마침 눈썹 같은 초승달이 남쪽 산 위에 빛나고 있었다. 이때 떠오른 생각을 다음과 같이 적어 스님에게 보였다.

釋尊成道日不忘 淸源禪客滿禪堂 莫道覺星忽然明 昨夜眉月照南山
석가세존께서 도를 이루신 날을 잊지 못해
청원 선객이 선방에 가득하네
깨달음의 별이 홀연히 밝았다 말라
어젯밤 이미 눈썹달(心月에 비유)이 남쪽 달을 비추었다네.

스님은 빙그레 웃고는 내게 차 한 잔을 권하였고, 나는 말없이 차를 들고 방을 나왔다. 이에 스님은 내가 산책을 나가고 없는 사이에 하얀 백지를 내 방에 놓고 갔다. 나는 스님에게 거기에 더할 것도 없고 덜어낼 것도 없다고 하였다.

이런 일도 있었다. 전날 밤에 자작자작 내리던 비가 한밤 들어 폭설로 변했다. 새벽 예불 때 밖을 나서니 온 시야가 눈. 시를 지어 아침 차 마시는 시간에 스님에게 넌지시 건네주었다. 스님은 이를 훑어보고는 오늘 참선은 밖에서 하겠다는 것이다. 이 추위에 밖에서 참선이라니, 영문을 모르는 얼굴 표정들이 가지각색, 나 혼자 속으로 웃고 있었다. 스님이 시를 소리 내어 읊자 그제야 모두들 환히 웃는다.

昨夜寒雨變雪花 曉出門時天地白 何必坐靜於禪堂 眼前風光是佛界
지난밤 차디찬 비가 눈꽃으로 변해
새벽 문밖을 나서니 천지가 흰 빛이네
하필 선방에서 잠잠히 앉아 있을 텐가
눈앞 풍광이 부처의 세계인 것을.

산사의 설경은 그야말로 완벽하고도 눈부시게 아름다운 예술품.
"스님, 저 때문에 안거의 질서가 무너지게 되었습니다."
"그렇게 된 셈인가요. 그러나 아닙니다. 부처님 법은 그렇게 고지식하게 꽉 막히지 않았습니다. 때와 장소, 상황에 따라 거기에 맞는 이치를 생생히 드러내어 실행하는 것이 불법입니다. 이게 바로 중도中道라는 것이지요. 한마디로 어디 한곳으로 치우치지 않는 걸림이 없는 대자유大自由의 삶을 실천하는 겁니다."
"그럼, 오늘 참선은 선방禪房에서 안 했을 뿐이지 참선을 어긴 것이 아니란 말씀이군요."
"참선은 앉아서만이 아니라 우리 생활 공간 이대로가 참선 자리입니다. 다만, 그렇게는 잘 안 되니까 정한 곳에 앉아 마음을 가라앉히려는 것이지요. 그래서 좌선坐禪이라고 하는 것입니다."

"그렇게 말씀하시니 제 마음이 편합니다. 설경을 즐긴 게 오히려 중도를 실천한 셈인가요."

"그렇다고 할 수 있지요. 허나 중도라고 하셨으니 이미 중도가 아닌 게 되어 버렸습니다. 걸림이 없다는 그 생각에도 떨어지지 말아야지요. 머무르지 않은 데에는 머무르지 말아야 참으로 머무름 없는 머무름이니까요. 하하하하."

늘 묵언默言으로 무표정하던 스님의 웃음소리가 눈세계雪國에 힘차게 메아리쳤다. 쏴아쏴아, 세찬 바람이 소나무 가지에 무섭게 얹힌 눈송이를 쓰아악 털어낸다.

"자연의 이치야. 저래야 가지가 덜 상하거든."

스님은 혼잣말로 중얼거린다. 이내 다시 스님의 얼굴에는 고요가 깃든다.

동안거 해제일이 다가오면서 밥값을 얼마를 내야 할지 은근히 마음이 쓰였다. 처음에 미리 내놓으려고 했으나 스님은 '떠날 때 주시오.' 이 간단한 한마디뿐, 돈 이야기는 꺼내지도 말라고 했다. 무엇이든 돈으로 해결하는 세상살이에 젖어 있던 나로서는 심적으로 부담이 되었으나 어쩔 도리가 없었다. 전에 요양했던 사람은 떠나면서 요사채를 지어주었다는 한 신도의 말을 듣고 이거 예삿일이 아니구나 싶었다. 그렇게는 못한다 해도 적잖이 해야 될 것 같았기 때문이다. 그런데 떠나기 전날 저녁 공양 때였다. 스님이 밥상 앞에 앉으며

"오늘은 밥값을 제대로 못하고 밥만 축내는군." 하는 것이었다. 순간 한 생각이 머리를 스쳤다.

淨寂禪窓吐淸香 達磨炯眼師煎茶 若問人語至今事 凍雪麥葉忍苦長
정갈하고 고요한 선창은 맑은 향기를 토하는데
반짝이는 달마의 빛나는 눈으로 스님이 차 달이네
누가 지금의 일(경지)을 묻는다면
얼어붙은 눈 속에서 보리(보리菩堤와 같은 음을 따서 비유)가 고난을 딛고 자란다 하리.

스님은 달마상을 그려 방 벽에 가득 붙여놓았고, 누가 오든지 차를 내놓는데 어떤 날은 차 달이는 물동이를 두어 번은 채워야 할 정도로 차를 즐겨 마신다.

절을 떠나오던 날 아침, 스님 방에 들어가 이 시를 보이며 그동안 밥값이 되는지 모르겠다고 하였다. 스님은 "내 절 생활 사십 년에 처음으로 밥값을 제대로 받는군." 하며 활짝 웃는다. 진정 만족했을 리는 없고 이렇게라도 공부한 태를 낸 것에 대견했던 모양이다.

이날은 마침 천도제薦度祭가 있어 점심 예불이 끝나고도 목탁 소리는 멎지 않는다. 육신은 삶과 죽음이 있으나 법신法身은 오고 감이 없이 영원불멸이라는데, 이미 이승의 무상無常한 옷을 벗어던진 영가靈駕가 이생에 무슨 미련이 남아 있을 것이라고 제사상祭祀床을 차렸을까. 다 허망하고 부질없는 일이나, 이승 사람이 정을 못 내 끊지 못해 저리 하는 것이려니.

절을 벗어나 산모퉁이로 돌아서자 목탁 소리가 뚝 끊긴다. 갑자기 차창으로 햇살이 눈을 쏜다. 먼 산 능선엔 벌써 봄빛이다. 아, 봄…….

〈후기〉 절 생활을 하면서 쓴 것이라 어쩔 수 없이 너무 불교적인 점, 그리고 한시漢詩 또한 짧은 한문 실력으로는 엄격한 정형의 틀을 제대로 맞추지 못하고 뜻만을 나타냈습니다. 선문답禪問答이라고 할 것까지는 없지만 이는 주고받는 당사자 간의 문제로서 풀이하기 곤란하고, 풀이한다 해도 의미가 없다는 점을 양해 바랍니다.

작/품/감/상

머리말

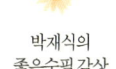

박재식의
좋은수필 감상

작자인 범연 이정호(凡然 李廷浩 1949~2004)는 직업 은행원 출신의 수필가이다. 경기도 용인의 시골 농가에서 태어나 1973년 성균관대학교 경제학과를 나와 은행에 취업하여 지점장(우리은행)으로 종생할 때까지 줄곧 은행에서 직장생활을 한다. 그런데 그의 타고난 선비적 기질은 일찍부터 집에 서재를 꾸며 놓고 직장생활에 곁들여 한시를 위시한 중국의 고전 문헌과 동서의 철학 및 문학서적 등 폭넓은 독서를 통해 내적 세계의 충전에 남다르게 주력한다. 이런 연찬 생활에 의해 함양된 지적 소양을 밑거름으로 그는 직장(은행) 사보에 장장 10년에 걸쳐 칼럼성 수필을 연재하여 본점의 홍보부장에 발탁되기도 한다.

"옛 선비가 그저 자신의 마음 공부를 정리해 보려는 심정으로"(그의 수필집 서문에서) 붓을 들듯 글을 써온 그가 지향한 길은 구경 수필 문학일밖에는 없다. 그리하여 그는 1993년 수필 〈삶은 예술처럼〉으로 ≪수필공원≫ 봄호에 최종추천을 받아 수필에 입문하고, 이어 그가 남긴 유일한 수필집 ≪관악산은 토요일이면 안양으로 간다≫ (1993년, ≪풍경사≫ 간)를 상재한다. 수록한 작품들은 거개가 사보에 연재한 글들을 모은 것인데, 편마다 제목 아래 주제를 암시하는 한시나 선현의 어록 등을 인용 표기함으로써 작자가 마음 공부로 닦은 지식 소양의 면모를 엿보이고 있는 것이 특징이다. 또한 표제로 삼은 ≪관악산…≫은 어느 수필집과는 달리 책에 수록된 작품 중에서 뽑은 제명이 아닌 점에서 의표의 특색을 갖는다.

이 별난 책이름의 발상을 그는 책머리의 '토요일마다 관악산을 넘었던 사연'이라는 서문으로 밝힌다. 문명의 도진都塵에 시달리며 집이 있는 수원과 서울을 전철 편으로 출퇴근하는 그가 "시와 예술의 신선한 숲속"인 산이 못내 그리워 토요일이면 눈비 가리지 않고 안양까지 관악산을 넘어 퇴근한 사연을 세워 책이름으로 삼았다는 것이다. 미상불 수록된 작품의 내용을 보면 그와 같은 그의 감성세계와 철학을 주조로 한 글들이 대종을 이루기도 한다.

마침내 그는 주거지인 수원의 은행 지점장으로 부임하여 주말이면 주변의 산과 국내의 명산을 찾아 '시와 예술의 신선한 숲속'을 주유하기도 하며 글을 쓰는 소망스런 선비 생활을 누리게 된다. 그러나 짓궂은 운명의 장난은 뜻하지 않은 불치의 췌장암으로 2004년 봄 향년 56세로 그의 애석한 삶을 마감시킨다.

그가 등단하여 신인답지 않은 성숙하고 무게 있는 글들을 발표하자 당시의 수필계는 그 역량과 작품세계에 대해 비상한 관심으로 괄목상대하였다. 그러나 보다 수필계의 심금을 울린 깊은 경지의 작품세계가 대수술을 받고 투병중인 작고 전해(2003년)에 발표한 그로서는 유작에 속하는 4편(《에세이문학》 소재 〈아, 이제 살았다〉, 〈어느 날〉과 《계간수필》 소재 〈산사에서〉, 〈정〉)의 수필에서 잡아보게 되는 것은 가슴 아픈 아이러니가 아닐 수 없다.

여기에서 감상할 〈산사에서〉는 그중의 한 편이다.

해설

박재식의
좋은수필 감상

이 수필은 요양차 '산사山寺에서' 머물게 된 작자가 때마침 그곳에서 치르는 동안거冬安居(승가에서 여름과 겨울, 1년에 두 차례 치러지는 수행 행사 중 겨울에 이루어지는 안거)에 동참하면서 깨닫는 느낌을 주지 스님에게 한시漢詩로 피력하며 이루어지는 선문답을 통해 불가의 도道와 사바 인생의 정情이 융화하는 인연의 미를 형상화한 글이다.

안거 중 승가의 생활은 잠시도 느슨할 틈이 없다. 새벽 세 시 반에 일어나서부터 밤 아홉 시 잠자리에 들 때까지 예불, 참선, 독경 또 참선, 이렇게 시계침 같은 일과를 따르자니 성치 않은 몸으로 무척 힘에 겨웠다. 뱃속이 편치 못해 하루 적어도 네다섯 번 대변을 보아야 하고, 소변은 수시로 보아야 하는 생리적 어려움이 특히 힘들었다. 초저녁에 한 번 보아도 한밤중이나 새벽에 또 두어 차례는 다녀와야 했다. 살을 에는 한겨울 밤바람은 사뭇 바늘로 찌르듯 아렸다. 재래식 변기라 밑에서 치부는 바람이 창자까지 파고드는 듯했다.

큰 수술을 받은 뒤에 성치 않은 몸으로 동참한 안거 수행의 고충을 이렇게 토로한 작자는 그런 형국 속에서도 "도시에서는 맛볼 수 없는 산중의 정취"와 함께 와 낳는 안거 수행의 진미를 차츰 터득하게 된다. 깊고 무거운 어둠의 적막에서 침묵이 갖는 영적 경애를 깨닫고, 그 침묵을 깨뜨리는 바람소리, 풍경 소리, 부엉이 우는 소리 등 삼라만상이 빚는 울림들이 귓결을 스치면 "세상에 나오기 이전, 마치 어머니 뱃속 양수에 잠겨" 유영할 때 그랬음 직하게 마음이 포근하고 편안해진다. 말하자면 선험적인 경지를 체감하게 된 것이다.

참선의 참맛이야 잘은 모르지만, 온몸이 저리고 뒤틀리는 고통을 넘기고 나면 밝은 햇살을 받아 잔잔히 흐르는 맑은 샘물 같은 고요, 분명 전에는 어둡고 탁하고 악하고 추한 것들이었음에도 이상하리만큼 그 고요에 비치는 것들은 하나같이 밝고 맑고 선하고 투명하다. 아직 세상이 잠에서 깨어나지 않은 새벽, 냉랭한 고요가 정수리에 스밀 때, 정신은 불빛을 머금은 수정처럼 명철明徹하다. 한낮이 기운 오후, 서창西窓에 번지는 햇살은 지극히 정갈하다. 밤은 또 어떤가. 바람도 자고 산새들도 둥지에 깃들고 나면, 별이 내려와 머물다 가는 깊고 깊은 적막, 입안에 고인 침을 삼키는 소리가 천둥 소리만큼이나 크게 울릴 때 선객禪客들은 침묵에 주눅 들지 않을 수 없다.

이런 경지의 수행에 정진하던 작자는 부처님이 도를 깨쳤다는 성도일成道日 새벽 방선放禪(잠시 쉬는 시간)을 틈타 선당을 벗어나 밖을 거니는데 마침 눈썹 같은 초승달이 남쪽 산 위에 떠 있는 것을 보고 문득 떠오른 생각을 칠언절구의 한시로 적어 아침에 주지 스님에게 보인다.

釋尊成道日不忘 淸源禪客滿禪堂
莫道覺星忽然明 昨夜眉月照南山
석가세존께서 도를 이루신 날을 잊지 못해
청원 선객이 선방에 가득하네
깨달음의 별이 홀연히 밝았다 말라
어젯밤 이미 눈썹달(心月에 비유)이 남쪽 달을 비추었다네.

박재식의
좋은수필 감상

'청원 선객'은 좌선을 통해 정신이 하나같이 '밝고, 맑고, 선하고, 투명한 경지(앞선 인용의 예문 참조)에 있는 참선자들을 이른 것인데, 그런 참선자들이 지난밤 성도일의 좌선을 통해 새삼 홀연히 밝은 별빛 같은 깨달음을 얻었다고 할 수는 없다. 이미 칠흑의 밤하늘에는 성도한 부처님의 마음 같은 눈썹달이 남산 위에서 누리를 비추고 있지 않았는가, 하는 감상을 읊어 보인 것이다.

  스님은 빙그레 웃고 차 한 잔을 작자에게 권한다. 그저 절의 식객으로만 여기던 동참 선객의 뜻밖의 선시禪詩를 접한 스님은 마음속 은근히 기특한 생각으로 관심이 동한 것이다. 그리고는 작자가 산책을 나가고 없는 새에 백지 한 장을 방에 놓고 간다. 다만 문외자의 관찰을 나타낸 절구에 대해 작자의 뜻이 담긴 대구對句를 종용한 무언의 관심 표명이다. 그러나 작자는 "거기에 더할 것도 없고 덜어낼 것도 없다."고 답한다. 이미 그 관조 속에 객원 동참으로서의 뜻이 족히 남서 있다고 자부한 것이다.

  이를 계기로 수행을 주재하는 주지 스님과 작자 사이에는 말없는 가운데 서로 의기가 상통한다. 하루는 전날 밤 내리던 비가 한밤에 폭설로 변한 새벽에 예불을 위해 밖을 나선 작자가 온 누리를 덮은 설경을 보고 다시 한시 한 편을 지어 아침 차 마시는 시간에 스님에게 넌지시 건네준다.

昨夜寒雨變雪花 曉出門時天地白
何必坐靜於禪堂 眼前風光是佛界
지난밤 차디찬 비가 눈꽃으로 변해
새벽 문밖을 나서니 천지가 흰빛이네
하필 선방에서 잠잠히 앉아 있을 텐가
눈앞 풍광이 부처의 세계인 것을.

이것을 훑어본 주지 스님은 느닷없이 "오늘 참선은 밖에서 하겠다."고 선포한다. 이 추위에 밖에서 참선이라니? 영문 모르는 수행자들이 의아한 표정을 짓자, 스님은 그 시를 소리 내어 읊어 주니 모두가 환히 웃는다.

그날 하루 낮의 참선을 마치고 작자와 스님은 마주 앉아 한 폭의 아름다운 예술품 같은 산사의 설경을 바라보며 선문답을 나누게 된다. "저 때문에 안거의 질서가 무너지게 되었습니다." 하고 저어하는 작자의 화두에 늘 무언으로 무표정하던 스님은 "그렇게 된 셈인가요. 그러나 아닙니다." 하고 불법이 갖는 아무것에도 구애받지 않는 중도中道의 이치를 파안대소와 함께 설한다. 작품 중의 압권인 이 문답의 전개 과정은 본문을 다시 참조하여 음미할 만한 대목이다.

박재식의
좋은수필 감상

동안거가 끝나가고 작자도 절을 떠나야 할 시기가 다가오자 '밥값' 조의 시주를 얼마 해야 할지 은근히 마음이 쓰인다. 절에 묵기로 한 당초에 미리 내놓으려고 했지만 스님은 "떠날 때 주시오." 하고 돈 얘기는 꺼내지 말라고 한 터이다. 시주의 흥정은 있을 수 없는 일이니 스스로 알아 할밖에는 어쩔 도리가 없다. 하지만 무엇이든 돈으로 해결하는 세상살이에 젖은 작자로서는 마음의 부담이 더 클 수밖에. 더군다나 전에 요양했던 사람은 떠나면서 요사채(스님들이 거처하는 절집)를 지어 주었다는 어느 신도의 말을 듣기도 한 터여서 그렇게는 못한다 하더라도 여느 유숙비

치르듯 할 수는 없는 노릇이기 때문이다.

그런데 떠나기 전날 저녁 공양 때, 스님이 밥상 머리에 앉으면서 작자를 향하여 "오늘은 밥값을 제대로 못하고 밥만 축내는군." 하는 것이다. 시주할 일로 부담을 느끼는 작자의 속내를 꿰뚫고 따로 '밥값'을 낼 염은 하지 말라는 뜻이 담긴 수작이다. 그 뜻을 새기는 순간 작자에게는 한 생각이 머리를 스친다.

淨寂禪窓吐淸香 達磨炯眼師煎茶
若問人語至今事 凍雪麥葉忍苦長
정갈하고 고요한 선창은 맑은 향기를 토하는데
반짝이는 달마의 빛나는 눈으로 스님이 차 달이네
누가 지금의 일(경지)을 묻는다면
얼어붙은 눈 속에서 보리(보리菩堤와 같은 음을 따서 비유)가
고난을 딛고 자란다 하리.

스님은 기거하는 방에 달마 상을 그려 벽에 가득 붙여 놓고, 늘 차를 달여 마시며 누가 오면 으레 차를 내어 놓는 차의 경지를 즐기는 산사의 주승이다. 그것을 소재로 고별시를 지어 떠나는 아침, 스님에게 보이며 "그동안 밥값이 될는지 모르겠다."고 능청을 떤다. 스님은 "내 절 생활 사십 년에 처음으로 밥값을 제대로 받는군." 하며 대견스럽게 활짝 웃는다. 불법 세계와 사바 인생이 하나로 융해되는 흐뭇한 장면이다.

이날은 마침 천도제薦度祭가 있어 점심 예불이 끝나고도 목탁 소리는 멎지 않는다. 육신은 삶과 죽음이 있으나 법신法身은 오고 감이 없이 영원불멸이라는데, 이미 이승의 무상無常한 옷을 벗어던진 영가靈駕가 이생에 무슨 미련이 남아 있을 것이라고 제사상祭祀床을 차렸을까. 다 허망하고 부질없는 일이나, 이승 사람이 정을 못내 끊지 못해 저리하는 것이려니.

절을 벗어나 산모퉁이로 돌아서자 목탁 소리가 뚝 끊긴다. 갑자기 차창으로 햇살이 눈을 쏜다. 먼 산 능선엔 벌써 봄빛이다. 아, 봄…….

망자의 명복을 비는 천신제의 목탁 소리를 뒤로하고 절을 떠나는 작자는 이렇게 글을 맺는다. 이승과 저승의 틈바구니에서 미구에 맞을 자신의 죽음과 맞물리는 생사관이 담긴 에필로그라고 할 수 있겠다.

박재식의
좋은수필 감상

촌평

작자는 글의 후미에 너무 불교적인 내용과 어설픈 자작 한시를 구사했다고 겸허하는 후기를 달아 놓았다. 그러나 이 수필을 읽으면 마치 추사秋史 김정희金正喜와 초의선사草衣禪師의 만남이 그랬음 직한 선비와 고승의 경지의 세계를 느끼게 한다.

묵언 무표정의 선승과 이에 대응한 선비의 소신이 교접하면서 차츰 융해를 이루어가는 프로세스가 절묘하게 그려진 작품이다.

특히 끝맺음에서 죽음을 예감하고 흘리는 인생 무상에 대한 담담한 생사관과 차창에 쏘아드는 햇살에서 봄을 느끼는 유상한 계절 감각의 앙상블을 "아, 봄"의 차탄으로 처리한 대문이 흡사 작자의 임종을 지켜보는 느낌으로 숙연한 감동을 자아내게 한다.

조 경 희

- 1918년 인천 강화도 출생
- 이화여전梨花女專(이화여대 전신) 문과 졸업
- 40년 동안 여러 언론 매체에서 근무
- 제2정무장관, 예술의전당 이사장 역임
- 한국 수필가 협회 이사장 및 예총회장 역임
- 2005년 별세

봄물

　수도꼭지를 틀어 조르르 흘러나오는 찬물의 시원한 감촉을 처음으로 느껴본다.
　봄이 다가왔다는 안도감보다도 찬물의 시원하고 상쾌한 맛을 다시 발견한 즐거움이 크다.
　무겁게, 납덩이처럼 가라앉은 마음이 일시에 기구처럼 가벼워지는 것을 느낀다.
　겨울 동안 물은 물이 지닌 바 본연의 성질을 잃고 있었다. 물이 가진 그 부드럽고 맑은 아름다운 모습을 잃고 있었다. 눈으로 볼 수 있는 형태뿐만 아니라 그 성질까지도 아주 변해 있었던 것이다.
　물은 겨울 동안 사람의 피부를 쥐어뜯듯이 아프게까지 하였다. 마치 죄를 지은 인간이 야수가 되는 형벌을 받아, 곤고한 처지에서 영원히 죽어지지 않고 지냈다는 가혹한 전설이 연상될 정도였다. 이와 같이 물로서는 겨울은 무서운 형벌을 받는 계절이었을 것이다.

봄이 되면 흔히 꽃 피는 계절만을 찬양한다. 동면에서 깨어나는 버러지들에게 신기한 경이의 표정을 보낸다. 시각으로 느낄 수 있는 봄, 회색 속에서 연둣빛으로 번져 나가는 풍경을 찬양 아니할 수 없다.

그러나 무심코 손을 물에 담갔을 때 물이 주는 짜릿한 감각이란 봄이 갖다 주는 어떤 풍치보다도 나에게 잊어버렸던 봄을 찾아 주는 것이다.

피부를 쥐어뜯듯이 아프게까지 하던 감각은 어디로 사라졌는지, 물은 인간에게 새로운 즐거움을 선물하고 있다.

부드러운 물에서 느끼는 재발견, 물은 봄이라는 계절을 가르쳐 주는가 하면 내 마음속에 잠자고 있던 마음의 눈까지 살포시 뜨게 한다. 내가 사춘기의 소녀였더라면 이성異性을 알고 심문心紋의 충격을 받는 단순한 동기가 되었을지도 모른다.

너나 할 것 없이 도회에서 사는 사람들은 창경원昌慶苑의 꽃구경, 남산南山 허리에 어린 찬란한 꽃구름을 즐길 수는 있으나 봄의 운치를 돋우는 강이나 내는 보지 못한다.

다만 하나의 희망이라면 서울 도심에서 십여 분 동안 버스로 달리면 한강漢江이 있는 것이다.

물은 모든 물체를 윤택하게 하듯이 땅을 기름지게 하고 나아가 한 고을을 번창하게 한다.

얼마 전 중앙대학에 나갈 일이 있어서 한강철교를 건널 기회가 있었다. 그때는 아직 봄 절기가 완연하지 않은 추운 때였다.

나는 차창 밖으로 유유히 흐르는 강물을 보았다. 그것은 오래간만의 일이었다. 부산釜山에서 서울로 환도하는 길에 강물을 보고 처음 보는 것이었다. 물은 모래사장을 파헤치고 줄기줄기 흐르고 있었다. 비록 봄날답지 않게 풍세는 세었지만 물은 평화스럽게 아무 일도 없었다는 듯 흐르고 있었다.

물결은 바람을 타고 손풍금처럼 오므라졌다, 퍼졌다, 형형색색의 재주를 부렸다. 흐르는 파동을 헤치고 음향의 리듬이 들려오는 듯도 하다.

물론 자유의 모습 그대로다.

우거진 숲, 바위 틈바구니를 졸졸 마음놓고 흘러내리다가 불시에 동장군을 맞아 바위 틈에 끼인 채 얼어붙었던 물, 깊지 않은 냇가에 깔려서 얼어 말라 버렸던 물, 그것은 물이 지닌 흐름의 자유를 누릴 수 없던 가혹한 계절이었음을 생각게 한다.

만일 물이 감각을 아는 생물이라면 겨울을 참고 견딜 수 있었을까.

나는 물뿐 아니라 많은 생물이 바위 틈을 졸졸 흐르다가 얼어붙는 것 같은 구속을 받게 되는 형편을 연상해 본다.

새삼스럽게 발견된 일은 아니지만 항상 자연의 이치가 그대로 인간 생활에 적용되고 있다.

나는 물끄러미 물을 바라보고 서 있었다.

태양의 따뜻한 빛이 내리쪼이자 강가에는 입김 같은 뽀얀 증기가 서리는 가운데 조그만 보트가 몇 개 나란히 떠 있는 것이 보였다.
　평소 나는 행복이란 무엇인지 모르고 살아오고 있는 터이지만 이런 순간에 엷은 꽃이파리 같은 행복을 느낀다. 그리고 마치 봄물이 얼음 속에서 풀려 나오듯 나를 얽어매려는 모든 허위와 구속에서 벗어나려고 꿈틀거리는 나를 찾아낸다.
　봄물이여, 추운 겨울 그리고 무서운 형벌인 얼음 속에서 튀어나오듯이 나를 어지러운 속에서 벗어나게 해달라고 애원하고 싶다. 그리고 물은 더러운 것을 깨끗이 씻는다. 오물이라고 생각키우는 모든 것들을 깨끗이 씻어 주소서, 빌고 싶은 마음이다.

작/품/감/상

머리말

　작자인 조경희(趙敬姬 1918~2005)는 언론인 출신의 수필가다. 강화도의 가톨릭 집안에서 태어나 그곳에서 보통학교(지금의 초등학교)를 나온 뒤 열세 살 때 서울로 올라가 동덕여고를 거쳐 1939년 이화여전(梨花女專, 지금의 이화여대) 문과를 졸업한다. 재학 중인 1938년 잡지 ≪한글≫에 수필 〈측간단상厠間斷想〉과 ≪조선일보≫ 학생란에 〈영화론〉이 당선됨으로써 일찍부터 문학과 인연을 맺는다. 그리고는 졸업과 동시에 ≪조선일보≫ 학예부 기자로 취업하면서 1980년 한국일보에서 정년퇴임하기까지 줄곧 여러 매체를 전전하며 언론인으로 사회생활을 한다.
　그러나 언론인으로 재직하면서도 그는 여류문인으로서의 명분을 살려 수필 창작과 함께 내처 문학운동에 진췌하게 되는데, 한국 수필문단의 중흥 원로로 운명하기까지의 다채롭고 다양한 족적을 간추리면 개략 다음과 같다.

1949년 소설가 손소희와 수필가 전숙희와 함께 계간 종합지 ≪혜성≫을 창간하고, 1957년 일본 도쿄(東京)에서 열린 국제펜 대회에 한국대표로 참석한 것을 시작으로 이후 해외에서 개최되는 펜대회에서는 거의 빠짐없이 대표로 참가하였고, 1966년에는 '펜클럽 한국본부' 중앙위원이 된다. 1967년에 '한국여류문인회'의 창립멤버로 참여하여 초대 간사장을 거쳐 회장과 고문직을 지내는가 하면 1971년에는 '한국수필가협회'를 창립하여 초대 회장으로 취임, 말년에 이르기까지 역임하면서 기관지인 계간(지금은 월간) 수필지 ≪한국수필≫을 창간하여 수필가의 작품활동과 수필 인구의 저변 확대에 인프라적인 구실을 하게 한다. 그때 그가 주재하는 ≪한국수필≫을 통해 양산되는 신인에 대해 어느 기성 수필가가 절제를 건의하자 "문단에서 수필의 위상을 정립하자면 수필가의 양적 확보가 우선 과제"라는 지론을 폈다는 일화를 남기기도 한다.

박재식의
좋은수필 감상

그리하여 1979년에 수필가로는 처음으로 '한국문협'의 부이사장으로 피선되어 이듬해 이사장인 조연현이 작고하자 이사장의 권한 대행을 하고, 이어 1984년에는 '한국예총' 회장에 당선되어 연임하다가 마침내는 1988년 제2정무장관, 1989년 '예술의 전당' 이사장을 지내는 등 고위 공직까지 역임하는 저력을 나타낸다.

그가 남긴 수필집은 1955년에 출간된 ≪우화≫를 위시하여 작고 전해인 2004년에 낸 ≪조경희 자서전≫을 포함하여 11권에 달하는데, 이와 같은 작품활동보다는 서상의 이력에서 보는 바와 같은 문학단체의 조직과 참여 활동을 통한 문학운동의 선도자적인 위상과 업적이 한층 높이 평가되는 수필가이다. 그렇다고 그가 남긴 작품세계가 폄하되는 것은 아니다. 특히 작고 후에 간행된 대표선집이라고 할 수 있는 ≪작은 성당≫(2008년, 좋은수필사 간 〈현대수필가 100인선〉 중)을 보면 수필가로서의 그의 진면목을 규지하기에 충분하다.

그의 수필세계를 개관하면 주변 사물과 사아에 대한 관조석인 접근을 통해 조성되는 긍정과 사랑의 세계라고 요약할 수가 있다. 수필 〈양산〉이나 〈구두〉와 〈손수건의 미덕〉에서 자신의 보잘것없는 소지품에 대한 애정 어린 관조가 긍정적인 의미의 상형물로 그려지고, 〈음치의 자장가〉에서는 음치인 자신이 부르는 자장가에 아기가 잠드는 것을 보고 자기 결손에 대한 긍정적인 위안을 찾는 것과 같은 에스프리의 흐름이 그의 작품세계에 일관된 특징이라고 볼 수가 있다. 그러므로 비판적인 요인을 갖는 사안에 대해서도 시비를 가리기보다 항상 너그러운 대안으로 임하는 대모代母다운 작가적 태도를 견지한다.

여기에서 감상할 〈봄물〉은 1955년에 발표된 작자의 초기 작품으로 대표작의 하나로 꼽히는 수필이다.

해설

〈봄물〉은 만물이 소생하는 봄의 감각을 봄에 흐르는 물의 감촉과 모습에서 체감하고, 자연의 인과법칙에 따라 흐르는 물의 미덕에 견주어 변전 무상한 인간 생활에서 행복에 대한 '희망'의 존재 이유를 시사한 글이다.

수도꼭지를 틀어 조르르 흘러나오는 찬물의 시원한 감촉을 처음으로 느껴본다.
봄이 다가왔다는 안도감보다도 찬물의 시원하고 상쾌한 맛을 다시 발견한 즐거움이 크다.
무겁게, 납덩이처럼 가라앉은 마음이 일시에 기구처럼 가벼워지는 것을 느낀다.

박재식의
좋은수필 감상

작자는 겨우내 차게만 느껴지던 수돗물에서 처음으로 시원한 감촉을 느끼고 다가오는 봄의 상쾌한 기운을 체감하는 과정을 이렇게 나타내며 화두를 잡는다. 초봄의 찬물에서 느끼는 시원한 감촉, 그 시원하고 상쾌함을 새삼스럽게 느껴보는 즐거움, 따라서 옥죄는 겨울의 중압감에서 풀려나 금세 날아갈 듯 가벼워지는 마음, 이렇게 오는 봄에 대한 감명을 문단을 나누어 간결하게 나타낸 수법이 놀랍다. 문학적 이미지를 형상화하는 글에서 구문상의 문단 배열이 갖는 효과는 매우 크다. 만약 세 구절에 담긴 작자의 느낌을 따로 나누지 않고 잇대어 한 문단으로 처리했다면 문의文意는 같으면서도 독자의 감수성에 작용하는 문학적 이미지는 훨씬 감쇄되었을 터, 후학들이 눈여겨 참고할 대목이다. 어떻게 보면 산문 형식의 파격이라고도 할 수 있지만, 그것은 작자의 사유思惟를 표현하는 서술 문장이 아닌 감성에서 오는 느낌의 추이를 전개시키는 대문이므로 시문의 배열 형식을 취하는 것이 문학성을 돋보이는 보다 효과적인 방법이었다는 점을 주목할 필요가 있다.

겨울 동안 물은 물이 지닌 바 본연의 성질을 잃고 있었다. 물이 가진 그 부드럽고 맑은 아름다운 모습을 잃고 있었다. 눈으로 볼 수 있는 형태뿐만 아니라 그 성질까지도 아주 변해 있었던 것이다.
물은 겨울 동안 사람의 피부를 쥐어뜯듯이 아프게까지 하였다. 마치 죄를 지은 인간이 야수가 되는 형벌을 받아, 곤고한 처지에서 영원히 죽어지지 않고 지냈다는 가혹한 전설이 연상될 정도였다. 이와 같이 물로서는 겨울은 무서운 형벌을 받는 계절이었을 것이다.

그와 같은 '봄물'의 촉감에서 오는 감성 세계를 허두에 세운 작자는 그 물이 혹한의 환경에서 본연의 성질을 잃고 지낸 겨울 속의 생태를 이렇게 관조하고 주제를 향한 사유의 실마리를 잡는다.
그리고는 꽃이 피고, 생물이 소생하고, 회색에서 연둣빛으로 변하는 풍경 등 봄이 주는 시각적인 온갖 감상을 젖혀놓고 유독 물을 소재로 삼은 동기를 밝힌다.

그러나 무심코 손을 물에 담갔을 때 물이 주는 짜릿한 감각이란 봄이 갖다 주는 어떤 풍치보다도 나에게 잊어버렸던 봄을 찾아 주는 것이다.

피부를 쥐어뜯듯이 아프게까지 하던 감각은 어디로 사라졌는지, 물은 인간에게 새로운 즐거움을 선물하고 있다.

부드러운 물에서 느끼는 재발견, 물은 봄이라는 계절을 가르쳐 주는가 하면 내 마음속에 잠자고 있던 마음의 눈까지 살포시 뜨게 한다. 내가 사춘기의 소녀였더라면 이성異性을 알고 심문心紋의 충격을 받는 단순한 동기가 되었을지도 모른다.

그리하여 도회, 특히 서울에 사는 사람들이 '창경원의 꽃구경'과 '남산 허리에 어린 찬란한 꽃구름'을 찾아 즐길 줄은 알지만 정작으로 봄의 운치를 돋우는 강이나 내川를 보지 못하는 안목을 아쉬워한다.

따라서 작자는 서울 도심의 남쪽(그때는 강남이 개발되기 전)을 흐르는 한강을 "하나의 희망"으로 여긴다. "물은 모든 물체를 윤택하게 하듯이 땅을 기름지게 하고 나아가 한 고을을 번창하게" 하기 때문이다. 그래서 오랜만에 기차를 타고 철교를 지나면서 내려다본 한강의 정취를 피력한다.

나는 차창 밖으로 유유히 흐르는 강물을 보았다. 그것은 오래간만의 일

박재식의
좋은수필 감상

이었다. 부산釜山에서 서울로 환도하는 길에 강물을 보고 처음 보는 것이었다. 물은 모래사장을 파헤치고 줄기줄기 흐르고 있었다. 비록 봄날답지 않게 풍세는 세었지만 물은 평화스럽게 아무 일도 없었다는 듯 흐르고 있었다.

　물결은 바람을 타고 손풍금처럼 오므라졌다, 퍼졌다, 형형색색의 재주를 부렸다. 흐르는 파동을 헤치고 음향의 리듬이 들려오는 듯도 하다.

　여기에서 작자는 물의 본질을 "자유의 모습 그대로"라고 규정하며 그 흐름의 자유를 불시에 얼어붙게 하는 가혹한 계절을 되새긴다.

　만일 물이 감각을 아는 생물이라면 겨울을 참고 견딜 수 있었을까.
　나는 물뿐 아니라 많은 생물이 바위 틈을 졸졸 흐르다가 얼어붙는 것 같은 구속을 받게 되는 형편을 연상해 본다.
　새삼스럽게 발견된 일은 아니지만 항상 자연의 이치가 그대로 인간 생활에 적용되고 있다.

　하고 본문이 의도하는 주제성을 부각시킨다. 여기에는 작자가 겪은 식민지 시절의 가혹한 시련과 동족상잔의 전쟁이 빚은 참담한 피해의식이 함축되지만 구태여 그것을 표명하지 않은 암유적인 수법이 묵학성의 정통을 돋보인다.

　그리고는 강가에 서서 햇빛을 받고 입김 같은 뽀얀 증기가 서리는 물 위에 조그만 보트 몇 척이 나란히 떠 있는 정경을 바라보면서 다음과 같은 감상을 피력하고 글을 맺는다.

평소 나는 행복이란 무엇인지 모르고 살아오고 있는 터이지만 이런 순간에 엷은 꽃이파리 같은 행복을 느낀다. 그리고 마치 봄물이 얼음 속에서 풀려 나오듯 나를 얽어매려는 모든 허위와 구속에서 벗어나려고 꿈틀거리는 나를 찾아낸다.

봄물이여, 추운 겨울 그리고 무서운 형벌인 얼음 속에서 튀어나오듯이 나를 어지러운 속에서 벗어나게 해달라고 애원하고 싶다. 그리고 물은 더러운 것을 깨끗이 씻는다. 오물이라고 생각키우는 모든 것들을 깨끗이 씻어 주소서, 빌고 싶은 마음이다.

#촉평

박재식의
좋은수필 감상

우선 다가오는 봄의 느낌을 물의 촉감에서 잡고 제재로 삼은 이른바 '낯선 세계의 발상'이 기발하다.

해설을 통해서도 지적한 바와같이 문의文意의 참신한 형상 효과를 노린 문단의 배열, 군더더기 없이 다듬어진 간결한 문장, 주제의식을 서두름이 없는 차분한 호흡으로 손에 쥐어 주듯 알차게 전개한 구성의 묘미, 특히 말미에 가서 따뜻한 햇빛을 받고 입김 같은 봄 안개가 서린 강물 위에 조그만 보트 몇 척이 떠 있는 풍경을 바라보며 "엷은 꽃이파리 같은 행복"을 느끼면서 자아의 해탈을 기원하는 대목은 작품을 갈무리하는 작중의 백미라고 할 수 있다.

　이처럼 감성세계를 통해 문학적인 주제성을 깔축없이 형상화한 깔끔한 수법은 가히 순수수필의 모형으로 삼을 만한 일작으로 평가하지 않을 수 없다.

윤 모 촌

- 1923년 경기 연천 출생
- 초등학교 교원, 교육관계신문, 출판사 근무
- 수필 실기와 이론 지도로 후진 양성에 주력
- 2005년 별세

산마을에 오는 비

 길을 가나 비를 만나게 되면 나무나 추녀 밑으로 들어가 긋게 되는데, 아무래도 젖게 마련이다. 어쩌다 동성同性인 남자 우산 속으로 들어가고 싶어도 용기가 안 나고, 여자 우산 속으로는 더더구나 들어설 수 없다. 이쪽에서 우산을 받고 갈 때도 그러해서, 여성을 불러들이자니 이상한 눈으로 볼 것이고, 남자를 들이려 하다가도 선뜻 내키지 않아 피차가 그대로 간다. 이것은 서로가 옹졸한 탓이다.
 아이들 가운데는, 물독에 빠진 쥐처럼 비를 맞으며 쏘다니는 아이가 있다. 심리학에 의하면 이것은 욕구불만의 증상이라 한다. 기쁨이나 슬픔 따위로 충격 상태에 있을 때가 그러하다는 것인데, 나도 비가 오면 공연히 마음이 들뜨곤 하던 때가 있다. 육친과 남북으로 갈린 쓰라림이 그렇게 했던 모양이다.
 광복 다음해, 그해 여름은 한 달 내내 비가 내렸다. 지금같이 여행도 생각할 수 없는 때여서, 하숙을 하던 산마을 사랑방에서 하는 수 없이 한 달 동안을 갇혀 지냈다. 흙내가 나는 방이었지만, 주인 영감이 군불을 넣어주곤 해서, 부숭부숭하게 지낼 수가 있었다. 그는 담뱃대에 부싯돌을 쳐서 불을 붙여 물고는, 객지에서 몸이 성해야 한다면서 한사코 나를 아랫목으로 다가앉으라 하였다. 내가 신세를 지던 그 농가는 유천柳泉 화백의 그림에서 볼 수 있는 그런 초가이다.

여남은 집 모여 사는 산촌에 진종일 내리던 비가 너누룩하면, 장닭의 목청이 유장悠長하게 들린다. 저녁을 짓는 안채의 부엌에선, 젖은 보리짚 때는 소리가 요란해진다. 보리짚을 땔 때는 덜 털린 보리알이 튀는 소리가 난다. 연기가 마당으로 기어 퍼지고, 마을의 추녀마다 모연暮煙이 감돌면, 앞산 허리에는 자하紫霞의 띠가 둘린다. 산마을에 내리는 비의 정情은 이래서 운치의 극을 이룬다.

서울에 와 살게 되면서 나는 비 오는 날의 그런 서정과 소원해졌다. '미도파에 비는 내리는데……' 하고 서울의 우정雨情을 노래한 시가 있으나, 나는 서울의 빌딩에 내리는 비에 정을 못 느낀다. 비는 옛날이나 지금이나, 고달픈 사람과 연인과 시인에게 고독과 시름과 아름다운 회상을 안겨준다. '거리에 비 오듯이 내 마음속에 눈물비 오네……' 하고 서구西歐의 시인은 노래했지만, '밤비 내리는 어둠 속에 나무 열매 떨어지는 소리. 고요한 등불 아래 우는 풀벌레 소리여(雨中山果落 燈下草虫鳴)' 하고 동양의 시인은 자연 속에서 시심을 노래했다.

비 오는 날의 연인의 우산 속은 감미롭다. 아무도 없는 산길 우산 속에서, 지난날 나는 좋아하는 사람의 손목 한 번을 잡아보지 못하고 함께 우산을 받았다. 요새는 곁에 사람이 있어도 거리낌이 없는 젊은이들을 본다.

한자용어에는 우雨자를 쓴 말이 많다. '우' 자를 붙이면 만들어지는 말이 또 많다. '우촌雨村'은 글자대로 비 오는 마을이다. 평범한 이 말이 자전字典에 올라 있는 까닭을 생각해 본다. 이 말에는 선인들의 풍류가 들어 있음을 알 수 있다. 아련한 연하煙霞 속에 잠긴 마을―그 수묵색운水墨色韻에 숨어 있는 마을이 우촌이다.

농촌 사람들은 봄비는 잠비요 가을비는 떡비라고 했다. 그러나 지금은 그 춘곤春困을 풀어주던 봄비가, 낮잠을 자게 하는 여유의 구실을 하지 않는다. 비닐하우스로 삶의 내면이 각박해져 가는 농촌 인심―울타리와 사립문 대신 시멘트 블럭담이 높아진 농촌에는, 지난날의 빗소리가 주던 서정이 사라졌다. 객지에서 몸 성해야 한다며, 나를 아랫목으로 앉히던 늙은 농부의 정―산마을엔 지금도 비가 올 테지만, 마음을 적시던 그 노농老農의 인정人情의 비를 맞고 싶다.

작/품/감/상

#머리말

박재식의
좋은수필 감상

작자인 윤모촌(尹牟邨 1923~2005)은 교육계 출신의 수필가이다. 경기도 연천군 왕징면에서 태어나 집에서 독학으로 한문과 고전문학 공부를 하다가 해방이 되자 38선을 넘어 남하하여 교원 자격시험을 치르고 경기도 시골 초등학교에서 교사생활을 했다. 그러다가 뜻하는 바가 있어 교직을 그만두고 서울로 올라와 교육관계 신문과 잡지사에 근무하면서 몇몇 문인들과 교접하며 시인이 되려고 문학 수련을 하였으나 생계에 쫓겨 중단하고 한동안 공백기를 보낸다.

가난한 살림을 이끌고 천신만고 끝에 홍제동에 조그만 집 한 칸을 마련하고 안착하자 문학에 대한 열정이 다시 되살아나 수필 창작에 몰두한다. 선비 기질이 강한 그로서는 다른 어느 장르보다도 수필이 적성에 맞는 문학이었기 때문이다. 그리하여 1979년 한국일보

작품감상 313

신춘문예에 수필부문에 응모하여 〈오음실 주인梧陰室 主人〉이 당선됨으로써 늦깎이(56세) 수필가로 등단한다. 1983년 첫 수필집 ≪정신과로 가야할 사람≫을 내어 1984년 '한국수필문학상'을 받고, 이밖에 3권의 수필집과 실기 이론서 ≪수필 어떻게 쓸 것인가≫를 남긴다.

그의 수필세계는 한 마디로 강직한 선비 기질의 토양이 피워낸 세한 삼우歲寒三友 松竹梅)의 문학이라고 할 수 있다. 카랑카랑한 선비의 호통 소리를 연상시키는 문체와 내용이 송죽松竹의 기개처럼 매섭게 와닿으면서도 그것을 감싸는 작품성이 은은한 매화처럼 문향을 풍기는 것이 모촌수필의 특징이다. 무엇보다 흩뜨러짐이 없는 정제된 문장과 구성 기법은 후학이 눈여겨 사사할 수필문학의 귀감으로 삼을 만하다.

감상할 〈산마을에 오는 비〉는 1979년 ≪신동아≫ 8월호에 〈산촌우정山村雨情〉이라는 제목으로 발표한 것을 제명과 일부 내용(주로 문장)을 고쳐 1995년 그의 선집 ≪산마을에 오는 비≫ (한마음사 간)에 수록한 표제작이다.

해설

먼저 이 작품의 대의大意를 간추리면 그가 일찍이 접한 비 오는 날의 산촌의 정취와 인정을 그리워하며, 그런 우정雨情이 아쉬운 서울살이에서 느끼는 도비都鄙간의 괴리와 금석지감을 술회한 글이다. 그러므로 이 주제성의 매체는 '비'라고 하는 하늘에서 내리는 자연의 조화물이다. 도비와 고금이 다를 바 없이 그저 무심히 내리는 비이건만, 유정한 인간사의 사연에 따라 유심한 구실을 하는 것이 비이기도 하다.

그래서 작자는 길에서 비를 만났을 때 미지의 타인과 우산을 같이 쓰는 문제를 놓고 겪는 심리적인 저어齟齬현상을, 비를 매개로 한 사연을 풀어가는 단초로 잡는다.

길에서 비를 만났을 때 남이 쓰고 가는 우산 속에 들어 곤경을 모면하면 좋으련만, 피차간에 그것이 선뜻 이루어지지 않는 것이 '옹졸한' 도시 사람들의 인심세태이다. 그런데 짐짓 비를 맞으며 쏘다니는 아이들이 있는데, 그것은 심리적인 '욕구 불만의 증상'으로 "기쁨이나 슬픔 따위로 충격 상태에 있을 때가 그러하다."고 하며 작자인 자신도 "비가 오면 공연히 마음이 들뜨곤 하던 때가 있다."면서 그것이 "육친과 남북으로 갈린 쓰라림" 때문일 거라고 본론으로 접어들 채비를 한다. "육친과 남북으로 갈린 쓰라림"은 휴전선을 사이로 고향을 지호지간指呼之間에 두고 온 그에게 하나의 강박적인 집념으로 숱한 작품 속에서 기조를 이루는 대목이기도 하다.

광복 다음해, 그러니까 그가 단신으로 남하하여 얼마 되지 않았을 무렵, 그는 어느 산마을 초가집 사랑방에서 하숙을 한다(감상자가 알기로는 그곳 시골 초등학교에서 교편생활을 할 때이

박재식의
좋은수필 감상

다). "그해 여름은 한달 내내(방학철이었지만 – 감상자 주(註)) 비가 내려" 갈데가 없는 그는 "흙내가 나는 방"에 갇혀 무가내하 지내게 된다. 그러나 군불을 넣어 주며 "객지에서 몸이 성해야 한다면서 한사코" 그를 "아랫목으로 다가 앉으라" 하는 인정스런 주인 영감의 보살핌 덕으로 음습한 장마철을 "부숭부숭하게" 지낼 수 있게 된다. 그리고는 그런 순박한 시골 인심의 조화처럼 이루어지는 비 오는 산마을의 아늑한 정경에 그의 시정이 흠뻑 젖는다.

내가 신세를 지던 그 농가는 유천柳泉 화백의 그림에서 볼 수 있는 그런 초가이다.
여남은 집 모여 사는 산촌에 진종일 내리던 비가 너누룩하면, 장닭의 목청이 유장悠長하게 들린다. 저녁을 짓는 안채의 부엌에선, 젖은 보리짚 때는 소리가 요란해진다. 보리짚을 땔 때는 덜 털린 보리 알이 튀는 소리가 난다. 연기가 마당으로 기어 퍼지고, 마을의 추녀마다 모연暮煙이 감돌면, 앞산 허리에는 자하紫霞의 띠가 둘린다. 산마을에 내리는 비의 정은 이래서 운치의 극을 이룬다.

그러나 '서울에 와 살면서' 그는 "비 오는 날이 그런 서정과 소원해"질 수밖에 없다. "미도파에 비는 내리는데……." 하고 노래한 시가 있지만 "서울의 빌딩에 내리는 비"에서 그의 마음속에 판 박힌 산마을의 그것과 같은 우정雨情을 느낄 수는 없는 일이다. 비는 동서 고금을 두고 "고달픈 사람과 연인과 시인에게 고독과 시름과 아름다운 회상을 안겨" 주는 서정의 매체여서 그 시심을 노래한 동·서양의 명시名詩(베를렌느와 왕유의 시를 인용)가 있기도 하지만, 그에게는 허두에서 잠시 화제에 올린 '우산 속 동반'에 얽힌 감미로운 추억을 잊지 못한다.

비 오는 날의 연인의 우산 속은 감미롭다. 아무도 없는 산길 우산 속에서, 지난날 나는 좋아하는 사람의 손목 한 번을 잡아보지 못하고 함께 우산을 받았다. 요새는 곁에 사람이 있어도 거리낌이 없는 젊은이들을 본다.

이 짧은 문장 속에 담긴 애틋한 사연을 우리는 가히 헤아릴 수가 있다. 그가 산마을에서 망향의 고달픔과 고독을 달래고 있던 비 오는 어느 날, 사랑하는 여인이 우산을 쓰고 홀연히 찾아온다. 두 사람은 호젓한 산길을 함께 우산을 받고 말없이 걷는다. 그러나 '손목 한 번 잡아보지 못하고' 그 여인은 끝내 그의 곁을 떠나고 만다. 비 오는 산마을의 정회와 함께 그의 가슴속에 '아련한' 풋사랑의 추억만을 남겨 놓고.

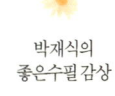

박재식의
좋은수필감상

그래서 그는 남다른 수줍음으로 하여 이루지 못한 사랑을 "아련한 연하煙霞 속에 잠긴 마을-그 수묵색운水墨色韻에 숨어 있는 마을"이라는 '우촌雨村'의 낱말 풀이에 의해 은유한다.

그러나 사뭇 방자해진 젊은이들의 연애 행태와 마찬가지로 근대화의 너울을 쓰고 변모한 지금의 농촌에서는 그 은은한 우촌의 서정을 느낄 수가 없게 되었다. 그 현실이 못내 서글픈 그의 심사는 다음과 같은 단원으로 글을 맺는다.

농촌 사람들은 봄비는 잠비요 가을비는 떡비라고 했다. 그러나 지금은 그 춘곤春困을 풀어주던 봄비가, 낮잠을 자게 하는 여유의 구실을 하지 않는다. 비닐하우스로 삶의 내면이 각박해져 가는 농촌 인심−울타리와 사립문 대신 시멘트 블럭담이 높아진 농촌에는, 지난날의 빗소리가 주던 서정이 사라졌다. 객지에서 몸 성해야 한다며, 나를 아랫목으로 앉히던 늙은 농부의 정−산마을엔 지금도 비가 올 테지만, 마음을 적시던 그 노농老農의 인정의 비를 맞고 싶다.

촉평

이 수필을 읽고 척 와 닿는 인상은 잘 매만져서 구워 낸 깔축없는 백자 항아리를 보는 느낌이다. 절제의 극을 이룬 간결한 문체와 구성법은 절차탁마切磋琢磨를 신조로 하는 그의 도저한 장인 정신이 빚어낸 '잘 쓴 수필'의 압권이라 할 만하다. 그가 이처럼 한 작품을 놓고 압권으로 완성하기 위해 얼마만큼 절차탁마의 정성을 다하는가 하는 흔적을 우리는 처음 발표한 본제의 수필 〈산촌 우정〉의 원문과의 대조를 통해 살필 수가 있다. 그 일례를 앞에서 인용한 "요새는 곁에 사람이 있어도 거리낌이 없는 젊은이들을 본다."의 한 구절로 처리된 내용의 원문을 보면,

요새는 곁에 사람이 있어도 동물적인 행동을 하는 젊은이들을 보게 된다. 사람이 동물과 다른 것은 이성간의 접촉에서 수치를 느끼는 일이건만, 방약무인한 짓을 서슴지 않는다. 다시 내가 태어난다 해도 그런 연애는 할 수 없다.

이다. 이렇게 깎고 다듬은 개제작改題作은 원작에 비해 거의 3분의 1의 분량을 줄여 놓은 작품이다. 그런데도 오히려 문의와 주제 형성에 함축성을 한층 제고시키는 문학적인 효과를 나타내고 있다. 후학이 사사의 본으로 삼을 만한 '잘 쓴' 좋은 수필이 아닐 수 없다.

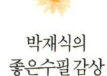
박재식의
좋은수필감상

진 웅 기

- 1931년 충남 금산 출생
- 전주 사범학교 졸업
- 초등학교 교사로 직장 생활
- 서울로 이사하여 수필 창작에 전념
- 2005년 별세

가짜돈의 사회

 만일 세상에서 가짜돈이 벌받지 않게 된다면 굉장히 시끄러운 사회가 될 것이다. 위조화폐가 마구 쏟아져 나오니 진짜와 가짜를 따지는 소리로 귀가 아프게 될 것이다. 물건 하나 팔고 사는 데도 그 돈이 진짜냐 가짜냐로 으레 시비가 벌어지기도 하고 그것을 가지고 여기저기 뛰어다니며 진짜인지 알아보기도 할 것이다.
 사람은 친소親疎를 가리게 될 것이다. 자기를 속이지 않을 가까운 사람하고만 거래를 하며 먼 사람과는 거래를 피한다. 돈은 가까운 줄을 통하여 겨우 유통이 된다.
 그러면서도 감쪽같이 속여 가짜돈을 써먹는 일이 성행하며 그런 이야기가 스릴있는 화제가 될 것이다. 사람들은 위조와 사기를 비난하기보다 속아 넘어간 사람을 비웃게 된다. 그러면서 자기만은 속지 않으려고 날마다 전전긍긍한다.
 급기야 돈은 진짜든 가짜든 꺼리게 되고 틀림이 없을 현물

하고만 서로 바꾸게 된다. 거래는 전반적으로 침체하게 되고 사람들은 차차 살기가 불편해진다.

여기서 '돈'을 '말言語'로 바꾸어 생각해도 비슷한 일이 벌어지는 것을 안다. 사람의 말은 돈과 닮은 데가 있어서 항상 실제를 대신하여 주고받아지며 어떤 가치를 나른다. 그래서 거짓말이 범람하는 세상도 시끄럽고 어수선하다. 우리는 묘하게도 거짓말에 대해 관대성을 가지고 살고 있는 것이다.

어느 상점에 갑이라는 신사가 와서 넥타이를 하나 훔치다가 들켰다. 이튿날에는 을이라는 신사가 찾아와 좋은 상품을 알선해 준다고 속여 돈을 얻어 가서 떼어먹었다. 을이 더 많은 손해를 입혔지만 사람들은 갑만을 나무란다. 사기詐欺는 얼핏 친분 있는 사이에 생겨난 불화나 거래상의 실수같이 보여 그리 비난받지 않는다. 어떤 사람은 억대의 사기사건을 신문기사에서 보면 분개보다 경이를 느낀다고 말했다.

거래에서는 그 자리만 발라맞추는 거짓말이 크게 죄 되지 않는다. 턱없이 비싸게 산 물건도 도로 가져와서 물려달라고 시끄럽게 따지면 이웃에서도 한번 사간 것을 뭘 그러느냐고 수군거린다. 거짓말이 죄가 아닌 것이다. 속은 사람만 '손해보고 병신'이 된다.

그래서 돈을 떼이고도 혹은 약속이 틀어져 골탕을 먹고도 쉬쉬하며 제각기 속으로 곯고 만다. 속은 편이 도리어 죄지은 것처럼 된다. 부정식품을 사먹고도 떠벌리는 사람도 없고 정객이 공약을 어겼다고 핏대를 올려봤자 유치하게만 보인다. 화가 나면 양잿물을 탄 막

작품감상

걸리나 사마시고 속을 달랠 일이다.

모든 사실에 의문을 품는 것이 철학의 시작이라고 한다. 거짓말 사회에서는 모든 사람의 말을 의심함으로써 피해를 덜고 살려고 한다. 사람 사이에 차디찬 기류가 흐른다.

같은 소리도 이리저리 돌려가며 되풀이 묻게 된다. 말 한마디 하는 데도 증거나 이유나 예나 내력을 길게 늘어놓으며 틀림이 없다는 듯이 큰소리로 떠들게 된다. 자극적인 표현도 동원된다. 중요한 말도 간단한 한마디로써는 중요성이 놓쳐지는 수가 많다.

남에게 속지 않으려면 세상을 잘 알아야 한다. 그래서 사람들은 여기저기 몰려다니며 변해가는 세상의 정보를 놓치지 않으려고 한다. 세상에서 조용하고 안정된 맛이 달아나 버린다.

저 사람은 나와 가까우니 설마 거짓말은 안 하겠지 하며 사람의 원근遠近을 생각하게 된다. 어떤 사람은 옷 한 벌 맞추는 데 양복점 주인과 잘 아는 자기 친구를 데리고 갔다.

낯선 사람에게 바가지를 씌웠다면 있음 직한 일이지만 친한 사이에 속임수를 썼다면 '나쁜놈'이 되는 것이다. 근래에는 친한 사이에도 속이는 일이 많아졌지만.

투자를 하고 싶어도 속을까 무서워 못하는 사람도 많다. 적게 먹는 것이 약이라면서 부동산 같은 데다 돈을 박는 경향이 성해진 것이다. 기술, 자원, 자본, 노동 등도 중요한 경제 요인이지만 신용도 이에 못지않은 요인이다. 현대의 물질문명은 물질보다도 신용 위에 서 있는 것이다. 신용이 없어져 버린다면 모든 물질교류도 하루아침에 없어지고 만다.

이 모든 소란의 근원이 거짓말에 대한 관용에 있는 것이다. 그 야릇한 관대성은 도대체 어디서 생겨난 것일까?

그것은 지난날 누구나 자기 주변에 모시지 않으면 안 될 웃사람에 대한 태도에서 번져나온 습관일 것이다. 항상 거짓말로 웃사람을 속여 넘겼다는 것이 아니라 인간성이 무시되는 그 종속從屬에서 별수 없이 가면적인 복종의 이중성을 갖게 된다. 너나없이 다 상하관계 속에 살았기 때문에 거짓의 부도덕도 대수롭지 않은 일로 보여진다. 그것은 또 지난날 침략에 대한 약소국의 입장과도 관계가 있다. 종속은 착취에 그치지 않고 도덕까지 황폐시킨 것이다.

거짓말은 사람을 잡아먹는 일종의 양식樣式이다. 짐승은 이빨로 서로 잡아먹고 사람은 거짓말로 서로 빼먹는다. 맹수가 우글거리는 밀림같이 우리는 거짓말이 참말을 자꾸 잡아먹는 밀림에서 산다.

다 잡아먹힐 수만은 없다. 잡아먹어야 한다. 과거에 침략자에 대항했듯이 이제 거짓말에도 대항해야 하지 않을까?

작/품/감/상

머리말

　진웅기(陳雄基 1931~2005)의 수필 〈가짜돈의 사회〉를 감상하기로 한다. 작자인 진웅기는 1972년 당시의 월간 ≪수필문학≫의 추천을 거쳐 등단한 수필가이다. 〈숫자들의 표정〉(≪수필문학≫ 1972년 11월호)을 완료 추천작으로 발표하며 등단하자 정작으로 '참신하고 역량 있는' 신인의 출현이라는 평가와 촉망 속에 수필계의 비상한 관심의 눈길을 모은 바가 있다. 그의 대표작으로 꼽히기도 하는 〈숫자들의 표정〉은 숫자의 모양과 속성을 감각적인 분석을 통해 형상화한 수필로 그 기발한 발상법과 수법이 이양하, 피천득, 윤오영의 맥락으로 길들여진 당시의 전통수필의 수면에 이단의 돌을 던져 넣는 참신한 파문을 불러일으켰던 것이다.
　그의 작품作風은 다분히 베이컨(Francis Bacon)에 의해 토양이 다져진 서양 에세이의 영향을 입은 듯한 흔적을 엿보인다. 사물의 관찰이나 세태에 대한 풍자를 지적인 사유에 의해 접근하는 작가적 에스프리가 서양의 에세이 정신을 방불케 하는 것이다.

물론 이것은 그가 처음으로 우리나라 수필에 도입한 패턴은 아니다. 이미 청천 김진섭(聽川 金晋燮, 1903~50, 6·25때 납북)에 의해 시도되고 어느 정도 틀이 잡힌 에세이성 수필의 영역이기도 하다. 그러나 주제에 접근하는 사색의 세계를 논증적인 필법에 의해 다룸으로써 흔히 중수필의 본으로 삼는 청천의 그것에 비해 사물에 대한 내향적인 사유 세계를 디테일한 구성 기법으로 객관화시킨 진웅기의 그것이 문학성으로 보아 보다 진일보한 에세이의 경지가 아니었는가 한다.

우리는 언제든지 될수록이면 창 옆에 머물러 있으려 한다. 사람의 보려 하는 욕망은 너무나 크다. 이리하여 사람으로부터 보려 하는 욕망을 거절하는 것같이 큰 형벌은 없다. 그러므로 그를 통하여 세태를 엿볼 수 있는 유일한 기회를 주는 창을 사람으로부터 빼앗는 감옥은 참으로 잘도 토구討究된 결과로서의 암흑한 건물이라 할 수 있다.
—김진섭의 〈창〉에서

우리가 만일 세계란, 눈앞의 현실밖에 없는 것이라는 것을 느끼게 된다면 옥 속에 갇힌 것처럼 답답하게 느낄 것이다. 누구나 현실의 세계 바깥에 또는 저편에 뭔지 넓으나넓은 이데아적인 세계를 자기도 모르게 그리며 산다. 이 상상의 세계는 사람에 따라 내용도 다르고 뜻도 다르지만 항상 현실을 향해 아름다운 빛을 보내고 있는 것이다. 그렇지 않다면 행복하던 생활주변이 참을 수 없이 비참하고 빈약한 곳이 되고 말 것이다.

―진웅기의 〈액자 속의 풍경〉에서

비슷한 주제성을 갖는 이 두 문장에서 대상에 접근하는 사유의 발상법이 갖는 양자의 차이점을 잡아볼 수가 있다. 전자는 "사람의 보려 하는 욕망"의 차단과 감옥을 연계시킨 줄거리를 논증적인 해석을 통해 설득 효과를 도모한 것에 비해 후자는 "상상의 세계"가 결여한 생활이 "옥 속에 갇힌 것처럼 답답"할밖에 없다는 명제를 구성하는 사유의 프로세스를 상상의 세계가 갖는 현실 초월적인 요소(이데아적인 세계와 현실을 향해 보내는 아름다운 빛)라는 작가 나름의 독자적인 미의식을 통해 해석함으로써 보다 문학적인 효과를 도모하고 있는 것과 같다.

아무튼 이런 특색의 작품세계를 들고 나온 그는 등단(1972년) 후 정열적인 집필 활동을 벌여 당시의 월간 ≪수필문학≫을 위시한 각지에 많은 수필을 발표하였고, 1977년에는 이것을 모아 그가 남긴 유일한 수필집인 ≪노을 속에 피는 언어들≫(범우사 간행)을 엮어 냈다. 그의 초기 작품을 집대성한 사화집인 셈인데, 거의 대표작으로 꼽힐 만한 수필의 대부분이 이 속에 수록되어 있지 않은가 싶다. 왜냐하면 그 뒤로 뜸해진 작품 활동을 통해 간혹 발표되는 수필을 접한 감상자의 기억으로는 초기에 비해 그 예리성과 참신한 맛이 적이 퇴색하였다는 느낌을 받았기 때문이다. 우리 문학의 조로 현상이 새삼 무상감을 자아내는 일이기도 하다.

〈가짜돈의 사회〉는 그의 작품 활동이 가장 무르익었던 1974년에 ≪여성동아≫ 4월호를 통해 발표한 것인데, 그의 수필세계가 갖는 특장을 엿볼 수 있는 수작 중의 하나이기도 하다.

해설

박재식의
좋은수필 감상

이 수필은 거짓말에 대범하고 관대한 사회의 관습이 빚어내는 부조리의 양태를 꼬집어 풍자한 글이다. 작자의 주제의식은 인간 생활에서 마땅히 배척되어야 할 '거짓'이 관용되고 있는 사회심리의 풍토를 타고 오히려 '참'보다 득세하는 현실에 착안하여 그 모순을 척결하기 위해 붓을 든 것이다.

그는 우선 '거짓'의 근본이 되는 거짓말의 실체를 가짜돈에 비유하여 주제에 접근하는 실마리로 삼는다.

만일 세상에서 가짜돈이 벌받지 않게 된다면 굉장히 시끄러운 사회가 될 것이다. 위조화폐가 마구 쏟아져 나오니 진짜와 가짜를 따지는 소리로 귀가 아프게 될 것이다. 물건 하나 팔고 사는 데도 그 돈이 진짜냐 가짜냐로 으레 시비가 벌어지기도 하고 그것을 가지고 여기저기 뛰어다니며 진짜인지 알아보기도 할 것이다.

돈은 인간 생활에 필요한 상품의 가치와 그 유통을 공신력에 의해 보장하는 매개물이다. 이 돈을 가짜로 만들어 써먹는 행위가 제재를 받지 않고 횡행한다면 가치 교환의 유통질서에 큰 공황이 빚어질 것은 말할 것도 없다. 사람들은 가짜돈을 피하기 위해 별의별 따분한 방어 수단을 쓰게 되고, 그런데도 "감쪽같이 속여 가짜돈을 써먹는 일이 성행"하니, 그런 이야기는 그저 "스릴있는 화제가 될"뿐, 도리어 "사람들은 위조와 사기를 비난하기보다 속아 넘어간 사람을 비웃게" 되고, "그러면서 자기만은 속지 않으려고 날마다 전전긍긍"하는 불신과 불안과 가치 전도의 풍조가 미만하는 묘한 사회 풍토를 조성할 것이다.

그리하여 그는 이 가상의 현상을 "거짓말이 범란하는" 가운데 사람들은 그 "거짓말에 대해 관대성을 가지고 살고 있는" 묘한 세상의 물정에 견주어 주제의식을 풀어가는 단초로 잡는다. "사람의 말은 돈과 닮은 데가 있어서 항상 실제를 대신하여 주고받아지며 어떤 가치를 나른다"는 사실에 착안한 비유이다. 듣고 보면 '콜럼버스의 달걀' 같은 단순하면서도 기발한 발상 같지만, 단순한 이치에서 기발한 발상을 도출하는 것이 에세이성 수필이 갖는 특징이라고 볼 때 높이 평가하고 주목할 수법이다.

그는 "거짓말에 대해 관대"한 세정의 모순을 조그만 절도 사건과 사기 사건을 대비하여 예시한다.

어느 상점에 갑이라는 신사가 와서 넥타이를 하나 훔치다가 들켰다. 이튿날에는 을이라는 신사가 찾아와 좋은 상품을 알선해 준다고 속여 돈을 얻어 가서 떼어먹었다. 을이 더 많은 손해를 입혔지만 사람들은 갑만을 나무란다. 사기詐欺는 얼핏 친분 있는 사이에 생겨난 불화나 거래상의 실수같이 보여 그리 비난받지 않는다. 어떤 사람은 억대의 사기사건을 신문기사에서 보면 분개보다 경이를 느낀다고 말했다.

  사기는 '거짓말'로 상대방을 속여 손해를 입히는 범죄이다. 그런데 거짓말에 관대한 인심은 그것을 나무랍게 여기지 않고 "속은 사람만 '손해보고 병신'이 되"게 마련이다. 상인의 "발라 맞추는 거짓말"에 속아 비싸게 산 물건을 물리려 들면 이웃부터가 "한번 사간 것을 뭘 그러느냐"고 핀잔을 주고, "부정식품을 사먹"거나 정객들의 공공연한 허위 공약에도 꿀 먹은 벙어리가 될 수밖에 없는 것이 '거짓말'이 상식 아닌 상식으로 통하는 사회의 희한 야릇한 물정이다.

  이렇게 되니, 사람들은 "모든 사람의 말을 의심함으로써 피해를 덜고 살려고" 하고, 사람 사이에는 눈에 보이지 않는 "차디찬 기류가 흐른다." 남에게 "속지 않으려면 세상을 잘 알아야" 하니 "사람들은 여기저기 몰려다니며 변해 가는 세상의 정보를 놓치지 않으려고" 애를 쓰기에 영일이 없고, 모든 거래는 친분의 원근遠近을 따져 믿을 수 있는 상대만을 가려서 하게 되고, 또 그런 사람의 소개에 의존하여 이루어진다. "낯선 사람에게 바가지를 씌우는 일은 '있음 직한 일'이지만" 친한 사이에 속임수를 썼다

박재식의
좋은수필 감상

면 인간적으로 '나쁜 놈'이 되기 때문이다. 하지만 "친한 사이에도 속이는 일이" 적지 않은 것이 불신사회의 인간사이기도 하다.

이런 폐단은 비단 개인적인 관계에서만 머무는 일이 아니다. 돈이 있어도 속을까 무서워서 진취적인 사업에 투자하기를 마다하고 안전성이 보장되는 "부동산 같은 데다 돈을 박는" 비생산적인 투자처에 돈줄이 몰리게 되어, 마침내는 나라의 경제 기반과 유통 구조에 정체와 파탄을 가져올 수밖에 없는 지경에 이른다. 그가 허두에서 내세운 '가짜돈의 사회가 빚어내는 가상 사태와 매우 흡사한 현상이 아닐 수 없다. 그것을 그는 차근차근 적절한 예증을 통해 극명하게 그려 놓았다.

그리하여 그는 "이 모든 소란의 근원"을 "거짓말에 대한 관용"에 있다고 하고, "그 야릇한 관대성"의 연원을 우리 민족의 역사성에서 찾는다. 즉, 첫째는 옛날의 반상班常과 관료 제도가 지배하는 사회에서 "누구나가 자기 주변에 모시지 않으면 안될 웃사람에 대한 태도에서 번져나온 습관일 것"이라고 한다. "인간성이 무시되는 그 종속從屬에서 별수 없이 가면적인 복종의 이중성을 갖게" 되다 보니 "거짓의 부도덕도 대수롭지 않은 일로" 보여졌기 때문이라는 것이다. 또 일제의 침략에 의해 식민지가 된 "약소국의 입장과도" 무관하지 않다고 본다. "종속은 착취에 그치지 않고 도덕까지 황폐"시켰기 때문이다. 그리고는

거짓말은 사람을 잡아먹는 일종의 양식樣式이다. 짐승은 이빨로 서로 잡아

먹고 사람은 거짓말로 서로 빼먹는다. 맹수가 우글거리는 밀림같이 우리는 거짓말이 참말을 자꾸 잡아먹는 밀림에서 산다.

다 잡아먹힐 수만은 없다. 잡아먹어야 한다. 과거에 침략자에 대항했듯이 이제 거짓말에도 대항해야 하지 않을까?

하고 경세의 종을 울리고 장을 맺는다.

촌평

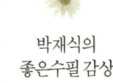
박재식의
좋은수필 감상

거짓말이 득세하고 판을 치고 있는 사회를 풍자한 경세警世의 수필이다. 언뜻 보기에 칼럼 풍의 글 같기도 하지만, 치밀 주도한 구성법과 완곡한 표현기법이 작품성을 돋보인 점에서 흔히 있는 칼럼과는 차별화되는 문학 수필이다. 이 작품이 씌어진 1970년대에 비해 지금은 소비자 보호 사상이나 정치의식이 비교적 선진화한 경향을 보이고는 있지만, 아직도 그 인습적인 잔재가 상존하는 현실에 비추어 재음미하고 평가할 만한 수작 수필이다.

안 인 찬

- 1941년 충북 청원 출생
- 충북대학 농학과 졸업 및 동대학원 수료
- 충북대 농업경제학과 교수, 농학박사
- 2005년 별세

보는 선풍기

선풍기는 아무리 보아도 볼품이 좋은 물건은 아닌 듯하다. 덩치마저 만만치 않다. 아쉬워서 여름철에 자리를 내줄 때에도 이리 밀리고 저리 밀리게 된다. 하물며 철 지난 겨울에야 물어서 무엇하랴. 어쩌다 음식점의 천장에 붙어 있는 것을 보게 되면 금방 찬바람이 쏟아질 듯하여 으스스한 기분마저 든다. 그런 선풍기가 내 집 안방에는 한겨울에도 여름철 못지않게 당당한 자세로 한자리를 차지하고 있다. 제철이 아닌 때에 선풍기가 사람 눈에 띄게 되는 이유는 대개 주인이 게을러서 치우지를 않았거나 마땅히 보낼 곳이 없어 어찌지를 못하는 딱한 사정이 있어서이다. 그러나 지금 말하는 선풍기는 전혀 다른 이유에서 저렇게 대접을 받고 있다. 차마 보이지 않는 곳에 치워 둘 수 없어 모셔 놓고 보는 것이기 때문이다.

저 선풍기는 내 집에 올 때 이미 중고품이었다. 내 집에 와서 다시 20년도 더 지났으니 족히 서른 살이 넘은 고물이다.

나이야 어떠하건 바람만은 아직도 어느 신품 부럽지 않게 시원하게 쏟아낸다. 꼴에 외제라고 값을 하는 모양이다. 그러나 기계도 나이를 속일 수는 없었던가. 밑받침판에 금이 가더니 최근 2~3년 끌려다니는 동안에 볼품없이 깨어졌다. 그동안 이웃 중고품 가게 주인의 신세를 몇 번 졌으나 한번 깨지기 시작한 플라스틱판을 옛날처럼 생생하게 고쳐 주지는 못하였다. 다시 들고 나서기가 민망하여 억지로 쓰는 동안에 선풍기는 이마를 방바닥에 처박고 일어설 수 없는 지경에 이르렀다.

선풍기가 그것 말고 또 있기도 하려니와 마침 건들마가 나기 시작한 때라 당장 아쉬울 것은 없었다. 식구들은 쓸 만큼 썼으니 이제 버리자는 의견이었다. 그러나 나로서는 버린다는 생각은 해본 적이 없었다. 그간 정도 들었거니와 밑받침이 깨어졌을 뿐 다른 데 고장이 난 것도 아니고 새로 나오는 것들로는 그만큼 바람을 내주는 것이 흔치 않기 때문이었다. 겉모양이 멀쩡한 채 버려지는 선풍기를 구해다가 머리부분만 떼어 붙이면 수선이 쉬울 듯도 싶었다. 그래서 중고품을 취급하는 집을 몇 차례 기웃거렸다. 그러나 주인은 언제나 내 편이 아니었다. 머리를 끼우는 부분이 한 회사 제품끼리도 모델이 다르면 맞지 않아 머리건 몸통이건 한쪽이 고장나면 전체를 버린다는 것이었다. 그래도 미련을 보이자 요즈음 선풍기 고쳐 쓰는 사람이 어디 있느냐고 나중에는 핀잔까지 주었다.

쓰레기더미 속에 던질 생각이 선뜻 나지도 않고 그렇다고 발목이 부러져 제 몸을 가누지 못하는 선풍기를 방에 두고 보기도 꼴사나운

작품감상 337

일이었다. 우선 눈에 뜨이지나 않게 할 요량으로 그 놈을 자동차 트렁크에 싣고 다니기로 하였다. 내 마음을 이해하는 중고품 주인을 만나면 고쳐 달라고 해보고 혹시 버려진 선풍기가 있으면 주워다가 직접 수선을 해볼 생각이었다. 그렇지만 차에는 싣고 다니면서도 정작 중고품 가게 앞을 지나칠 때는 까맣게 잊어버리게 되고, 버려진 선풍기도 좀처럼 눈에 띄지 않았다. 그러기를 한 달쯤 하였던가. 난데없이 목공소에 가면 고칠 것 같은 생각이 들었다. 기계가 고장난 것이 아니고 밑받침을 만들어 끼우면 되니까 그런 일은 목공의 솜씨라면 쉬울 듯싶었다. 그동안 연구를 해보았으므로 이리저리 하면 될 것이라는 구상도 되어 있었다.

 가족들과 나들이를 하고 돌아오는 길에 문득 선풍기 생각이 나서 그 동안 보아 두었던 목공소 앞에 차를 세웠다. 시월 어느 날 해가 바야흐로 서산 뒤로 자취를 감추고 있는 저녁때였다. 혹시 외식이라도 하려나 싶어 군침을 삼키던 아내와 딸이 실망하여 여기가 어디냐고 물었다. 목공소에서 선풍기를 고쳐 달래 보련다고 함께 가자니까 한심하다는 듯 창밖으로 눈길을 돌리고는 요지부동이었다.

 목공소에 들어서니 40대 중반의 주인인 듯싶은 이가 연장을 정리하고 다른 남자 둘이 그 옆에 서성이고 있었다. 그냥 놀러왔는지 계모임이라도 있어 함께 가려고 왔는지 모르되 주인이 일을 마감하기를 기다리고 있는 것이 분명하였다. 목공소에서 선풍기를 고쳐 달라는 말을 어떻게 시작해야 할지 가늠이 쉽질 않았다. "저 그러니까 선풍기 밑받침이 깨졌는데…." 하면서 얼버무리는데 아니나다를까 주인이 나를 위아래로 훑어보고서 "선풍기는 선풍기 고치는 집으로 가져가야죠!" 하고는 절에 가서 젓국 찾는 사람 나무라듯 하였다. "그야 저도 잘 압니다만…." 하고 다시 머무적거렸더니 "하여간 지금은 바쁘니까 안 돼요." 하고 박대가 심하였다. 그러면 선풍기를 가져왔으니 밑받침을 나무로 만들어 끼울 수 있을지 보기나 하라고 했더니, 이번에는 아예 대꾸도 하지 않았다.

침묵을 승낙으로 알고 선풍기를 가져다 놓으니 숨 끊어진 닭 모양으로 이마를 땅에 대고 꼬부라진다. 물건을 보니까 더욱 기가 차는지 "선풍기 그까짓 것 몇 푼이나 한다고 저런 걸 고치려고 해요. 하나 새로 사지." 하는 말투가 아까보다는 제법 동정적이었다. 그러거나 말거나 "제 소견에는 이러저러하면 될 듯한데 기술자 안목으로 보면 좋은 방법이 있지 않을까요?" 하고 사정을 한번 더 하였다. 그래도 주인은 하던 일만 계속하는데 옆에 섰던 사람이 무슨 생각을 하였는지 선풍기를 집어들고 와락 밑받침을 뜯어제켰다. 어차피 깨진 것, 이젠 귀정이 나겠구나 싶어 속이 시원하였다. 내용은 그만하면 알 만한 것, 서로 더 물어보고 설명할 것이 없었다. 주인을 제쳐 놓고 나선 사람이 밑받침을 자로 재고, 나무를 자르고 손놀림이 잽싸졌다. 이제 더 무엇을 사정할 것도 지켜볼 것도 없었다.

자리를 떴다가 한 시간쯤 지나서 돌아와 보니 주인과 친구가 사이

작품감상 339

좋게 어우러져 끝마무리 작업이 한창이었다. 땅에 코를 처박고 엎어졌던 선풍기가 꼿꼿하게 일어서서 나를 반겼다. 마치 오랜 병석에 누워 있던 가까운 이가 일어나서 나를 맞아주는 것처럼 기뻤다. 궁금하던 밑받침을 내려다보면서 나도 모르게 입이 벌어졌다. 나무로 만들어 끼운 밑받침은 나무 같지를 않았다. 부드러워 보이는 재질하며 옅은 갈색이 우선 안정감을 주었다. 게다가 나는 생각지도 못한 장식까지 덧붙여 전혀 새로운 작품으로 바뀌어 있었다.

 선풍기를 고쳐다 놓고는 식구들 앞에서 나도 선풍기처럼 허리를 한번 쫙 폈다. 바람개비를 담고 있는 머리통이야 여전히 볼품이 없지만 밑받침만큼은 결코 아무데서나 볼 수 없는 명품이 된 것이다. 값비싼 골동품을 모셔 놓고 감상하는 이들이 보면 코웃음을 칠지 모르나 어차피 취미는 각각인 법. 들며날며 한겨울에 밑받침이 잘생긴 선풍기를 보는 기분, 그것도 아무나 맛볼 수 없는 값진 것이다.

작/품/감/상

머리말

박재식의
좋은수필 감상

　작자인 미산 안인찬(米山 安仁燦 1941~2005)은 농업경제학자이다. 농촌 출신의 그가 충북대학의 농학과를 나와 모교의 농업경제학 교수로 종신할 때까지의 이력을 헤아려 보면 고인의 인품과 학구 정신에 대해 절로 머리가 수그러진다.
　그는 충북 청원군 남이면 팔봉리의 한 농가에서 6남매 중 맏이로 태어났다. 팔봉리는 소설가이자 평론가인 팔봉 김기진(八峯 金基鎭 1903~85)의 고향이기도 하다. 충북의 중심 도시인 청주에서 약 30리 상거한 곳에 3개 마을로 나뉘어 60여 가구로 형성된 마을인데, 대처인 청주로 나들이하자면 중간에 가로놓인 표고 약 300미터의 팔봉산을 넘어 다녀야 하는 산간 오지의 벽촌이다. 그는 왕복 4시간이 걸리는 이 산길을 걸어 대학 4년을 통학하였고, 그런 연고로 산

작품감상　341

을 사랑하는 마음이 생겼다고 한다.

이런 벽촌에서 자란 그는 수재들만 모인다는 청주의 명문고(청주고)에 입학하여 빼어난 성적으로 졸업한다. 그런데 그는 여느 수재들과는 달리 화려한 장래가 약속되는 서울의 일류대학 인기학과를 마다하고 청주에 있는 충북대학 농학과에 진학한다. 농과대학으로 출범한 충북대학은 그때만 해도 농학과 축산의 2개 학과가 있을 뿐인 농업 전수의 단과대학에 불과했다. 산길 통학의 과정을 통해 산을 사랑할 만큼 자연과 토속 친화적인 그의 천품은 농가 태생으로서 농업에 대한 사랑과 피폐 일로에 있는 농촌 부흥의 사명 의식에 의해 지적 소외 지대로 치부되던 농학에 뜻을 두고 전공의 길을 선택한 것이다.

그리하여 대학을 졸업한 그는(병역 의무에 의한) 입대를 앞두고 1년 동안 이웃과 품앗이를 하며 열심히 농사를 지어 마을 사람들로부터 "젊은 학사 농군이 생겼다."고 기대를 모았고, 제대 후에는 농산 회사, 농산물 검사소 등의 농업 기사를 거쳐 고추 농사의 명산지인 음성에서 고등학교 교사로 근무하면서 고추 품종 개량에 관한 실험을 통해 '우수연구교사상'을 받는 등 줄곧 농업에 대한 실무와 연구에 종사한다. 그러는 한편 더 깊이 있는 학구를 위해 충북대학 대학원에서 원예학 석사과정을 전공하고 다시 충남대학교 농업경제학 석사과정을 이수하여 마침내 모교인 충북대학교 농업경제학과 교수가 된다. 그리고는 농업 선진국인 호주의 국립대학교 대학원의 농업발전경제학 석사과정, 미국 스탠포드 대학 FRI 박사과정을 수학한 뒤에 1985년 동국대학교 대학원에서 〈우리나라 미곡 생산비 산출에 관한 연구〉로 박사 학위를 취득한다. 한때는 '한국농업경제학회' 회장을 지내기도 하고, 《미곡 생산비론》(1986, 일조각 간)을 위시한 농업 정책에 관한 권위 있는 논저 수 권을 남기는 등 농업경제 학자로서 사양길에 접어든 한국의 정통 산업 농업에 대해 한결같은 집념과 기여의 생애를 바치고 간 지사적志士的인 학자이다.

감상자는 일찍이 대학 수능시험의 고득점자가 으레 법과나 의과를 지망하는 풍조를 개탄한 글에서 "나는 장차 훌륭한 농업경제학자가 되어 쓰러져가는 우리나라 농업경제를 붙들고 늘어지겠습니다." 하고 농과에 지망하는 지사가 고득점자 중에서 한 사람이라도 나와 주었으면 얼마나 반가운 일일까 하고 소망한 적이 있었다. 바로 인간 안인찬이 그 지사의 한 사람이었으니 절로 머리가 수그러지지 않을 수 없다.

이런 지사적인 성품은 다분히 그의 남다른 감성에 힘입은 바가 큰 것으로 추정된다. 농촌에서의 성장 과정을 통해 형성된 자연과 토속 친화적인 감성이 그의 지적 발전에 영향을 주어 내면화한, 삶에 대한 생명력이며 철학이라고 할 수 있다. 따라서 그 감성은 한층 영역을 넓혀 문학적인 소양과 지향열을 수반하여 학문과 함께 그의 생애에 소담한 꽃을 피우게 된다.

그는 대학 재학시에 〈연자방아 전설〉이라는 단편소설을 써서 《대학신문》에 발표하는가 하면 군 복무중에도 《육군》, 《전우》

박재식의
좋은수필 감상

지 등을 통해 수필작품을 꾸준히 써 냄으로써 일찍부터 문학의 싹을 틔웠고, 교수가 되어서는 강의에 앞서 학생들에게 시절에 알맞은 시를 골라 낭송해 주기도 하고, 다음 강의 시간에 각자가 좋아하는 시 한 편씩을 적어 내라는 과제를 주기도 하며 전공 과목을 떠나 문학적인 교감을 통한 정서 교육에 남다른 열의를 보이기도 했다.

그가 정작으로 한 사람의 어엿한 수필가로 등단한 것은 1987년 ≪수필공원≫ 봄호에 〈토요일 오후〉가 완료 추천됨으로써이다. 그에 앞서 1986년에 초회 추천을 받은 〈소나기〉는 내처 그의 대표작의 하나로 회자될 만큼 깔축없는 배미 수필로 이미 괄목상대할 신인이라는 평판을 받은 바가 있는 터였다. 이후 그는 활발한 작품 활동을 벌여 경향 각 지지誌紙에 질 높은 수필을 발표함으로써 그 비범한 역량의 진가를 과시하였고, 등단 15년째에 접어든 2001년에 그 중 69편을 골라 자신의 유일한 사화 수필집 ≪개비다 철학≫(선우미디어 간)을 상재하여 그것으로 이듬해(2002년) '현대수필문학상'을 받는다.

그의 수필이 갖는 일관된 매력은 흡사 입심 좋은 이야기꾼의 구수한 말솜씨를 방불케 하는 사변적인 문체에 있다. 그저 그런 내용을 지닌 소재 대상도 특유의 기지와 유머 감각이 빚어내는 사변의 진진한 표현 수법에 의해 독자의 흥미와 감명을 나위없이 사로잡는 것이 그의 수필이 갖는 연금술사적인 경지이다. 수필의 진미는 무엇을 어떻게 다루느냐하는 표현 기법에 따른 문장 감상에 있다고 볼 때 수필가 안인찬은 그 정곡을 터득한 필법의 소유자라고 할 수 있겠다.

 여기서 감상할 〈보는 선풍기〉(《에세이문학》 2000년 봄호 발표)는 그런 그의 수필의 진면목을 엿볼 수 있는 대표작 중의 하나이다.

해설

 〈보는 선풍기〉는 작자가 오래되어 볼품 없이 깨어진 선풍기를 버리지 못하고 가족들의 외면과 수선업자의 박대를 무릅쓰고 기어이 고쳐서 귀한 골동품처럼 겨울에도 안방에 모셔 놓고 바라보는 내력을 특유의 해학적인 문장으로 엮은 수필이다. 여기서도 그릇된 시세에 반항하는 작자의 지사적인 기질이 물씬하게 풍기는 주제성을 담고 있다.

 선풍기는 아무리 보아도 볼품이 좋은 물건은 아닌 듯하다. 덩치마저 만만치 않다. 아쉬워서 여름철에 자리를 내줄 때에도 이리 밀리고 저리 밀리게 된다. 하물며 철 지난 겨울에야 물어서 무엇하랴. 어쩌다 음식점의 천장에 붙어 있는 것을 보게 되면 금방 찬바람이 쏟아질 듯하여 으스스한 기분마저 든다. 그런 선풍기가 내 집 안방에는 한겨울에도 여름철 못지않게 당당한 자세로 한자리를 차지하고 있다.

 글의 허두는 이렇게 시작된다. 한때 선풍기는 여름철의 총아였다. 그러나 에어컨이 출현하면서 그 위상은 점차 천시의 대상으로 격하될 수밖에 없는데, 그 선풍기가 마치 귀중품이나 되는 것처럼 작자의 집 안방 한자리를 겨울철에도 버젓이 차지하고 있는 것이다. 그 희한한 광경의 내력을 설명할 화두를 이렇게 집어내어 독자의 궁금증을 유발시킨다.

그런데 그 선풍기는 작자가 20여 년 전 외제의 중고품을 사 들인 것이어서 나이로 따진다면 "족히 서른 살이 넘은 고물이다." 고물이지만 외제 값을 하느라 선풍 기능은 여연한지라 신품으로 개비할 염을 않고 내쳐 애용하였다. 그러나 "기계도 나이를 속일 수는 없었던지" 밑받침판에 금이 가기 시작한 것을 그런대로 끌고 다니며 2, 3년 쓰다보니 볼품없이 깨어지고 만다. 이웃 중고품 가게에서 몇 차례 손을 보았지만 한 번 깨어진 플라스틱판을 본시대로 고칠 수는 없었고, 번번히 고쳐 달래기가 민망하여 "억지로 쓰는 동안에 선풍기는 이마를 방바닥에 처박고 일어설 수 없는 지경"이 된다.

더 쓸 수 없게 되었으니 식구들은 버리자고 했지만, 가장인 그로서는 결코 그럴 수가 없었다. 20여 년 동안 써온 물건이라 "그간 정도 들었"고 "밑받침이 깨어졌을 뿐 다른 데 고장이 난 것도 아니고 새로 나오는 것들로는 그만큼 바람을 내주는 것이 흔치 않"다고 믿기 때문이다. 오랜 세월 몸 가까이에서 친화한 것에 대한 애정과 실용 가치에 대한 신뢰를 저버릴 수 없었던 것이다. 이것은 농촌 친화의 환경 속에서 자란 그가 산업화의 물결에 밀리는 농업을 부여잡고 한국의 전통 산물인 '쌀' 연구에 정력을 기울인 지사적인 기질과 상

통하는 당위의 신념이기도 하다.

　그래서 밑받침을 다른 것으로 갈아 끼우는 방법을 궁리한다. "겉모양이 멀쩡한 채 버려지는 선풍기를 구해다가 머리 부분만 붙이면" 될 것 같아 중고품을 취급하는 집을 몇 군데 찾아다니며 디밀어 보았지만 도로에 그친다. "한 회사 제품끼리도 모델이 다르면 머리건 몸통이건 한 쪽이 고장나면 전체를 버린다."면서 나중에는 "요즘 선풍기 고쳐 쓰는 사람이 어디 있느냐."고 핀잔까지 받은 것이다.

　그래도 쓰레기로 버릴 생각은 나지 않고 그렇다고 방바닥에 이마를 처박고 있는 놈을 두고 보기에도 꼴사나운지라 우선 눈에 띄지 않게 자동차 트렁크에 싣고 다녔다. 다행히 자기의 충정을 이해하는 중고품 가게 주인을 만나면 고쳐 달라 해보고, 혹시 버려진 선풍기가 있으면 주워다가 직접 수선해 볼 꿍심도 있었다. 하지만 그런 요행은 좀체 만날 수가 없었다.

　그러다가 문득 밑받침만 해 달면 되는 일이어서 목공소에 가면 될 것 같은 생각이 들어 하루는 가족들과 나들이하고 돌아오는 길에 눈여겨 두었던 목공소 앞에 차를 세우고 "혹시 외식이라도 하려나 하고 군침을 삼키던 아내와 딸"의 실망을 뒤로하고 들어간다.

　목공소에 들어서니 40대 중반의 주인인 듯싶은 이가 연장을 정리하고 다른 남자 둘이 그 옆에 서성이고 있었다. 그냥 놀러 왔는지 계모임이라도

박재식의
좋은수필 감상

있어 함께 가려고 왔는지 모르되 그날의 일을 마감하고 있는 것이 분명하였다.

아니나 다를까 목공소 주인도 "선풍기는 선풍기 고치는 집으로 가야죠!" 하고 문전박대를 한다. 그래도 물러서지 않고 끈질기게 사정을 했지만 주인은 듣는 척도 않고 하던 일만 계속하는데 지성이면 감천이라 할까, 옆에 섰던 사람이 주인을 제쳐 놓고 선풍기의 밑받침을 와락 뜯어내고 자로 재고 나무를 잘라 수선에 착수한다. 그도 목공이었던 것이다.

자리를 떴다가 한참 뒤에 돌아와 보니 "주인과 친구가 사이좋게 어우러져 끝마무리 작업이 한창이었"고 "땅에 코를 처박고 엎어졌던 선풍기가 꼿꼿하게 일어서서" 그를 반긴다. 수선이 끝난 선풍기는 예상 밖으로 "전혀 새로운 작품으로 바뀌어 있어" 작자는 흐뭇하고 기쁜 마음에 자신도 모르게 입이 벌어진다. 선풍기에 얽힌 희비의 곡절은 다음과 같은 단원으로 글을 맺는다.

선풍기를 고쳐다 놓고는 식구들 앞에서 나도 선풍기처럼 허리를 한번 쫙 폈다. 바람개비를 담고 있는 머리통이야 여전히 볼품이 없지만 밑받침만큼은 결코 아무데서나 볼 수 없는 명품이 된 것이다. 값비싼 골동품을 모셔 놓고 감상하는 이들이 보면 코웃음을 칠지 모르나 어차피 취미는 각각인 법, 들며날며 한겨울에 밑받침이 잘생긴 선풍기를 보는 기분, 그것도 아무나 맛볼 수 없는 값진 것이다.

#촌평

  작품을 놓고 해설을 하다보면 당혹할 때가 많다. 문장이나 문의文意의 짜임새가 완벽한 글을 만났을 때 그러하다. 섣부른 해설은 사족이 되어 작품의 진가를 훼손할 뿐이기 때문이다.
  감상자는 〈보는 선풍기〉를 읽으면서 구절마다에 속으로 무릎을 치며 감명하였다. 그러나 해설을 해놓고 보니 그 감명과는 거리가 먼 수박 겉 핥기라는 느낌을 지울 수가 없다. 특히 작자가 목공소에 들러 기어코 선풍기를 고치는 디테일한 장면은 달리 해설을 꾀할 나위가 없어 거두절미하고 그 경과의 대강만을 추려 옮겼다. 목공소 주인 앞에 "선풍기를 가져다 놓으니 숨 끊어진 닭 모양으로 이마를 땅에 대고 꼬꾸라진다."
  는 대문을 읽는 순간 부지중 작자의 측은지심이 뭉클하게 가슴에 와 닿았는데, 아무튼 이 목공소 장면만은 다시 읽고 직접 음미해 주기를 독자에게 권유할 수밖에는 없다. 작품의 클라이맥스를 이루는 부분이기 때문이다.
  짜릿한 유머가 번득이는 깔끔한 문장이 잔잔한 감동을 자아내는 보기 드문 수필의 백미이다.

박재식의
좋은수필 감상

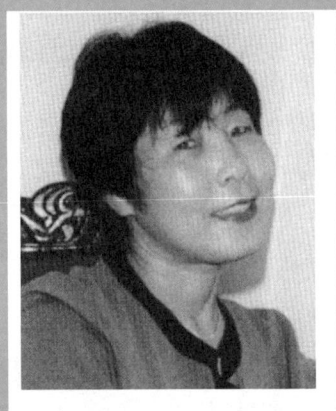

정 경

- 1942년 울산 출생
- 부산대학 약학과 졸업
- 약사와 약국 경영
- 《에세이스트》지 주간 및 편집인 역임
- 2006년 별세

내가 좋아하는 낱말

　사람들은 갖지 못했거나 가질 수 없는 것에 대한 미련과 집착을 쉽사리 버리지 못하는 것 같다.
　모임에 갔더니 특별히 좋아하는 낱말 찾기를 하고 있다. 갑자기 받은 질문임에도 개성이 드러나는 대답이 흥미롭다. 먼저 삼십대 새댁이 말한다.
　"'부엌' 입니다. 꿈과 사랑이 있거든요."
　아직도 젊음이 한창인 나이에 특별히 좋아하는 낱말이 겨우 부엌이라니. 기대했던 것과는 전혀 다른 정서에 멈칫한다. 부엌이란 말만 들어도 신물이 난다는 소리를 주변에서 흔히 듣는다. 부엌을 벗어나는 해방감 때문에 여행을 떠난다는 주부들을 여행지에서 자주 본다. 하기야 나도 그 나이에는 멋모르고 부엌일에 열심이었다만.
　"저는 어쩐지 '기다림'이 좋습니다. 공원 벤치만 봐도 가슴이 두근거리는 걸요."

이번에는 나이에 어울리지 않게 단발머리를 한 사십대 아주머니의 대답이다. 그녀야말로 지금 한창 살림에 재미를 붙여야 할 나이가 아닐까. 남편은 중년의 문턱에서 직장에서 밀려날 두려움에 허덕일 수 있고, 자녀들은 이제 막 성인이 되는 길목에서 방황과 갈등으로 몸부림칠 수 있다. 아직도 공원 벤치에서 가슴을 두근거릴 처지라니 뜻밖이다.

언젠가 독일인들이 가장 좋아하는 낱말이 '고향'이라는 글을 읽고 놀란 적이 있다. 실용적이고 현실적인 그들에게 어울리지 않는 듯해서다. 그러나 지금 보니 사람들은 저마다 가지지 못한 것에 대한 환상을 삭이며 사는 것 같다. 가지지 못했기 때문에 좋아하는 낱말. 내게 그것은 무얼까 생각해본다. 전율과 관능. 그렇다. 역시 내가 가장 좋아하면서도 갖지 못한 것이다.

선천적이든 후천적이든 나는 이들과 가깝지 못했다. 아니 관심을 갖지 않기 위해 노력하며 살아왔는지도 모르겠다. 일찍이 어머니의 교육부터 그랬다. 스스로 태생적 양반임을 자처하는 그녀의 가장 큰 칭찬은 언제나 "그 사람은 양반이야."였다. 양반은 바로 감정의 절제와 자제에 능한 사람을 의미한다. 어머니의 꾸지람을 듣지 않고 눈 밖에 나지 않으려면 얌전한 척, 다소곳한 척 흉내라도 낼 수밖에 없었다.

덕분에 나는 비교적 순탄하게 기복 없이 살아왔는지도 모를 일이다. 학업도 결혼도 고민할 만큼 어려움을 겪지 않았다. 말썽을 부리거나 지탄받을 일은 될 수록 경계하며 멀리했다. 감정을 노출시키는 일이나 본능에 충실해지는 일은 되도록 피하고 경멸했다. 이를테면 현실 인식과 대응에 빨랐던 셈이다. 그중에서도 가장 금기로 삼았던 것이 육체적이고 본능적인 순수한 감각의 전율과 관능이 아니었던가.

출근을 준비하던 남편이 갑자기 쓰러지고 응급실에서 열흘 만에 거짓말처럼 세상을 떠났어도, 나는 고백하거니와 눈물 한 방울 흘리지 않았다. 그저 담담하게 남의 일처럼 느끼고 행동했다. 밥도 잘 먹고 잠도 잘 잤다. 정작 의미 모를 눈물이 '와락' 쏟아진 것은 한참 지난 후였다. 그것도 주체할 수 없는 눈물이 와락 쏟아졌을 뿐 전율은 아니었다.

한때 나는 이 '와락'이라는 단어에 무작정 매료된 적이 있다. 독일 뮌헨에 교환교수로 가 있던 남편이 편지에 이렇게 썼다.

"가장 괴로운 순간은 식탁에 홀로 앉아 숟가락을 들 때라오. 주체할 수 없는 외로움이 가슴 밑바닥에서 와락 치밀어 오르고는 하지요. 달빛 같은 눈이 펑펑 쏟아지고 난 다음날 아침이면 한결 더 심하구려."

하지만 나는 어떤 외로움이 이 '와락'으로 표현되는지 알지 못했다. 아니 이해하려고 노력한 적도 없었다. 그저 이국 생활이란 게 사람을 감상적으로 만드는가보다 싶었다. 오히려 찰나적이고 낭만적인 '와락'이란 표현에 더 흥미가 있었다. 그 말의 주인공이 없어진 지금에야 그 진의가 제대로 전달된 것일까. 투명한 달빛처럼 쏟아져 내리는 순백의 눈 속에서 와락 느껴지는 절절한 고독이야말로 진정한 전율일 것으로 생각되는 것이다.

그토록 혹독한 시련에도 불구하고 아직도 전율은 내 것으로 오지 않는다. '와락'은 언제나 와락으로 끝날 뿐이다. 걷잡을 수 없이 와락 쏟아지는 눈물도 가장 가까웠던 사람의 죽음에 대한 인간적 슬픔이요 아픔일 뿐 온몸이 떨리는 전율로 이어지지 않는다. 그것은 노력으로 얻어지는 것이기보다는 차라리 선천적, 체질적인 능력으로 여겨지기까지 한다.

정복되지 못하는 단어가 매력적으로 보이는 것은 희극일까 비극일까. 언젠가 마드리드에서 전통 무용수가 추는 플라멩코를 본 적이 있다. 사십대 남녀인 이들은 자정이 가까이 되어서야 모습을 나타냈다. 다른 출연자들처럼 화려한 의상을 입거나 장식품을 달지 않았는데도 무대는 일순에 긴장했다. 그들의 불타는 눈동자는 허공을 건너 영원을 응시하는 듯했고, 방심한 듯한 표정 뒤에는 플라멩코가 무엇인지 무대예술이 무엇인지를 보여주겠다는 듯 의지로 불타고 있는 것 같았다.

남자의 고독하고 처절한 울림이 무대에 퍼지자 여자의 손발이 관능적으로 리듬을 타기 시작했다. 화려한 의상의 카무플라주가 없어도, 무대를 가르는 요란한 스텝이 없어도 충분히 현란했고 충분히 관능적이었다. 가슴을 울리는 남자의 고독한 노래가 전율하듯 광기를 띠자, 여자의 손발이 격정의 리듬을 타면서 관능적으로 변해갔다. 이어서 그들의 영혼이 하나가 되면서 육신은 숨을 죽이고 사시나무처럼 떨었다.

이윽고 빛처럼 타오르던 눈동자가 허무로 비워지면서 고통과 환희로 일그러진 얼굴 위에 구슬 같은 땀방울이 맺히기 시작했다. 남자의 전율과 여자의 관능이 하나로 맺어지는 순간이었다. 그리고 그것은 관객들에게로 옮겨져 우레와 같은 박수를 몰고 왔다. 일찍이 다른 춤이나 예술에서는 느껴보지 못했던 감동이며 감격이었다. 전율과 관능. 결국 그것은 하나로 피땀 어린 몰입의 경지에서만 얻을 수 있는 인간의 가장 순수한 몸짓임을 깨달은 행복한 밤이기도 했다.

이리하여 전율과 관능은 아직도 내가 가장 좋아하는 낱말로 남는다. 그런 것을 갖지 못하는 내 인생은 그때의 배우만큼 열정적인 삶을 살지 못했다는 것도 된다. 갖지 못했기 때문에 매력적인 것, 용龍도 봉황도 마찬가지일 듯싶다. 어쩌면 인생사 모두에 해당되는 말 같기도 하다.

작/품/감/상

머리말

박재식의
좋은수필 감상

작자인 정경(鄭鏡 1942~2006)은 약사 출신의 여류 수필가이다. 경남 울주군에서 태어나 부산사범학교를 거쳐 1964년 부산대학교 약학과를 졸업하고 이후 근 30년 동안 약사직과 약국 경영에 종사한다. 그 덕으로 약간의 부富도 축적한 것으로 알려져 있다. 그 사이 1970년에 동아대학교 법학과 교수인 박원영(1996년 작고)과 결혼하여 천생연분의 '엘리트 커플'이라는 주변 인사들의 축복을 받기도 한다. 한 가지 아쉬움은 작자의 불임증으로 자녀를 갖지 못한 것이었지만 서로가 개의치 않고 내외간의 금슬은 매우 좋았다고 한다. 작자의 인생에 희비가 엇갈리는 큰 고비가 찾아온 것은 1996년의 일이다.

그 해 5월에 한약사 시험에 합격하여 한약사 면허를 취득함으로써 그의 약사적 미립에 하나의 이벤트가 조성된다.(약국은 이미 1993년에 폐업한 터이지만) 그것을 계기로 한방의 약리藥理에 매력을 느낀 그는 취미 삼아 독창적인 생약 조제를 고안하여 신약으로는 쉬이 다스리지 못하는 주위의 난치병 환자들에게 무상으로 처방하여 낫게하는 기적을 나타내는가 하면, 뒤에 가서(등단 후) 그와 같은 약리를 기조로 한 '의약에세이'를 《수필과비평》지에 연재하여 많은 호응과 찬사를 받는다. 그런데 두 번째 고비는 그 해 7월에 서로 의지하고 사랑하던 남편이 갑자기 쓰러져 운명하는 참절한 불행을 당한다. 가뜩이나 슬하에 핏줄 하나 없는 그로서는 인생 바다에 내던져진 일엽편주의 고독한 신세가 된다. 그러나 그 운명을 담담히 받아들이고 평소에 즐기던 취미 활동(사진, 수영, 스키, 여행 등)으로 극복한다. 특히 3년여에 걸쳐 꾸준히 다닌 해외 여행의 견문을 엮어낸 첫 수필집 《라지스탄의 밤하늘》(2001년, 청조사 간)은 기행 수필에 새로운 경지를 보인 쾌저라는 호평을 받기도 한다. 세 번째 고비는 그 해 12월 혼자 내적으로만 갈무리해온 문학적인 소양이 처음으로 공인된 고무적인 사건이다. 그 전해(1995년) 남편을 따라 미국 LA에서 생활한 6개월 간의 체험을 쓴 〈아메리칸 드림 엿보기〉가 《국제신문》(부산에서 발행)의 논픽션 공모에 입선한 것이다. 이것은 그의 인생 바다에 표류하는 일엽편주에 새로운 항로의 돛을 달아주는 중요한 계기가 된다.

　문학적 가능성에 자신이 생긴 작자는 1998년 《창작수필》을 통해 등단작 〈자갈치 시장〉을 선보인 것을 시발로 이후 폭발적인 작품

활동을 전개한다. 아울러 문단 교우도 눈에 띄게 활발하여 경향에서 열리는 각종 수필 행사에는 거의 빠지지 않고 참석하여 미지의 수필가들을 마치 십년지기와 같은 교환으로 포섭하여 교분을 나눌 만큼 비상한 친화력을 발휘한다. 뿐만 아니라 그의 극성에 가까운 사교적 추진력은 등단 이듬해인 1999년 남자 동창이 사장으로 있는 《국민일보》에 찾아가 지상에 〈여의도 에세이〉란을 개설케 하여 자신을 위시한 많은 수필인들이 글을 실을 수 있는 길을 열어 놓기도 한다.

우리 수필문단에 혜성처럼 반짝 떴다가 사라진 여류 수필가 정경, 그가 불과 10년을 못다하고 남기고 간 문학적 흔적은 남다르게 화려하다. 그동안 첫 수필집 《라지스탄의 밤하늘》을 위시하여 《도랑이 있는 집》(2003년, 범우사 간), 《실크로드를 가다》(2006년, 에세이스트 간) 등 3권의 작품집과 사후에 발행된 유작 선집 《두 개의 저울》(2007년, 에세이문학사 간)이 있고, 2003년에는 제21회 '현대수필문학상'을 수상한다. 더욱 특기할 문학적 유산은 2005년 격월간 수필지 《에세이스트》(발행인 김종완)의 실질적인 창립자로 참여하여 주간과 편집인의 직분을 맡아 그 운영에 동분서주하다 종명한 갸륵한 업적이다. 그의 마지막 유작 〈뒤늦게 얻은 자식〉(《에세이스트》지의 비유)을 읽으면 작자가 얼마나 이 사업에 보람과 애정으로 집착했는가를 알 수가 있다.

정경의 작품세계를 일별하면 기행 수필이 많은 비중을 차지하고 있는 것을 잡아볼 수가 있다. 그가 낸 오리지널 수필집 3권

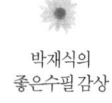

박재식의
좋은수필 감상

중 2권이 그것으로 할애된 것만으로도 짐작할 수가 있다. 그러나 그것은 그의 문학적 생애로 따져 초기적 현상에 불과하다. 앞에서도 잠시 언급했듯이 남편과의 갑작스런 사별에서 온 충격과 고독을 삭이기 위해 다닌 해외여행을 그의 문학적 재능이 "가슴으로 읽은 풍경을 문학으로 승화시킨 고감도 에세이"(《라지스탄의 밤하늘》 표제 병기문)의 세계인 것이다.

그가 수필가로서의 진면목을 나타낸 것은 그런 내면의 충격파가 가라앉고 제자리에 앉아 본격수필과 진지하게 마주한 후기에 가서이다. 작자기 두 번째로 상재한 《도랑이 있는 집》에는 자신이 인생에 대한 깊이 있는 성찰과, 사물이나 인물에 대해 자상하면서도 정곡을 찌르는 예리한 관찰, 그리고 세태나 시사에 임한 이로정연理路整然한 비평정신 등 다양한 세계가 '고감도'의 에스프리와 치밀 유려한 필치에 의해 형상화된 글들이 수록되어 있다. 그 세계를 못다 풀어내고 간 것이 못내 애석하기만 하다.

여기에서 감상할 〈내가 좋아하는 낱말〉은 첫 수필집 《라지스탄의 밤하늘》의 말미에 수록된 작품으로 그런만큼 그의 작품세계를 표상하는 기행수필과 본격수필의 분기점을 시사하는 대표작이라 할 수 있겠다.

해설

〈내가 좋아하는 낱말〉은 작자가 성적 감각의 속성이라고 할 수 있는 '전율과 관능'에 대해 심적으로는 선망하면서도 의식적으로 멀리해 온 자기 모순의 생태를 천착한 글이다.

성적 충동은 성행위가 자아내는 쾌감에서 유발되는 심적·생리적인 현상이다. 이것은 동물이 갖는 보편적인 본능이기도 하다. 그러나 문명한 동물인 인간의 경우 그 본능은 본질의 순수성에서 왜곡하여 비어지게 마련이다. 잠재의식을 바탕으로 심층 심리학을 수립한 프로이트는 인간의 심적 메커니즘을 억압, 승화, 대상代償의 형태로 분석하는 한편 인간에게 보편적인 성적 충동을 기조로 하여 일체의 심적 현상과 행위의 태양을 설명하고 있는데, 이 작품을 그 견해에 비추어 음미하면 보다 흥미 있는 감상법이 될 듯하다.

작자는 성적 충동에 대한 자기 모순적인 행태를 설명하는 단초로

사람들은 갖지 못했거나 가질 수 없는 것에 대한 미련과 집착을 쉽사리 버리지 못하는 것 같다.

하고 화두를 잡는다. 어느 모임에 참석하여 자기가 "특별히 좋

박재식의
좋은수필 감상

아하는 낱말"을 피력하는 담론이 오가는 자리에서 문득 깨달은 소감이다.

먼저 30대의 젊은 새댁이 "'부엌' 입니다. 꿈과 사랑이 있거든요." 한다. '부엌' 이란 말만 들어도 신물이 난다는 소리를 주변에서 흔히 듣는 작자로서는 한창 나이에 특별히 좋아하는 낱말이 겨우 '부엌' 이라고 하니 "기대했던 것과 전혀 다른 정서"에 "멈칫" 놀랄 수밖에. 하지만 그도 그만한 나이에 멋모르고 부엌일에 열심이었으니 '부엌' 은 새댁의 '꿈과 사랑' 을 표상하는 환상의 공간일 수도 있을 터이다.

이번에는 나이에 어울리지 않게 단발머리를 한 40대 아주머니가 "저는 어쩐지 '기다림' 이 좋습니다. 공원 벤치만 보아도 가슴이 두근거리는 걸요." 한다. 남편 수발이며 성년에 접어드는 자녀의 뒷바라지 등 지금이 한창으로 집안 살림에 여념이 없을 중년 주부의 해답인즉 이 또한 뜻밖이 아닐 수 없다.

'특별히 좋아하는 낱말' 이라는 갑작스런 질문을 받은 새댁과 중년 주부의 이와 같은 의표의 발언들은 엉뚱한 것 같으면서도 프로이트의 이른바 '심적 메커니즘' 으로 조명할 때 솔직한 발상이라 할 수 있겠다. '부엌' 과 '살림' 이라는 현실에 대한 억압 심리(스트레스)가 시재는 "갖지 못했거나 가질 수 없는" '꿈과 사랑' 과 '데이트의 기다림' 이라는 낭만적인 환상으로 승화하여 역설적인 대상 심리로 표백된 것에 불과하기 때문이다. 그래서 작자는 '특별히 좋아하는 낱말' 에 대해 자신의 경우를 모색해 본다.

언젠가 독일인들이 가장 좋아하는 낱말이 '고향'이라는 글을 읽고 놀란 적이 있다. 실용적이고 현실적인 그들에게 어울리지 않는 듯해서다. 그러나 지금 보니 사람들은 저마다 가지지 못한 것에 대한 환상을 삭이며 사는 것 같다. 가지지 못했기 때문에 좋아하는 낱말. 내게 그것은 무얼까 생각해 본다. 전율과 관능. 그렇다. 역시 내가 가장 좋아하면서도 갖지 못한 것이다.

작자는 한술을 더 떠 '성충동'에서 자신의 의식 속에 잠재하는 '좋아하면서도 갖지 못하거나 가질 수 없는' 환상의 실체를 발굴한 것이다. '전율과 관능'은 성적 쾌감의 본질적인 요소이며 그에 대한 심적인 생리적인 충동 요인이 된다. 그러나 이 인간 공유의 본능적 현상은 그 공연한 표현 행위가 자고로 금기시되는 내밀한 프라이버시의 세계이다. 특히 유교 사회의 전통 속에서 조신을 덕목으로 삼는 한국 여성에게는 노상 절제가 강요되는 금단의 영역이기도 하다. 이 금역을 침범하여 방종한 조선조 성종 때의 지체 있는 여인 어우동於于同은 극형까지 당한다.

박재식의
좋은수필 감상

이런 내력의 굴레를 쓰고 태어난 작자는 성적 충동이 갖는 환상의 유혹에서 스스로를 갈무리하는 노력을 의식적으로 하지 않을 수 없다. 우선 일찍부터 "태생적 양반임을 자처하는" 모친의 교육부터가 그 '굴레'에 대못을 박는 구실을 한 것이다. 사람됨의 찬평은 언필칭 "그 사람은 양반이야." 하는 말씀을 귀에 못이 박이게 들어온 터수이다. 양반은 바로 감정의 자제와 행동의 절제에 능한 위인을 의미하는 말씀인지라 그 가르침에 순응하기 위해서도 마음과 몸을 다스리기에 스스로 노력하지 않을 수 없었던 것이다.

그런 처신 덕분에 기복 없는 삶을 살아온 성도 하다. 사춘기를 거느린 학창 시절은 별다른 고민이나 어려움 없이 오직 학업에만 충실할 수 있었고, 결혼 생활도 남부럽지 않은 상대(대학교수)를 만나 아무런 풍파 없이 단란하게 행복을 누린 것이다. 이 모두가 작자가 몸으로 익힌 양반다운 조신의 덕목으로 이룬 삶의 승리이기도 하다.

이 삶의 과정을 그의 심적 메커니즘의 추이에서 분석하면 본능(전율과 관능) 자제의 의식적인 노력(억압 심리)이 현실 인식이라는 이지理知로 승화하여 그에 재빠르게 대응하는 지혜(대상 심리)로 발전한 현상에 다름 아니다.

그러나 짓궂은 운명의 작희作戱는 작자의 현실에 예기치 않은 풍파를 일으킨다. 사랑하는 남편이 갑자기 쓰러져 거짓말처럼 세상을 뜬 것이다. 여느 여자라면 처절한 슬픔을 가누지 못하고 무너져 내릴 춘사가 아닐 수 없다. 그런데 그의 몸에 밴 양반 기질은 숫제 "남의 일처럼" 담담한 심정으로 장사를 치른다. "눈물 한 방울 흘리지 않"고 "밥도 잘 먹고 잠도 잘 잤다."고 한다. 정체 모를 눈물이 주체할 수 없이 '와락' 쏟아진 것은 얼마 후의 일인데, 그러나 아무런 전율을 수반치 않고 '와락' 쏟아질 뿐인 눈물의 의미를 스스로 헤아릴 수가 없다.

그런데 한때 "이 '와락' 이라는 단어에 무작정 매료된 적이" 있었

던 일을 상기한다. 그것은 독일 뮌헨에 교환교수로 가 있던 남편이 보낸 편지 속에서

"가장 괴로운 순간은 식탁에 홀로 앉아 숟가락을 들 때라오. 주체할 수 없는 외로움이 가슴 밑바닥에서 와락 치밀어 오르고는 하지요. 달빛 같은 눈이 펑펑 쏟아지고 난 다음날 아침이면 한결 더 심하구려."

라는 사연을 읽었을 때이다. 여느 아내의 감성이라면 점잖은 교수 남편이 잠자리가 아닌 홀로 앉은 식탁과 펑펑 쏟아진 함박눈 속에 함축시킨 관능적인 고독이 전율로 와닿았을 터이다. 그러나 '전율과 관능'이 공제된 그의 감성에는 어떤 외로움이 '와락'으로 표현되는지 알지 못했고 이해하려고도 하지 않았다 그저 이국 생활이라는 게 사람을 감상적으로 만드는가보다 싶었고, 그보다는 '와락'이라는 두드러진 표현이 갖는 "찰나적이고 낭만적"인 이미지에 더한 흥미와 매력을 느꼈을 뿐이다.

박재식의
좋은수필 감상

그러나 그 말의 주인공이 없어진 이제 와서 생각하면 '와락'이 지닌 진의가 전달되는 성도 하다. "달빛처럼 쏟아져 내리는 순백한 눈 속에서 와락 느껴지는 절절한 고독이야말로 진정한 전율일 것"이라는 생각이다. 하지만 그것은 생각일 뿐으로 정작 그 전율이 자기 것으로 와 닿는 것은 아니다. 남편의 죽음이라는 혹독한 시련을 당하고서 한참 후에야 와락 쏟아진 눈물도 그 원천을 따지고 보면 이 세상에서 가장 가까웠던 사람에 대한 상실

감에서 오는 인지상정의 슬픔이고 아픔일 뿐, 온몸이 떨리는 '전율'로 이어지지는 않았기 때문이다. 그러므로 '전율'이란 작자의 경우 노력만으로는 체감할 수 없는 공허한 관념의 세계에 불과하다. 하물며 관능과 결부되는 전율에 있어서랴이다.

그런 작자가 짐짓 멀리하고 타기해온 '전율과 관능'의 실체와 매력을 실감하고 '갖지 못함으로써 좋아하는 낱말'로 자리잡게 된 것은 마드리드에서 관람한 스페인의 전통 무용 플라멩코를 통한 간접 체험에 의해서이다.

남자의 고독하고 처절한 울림이 무대에 퍼지자 여자의 손발이 관능적으로 리듬을 타기 시작했다. (중략) 가슴을 울리는 남자의 고독한 노래가 전율하듯 광기를 띠자, 여자의 손발이 격정의 리듬을 타면서 관능적으로 변해갔다. 이어서 그들의 영혼이 하나가 되면서 육신은 숨을 죽이고 사시나무처럼 떨었다.

이윽고 빛처럼 타오르던 눈동자가 허무로 비워지면서 고통과 환희로 일그러진 얼굴 위에 구슬 같은 땀방울이 맺히기 시작했다. 남자의 전율과 여자의 관능이 하나로 맺어지는 순간이었다. (중략) 전율과 관능. 결국 그것은 하나로 피땀 어린 몰입의 경지에서만 얻을 수 있는 인간의 가장 순수한 몸짓임을 깨달은 행복한 밤이기도 했다.

그래서 노년기에 접어든 작자는 "전율과 관능은 아직도 내가 가장 좋아하는 낱말로 남는다."고 '성충동'에 대한 억압 심리의 승화 현상을 실토하고, 결국 그런 것을 갖지 못한 자신의 인생은 "그때의 배우만큼 열정적인 삶을 살지 못했다."는 뉘우침에 가까운 자각으로 이어진다. 그리하여 일찍이 성적 충동에 대한 심적 메커니즘이 인체의 자연을 거슬러 '현실 인식과 적응'이라는 이지에 의해 극복됨으로써 외형적인 '순탄'을 누려온 자신의 삶에 허무감을 느낀다. 그리고는 이것이 "인생사 모두에 해당되는" 것이 아닌가 하고 전통의 굴레를 쓴 작자로서는 체념할 수밖에 없다.

촉평

박재식의
좋은수필 감상

이 글을 읽으면 언뜻 작자가 어쩌면 성에 대해 이른바 '불감증'의 소유자가 아닌가? 하는 짐작을 갖게도 한다. 그러나 '전율과 관능'은 관념의 세계가 아니라 성적 체험에 의해 느끼는 감각의 세계이다. 작자는 결혼 생활의 밤자리를 통해 능히 그것을 체감하였을 터이다.

그러기에 그것이 플라멩코의 관능적인 춤에 의해 '가장 좋아하는 낱말'로 남을 수가 있은 것이다. 다만 그것을 '내 것으로 갖지 못한' 것은 이 찰나적인 쾌감이 평소 양반적인 조신으로 다져진 의식으로 하여 자제 대상이 되었기 때문이다. 그래서 찰나적인 '와락'은 "언제나 와락으로 끝날 뿐"이었던 것이다.

뒤늦게나마 플라멩코 무용수가 연출한 '전율과 관능'에 몰입하는 경지의 매혹적인 광경을 보고 받았던 감동을 되새기며 그처럼 열정적으로 살지 못한 자신의 삶에 허무함을 느끼면서도 구경 그것은 항상 그림의 떡을 그리며 살아가는 모든 인간사의 모양이 아니겠는가 하고 치부할 따름이다.

　에로티시즘에 대한 심층 심리를 작자 자신을 모델로 삼아 파헤친 대담하고도 진솔한 본격 수필의 수작으로 꼽을 만한 글이다.

피 천 득

- 1910년 서울 출생
- 중국 호강 대학 영문학과 졸업
- 서울 사대 영문과 교수
- 2007년 별세

보스턴 심포니

'재즈'라도 들으려고 AFKN에다 다이얼을 돌렸다. 시월 어떤 토요일이었다. 뜻밖에도 그때 심포니 홀로부터 보스턴 심포니 75주년 기념 연주 중계방송을 한다고 한다. 나의 마음은 약간 설레었다.

1954년 가을부터 그 이듬해 봄까지에 걸친 연주 시즌에 나는 금요일마다 보스턴 심포니를 들으러 갔었다.

삼층 꼭대기 특별석에서 듣는 60센트짜리 입장권을 사느라고 장시간을 기다렸다. 그런데 이때마다 만나게 되는 하버드 대학 현대시 세미나에 나오는 학생이 있었다. 그는 교실에서 가끔 날카로운 비평을 발표하였다. 크고 맑은 눈, 끝이 약간 들린 듯한 코, 엷은 입술, 굽이치는 갈색 머리, 그의 용모는 아름다웠다. 오케스트라가 음정을 고르고 '샹드리에' 불들이 흐려진다.

갑자기 고요해진다. 머리 하얀 컨덕터 찰스 먼치가 소나기 같은 박수 소리를 맞으며 나온다. 바톤이 들리자 하이든 심포니 B 플랫 메이저는 미국 동부 불야성不夜城들을 지나 별 많은 프레에리를 지나 해지는 태평양을 건너 지금 내 방 라디오로부터 흘러나오고 있다.

  그는 이 가을도 와이드나 연구실에서 책을 읽고 벌써 단풍이 들었을 야드에서 다람쥐와 장난을 하고, 이 순간은 심포니 홀 삼층 갤러리에 앉아 음악을 듣고 있을 것이다. 꿈 같은 이태 전 어느 날 밤 도서관 층계에서 그와 내가 마주쳤다. 그는 나를 보고 웃었다. 그 미소는 나의 마음 고요한 호수에 작은 파문을 일으키고 음향과 같이 사라졌다. 중계방송이 끊어졌다. 7,000마일 거리가 우리를 다시 딴 세상 사람으로 만들었다. 하이든 심포니 제1악장은 무지개와도 같다.

작/품/감/상

머리말

　작자인 금아 피천득(琴兒 皮千得 1910~2007)은 영문학자이자 한국의 현대수필에 한 획을 그은 수필가이다. 서울 종로의 신상紳商인 부친과 서화와 음악에 능한 모친 사이의 독자로 태어난다. 그는 7세에 부친, 10세에 모친을 연달아 사별하고 친척의 후견으로 자란다. 1923년 서울 제1고보(지금의 경기중고)에 입학, 1926년 중국 상해上海로 건너가 수학하였고, 1929년 상해 호강대학교 예과에 입학하여 1937년 학부 영문학과를 졸업한다. 그 어간에 상해에서 도산 안창호(島山 安昌浩)를 만나 사사하고, 고국을 드나들며 춘원 이광수(春園 李光洙) 집에서 유숙하기도 하며 정신문화적인 의식 함양에 많은 영향을 받는다. 대학을 졸업하고 바로 서울로 돌아와 중앙상업학원의 교원으로 취업하여 정착한다.

1945년 해방이 되자 경성대학(서울대 전신) 예과 교수가 되었으나, 이듬해 국대안(國大案) 문제로 동맹 휴학 등 학원가가 시끄러워지자 물러나왔다가 1951년 서울대 사범대학의 영문학 교수로 복귀하여 1974년 퇴임할 때까지 후진 양성에 종사한다.

그가 몸소 문학 창작에 싹수를 보인 것은 대학 예과 재학시절인 1930년 ≪신동아≫에 〈서정소곡〉, 〈서곡〉, 〈파이프〉 등 시를 발표함으로써이다. 1947년 첫 저서로 ≪서정시집≫을 낼만큼 그의 작품 활동은 시로 출발하였지만 수필활동도 겸행하여 1960년 두 장르의 작품을 수록하여 ≪금아시문선≫을 출간하고 1969년 그 보완판이라 할 수 있는 ≪산호와 진주≫를 낸다.

그런데 그를 영문학이나 시보다도 한국 현대수필의 대표적인 작가로 확고한 명성을 알리게 된 것은 1976년에 출판한 문고판 선집 ≪수필≫('범우사' 간)과 이어 1980년에 그가 쓴 전 수필을 망라하여 낸 ≪금아문선≫(일조각 간 1988년 발행 '증정 중판'에 의하면 78편 수록)이다. 이밖에도 그의 전공을 살려서 1976년에 낸 번역시집 ≪셰익스피어 소네트시집≫이 있고, 몇 권의 자작시선집 등이 있다.

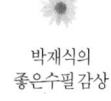

박재식의
좋은수필 감상

금아의 수필세계는 이미 널리 회자된 타이프로 새삼스럽게 논급할 나위가 없지만, 다만 수필이 흔히 본령으로 삼는 신변적인 소재를 철저히 절제된 구성과 섬세하면서도 평이하고 간결한 문체로 형상화하여 독자의 의식 속에 잠재하는 정서를 공감으로 일깨우는 특징만을 덧붙여 지적하고 싶다. 무엇보다도 과작으로 시종한 그의 수필 중 한 편의 태작도 발견할 수 없는 신중한 집필 태도는 우리 수필가의 귀감으로 삼을 바라 할 수 있겠다.

감상할 〈보스턴 심포니〉는 작자의 연보로 따져 그가 2년 동안 (1954년~1955년) 하버드대학에서 연구생활을 하고 돌아온 이태 후인 '57년에 쓴 수필로 추정된다.

해설

〈보스턴 심포니〉는 주한 미군을 대상으로 방송하는 라디오 채널 AFKN에서 중계하는 '보스턴 심포니'의 연주를 들으면서 작자가 보스턴에서 체류할 시절 즐겨 찾아가 듣던 현지의 연주장을 회상하며 그곳에서 자주 만난 같은 대학의 여학생에게 느꼈던 아련한 연정을 되새기는 환상적인 서정수필이다.

작자는 10월 어느 토요일, 재즈라도 들으려고 라디오 다이얼을 AFKN 채널로 돌린다. 미군 전용의 AFKN은 곧잘 미군들이 즐겨 듣는 음악인 재즈를 내보내기 때문이다. 그런데 뜻밖에도 그날은 보스턴 교향악단의 창립 75주년이라 심포니 홀에서 갖는 기념 연주를 중계한다고 하여 적이 마음이 설렌다. 그는 보스턴의 하버드대학에서 연구생활을 하면서 1954년 가을부터 이듬해 봄까지에 걸친 연주 시즌에 금요일마다 '보스턴 심포니'를 들으러 갔던 것이다.

삼층 꼭대기 특별석에서 듣는 60센트짜리 입장권을 사느라고 장시간을 기다렸다. 그런데 이때마다 만나게 되는 하버드 대학 현대시 세미나에 나오는 학생이 있었다. 그는 교실에서 가끔 날카로운 비평을 발표하였다. 크고 맑은 눈, 끝이 약간 들린 듯한 코, 엷은 입술, 굽이치는 갈색 머리, 그의 용모는 아름다웠다. 오케스트라가 음정을 고르고 '샨드리에' 불들이 흐려진다.

작자가 '보스턴 심포니'의 회억과 함께 마음을 설레게 한 여인의 프로필을 묘사한 대목인데, 그는 한마디로 "그의 용모는 아름다웠다."고 했지만 그 여학생의 이미지는 '지적 미모'의 소유자라는 것을 짐작할 수가 있다.

그런데 그 대문의 끝머리에 가서 갑자기 "오케스트라가 음향을 고르고……." 하며 막상 연주가 시작되기 직전의 광경이 꼬리를 잇는 줄거리의 전환 수법이 절묘하다. 이것은 분명히 작자가 연주의 현장에서 목격한 장면일 뿐 그가 실제 듣고 있는 중계 방송에 나타날 수 없는 정경이다. 이것을 여인의 프로필에 덧붙인 것은 그가 내세우고자 하는 여인과의 관계를 잠시 떠나, 그 사연의 모체이자 또 하나의 주제가 되는 '보스턴 심포니'의 아름다운 선율과 그 감회를 나타내는 대목으로 옮겨가는 모멘트 구실을 하는 동시에 줄거리의 분위기를 환상으로 이끄는 효과를 조성한다.

박재식의
좋은수필감상

갑자기 고요해진다. 머리 하얀 컨덕터 찰스 먼치가 소나기 같은 박수 소리를 맞으며 나온다. 바톤이 들리자 하이든 심포니 B플랫 메이저는 미국 동부 불야성不夜城들을 지나 별 많은 프레에리를 지나 해지는 태평양을 건너 지금 내 방 라디오로부터 흘러나오고 있다.

문단을 바꾸어 바로 이어지는 이 대목은 지금 작자가 라디오 중계 방송을 통해 보스턴 심포니가 연주하는 음악을 들으며 환상적인 감회에 젖는 장면의 묘사이다. 그러나 그는 한갓 라디오에서 흘러나오는 음악만을 듣는 것이 아니라 그것을 자아내는 연주 장면을 정작으로 보는 것처럼 영상으로 그린다. 그 그리운 영상과 아름다운 음률이 지금 이 순간 휘황한 불빛으로 불야성을 이룬 미국 동부의 도시들과 하늘 가득히 별빛이 쏟아지는 미국 중북부의 광활한 프레에리 초원을 지나 해가 지는 태평양을 건너 지금 그의 방 조그만 라디오를 통해 경이롭게 재현되고 있는 것이다.

그리고는 그 황홀한 환상과 떼칠 수 없는 여학생의 모습을 되새긴다. 그녀는 이 가을에도 그가 연구생활 시절 경험했던 것처럼 교내의 개방된 실내나 연구실에서 책을 읽고 벌써 단풍이 물들었을 구내 뜰에서 다람쥐와 장난을 하고, 지금 이 순간은 심포니 홀의 3층 갤러리에 앉아 그와 함께 이 음악을 듣고 있으리라 여긴다. 하지만 그녀는 그의 마음에 잠시 아련한 연정을 훔치고 지나간 먼 세상의 존재에 불과하다.

꿈 같은 이태 전 어느 날 밤 도서관 층계에서 그와 내가 마주쳤다. 그는 나를 보고 웃었다. 그 미소는 나의 마음 고요한 호수에 작은 파문을 일으키고 음향과 같이 사라졌다. 중계방송이 끊어졌다. 7,000마일 거리가 우리를 다시 딴 세상 사람으로 만들었다.

그래서 방금 들은 "하이든 심포니 제1악장은 무지개와 같다."고 하염없는 허무감이 여운으로 남을 뿐이다.

후평

박재식의
좋은수필 감상

〈보스턴 심포니〉는 작자의 대표작으로 꼽히는 〈인연〉과 좋은 대조를 이루는 수필이라고 할 수 있다. 두 작품이 모두 입지立地와 배경의 부조화로 이루지 못한(이루어질 수 없는) 외국 여성에 대한 플라토닉한 연정을 주제로 한 점이 같다. 그러나 전자는 어쩌면 결합되었을지도 모를 '아사코'와의 인연을 서사적으로 다룬 데 반하여 후자는 당초부터 이룰 수 없었던 일방적인 연정을 환상적인 수법으로 다룬 점이 다르다. 두 수필을 시로 비유한다면 전자가 서사시적인 데 대해 후자는 서정시의 경지라고 할 수 있겠다. '아사코'와의 '인연'을 회상하면서 그녀가 다닌 성심학원과 그곳에서 함께 본 신발장과 양산, 처음 만나 헤어질 때 서로 주고 받은 손수건과 반지와 동화책, 그리고 다시 만났을 때 화제로 삼은 버지니아 울프의 ≪세월≫과 같은 보다 사실적인 유형의 소재가 등장하는 것에 비해, 미국 여학생에 대한 만남과 회억은 서로가 같은 홀의 다른 좌석에서 감상한 〈보스턴 심포니〉의 아름다운 음악이 매개체로 모티브가 된 데서 두 수필의 형상 패턴이 다를 수밖에 없다.

음악은 무형의 예술이며 보다 환상적이다. 작자는 지금 라디오를 통해 '보스턴 심포니'를 들으면서 그 환상의 세계를 7천 마일 떨어진 먼 나라를 오가며 그 음률에 묻어나오는 '음향과 같이 사라진' 여인을 그리고 있는 것이다.

극도로 절제된 구성과 표현 기법은 일찍이 '햇빛에 물살이/잉어 같이 뛴다/"날 들었다" 부르는 소리/멀리 메아리친다'(〈비 개고〉 전문)의 시를 남기기도 한 금아문학의 진수를 대표하는 수필이 아닐 수 없다.

임 선 희

- 1931년 서울 출생
- 경기여고를 거쳐 서울대 영문학과 졸업
- 동아방송, KBS 등에서 방송인으로 직장생활
- 동아문화센터 수필반지도 강사로 활동
- 2007년 별세

공원의 벤치

여의도광장을 가로질러 갔다.

초록이 선명한 유월의 아침나절. 방송국 중앙 현관의 계단을 곧장 오르려다 문득 그 앞의 녹지대가 궁금해졌다. 어떻게 생긴 곳인가.

발길을 그쪽으로 돌렸다.

5천 평은 되지 않으려는지, 겉보기와는 달리 실속 있게 넓은 땅에 나무들이 들어서 있다. 소나무, 잣나무, 느티나무, 전나무, 은행, 단풍 그리고 비원에서나 만날 듯한 수양버들의 고목들. 유연하고 섬세하게 가지를 늘어뜨린 이 수양버들 때문일까, 주변의 분위기가 대체로 여성적이다.

잔디 사이로 몇 갈래의 오솔길이 이어지고, 그 끄트머리쯤에 등나무 덩굴을 올린 시렁이 보인다. 군데군데 벤치도 눈에 띈다. 이 구역만 옴폭 패여서 정적이 괸 것모양 아늑하다. 이런 곳도 공원인지 아닌지는 모르겠지만, 나는 혼자서 광장의 공원이라고 부르기로 했다.
 좀 더 속으로 들어가 봤더니 나 말고도 사람이 있다. 한 젊은 남자가 벤치 위에 반듯이 누워서 잠을 잔다. 왕성하게 코를 골며 깊숙이 단잠에 빠져 있는 것이다.
 '아하, 요즘도 이런 데서 이렇게 잠을 자는 사람이 있구나.'
 나는 사뭇 감탄해서 그 정경을 바라보았다.

 어려서 나는 틈만 나면 사직공원으로 놀러 갔다. 내가 살던 신문로에서 10분 거리에 있는 사직공원은 문자 그대로 광대하기도 했지만, 사철을 두고 무궁무진하게 흥미로운 곳이었다.
 갖가지 수목의 열매와 꽃과 나비, 인왕산 계곡을 타고 내려온 차가운 물과 큼직큼직하게 잘생긴 바윗돌.
 저녁놀 속으로 흐르던 달걀 빛깔의 구름과 풀내음이 스며든 아침 공기, 그리고 흰 눈발 위로 떨어지던 가느다란 새 그림자…….
 공원이라기보다는 오히려 숲에 가까웠다고 할까, 울창한 이파리들이 머리 위를 날개처럼 덮고, 그 일대는 한낮에도 어두컴컴하여 으슥했다.
 이 모든 것이 합쳐서 통째로 자유롭고 분방한 곳이었다.
 서울의 문안에서 태어나 거기서 이십 년 간의 성장기를 보낸 내가, 자연을 체감할 수 있었던 최초의 착실한 공간이 사직공원이었다.
 그곳 여기저기엔 벤치가 놓여 있었다. 청색의 그 나무의자 한 개씩을 차지하고 거지가 누워 있는 장면이 자주 눈에 들어오곤 했다.

벤치 위에 네 활개를 펴고 누워서 시도 때도 없이 낮잠을 즐기는 것이었다. 잠에서 깨어나면 온 공원을 진종일 싸다니는 것으로 보였다.

극도로 때가 낀 얼굴은 새까맣게 윤이 나고 텁수룩한 머리에선 도마뱀이라도 기어 나올 것 같고……, 그런 몰골로 불쑥불쑥 나타나선 사람을 놀라게 한다. 그리고는 이쪽을 멀거니 쳐다보다가 싱긋이 웃어 보이고 가버린다.

행인에게 손을 내밀어 구걸하는 일은 없다. 그냥 작대기로 구석구석을 뒤져서 음식 찌꺼기며 무슨 나부랭이들을 일념으로 주워 올리는 것이다.

엄밀히 말해서 그들은 거지가 아니라 실업자 내지는 부랑자였을 것이다. 좌우간 그들 나름의 정신구조와 생활철학을 가졌던 것인지, 애교 있는 거지들이었다.

그 시절 유달리 눈길을 끌던 여자 거지를 나는 기억한다. 그 여자는 맡아놓고 사직단 정문 밑에 앉아 있었다. 항상 어린 딸 하나를 곁에 데리고.

여섯 살 가량의 딸아이는 언제 봐도 옷차림이 깨끗했다. 거지답지 않게 모양새가 말끔해서 나는 그 애의 얼굴을 지금도 떠올릴 수 있다.

약간 들창코에다 조그맣고 까만 눈이 수박씨를 닮았다. 어느 여름날 저녁 무렵, 나는 공원을 내려오다 저만치 그 모녀 거지를 발견했다. 여느 때와는 다르게 그들은 벤치에 앉아 있었다. 길가에 등을 돌리고 나란히 앉아서 둘이는 이마를 맞대고 있는 것처럼 보였다.

"……."

나는 그들 옆으로 다가갔다. 그랬더니 어쩜! 엄마가 딸의 손톱에다 봉숭아 꽃물을 들여 주고 있는 중이었다.

나는 묘한 감동을 받았었다고 시방 말하고 싶은 것은, 아직도 그때의 광경이 뇌리에 선연히 찍혀 있기 때문이다.

사직공원의 벤치와 거지와 봉숭아 꽃물 ― 그것은 명동거리의 다방과 문인과 커피 향기 이상으로 나로선 지울 수 없는, 지우고 싶지 않은 옛 서울의 영상이다.

지난봄이었던가, 유럽의 공원을 소개하는 텔레비전 프로그램이었다. 해설자의 음성이 흐르고 있었다.

"저기 벤치에 다정히 앉은 노부부. 말 없는 가운데 가슴으로 수많은 추억을 나누고 있는 저 노인들의 모습은 얼마나 보기 좋은 것인가. 젊은 시절을 알차게 보낸 다음 이제 노년을 우아하게……."

나는 그만 실소하고 말았다. 내 눈에 비친 그들 서양 노인의 모습은 적어도 '우아'하고는 거리가 먼 것이었다.

그들은 공원의 벤치에 앉아서 일종의 시위를 펼치고 있는 게 아닌가. 나에게 손주를 돌려다오, 가정을 돌려다오. 고독한 노인들이 외치는 무언의 구호가, 비명이, 내 귀에는 울려 올 뿐이었다. 우아하다는 표현은 차라리, 사직공원 벤치에서 팔자 좋게 낮잠을 자던, 혹은 딸아이 손톱에 봉숭아 물감을 들이던 그들 거지에게 바쳐야겠지 하고 나는 일순 생각해 보았다. 이 얘기를 교양국의 어느 PD에게 들려주었더니, "흘러간 것은 모두가 아름답다로군요."

그는 뱉듯이 말했다. 그의 단순 명쾌한 멸시에도 불구하고 나는 하나의 신념을 떨쳐버릴 수가 없다.

거리에서 거지가 사라지면서부터 서울은 약탈의 도시로 바뀌었다는 것. 거지들이 낙엽처럼 뒹굴던 세상에선 최소한 인간에게 있어 인간이 증오와 공포의 대상은 아니었다는 것 말이다.

며칠 전 나는 또 한번 그 광장의 공원을 찾아갔다. 두 달 사이에 초복·중복을 넘기고, 장마가 걷히고, 여름은 고추모양 약이 올라 돌에서도 수풀에서도 열기가 튄다. 바람은 없고 인기척도 없다. 다만 매미들이 버들가지에서 퍼붓듯이 울어댄다.

나무 아래 벤치에서 그때처럼 젊은 남자가 잠을 자고 있다. 이번엔 잠자는 남자가 한 명에서 두 명으로 늘어났다.

직업이 없어 이 도시를 떠도는 사람일까, 직업은 있지만 이 도시에서 자신의 방을 갖지 못한 사람일까. 사관학교 생도들의 사열식처럼 질서정연하고 엄격한 여의도광장의 풍경 속에서 그들의 헐렁한 모습이 왠지 죄스러워 보이지 않는다.

벤치의 두 남자를 방해하지 않으려고, 나는 발소리를 죽여 밖으로 나왔다.

작/품/감/상

머리말

박재식의
좋은수필 감상

작자인 임선희(任善姬 1931~2007)는 번역문학가이자 방송작가인 동시에 중량급의 여류 수필가이다. 퇴락한 궁내부宮內府의 후예들이 주로 살던 서울 문안의 주택지 적선동에서 태어나 성장기를 그곳에서 보낸다. 이런 환경에도 힘입은 그는 학업을 누구나가 선망하는 명문학교(덕수초등학교, 경기여고, 서울대 문리대 영문과)에서 이수한다.

1950년대에 외국계통의 원조기관에 취업하면서 거기서 만난 남자와 결혼하여 슬하에 3남매(아들 둘, 딸 하나)를 둔다.

1970년대에 동아방송국에서 프로그래머 겸 진행을 맡아본 것을 시발로 1980년부터 1995년까지 KBS에서 프로그램 구성과 여성칼럼을 전담하여 방송하는 등 방송국을 주무대로 삼아 자신의 지적 탤런트를 펼치는 직장생활을 한다. 그러나 1978년 남편과 사별하여 3

작품감상 **385**

남매 양육의 무거운 짐이 온통 자신의 양 어깨에 실리자 그의 지적 소양은 실질적인 생계수단이 되어 그 폭과 강도를 한층 넓히고 높이게 된다. 그가 남긴 ≪슈만과 클라라≫의 전기를 위시한 몇 권의 외서 번역과 ≪TV시대의 라디오≫와 같은 각종의 방송교본 등 12권의 저서, 그리고 ≪바람이 분다. 살아야겠다≫ 등 13권에 달하는 수필집의 존재는 그와 같은 작자의 생활을 뒷받친 노력의 산물이었다는 사실에 숙연한 경의를 표할밖에 없다.

그런데 무엇보다 특기해야 할 임선희의 진면목은 그가 누구보다도 문학성과 직업의식이 강한 전문 수필가라는 사실에 있다.

그는 일찍부터 생계수단의 일환으로 문단권 외에서 수필활동을 꾸준히 해온 직업 수필가이다. ≪여성동아≫를 비롯한 대중 매체와 각종의 사보 등에 시리즈 형태로 수필을 연재하였고, 그뿐 아니라 1981년부터 1995년에 이른 무려 15년 동안을 '동아문화센터 수필반'의 전담강사직을 맡아 수필의 대중화와 수필가의 지도육성에 종사한 지도급 수필가이기도 하다(장돈식, 정명숙, 백임현, 정경, 최민자 등 걸출한 수필가들이 그의 지도를 받은 문하생이기도 하다).

이런 그의 존재가 수필문단에 널리 부각되지 못한 소이는 고료 없는 원고 집필에는 일체 응하지 않는 철저한 직업의식에 있다. 어떤 매체를 불문하고 원고 청탁이 오면 응분의 고료부터 따지고 수락 여부를 결정하는 것이 그의 상투적인 집필 태도였으니, 아직은 백수경영의 처지를 면치 못하고 있는 문단의 전문수필지가 그의 옥고를 수용할 나위가 없었기 때문이다.

수필가로서의 그의 눈부신 존재가 처음으로 우리 수필문단에 모습을 드러낸 것은 평론가 김종완이 그가 발행인으로 있는 《에세이스트》 10호(2006년 11·12월호)에 기획특집으로 그의 작품세계를 소개함으로써이다. 당시의 《에세이스트》 편집인이자 그의 문하생이기도 한 정경(2006년 11월 작고)의 주선에 의한 것이 아닌가 짐작되지만, 그런저런 연고로 동지同誌의 편집고문으로 추대되기도 하였으니 늦게나마 우리 수필계에 무게를 실을 작품활동이 기대되기도 하였는데 불행히도 미구에 타계하고 말았으니 못내 애석한 일이다.

그의 작품세계는 좀 추상적인 표현이지만 한마디로 요약하자면 객체와 주체, 과거와 현실, 삶과 죽음과 같은 상대적 가치가 갖는 모순과 갈등을 극히 인간적인 관찰에 의해 조화시키는 필법에 있는 듯하다. 여성의 숙명적인 속성의 세계를 해부한 그의 대표작 〈여자 임신 그리고 생명〉이나 여기에서 감상할 〈공원의 벤치〉 등이 그런 세계를 짐작게 하는 수필이라고 할 수 있겠다.

박재식의
좋은수필 감상

해설

공원에 있는 벤치는 공원을 산책하는 사람들이 잠시 앉아서 쉬어갈 수 있게 마련된 편의 시설이다. 하지만 아무나 이용할 수 있는 공공시설물이라 때로는 애인들이 몰래 만나 밀어를 나누는 안성맞춤의 랑데부 장소가 되기도 하지만, 그중에는 가정이나 사회에서 소외된, 갈 곳 없는 사람들이 단골로 찾아와 소일과 낮잠을 자는 인생의 쉼터 구실을 하기도 한다. 〈공원의 벤치〉는 이런 공원의 벤치에 깃들이는 소외층 사람들을 인간애 어린 시선으로 관조한 글이다.

작자는 자신이 일을 보고 있는 여의도의 방송국에 들어가려다 문득 그 앞의 녹지대에 궁금증이 생겨 그쪽으로 발을 돌린다. "초록이 선명한 유월 아침 나절"의 풋풋한 풍광이 그를 유혹한 것이다.

5천 평은 되지 않으려는지, 겉보기와는 달리 실속 있게 넓은 땅에 나무들이 들어서 있다. 소나무, 잣나무, 느티나무, 전나무, 은행, 단풍 그리고 비원에서나 만날 듯한 수양버들의 고목들. 유연하고 섬세하게 가지를 늘어뜨린 이 수양버들 때문일까, 주변의 분위기가 대체로 여성적이다.

고층 건물들이 난립한 소란한 도시는 항상 산문적이고 남성적인 분위기를 풍긴다. 그 남성적인 도시 속에 아늑하게 자리잡은 공원은 한결 시적이고 여성적인 분위기로 도시생활에 시달리는 사람들의 마음을 감싸주는 어머니나 아내의 품속 같은 지대이기도 하다. 작자는 여의도 광장 한편에 조성된 녹지대를 혼자 걸어가면서 그런 분위기에 취하여 그곳을 '광장의 공원'이라고 명명한다.

좀더 속으로 들어가 봤더니 나 말고도 사람이 있다. 한 젊은 남자가 벤치 위에 반듯이 누워서 잠을 잔다. 왕성하게 코를 골며 깊숙이 단잠에 빠져 있는 것이다.

'아하, 요즘도 이런 데서 이렇게 잠을 자는 사람이 있구나.'
나는 사뭇 감탄해서 그 정경을 바라보았다.

경제성장의 물결을 타고 세상이 온통 바삐 돌아가는 시절, 그것도 그 물결의 중심을 이루다시피하는 직장들이 즐비한 신생 여의도의 '광장의 공원' 속 아침나절에 한창 일을 하여야 할 젊은 남자가 벤치에 누워 코를 골고 있는 야릇한 정경에 잠시 눈길을 빼앗긴다.

이것이 계기가 되어 작자는 소싯적에 곧잘 찾아가 놀던 사직공원에서 목격한 인상 깊은 정경들을 연상한다. 사직공원은 그가 살던 서울의 신문로 집에서 10분 거리에 있었고, 인왕산 기슭의 자연 경관을 살려 조성한 광대하면서도 으슥한 삼림 공원이었던 것이다.

박재식의
좋은수필감상

갖가지 수목의 열매와 꽃과 나비, 인왕산 계곡을 타고 내려온 차가운 물과 큼직큼직하게 잘생긴 바윗돌.
저녁놀 속으로 흐르던 달걀 빛깔의 구름과 풀내음이 스며든 아침 공기, 그리고 흰 눈밭 위로 떨어지던 가느다란 새 그림자…….
공원이라기보다는 오히려 숲에 가까웠다고 할까, 울창한 이파리들이 머리 위를 날개처럼 덮고, 그 일대는 한낮에도 어두컴컴하여 으슥했다.

이 모든 것이 합쳐서 통째로 자유롭고 분방한 곳이었다.

서울의 문안에서 태어나 거기서 이십 년 간의 성장기를 보낸 내가, 자연을 체감할 수 있었던 최초의 착실한 공간이 사직공원이었다.

그러나 작자의 주제의식은 지금 연상의 대상으로 삼는 사직공원의 이런 풍광에 대한 정회에 있는 것이 아니다. 궁핍했던 시대의 도회의 그늘에서 공원을 안식처로 삼아 궁싯거리는 거지풍 사람들에게서 받은 인상 깊은 감상을 회억하는 데 있다. 지금 분망한 도심 한편의 녹지 공원 벤치에서 아침나절부터 자고 있는 멀쩡한 청년과 왕년의 사직공원에서 본 봉두 남의蓬頭襤衣의 거지 사이에는 시대적 배경과 외관상의 차이는 있지만 정상적인 사회생활에서 소외된 인간군이라는 점에서 공통점을 갖는다고 할 수 있다.

작자가 사직공원에서 자주 목격한 거지풍 남자들은 여기저기에 놓인 벤치를 저마다 하나씩 차지하고 시도 때도 없이 네 활개를 펴고 낮잠을 즐기는가 하면, 깨어나서는 공원 안 구석구석을 돌아다니며 작대기로 쓰레기를 뒤져 음식찌꺼기나 무슨 나부랭이들을 일념으로 주워 올린다(작자가 거지로 여겼던 그들은 '넝마주이'가 아니었나 짐작된다-감상자 주). 시꺼멓게 윤이 나도록 때에 찌든 얼굴에 금세 도마뱀이라도 나올 것 같은 텁수룩한 머리털을 한 몰골로 불쑥불쑥 나타나서는 사람을 놀라게 한다. 그리고는 이쪽을 멀거니 쳐다보다가 악의없는 웃음을 싱긋이 웃어 보이고는 가버린다. 몰골이나 짓거리는 영락없는 거지이지만 행인에게 손을 내밀어 구걸하는 일이 없으니 엄밀히 말해 거지는 아니다. 세파에 밀려난 실업자이거나 부랑자임이 분명한데, 아무튼 그들 나름의 정신구조와 생활철학을 가진 "애교 있는 거지들"이라고 마음속 치부하며 작자 또한 악의없는 미소로 그들의 실존적인 의미를 받아들인다.

또 그 무렵, 작자의 눈길을 유달리 끌던 거지 여자에 대한 기억이 꼬리를 물고 되살아난다. 그 여자는 언제나 맡아 놓고 사직단 정문 밑에 어린 딸 하나를 데리고 앉아 있었던 것이다. 여섯 살쯤 되어 보이는 딸아이는 남루한 모습의 어미 거지와는 달리 모양새가 말끔하여 지금도 '약간 들창코에다 조그맣고 까만 눈이 수박씨를 닮은' 귀여운 얼굴을 떠올릴 수가 있다.

그런데 어느 여름날 저녁 무렵, 작자는 공원 언덕을 내려오다 여느 때와는 다르게 그 거지 모녀가 벤치에 앉아 있는 것을 발견한다. 두 모녀는 길가에 등을 돌리고 나란히 앉아 이마를 맞대고 있는 것처럼 보여 가까이 가보았더니 뜻밖에도 엄마가 딸의 손톱에 봉숭아 꽃물을 들여 주고 있는 정경을 목격하고 묘한 감동을 받는다. 그리하여 작자는 이제금,

박재식의
좋은수필 감상

사직공원의 벤치와 거지와 봉숭아 꽃물 - 그것은 명동거리의 다방과 문인과 커피 향기 이상으로 나로선 지울 수 없는, 지우고 싶지 않은 옛 서울의 영상이다.

하고 궁핍했던 시절의 옛 서울의 지울 수 없는 낭만의 영상을

떠올리며 감개에 젖는다. '명동 거리의 다방과 문인과 커피 향기'는 문학소녀인 작자가 꿈처럼 그리던 '궁핍 속의 낭만'이기도 하다. 명동 거리의 다방에서 문학을 얘기하며 궁싯거리는 가난한 문인들, 사직공원 벤치에서 낮잠을 자고 깨어나서는 열심히 쓰레기를 뒤질 뿐, 행인에게는 손을 내미는 일 없이 마주치면 빙긋이 악의없는 웃음만 남기고 지나가는 거지풍의 남자들, 그리고 하루의 구걸 행각에서 돌아온 거지 모녀가 벤치에 다정히 마주 앉아 어미가 어린 딸의 손톱에 봉숭아 꽃물을 들여 주는 아름다운 광경은 이 모두가 궁핍했던 시대의 서울의 그늘에서 제마다의 꿈을 키우고 산 선량한 소외층 인간군이 그려 놓은 한 조각 낭만적인 영상이 아닐 수 없다.

그래서 작자는 이와 같은 영상에 비추어 얼마 전에 TV에서 방영한 어느 유럽의 공원을 소개하던 프로그램을 상기한다.

지난봄이었던가, 유럽의 공원을 소개하는 텔레비전 프로그램이었다. 해설자의 음성이 흐르고 있었다.

"저기 벤치에 다정히 앉은 노부부. 말 없는 가운데 가슴으로 수많은 추억을 나누고 있는 저 노인들의 모습은 얼마나 보기 좋은 것인가. 젊은 시절을 알차게 보낸 다음 이제 노년을 우아하게……."

나는 그만 실소하고 말았다. 내 눈에 비친 그들 서양 노인의 모습은 적어도 '우아' 하고는 거리가 먼 것이었다.

작자의 눈에는 벤치에 앉아 있는 서양 노부부가 일종의 시위를 펼치고 있는 영상으로 비칠 뿐인 것이었다.

그들은 공원의 벤치에 앉아서 일종의 시위를 펼치고 있는 게 아닌가. 나에게 손주를 돌려다오, 가정을 돌려다오. 고독한 노인들이 외치는 무언의 구호가, 비명이, 내 귀에는 울려 올 뿐이었다. 우아하다는 표현은 차라리, 사직공원 벤치에서 팔자 좋게 낮잠을 자던, 혹은 딸아이 손톱에 봉숭아 물감을 들이던 그들 거지에게 바쳐야겠지 하고 나는 일순 생각해 보았다.

그리고는 이 얘기를(그와 같은 프로그램을 담당하여 제작하는) 교양국의 어느 PD에게 들려주었더니, 세대를 달리하는 젊은 PD는 "흘러간 것은 모두가 아름답다로군요." 하고 뱉듯이 말한다. 그러나 작자는 그의 단순 명쾌한 멸시에도 불구하고 하나의 신념을 떨쳐버릴 수가 없다.

거리에서 거지가 사라지면서부터 서울은 약탈의 도시로 바뀌었다는 것. 거지들이 낙엽처럼 뒹굴던 세상에선 최소한 인간에게 있어 인간이 증오와 공포의 대상은 아니었다는 것 말이다.

작자가 평생의 서울살이를 통해 느끼는 격세지정隔世之情에 대한 한탄의 목소리이기도 하다.
작자는 이 글을 구상한 며칠 전, 그러니까 그가 처음으로 홀연히 들렀던 '광장의 공원'을 다시 찾아간 것은 여름 더위가 한창으로 기승을 부리는 두 달쯤 뒤의 일이다.

　나무 아래 벤치에서 그때처럼 젊은 남자가 잠을 자고 있다.
　이번엔 잠자는 남자가 한 명에서 두 명으로 늘어났다.
　직업이 없어 이 도시를 떠도는 사람일까, 직업은 있지만 이 도시에서 자신의 방을 갖지 못한 사람일까. 사관학교 생도들의 사열식처럼 질서정연하고 엄격한 여의도광장의 풍경 속에서 그들의 헐렁한 모습이 왠지 죄스러워 보이지 않는다.

　그리고는 낮잠을 자는 두 남자에게 방해가 되지 않게 발소리를 죽여 밖으로 나온다.

후평

　이 수필은 소외층 인간군을 소재로 다룬 글이다. 그런데 작자는 그들에 대해 값싼 동정이나 소외 요인에 대한 문제의식과 같은 우월자적인 관찰을 일체 배제하고 오직 같은 인간의 눈높이에서 자신이 의도하는 주제성을 객관화하고 있는 점에 주목할 필요가 있다.
　그가 의도하는 주제성은 경제 일변도로 성장한 풍요사회가 가져온 인간 영역의 상실에 있다. 이것은 앞서 '해설'에서도 인용한 작자가 자신의 떨쳐버릴 수 없는 하나의 신념으로 "거지들이 낙엽처럼 뒹굴던 세상에선 최소한 인간에게 있어 인간이 증오와 공포의 대상은 아니었다."라고 한 일언지폐의 명제에서 쉬이 잡아볼 수가 있다.

이 명제의 객관화(형상화가 아닌)를 위해 공원의 벤치를 매개로 하여 고금古今의 사회적 현실이 빚은 소외층 인간군을 등장시켜 조명한다.

먼저 현대의 풍요를 주름잡다시피하는 직장들이 마치 "사관학교 생도들의 사열식처럼 질서정연하고 엄격"하게 늘어선 여의도의 광장 한편에 있는 공원 벤치에서 한창 일을 해야 할 아침나절에 코를 골고 자고 있는 젊은 남자를 보고 "아하, 요즘도…." 하고 감탄하며 바라본다.

작자가 "아하, 요즘도…." 하고 감탄한 것은 '요즘과 같은 바쁜 시절에' 하는 의표의 느낌을 역설적인 아이러니로 표현한 것일 뿐, 물론 감동에서 오는 찬탄은 아니다. 그가 같은 소외족이지만 감동의 대상으로 아직도 뇌리 속에 남아 있는 이미지는 궁핍한 시절 사직공원에서 본 거지들의 모습인데, 그것과 대조하여 연상하는 단초로 잡은 접속어에 불과하다.

혐오와 공포의 대상일 수밖에 없는 험상궂은 얼굴에서 악의없는 웃음이 비어지는 남자 거지들의 모습, 어미 거지가 어린 딸아이의 손톱에 봉숭아 꽃물을 들여 주고 있는 정다운 모습, 이런 인간적인 모습에서 궁핍 속에서도 꿈과 낭만이 숨쉬는 옛 서울에 대한 그리움의 연상이다.

박재식의
좋은수필 감상

그런데 그런 모습들이 사라지고 약탈의 도시로 변한 지금의 서울은 어떠한가? 양극화의 풍토 속에 인간관계는 서로가 미움과 공포의 대상이 되어 겯고트는 격투장으로 변모하지 않았는가. 작자는 잘사는 유럽의 공원 벤치에 가정으로부터 소외된 노부부가 앉아 있는 광경을 보고 '우아한 모습'으로밖에는 받아들이지 않는 젊은 PD의 정서에서도 그것을 절감한다.

그리하여 재차 '광장의 공원'에 들렀을 때 이런 약탈의 도가니를 등지고 낮잠을 자는 두 젊은 남자의 '죄스럽지 않은 모습'을 보고 인간적인 애정을 갖게 되는 것이다.

이런 줄거리의 주제의식을 마치 장편소설을 압축한 것 같은 구성에 의해(산문정신의 본령이라고 할 수 있는) 객관화한 수법이 놀랍다.

공 덕 룡

- 1923년 강원 춘천 출생
- 고려대 영문과 졸업, 뉴욕 주립 대학원 수료, 문학박사
- 단국대학 교수, 부총장 대학원장 역임
- 2007년 별세

고독이 좋다지만

감상感傷에 젖을 나이도 아닌데 고독을 음미한답시고 홀로 길을 떠나던 시절이 있었다. 노래의 가사는 아니지만, '떠날 때는 말없이' 훌쩍 떠나곤 하였다. 하기야 마음이 통하지 않는 벗과 한 자리에 같이 있기보다는 혼자 있는 편이 속 편하고 외롭지도 않다. 또 이유는 있다. 사람과 같이 있으면 배우는 게 있지만, 영감은 혼자 있을 때 떠오른다 하였다. 둘이서만 있어도 이야기를 나누어야 하는데, 대화와 사색을 동시에 할 수는 없지 않은가.

'군중 속의 고독'은 그럴듯한 발상이다. 도시 한복판, 그 많은 사람들 가운데 아는 얼굴이 하나도 없다는 것은 무서운 고독이다. 역설 같지만 고독한 군중을 떠남으로써 '나'를 찾고 '나'와 사귀고 대화하자는 속셈이다. 군중 속에 있으면 '나'는 파묻혀서 요샛말로 '아이덴티티'가 분명치 않다. 그래서 떠나보는 것이다.

기차가 산길을 달릴 때
초록빛 창가에 기대어
나 홀로 즐거운 일 생각하리.
오월의 아침, 동녘
풀잎 돋아나듯 마음 내키여.
　－萩原朔太郎, 〈旅上〉 중에서

'나 홀로 즐거운 일 생각하기 위해서' 떠나보는 것이다. 나를 어여삐 여기는 길이기도 하다. 때는 5월이 좋고, 차편은 기차가 좋다. 밤기차라면 로망도 있을 것이다. 소년 시절, 우리 집에서 철도역이 멀지 않았다. 초저녁 일정한 시간, 열차는 어김없이 통과하였다. 밤기차에 띄우는 아련한 동경심은 이때 움텄나 싶다.

지금 마악 정거장을 떠난
밤 기차가 달리고 있다.
불빛이 환히 비치고
여러 손님들이 아직 깨어 있는 모습이
아련히 보인다.
별세계 사람들같이 무언의 아름다움에 차서.
　－天家元磨의 〈밤기차〉 전문

이 시는 훨씬 후일에 읽었는데, 밤기차에 부치는 동경심을 다시 일깨워 주었다. 아직은 회상에 살 나이도 아닌데 불현듯 밤차가 타고 싶어졌던 것이다. 한 15년 전의 일이다.

청량리발 19시 통일호는 만석이었다. 웬 보따리장수가 그렇게 많았던가. 아낙네들이 이고 들고, 아기를 업은 젊은 엄마도 있었다. 밀고 밀리고 하는 북새통, 겨우 내 자리를 찾아서 앉았지만, 선반 위의 보따리가 불안하다. '뭐, 별세계 사람들같이 무언의 아름다움에 차서?' —시인의 넋두리다. 만원 밤열차는 노래하지도 않을 것이다.

옆자리 이낙네는 차가 떠나자 곧 곯아떨어졌다.
"태백에서 깨워 주세요."

잠꼬대를 한다. 잠들어도 '태백'은 오매불망이다.

아마 동대문 도매시장쯤에서 저녁장을 보고, 태백 새벽 저자에 대어가는 길일 게다. 퍼머는 풀리고 얼굴 화장도 지워졌다.

'삶의 현실이로구나…'

'나를 어여삐 여겨' 길을 떠났는데, 이런 경우에도 나를 사랑하듯 이웃을 사랑해야 하는가? 도와 줄 길은 태백역에서 깨워 주는 일뿐이다. 그러니 눈을 붙일 수도 없다. 불침번이 된 것이다.

태백역 도착 10분 전, 아낙네는 자명시계같이 번쩍 눈을 뜨더니 짐을 챙긴다.

'안녕. 돈 많이 버세요.' 하고 싶었지만, '돈' 이하는 독백으로 끝났다. 독백은 내가 나 자신에게 하는 말이 아닌가.

　태백산맥을 넘으니 내리막길이다. 사람과 보따리를 그만큼 토해 냈으니 가볍기도 할 것이다. 열차는 철로 위에서 춤추듯 달린다. 수탉 홰치듯 시끄럽다. 끽끽, 덜컹덜컹, 동해에서 해가 돋는다. 불덩이가 솟아오르더니 해면에 황금가루를 뿌린다. 선로 가까이까지 밀어닥치는 파도, 바위에 부딪쳐 치솟는 물보라….

　열차는 강릉역에 서고 승객은 모두 내렸다. 나는 더 가고 싶었지만, 거기서부터는 철로가 없다 한다. 버스로 속초까지, 더 북상하려면 차를 갈아타야 한다. 속초 어시장을 들러보고 싶어졌다. 속이 출출해졌기 때문이다. '고독'을 먹고 살 수만은 없지 않은가. 시장은 사람이 들끓는 곳이다. 무리를 떠나 이곳에 왔는데, 다시 무리에 끌려 들어가다니….

　파는 사람 사는 사람이 뒤범벅이 되어 에누리하고 깎고, 더러는 다투기도 한다. 누군가가 한 말이다. 자살할 사람, 먼저 시장에 들러보라고. 삶의 의욕을 북돋워 줄 터이니. 하물며 염세주의자도 아닌 나에게 있어서랴!

　강원도, 함경도, 경상도 방언이 뒤섞여 난무한다. 서울서 듣던 사투리가 아니라 여기 말은 진국이다. 원액 바로 그것이다. 그런데 서울말이 한 가닥 내 귓전에 와 닿았다.

　"공 선생 아닙니까?"

　뒤돌아보니, 낯은 익은데 서울에서나 만날 사람이었다.

　'이 사람도 방랑병에 걸렸구나.'

방랑자끼리 마음이 통했던지, 아니 동병상련이랄까, 해장국집에 들러서 회 한 접시에다가 해물탕 한 그릇 놓고 소주 두 병을 거뜬히 비웠다.

역시 감상에 젖을 나이는 훨씬 넘었는데, 갑자기 길을 떠나고 싶어졌다. 이번에는 남해를 돌아 소록도까지. 소록도는 전부터 가 보고 싶던 섬이다. 당시 고명하신 이 고장 정치가가 친히 이 섬을 찾아, 나병환자와 일일이 악수를 나누고 선물을 전달하는 장면이 화보에 실린 일이 있었다(선거가 다가오던 때이었으니). 소록도 사진을 보고 불현듯 떠나고 싶어진 것이다.

고흥군 도양이라는 나루터에 서니, '사람이 사는 고도' 소록은 바로 거기에 있었다. 왜 톨스토이의 ≪부활≫에도 나루터의 이별이 나오지 않던가. 시베리아 어느 강나루에서 여자를 떠나보내는 애절한 장면…. 나는 잠시나마 '떠나는 사람'이 되고 싶었던 것이다. 그렇다고 비감 따위는 있을 리 없다. 그날로 돌아오는 나그네이니까.

나는 사랑하는 젊은이에게 이런 말을 한 적이 있다. 각기 다른 길을 떠나 보라고. 이를테면 하나는 울릉도로, 또 하나는 마라도로. 이만한 거리를 두고 서로 생각하면 사랑은 이상하리만큼 간절해지고, 그리움을 보태서 되돌아오게 될 것이니. 사람이 떠남은 필경 돌아오기 위해서다. 돌아오지 않는 여행길이 있다면 저승길이 될 터이니.

소록도에선 고독이 무엇인지 정말 실감하였다. 오가는 사람마다 힐끔 시선을 던지는데, 눈길은 차고 냉담하였다. 그럴 수밖에 거기선 내가 이방인이기 때문이다.

조경이 잘된 넓은 정원. 남국의 수목이 열을 짓고, 가지는 무성하여 그늘을 지었지만, 지면이 있을 리 없는 자연경관은 허허롭기만 하다.

정원 한가운데 반석이 눕혀 있다. 석면에는 한하운韓何雲의 저 유명한 시 〈보리피리〉가 깊이 새겨져 있다.

인간사 그리워 인환의 거리….

하운은 이 섬 안에서 살았다. 나루터 저편은 '인환의 거리'이다. 아침에는 장이 서고, 파장 후에는 제각기 내 집에 돌아가는 세속의 거리이다. 그 뭍엘 가지 못하는 것이다.

나는 나루터로 발을 재촉했다. 나룻배 위에서 다시 찾을 리 없는 이 섬을 물끄러미 바라보았던 것이다.

작/품/감/상

#머리말

　작자인 노운 공덕룡(魯雲 孔德龍 1923~2007)은 영문학자이자 수필가이다. 향년 85세로 사세한 그의 생애를 일별하면 1951년 대학의 영문학부를 나와 곧바로 춘천농과대학의 전임 강사에서 시발하여 단국대학교의 영문학 교수로 부총장, 대학원장을 역임하고 1988년 정년퇴임하기까지 줄곧 교직에 종사한 영문학자이다. 따라서 그가 남긴 영문학에 관한 역서나 연구논문은 여기서 일일이 꼽을 수 없을 만큼 많은 것은 말할 나위가 없다.

　이런 노운이 일찍이 ≪자유문학≫에 등단작 〈분뇨담糞尿譚〉을 발표하여 수필가로서의 또 하나의 면모를 드러낸 것은 1957년 그가 약관인 조교수 시절이다. 이후 꾸준한 작품 활동을 통해 5권의 수필집과 수필에 관한 숱한 평론 등을 남기고, 운명이 핍박한 만년에 이르기까지 집필의 손을 놓지 않고 수필에 대한 집착과 정열을 기울인 정작의 수필가적 생애를 마친다.

우리나라 현대수필의 내력을 살펴보면 주로 교수직에 종사한 학자 수필가의 업적이 두드러지게 눈에 띈다. 노운도 그 중의 한 사람인데 다른 분들에 비해 좀 뉘앙스를 달리하는 면이 있다. 대개의 경우 전공 학문의 여기로 문학적인 취향을 피로하는 '선비의 문인화'적인 수필세계와는 달리 노운의 경우는 시종일관 전공 학문 그 자체를 자신의 수필세계 형성의 자원으로 투여한 점에서 그러하다. 그의 그 많은 역서와 연구논문 가운데는 수필(주로 영미수필)에 관한 것이 대종을 이루다시피하고, 그가 교수로 재임중인 75년에 취득한 박사 학위논문이 〈에세이에 관한 연구-동서수필의 비교문학적 접근〉이라는 것으로도 그 사실을 명증한다.

이것은 그의 창작 세계에서도 잡아볼 수 있는 현상이다. 50년 전에 발표된 등단작 〈분뇨담〉을 보면 영문학에 대한 지적 소양이 종횡무진으로 비어져 있고, '분뇨'라는 당시로서는 적이 이색적인 제재의 발상도 그러하거니와 그것을 해학적인 풍자로 마치 양식점에서 처음 대하는 서양요리처럼 맛깔스럽게 주물러 낸 솜씨에서 그 조짐을 십분 엿볼 수가 있다. 그의 문체에 면면하게 깔려 있는 온유한 유머와 위트가 다분히 영미풍 에세이의 에스프리를 연상케 하는 소이연이기도 하다.

아무튼 노운의 수필적 행적과 작품세계를 관조하면 누구보다

박재식의
좋은수필 감상

도 우리 한국수필의 풍토에 영문학적인 영향을 접목하여 새로운 지평을 모색하는 데 실질적인 구실을 기여한 학자 수필가로 평가하여 손색이 없을 줄로 안다.

여기에서 감상할 〈고독이 좋다지만〉은 그가 정년으로 교수직에서 물러나와 본격적인 수필가로 한창 물이 올랐을 무렵인 1995년 ≪계간 수필≫ 겨울호에 발표한 대표작 중의 하나이다.

#해설

이 작품은 혼자 누리는 여행의 고독감에 와닿는 인간사의 물정을 담담하게 관조한 글이다.

작자는 이른바 '고독을 사랑하는' 위인이다. 그래서 그 '고독을 음미'하기 위해 혼자서 기차를 타고 훌쩍 정처없이 여행을 떠나곤 하던 때가 있었다. 이 글이 씌어진 15년 전쯤이니까 그의 나이 50대 후반에 해당하는 시절이다. 따라서 '훌쩍 혼자 떠나는 정처없는 여행'은 젊음의 객기가 빚는 방랑벽과는 달리 인생의 황혼기에 접어들면서 자아 속에 깃든 고독감을 소견하는 여행으로 그것을 7순이 넘어 회고한 글이니 '혼자 하는 여행'에서 흔히 맛보는 감상적인 '여수旅愁'보다 자신과 세상을 관조하는 담담한 심경의 술회가 될 수밖에 없겠다.

감상感傷에 젖을 나이도 아닌데 고독을 음미한답시고 홀로 길을 떠나던 시절이 있었다. 노래의 가사는 아니지만, '떠날 때는 말없이' 훌쩍 떠나곤 하였다. 하기야 마음이 통하지 않는 벗과 한자리에 같이 있기보다는 혼자 있는 편이 속 편하고 외롭지도 않다. 또 이유는 있다. 사람과 같이 있으면 배우는 게 있지만, 영감은 혼자 있을 때 떠오른다 하였다. 둘이서만 있어도 이야기를 나누어야 하는데, 대화와 사색을 동시에 할 수는 없지 않은가.

작자는 허두에서 고독을 음미하기 위해 훌쩍 혼자 여행을 떠나는 까닭을 밝히면서 이야기의 가닥을 잡는다. 〈떠날 때는 말없이〉라는 노래의 가사를 슬쩍 원용한 대문은 속된 수법 같지만 읽는 이에게 친근감을 주는 재치있는 유머이다. 그리고 예문에 이어서 '군중 속의 고독'이라는 한때 지식인 사이에서 유행하던 명제를 들어 그 속에서 자아의 주체성을 찾는 방법으로도 '혼자 떠나는 여행'을 택한다는 의미의 부연이 그럴듯한 질감으로 설득력을 지닌다.

박재식의
좋은수필 감상

이런 여행은 신록의 계절 5월이 적기이고 차편은 기차, 특히 밤기차를 타고 가는 것이 제격이라면서 그것을 뒷받치는 두 일본 시인의 시를 인용한다. 실상 작자는 15년 전(5월?) 청량리역에서 강릉까지 가는 밤기차를 타고 훌쩍 혼자 여행을 떠난 것이다.

그런데 그가 어릴 때 집 가까이에 있는 철길을 지나가는 밤기차를 바라보며 품었던 "아련한 동경심"을 일깨운 일본 시인의 시 〈밤기차〉의 아름다운 시구절과는 달리 청량리역을 출발하는 밤기차 통일호는 보따리장수 아낙네들의 북새통으로 만차를 이루었으니 '밤기차'에 대한 낭만의 환상은 초장에 깨어지고 만다. 그중 한 아낙네가 작자의 옆자리를 차고 앉는다.

옆자리 아낙네는 차가 떠나자 곧 곯아떨어졌다.
"태백에서 깨워 주세요."
잠꼬대를 한다. 잠들어도 '태백'은 오매불망이다.
아마 동대문 도매시장쯤에서 저녁장을 보고, 태백 새벽 저자에 대어가는 길일 게다. 퍼머는 풀리고 얼굴 화장도 지워졌다

이런 아낙네의 몰골에서 가열한 '삶의 현실'을 목도한 상아탑 속 학자의 긍휼지심은 애오라지 그녀를 깨워 주기 위한 "불침번" 구실을 하게 된다. 그러나 아낙네는 목적지인 태백역에 도착하기 10분 전에 "자명시계같이 번쩍 눈을 뜨고" 허겁지겁 짐보따리를 챙겨 내릴 채비를 한다. '삶의 현실'에서 몸에 밴 습관이 제물로 잠에서 깨어나 하는 행동이다.
작자는 경황없이 짐을 들고 나가는 아낙네에게 "안녕." 하고 작별인사를 던지고 나서 "돈 많이 버세요." 하려다가 그만 둔다. 그 말은 작자의 진심이었겠지만 그것을 이 애처로운 여인에게 덧붙이는 것이 도리어 마음에 상처를 주는 수인사라 여겼기 때문일 터이다.
이 짤막한 차중 정경의 해프닝을 간결하게 처리한 서사 수법이 놀랍다.

태백산맥을 넘어 내리막길에 접어든 열차는 철로 위를 춤추듯 달린다. "사람과 보따리를 그만큼 토해냈으니 가볍기도 할 것이다." 이윽고 날이 밝아 동해에서 불덩어리 같은 해가 떠올라 해면에 금가루를 뿌려 놓고, 파도가 선로 가까이까지 밀려와 바위에 부딪쳐 물보라 꽃을 피운다. 이런 동해 아침의 아름다운 풍경을 쾌적하게 바라보는 작자의 마음은 비로소 밤차를 탄 보람을 감명하였을 것이다. 홀가분하게 달리는 기차의 의태擬態와 동해 아침의 서경 묘사를 간결하게 처리한 문장이 돋보이는 대목이다.

열차가 강릉역에 도착하여 다른 승객들에 휩쓸려 내릴 수밖에 없다. 종착역이기 때문이다. 무턱 속초행 버스에 올라타고 속초에서 내린다. 더 북상하려면 차를 갈아타야 하는지라, 내린 김에 소문으로 귀에 익은 어시장 구경도 하고 그곳에서 좋아하는 생선회라도 시켜 출출해진 속을 달래기 위해 찾아간다.

박재식의
좋은수필 감상

시장은 사람들이 들끓는 곳이다. 무리를 떠나 이곳에 왔는데, 다시 무리에 끌려 들어가다니….

파는 사람 사는 사람이 뒤범벅이 되어 에누리하고 깎고, 더러는 다투기도 한다. 누군가가 한 말이다. 자살할 사람, 먼저 시장에 들러보라고. 삶의 의욕을 북돋워 줄 터이니. 하물며 염세주의자도 아닌 나에게 있어서랴!

강원도, 함경도, 경상도 방언이 뒤섞여 난무한다. 서울서 듣던 사투리가 아니라 여기 말은 진국이다. 원액 바로 그것이다. 그런데 서울말이 한 가닥

내 귓전에 와 닿았다.

"공 선생 아닙니까?"

뒤돌아보니, "서울에서나 만날" 그저 낯익은 사람이다. 의기가 상통한 두 방랑자는 해장국집에 들러 "회 한 접시에다가 해물탕 한 그릇"을 시켜 놓고 소주 두 병을 거뜬하게 해치운다.

소박한 가운데서도 생존경쟁이 치열한 시장 풍경과, 서울이라면 그저 눈인사만으로 지나칠 터수의 지인을 타관에서 만나 새삼 반기게 되는 여중旅中의 인정 기미가 가슴에 와 닿는 장면이다.

작자는 장을 바꾸어 또 "남해를 돌아" 나병환자의 수용소인 '소록도'를 찾아 훌쩍 여행을 떠난 사연을 회상한다. 이번은 '무작정'이 아니라 목적 아닌 목적지를 정하고 떠난 여행이다. 만연한 생각이나마 한번 가보고 싶은 곳이었지만, 당시 선거철을 앞두고 그 고장의 어느 고명한 정치가가 그곳 소록도를 찾아가 나병환자와 일일이 악수를 나누고 선물을 전달하는 장면이 실린 화보를 보고 불현듯 가보고 싶은 마음이 내킨 것이다. 물론 정치가의 행지에 덩달아서 작동한 생심은 아니다. 한국 속의 고도孤島 소록도의 이국적인 정서 속에서 그가 사랑하는 고독의 행로를 잠시나마 조명해 보고 싶은 호기적인 발상에 불과하다.

고흥군 도양이라는 나루터에 서니, '사람이 사는 고도' 소록은 바로 거기에 있었다. 왜 톨스토이의 ≪부활≫에도 나루터의 이별이 나오지 않던가. 시베리아 어느 강나루에서 여자를 떠나보내는 애절한 장면…. 나는 잠시나마 '떠나는 사람'이 되고 싶었던 것이다. 그렇다고 비감 따위는 있을 리 없다. 그날로 돌아오는 나그네이니까.

그래서 작자는 보다 간절하고 그리운 사랑을 위해서는 서로가 다른 길을 떠나보라고 권유한다. 서로 떠난 곳의 거리가 멀수록 사랑은 짙어지고 그리움이 증폭하게 마련이다. "사람이 떠남은 필경 돌아오기 위해서"이고 "돌아오지 않는 여행길이 있다면 저승길이 될 터이니" 말이다.

어떻게 보면 '센티' 같기도 하고 유머 같기도 한 이 부질없는 객설의 삽입이 고독한 여행자의 여정旅情을 피력하는 모놀로그에 양념 구실을 한다.

박재식의
좋은수필 감상

소록도에 당도한 작자는 자기가 사랑하는 고독의 실체가 무엇인지를 정작으로 실감한다. 지나가는 사람마다 힐끔 시선을 던지지만 그 눈길은 싸늘하기만 하다. 그렇다고 정치가를 흉내 내어 악수를 청할 주제도 아니고, 선물을 하자니 마련이 없다. 조경이 잘된 넓은 정원이 딴세상의 풍경처럼 사뭇 낯설고 허허롭기만 하다. 그럴 수밖에 없는 것이 고독하고 소외된 천형의 섬 그 곳에서는 일없이 찾아온 그가 이방인에 다름 아닌 별난 존재였기 때문이다. 말하자면 "나를 어여삐 여겨" 고독을 반추하기 위해 찾아올 곳은 아니었던 것이다.

잘꾸며 놓은 정원 한가운데 누워 있는 반석에는 한때 이 섬에서 살았던 '문둥이 시인' 한하운韓何雲(1919~75)의 시 〈보리피리〉가 새겨져 있다.

보리피리 불며,
봄 언덕
고향 그리워
피ㄹ 닐니리.

보리피리 불며,
꽃 청산
어린 때 그리워
피ㄹ 닐니리.

보리피리 불며,
인환人寰의 거리
인간사 그리워
피ㄹ 닐니리.

보리피리 불며,
방랑의 기산하幾山河
눈물의 언덕을

피ㄹ 닐니리.

가지 못하는 인환의 거리(사람들이 많이 모여 사는 곳), 그리운 고향이 있는 뭍을 눈앞에 바라보며 하염없는 삶을 보내는 수용 환자들의 애절한 마음을 소박한 보리피리 소리에 실어 노래한 시이다.

작자는 나루터로 발길을 재촉한다. "필경 돌아오기 위해" 잠시 떠나온 나그네이니까. 그리고는 나룻배를 타고 자신의 사치한 고독병과는 아무런 연고가 없는, 그러므로 "다시 찾을 리 없는" 섬을 물끄러미 바라보는 것이다.

촛평

박재식의
좋은수필 감상

어떻게 보면 기행문이라고도 할 수 있는 수필이다. 여행이라는 행위를 바탕에 깐 글이라는 점에서 그러하다. 하지만 이 작품은 한갓 기행문으로 치부할 수 없는 오리지널 수필의 일품이 아닐 수 없다.

여행중에 만나는 견문과 에피소드에 작자의 감상이나 견해를 곁들여 (구성과 같은) 작품성의 형식 요건에 구애되지 않고 적는 것이 기행문인데, 이 글도 얼핏 보기에 그런 기행문적 요소의 내용을 담고 있기는 하다. 그러나 '여행'이라는 선행적인 행위를 모티브로 삼아 거기에 수반하는 '견물생심' 적인 주제를 단편적으로 전개하는 기행문과는 달리, 이 수필은 처음부터 '고독의 음미' 라는 에고적인 주제의식을 근간으로 삼아 그것을 그에 부수하는 '여행' 이라는 행위에 의해 하나의 작품으로 형상화한 점에서 차별된다.

단편성의 내용을 하나 하나 마치 낱알의 구슬을 다듬어 놓듯 깔끔하게 처리한 간결한 문장 기법, 그 낱알의 구슬을 흐트러짐이 없는 사유의 끈으로 담담하게 엮어나가는 구성법, 그 담담한 사유 속에 함축된 온유한 해학성의 구사 기법은 눈여겨 감상할 좋은 수필의 모형이다.

차 주 환

- 1920년 강원 영월 출생
- 서울대 중문과 졸업 및 동대학원 수료, 문학 박사
- 서울대 중문과 교수
- 한국 수필 문학 진흥회 회장 역임
- 2008년 별세

반도체와 피안사상

1958년 여름에 나는 하버드 대학에 가서 2년 동안 연구를 하고 돌아온 일이 있다. 그때 나는 중국 문학을 전공하기 때문에 과학 방면과는 별로 관계없이 지냈지마는, 가끔 과학을 전공하는 교수와 학생을 만날 기회가 있어 과학 방면의 이야기를 듣게 되었고 그럴 때면 마치 딴 세상의 일을 전해 듣는 느낌을 갖고는 했다. 그중에서 지금까지도 기억에 남는 일이 한 가지 있다. 당시 하버드 대학 박사과정에서 물리학을 전공하고 있던 유 모某라는 한국 유학생이 반도체의 대단한 효용을 일러주면서 한국에서도 서둘러 반도체를 연구 개발해야 큰 발전을 기대할 수 있다고 열을 올려가며 되풀이 강조하였다. 나는 그저 그런가 하고 듣고만 있을 뿐이었다.

그 후 30년에 가까운 세월이 흘러버렸고 나는 문학 교수로 굳어져 첨단과학의 발달에 대해서는 관심을 가질 형편이 못 된 채 살아왔다. 그런데 근년에 와서 한국에서도 반도체 산업이 활기를 띄어 고성능의 반도체 제품을 생산하여 외국에까지 수출하게 되었다. 그런 보도에 접해 늦게나마 한국에서도 반도체 개발에 손을 댔구나, 하고 유 모 군의 말을 떠올리게 되었다.

반도체 개발이 진전됨에 따라 전산 기기電算機器도 비약적인 발전을 이룩해서 우리 생활의 율려律呂를 크게 바꿔 놓았다. 이를테면 몇 해 전부터 한국에서도 은행에 온라인 제도가 도입되어 기록과 계수와 기억 등에 걸친 업무가 신속 간편해졌다. 이러한 금융계의 온라인 제도를 이용하는 일은 이미 습관이 되어 지금은 당연한 것으로 여겨지게 되었지만 이 제도가 처음 실시될 때는 다소간 놀라움을 느끼지 않을 수 없었다. 인간의 지혜가 늘어남에 따라 과학도 같이 발달해서 얼마 전만 해도 상상조차 하기 힘들었던 일들을 해내게 되고 또 얼마 안 가서 그것이 일반화되어 다시 더 새롭고 편리한 것을 만들어내고는 한다. 특히 반도체의 개발로 계수와 기록에 걸친 기능이 비상하게 신속 정확해졌고 계수와 기억의 힘을 바탕으로 상당한 수준까지의 판단도 구할 수 있게 되었다.

반도체를 활용한 기기의 응용 범위가 급속도로 늘어나 인간은 점차 기억과 종합과 판단에 걸쳐 주로 기기에 의존하고 그 방면의 두뇌는 덜 쓰는 데로 흘러가는 형편에 놓여지게 되었다. 앞으로 국민 개개인의 사항을 상세하고 정밀하게 그러한 기기에 입력시켜 놓고 필요할 때마다 조회하고 판단을 구하고 하여 나라를 다스려나가게 될 날이 올 것이라 여겨진다. 또 현재 그러한 일이 실시되고 있을지도 모를 노릇이기는 하다.

한편 음향과 영상을 포착 기록하는 기기도 역시 반도체 발달에 힘입어 상상 이상으로 첨예화해서 인간의 내밀한 상황을 원격 탐지하는 일도 가능하게 만들어, 좋게는 거창하고 힘든 일을 원격조종으로 기대 이상의 성과를 가져오게 하고, 나쁘게는 남의 비밀을 도청盜聽 또는 도시盜視하여 그 정보를 이용해서 유리한 고지를 먼저 차지하고 나서기도 한다. 요즘 각국에서 다투어 발사하는 탐사 내지 정찰을 목적으로 한 위성은 성능이 뛰어난 경우, 지상의 물체를 사과알만 한 것까지 분별하고 실내나 차중車中의 밀담까지 청취한다고 하니 인간 세상에서 비밀을 없애버리는 단계에 도달하였다고 하겠다. 20세기에 들어와 종래 생각하지도 못했던, 상상의 세계에나 있을 것으로 여긴 일들을 현실적으로 해내기에 이른 것이다.

나는 늘 생각하지만, 인간 두뇌의 진화 속도가 가속화해서 우주에 갖추어져 있으면서 알아내지 못하던 이치를 깊은 데까지 파고 들어가 탐색해 내어 그것을 인간 생활에 응용하기에 이른 것이라고 여겨진다. 다만 우주에 갖추어져 있는 이치는, 내가 보기에는 무궁무진해서 인간의 두뇌가 아무리 진화한다 하더라도 그것을 남김없이 탐색해 내기까지에는 이르지 못할 것 같다. 인간은 유한한 존재인데다가 많고 적은 차이는 있을지언정 사욕이 있어서 무한하고 공평무사한 우주의 이치를 그대로 다 터득해 내기까지에 이르기는 어렵게 마련이다.

여기서 머리에 떠오르는 것은 불교, 도교, 그리스도교 등 각종 종교에서 전하는 피안사상彼岸思想이다. 사람은 이승의 삶이 끝나면 또 저승으로 삶이 이어진다는 것이 피안사상의 기초를 이루고 있는데 거기에는 여러 가지 조건이 곁들여져 있다. 쉽게 말하면 이승에서의 생각과 말과 행위의 선악에 따라 저승에서의 지위나 처우가 결정된다는 것이다. 그 많은 인간의 생각과 말과 행위를 선악으로 구분 평가해서 심판을 내린다는 것은 결코 쉬운 일일 수는 없다. 그러나 아주 먼 옛날부터 그 일이 정확하게 이루어지고 있다고 많은 사람들 사이에서 믿어져 왔다. 그리고 그러한 계수와 심판에 관한 설화도 이루 헤아릴 수 없이 허다하게 전하여진다.

한 가지 예를 들어 보기로 한다. 위중달衛仲達은 어느 날 갑자기 명부冥府(저승의 심판소)로 불려가 선과 악을 기록한 두 가지의 장부를 보게 되었는데 악의 기록은 마당으로 하나 가득 차 쌓였고 선의 기록은 작은 두루마리 하나에 지나지 않았다. 그런데 명관冥官의 명령으로 선과 악의 두 기록을 달아보니 의외로 선의 기록 쪽이 훨씬 무거웠다. 위중달은 이승으로 되돌아가도 좋다는 명관의 판결을 받았으나 40도 못 된 자기가 웬 악을 그렇게 저질렀는지 의아해졌고 선의 기록은 얄팍한데 그 무게가 더 나가는 것도 괴이한 일로 생각되었다. 명관의 대답은, 마음속으로 옳지 않은 일을 생각하면 곧 악의 장부에 기록이 되고 악행이 있을 때만 적히는 것이 아니라는 것이다. 얄팍한 선의 기록이 무게가 나가는 것은 나라를 위해 바른말을 한 때문이라는 것이다. 바른말을 하는 것은 그것이 채택되지 않아 실현될 기회가 없었다 하더라도 대단히 높이 평가된다는 이야기이다.

　지금 개발된 통신 수단이라든지 전산 능력 등을 생각할 때 은연중에 우리 일상생활에 있어서의 생각과 말과 행위가 기록 보존될 가능성에 대한 종전 같은 희화戱話나 조작造作으로 생각했던 것과는 다른 차원에서 고려해 보아야 할 게 아니냐는 생각을 해보게도 된다. 우주 전체를 가지고 볼 때, 인간 세상은 복잡하고 종잡을 수 없어 이루 다 세세하게 평가될 수 없다고 치부해버린다는 것은 오히려 단순한 사고같이 여겨진다. 피안사상을 받아들이지 않는다 하더라도 시기 아닌 남을 위해 봉사하는 것을 기본으로 하는 선한 마음가짐과 선한 말과 선한 행위는 내세를 기다리지 않고도 응분의 보답이 보장되어 있다고 말할 수도 있는 것이다.

작/품/감/상

머리말

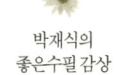

박재식의
좋은수필 감상

작자인 한당 차주환(開堂 車柱環 1920~2008)은 중문학자이자 수필가이다. 강원도 영월의 한학자 집안에서 태어나 2년 동안 서당에서 한문을 수학하고, 춘천으로 나와 초등학교를 거쳐 1938년 춘천고보(5년제)를 졸업한다. 그런데 재학중(1937년) 교내의 항일 학생결사抗日學生結社인 '상록회'에 가입하여 활동한 죄로 졸업 후인 1938년 가을 일경日警에 체포되어 14개월 동안 구금된 끝에 이듬해 겨울 1년 6월 징역에 3년 집행유예 선고를 받고 석방된 경력으로 하여 1980년 광복절에 독립유공자로 표창되기도 한다. 그 뿐 아니라 2차대전 말기인 1944년에는 학병으로 일군日軍에 징집되어 버마(지금의 미얀마)전선에 투입되자 탈출하였으나 연합군의 포로가 되어 수용소 생활을 하다가 광복 이듬해인 1946년에야 고국으로 돌아오는 고초를 겪기도 한다.

고국에 돌아와서는 서울의 중동중고등학교 외국어 교사로 취업 2년 동안 근무하다가 1948년 서울대학교 문리과대학 중문학과에 입학하여 1952년 졸업하고 이어 동 대학원에서 석사과정을 이수(1954년)한다. 그 어간에 대만대학의 문학연구소에서 중국문학을 연구하는 등 중문학자로서의 자질을 다져 1954년 대학원을 수료하자 바로 서울대 강사로 등용되어 1986년 정년으로 퇴임하기까지 줄곧 중문학과 교수로 재임하게 된다.

재임중 1968년에 서울대에서 문학박사 학위를 취득하고, 1976년에는 '중어중문학회' 회원으로 초대 회장을 역임, 1977년에 '대한민국학술원' 회원, 퇴임 후는 서울대 명예교수로 종신함으로써 학자로서의 유감없는 생애를 마친다. 그 학문적 생애를 통해 그는 각종 중국 고전문헌의 권위 있는 역주서譯註書와 특히 시詩·사詞의 연구를 비롯한 숱한 학술논문 등 우리나라 중문학계 태두로서의 명실이 상부하는 많은 실적을 남긴다.

이런 한당閒堂이 일찍부터 수필에 유다른 관심과 뜻을 나타낸 것은 그가 대학원에 재학 중이던 1953년의 일이다. 그때 한당은 대학 근처에 외국어학원을 차려 놓고 있었는데, 그해 가을, 철학을 전공하며 시내 어느 대학에 출강하고 있던 우송 김태길友松 金泰吉이 아르바이트의 일환으로 한당의 학원에 영어 강사로 취업하게 되는데, 이것이 동문이자 동갑인 두 한국 석학이 평생을 두고 친교를 맺는 인연의 계기가 된다. 그해 겨울 어느 날, 각자가 전공하는 학문의 학자를 지향하는 두 사람은 학원 근처의 다방에서 마주 앉아 환담을 나누다가 한당이 우송에게 "수필을 함께 써보지 않겠느냐."고 정색으로 제언한다. 그리고는 옛날부터 동양의 선비에게는 문집文集이 있었다고 말하고, 현대와 같이 새로운 학설이 쏟아져 나오는 시대에 오랜 생명을 누릴 수 있는 학술논문을 남기기는 어려우나 좋은 수필은 후세에까지 읽힐 수 있다는 지론을 펴고, 그러므로 수필을 쓰는 것은 한갓된 학문의 여기餘技가 될 수 없고 선비 생활의 핵심적인 일부로 생각된다고 소신을 밝힌다.

그리하여 두 석학은 모교인 서울대학의 전공학과 교수로 있으면서 기회 있을 때마다 수필을 써서 대내외의 지지誌紙에 발표해 오다가 1977년에는 두 사람이 주동이 되어 국내의 유수한 수필가들의 뜻을 모아 '한국수필문학진흥회'를 결성하고 초대 회장 우송에 이어 한당이 2대 회장을 역임하는 등 표면적인 문단 활동을 통해 우리 현대수필문학사에 새로운 획을 긋게 된다.

박재식의
좋은수필 감상

수필가로서 한당이 남긴 업적은 수적 면에서는 상대적으로 그다지 많지 않은 편이나 그 무게가 갖는 함량은 결코 만만하지가 않다. 1982년 전기한 '진흥회'의 회장으로 재임시에 '한국수필가협회'에서 내고 있는 《한국수필》과 쌍벽을 이루는 수필지 《수필공원》(지금의 《에세이문학》)을 창간하여 기라성 같은 신인 발굴 등 우리나라 수필문학의 진흥과 질적 제고에 실질적인 기초를 마련하였고, 자기도 동지同誌를 주무대 삼아 벌인 무게 있는 작품 활동을 통해 학자 수필의 진면목을 과시하는 한편, 아울러 수필에 대한 자신의 지론을 바탕으로 한 '수필론'과 '작가론' 등 평론활동도 활발히 전개하여 한국수필의 진로에 길잡이 구실을 하는 값진 발자취를 남기고 있다. 그가 남긴 수필집은 고작 두 권(1982년, 범우사 간 ≪동양의 달≫과 1984년, 문음사 간 ≪허물없는 이와의 대화≫)에 불과하지만 이것은 한 편의 태작도 불허하는 신중한 집필 태도에 연유할 뿐, 그것으로 1989년 피천득, 이희승, 김소운, 김태길에 이어 제5회 '현대수필문학대상'을 수상한 영예는 '한당 수필'의 진가를 입증하고도 남음이 있다.

그의 작품세계에 대해서는 번잡을 피해 '한당 수필'의 정곡을 꿰뚫은 우송의 〈차주환론〉(≪동양의 달≫ 소록) 중에서 발췌 인용하는 것으로 대신한다.

한당은 수필의 근본과 원칙에 대한 일가견을 가진 소수의 학자 가운데 한 사람이다. 산문에 있어서도 가장 오랜 전통과 풍부한 유산을 가진 중국의 문학을 전공한 그는, 훌륭한 수필이 갖추어야 할 조건에 대하여 매우 넓고 깊은 이해와 식견을 가지고 있다. 그것은 오랜 연구의 연륜을 통하여 자연히 체득한 그의 신념이기도 하다. (중략)

한당의 수필은 읽는 이에게 '평범하다'는 첫인상을 준다. 고추나 겨자와 같이 톡 쏘는 맛도 없고, 텔레비전 광고나 네온사인처럼 강렬하게 시선을 끄는 자극도 없다. 이를테면, 어린이 시절에 농촌에서 마셨던 보리밥 숭늉 맛 같기도 하고, 뚝배기에 앉혀서 질화로에 끓인 된장찌개 맛 같기도 하다. 기교를 부리지 않고 자연스럽게 쓰는 글인 까닭에, 한당의 수필은 그 맛이 담백할 수밖에 없고, 언뜻 보기에 평범하다는 인상을 줄 수밖에 없다.

재치가 없어서 못 부리는 것은 아니다. 대개 작은 재주꾼들이 그 재주를 앞세워 과시하는 경향이 있지만, 한당은 그의 재주를 안으로 감춘다. 중국의 상인들이 값지고 귀한 물건은 깊숙이 뒤 창고에 숨겨 둔다고 들었거니와, 중국문학을 연구하는 한당에게는 어디엔가 중국적인 것이 있다. 그 외모부터가 좀 두루뭉술하다. (중략)

한당의 수필에는 숨은 농담이 많다. 겉으로는 근엄한 한학자의 글 같지만, 사실은 그 가운데 장난기도 적지않이 들어 있다. 글 가운데 장난기란 본래 유머 정신에 바탕을 두고 있다 하겠으며, 이 유머를 매우 중요시하는 것이 한당의 수필관의 일부이기도 하다.

〈동물원 타령〉이나 〈불면증〉 같은 한당의 수필은 그의 유머 감각을 깊숙이 숨긴 작품들이다. 언뜻 보기에는 별로 그런 것 같지도 않지만, 잘 읽어 보면, 결국은 반은 농담인 것이다. (중략)

박재식의
좋은수필 감상

요즈음 우리 수필 문학계에는 '수필'의 개념을 좁게 국한해야 한다고 생각하는 사람들이 많다. (중략)

그러나 한당은 수필의 개념을 넓게 생각한다. 그의 인품이 좁게 생각하기를 거부하기도 하겠지만, 동양의 전통에 있어서 본래 수필의 개념을 넓었다고 보는 데도 근거가 있을 것이다. 한당의 수필 가운데는 일기도 있고 편지도 있다.

감상할 〈반도체와 피안사상〉은 《수필공원》 1987년 여름호에 발표된 그의 수필로는 연보상 말기 작품에 속하는 대표작의 하나이다.

해설

　이 글은 첨예화한 과학문명의 발달과 종래의 종교적 신앙으로 전해오는 피안사상彼岸思想을 대비시켜 인생의 모랄을 추구한 수필이다.
　작자는 일찍이 미국의 하버드 대학에서 2년 동안 연구생활을 하면서 그곳에서 문리학을 전공하는 한국 학생을 만나 "반도체의 대단한 효용"에 대한 열띤 설명을 들었지만, 문외한인 그는 "그저 그런가 하고" 별다른 관심을 갖지 않고 지낸다. 그런데 그로부터 30년 가까이 지나 근년에 와서 우리나라에서도 반도체 산업이 활기를 띠어 고성능의 반도체 제품을 생산하여 외국에까지 수출한다는 보도를 접하고 새삼 그 학생의 말을 떠올리게 된다. 한국도 반도체의 연구 개발을 서둘러야 한다고 거듭 강조하고 역설한 과학도의 기망이 마침내 결실의 조짐을 나타낸 것이다.

　반도체 개발이 진전됨에 따라 전산 기기電算機器도 비약적인 발전을 이룩해서 우리 생활의 율려律呂를 크게 바꿔 놓았다. 이를테면 몇 해 전부터 한국에서도 은행에 온라인 제도가 도입되어 기록과 계수와 기억 등에 걸친 업무가 신속 간편해졌다.

반도체의 개발은 우리 인류의 과학문명에 또 하나의 획을 긋는 컴퓨터라는 경이적인 기기機器를 출현시켜 기록과 계수와 기억 및 신속 광범한 통신 수단 등 인간 두뇌의 천재적인 기능을 대행하고 있다. 우리나라도 수년 전부터 그 시스템에 의한 은행 간의 온라인 제도가 도입되어 획기적으로 간편화된 금융 거래를 고객들은 이미 당연한 방법으로 습관처럼 이용하고 있는 터이기도 하다.

　이렇게 인간의 지혜가 자아내는 과학의 발달은 일찍이 상상조차 못했던 일들을 발명하여 그것이 생활의 이기利器로 일반화되고, 다시 얼마 안 있어 거기에 한술을 더 뜬 더욱 새롭고 편리한 것을 새록새록 만들어서 우리 인간의 생활의 리듬을 크게 바꾸어가고 있다.(※이 대문의 문장에서 주목할 것은 중문학자인 작자가 '리듬(Rhythm)'이라는 관용적인 외래어를 음악의 가락을 의미하는 한자어 율려(律呂)'를 발굴하여 구사함으로써 문체의 중후성을 도모하고 있는 점이다.)

박재식의
좋은수필 감상

　과학에 문외한인 작자가 반도체의 놀라운 위력을 체감한 것은 '온라인' 제도가 고작이지만, 그밖에도 전문傳聞이나 보도를 통해 접하게 되는 반도체의 급속한 활용 범위의 증대는 인문학자인 그에게 반사적으로 미래 관망에 대한 문제의식을 자아내게 한다.

　첫째, 인간은 점차 '기억'과 '종합'과 '판단'의 기능을 전산기기(컴퓨터)에 의존함으로써 그 방면의 두뇌는 덜 쓰는 데로 흐르게 된다. 이것은 구경 인간의 생각하는 기능을 퇴화시킬 수밖

작품감상 427

에 없다. 따라서 나라를 다스리는 권력도 국민 개개인의 사항을 상세하고 정밀하게 그러한 기기에 입력시켜 놓고 필요할 때마다 조회하고 분석하며 판단을 구하여 행사할 날이 올 것이라 여겨진다. 아니나 다를까, 지금 우리나라 정부의 행정도 거개가 사이버 시스템에 의해 운영되고 있을 뿐 아니라, 그로부터(이 글이 발표된 해로부터) 15년 뒤 인터넷의 위력으로 집권한 대통령이 항상 모니터를 응시하는 모습을 보도용 초상의 트레이드 마크로 삼을 만큼 컴퓨터에 집착하게 되었으니, 문외한인 인문학자의 예견은 미상불 적중한 셈이다.

둘째로, 음향과 영상을 포착 기록하는 기기도 반도체의 발달에 힘입어 상상 이상으로 첨예화하여 인간의 내밀한 상황을 원격 탐지할 수 있게 만들어서, 좋게는 거창하고 힘든 일을 원격 조종으로 기대 이상의 성과를 가져오게 하는 한편, 나쁘게는 남의 비밀을 도청盜聽 또는 도시盜視하여 그 정보를 불순전의 목적에 사용하는 폐단을 빚기도 한다. 각국에서 다투어 발사하는 탐사 내지 정찰을 목적으로 하는 위성은 성능이 뛰어난 경우, 지상의 물체를 사과알만 한 것까지 분별하고 실내나 차중의 밀담까지 청취한다고 하니, 반도체가 갖는 무소부지의 위력은 가히 인간 세상에서 비밀을 없애버리는 단계에 도달하였다고 할 수가 있다. 과학의 무궁한 발달은 20세기에 들어와 종래에는 생각조차 못했던 일들을 이처럼 현실적으로 해내기에 이른 것이다.

하지만 물리物理보다는 문리文理를 추구하는 인문학자인 작자로서는 대우주가 지니는 불가사의의 원리에 비추어 인지가 자아내는 이와 같은 과학 발달의 무한성에 대해 회의를 품지 않을 수가 없다.

나는 늘 생각하지만, 인간 두뇌의 진화 속도가 가속화해서 우주에 갖추어져 있으면서 알아내지 못하던 이치를 깊은 데까지 파고 들어가 탐색해 내어 그것을 인간 생활에 응용하기에 이른 것이라고 여겨진다. 다만 우주에 갖추어져 있는 이치는, 내가 보기에는 무궁무진해서 인간의 두뇌가 아무리 진화한다 하더라도 그것을 남김없이 탐색해 내기까지에는 이르지 못할 것 같다. 인간은 유한한 존재인데다가 많고 적은 차이는 있을지언정 사욕이 있어서 무한하고 공평무사한 우주의 이치를 그대로 다 터득해 내기까지에 이르기는 어렵게 마련이다.

박재식의
좋은수필 감상

그래서 작자는 인간의 종교가 설정하여 전래하는 '피안사상'을 이 명제에 대조하여 떠올린다. 인간의 삶은 이승에서 끝나면 저승에서 이어진다는 것이 피안사상의 기초를 이루는데, 요컨대는 이승에서의 생각이나 언행의 선악에 따라 저승에서의 지위나 처우가 결정된다는 인과응보에 대한 믿음의 사상이다.

그런데 그 많은 인간의 생각과 언행을 낱낱이 선악으로 구분 평가하여 심판을 내린다는 것은 결코 쉬운 일이 아닐 것이다. 그 심판은 극락(천국)이냐 지옥이냐의 극과 극의 갈림길을 요정짓는 일인즉, 이승에서의 한 인간의 숱한 삶의 계수 속에는 선도 있고 악도 있게 마련인데, 그 판별의 기준은 현세에서 대우주의 이치를 헤아리는 일만큼 어려운 일일 것이기 때문이다. 하물며 저승의 존재 그 자체도 대우주의 신비와 마찬가지로 과학의 힘으로는 탐구할 수 없는 불가사의의 세계가 아닌가. 그러나 먼 옛날부터 사람들 사이에는 그 일이 아주 정확하게 이루어지고 있다고 믿어져 왔고, 따라서 그러한 계수와 심판에 관한 설화가 허다하게 전하여지기도 한다. 작자는 그 예화의 하나로 중국 고전 속에 나오는 〈위중달전衛仲達傳〉을 소개한다.

나라에서 꽤 높은 벼슬을 하는 위중달은 어느 날 갑자기 명부冥府(저승의 심판소)로 불려가 선과 악이 기록된 두 가지의 장부를 보게 되는데, 악의 기록은 마당으로 하나 가득 차 쌓였고 선의 기록은 작은 두루마리 하나에 불과한 것에 놀란다. 그런데 명관冥官의 명령으로 선과 악의 두 기록을 달아보니 의외로 선의 기록 쪽이 훨씬 무거웠다. 위중달은 40도 못 된 자기가 웬 악을 그렇게 많이 저질렀는지 의아해졌고, 또 선의 기록은 얄팍한데 그 무게가 더 나가는 것도 괴이한 일로 생각한다.

그에 대한 명관의 대답은, 악의 기록에는 악행이 있을 때만 치부되는 것이 아니라 마음속으로 옳지 않은 일을 생각하면 곧 악의 장부에 기록되기 때문에 부피가 많아지고, 얄팍한 선의 기록이 무게가 나가는 것은 위중달이 나라를 위해 바른말을 한 때문이라는 것이다. 바른말을 하는 것은 비록 그것이 채택되지 않아 실현될 기회가 없었다 하더라도 대단히 높이 평가된다는 이야기이다. 그리하여 위중달은 이승으로 되돌아가도 좋다는 명관의 판결을 받게 된다.

여기에서 작자는 생각한다. 지금 반도체의 개발로 첨예화된 통신 수단이나 전산 능력으로 미루어 "은연중에 우리 일상생활에 있어서의 생각과 말과 행위가 보존될 가능성"에 대해서는 우리가 종전에 피안세계의 심판을 희화戱話나 조작으로 생각했던 것과는 다른 차원에서 짚어 볼 문제라고 여긴다. 그러므로 앞서 자신이 인지의 한계를 모색한 명제를 좇아 한갓 "우주 전체를 가지고 볼 때, 인간 세상은 복잡하고 종잡을 수 없어 이루 다 세세하게 평가될 수 없다."라고 치부해 버리는 것은 오히려 단순한 사고방식이라고 생각되는 것이다. 그래서 작자는 현세에서의 선악과 응보에 대해

피안사상을 받아들이지 않는다 하더라도 시기 아닌 남을 위해 봉사하는 선한 마음가짐과 선한 말과 선한 행위는 내세를 기다리지 않고도 응분의 보답이 보장되어 있다고 말할 수도 있는 것이다.

하고 결론하며 고를 맺는다.

박재식의
좋은수필 감상

촌평

이 글의 제목이자 주제의 오브제가 되는 '반도체'와 '피안사상'은 얼핏 보기에 자못 균형감각에 서어감齟齬感을 주는 엉뚱한 개념끼리의 부회라는 인상을 갖게 한다. 반도체라는 현대 과학의 첨예화 현상과 초과학적(어쩌면 비과학적)인 종교사상을 어떻게 결부하여 조화시키느냐 하는 것은 그만큼 독자의 호기적인 흥미 대상이 될 뿐 아니라, 또 그 과제를 얽어 작품화하는 일은 퍽이나 어려운 작업이기도 하다.

그런데 인문학자인 한당은 그 엉뚱한 발상을 거뜬하게 처리한다. 먼저 반도체의 경이적인 개발 추세로 미루어, 현재 인간의 내밀한 동향까지를 원격 탐지할 만큼 첨예화한 기기의 전산 기능이 은연중에 우리 일상생활에 있어서의 언행과 생각까지를 기록 보존할 가능성을 점치고, 여기에 종래의 설화 등에 의해 사람들이 믿고 있는 피안사상, 즉 이승에서의 생각과 언행이 저승의 장부에 낱낱이 기록되어 그 선악의 계수에 의해 심판된다는 사상과 대비시켜, 아무튼 이 양자의 굴레를 벗어나서 오직 사심없는 애타적인 모랄 정신만이 현세를 살아가는 인간이 구원받을 수 있는 길이라고 풀이한다.

모랄리스트다운 필법의 수작품으로 평가할 수필이다.

장 돈 식

- 1920년 황해도 장연 출생
- 만주 쓰핑제 신학교 중퇴
- 인천에서 '가나안 농원' 운영
- 수필가로 등단 후 강원도 백운산 자락에 산장을 짓고 수필 창작에 전념
- 2009년 별세

단장斷腸의 숲

 인저 드문 산에 살면 외로울 것이라고 생각하는 사람들이 있다. 그러나 반드시 그렇지는 않다. 산 생활에는 여기서나 사귈 친구들이 꽤 있다. 언젠가 〈산방사우山房四友〉라는 글을 쓴 적이 있는데 지금도 그대로다.
 나의 산 생활 12년 중, 초기부터 우리와 희로애락을 같이한 진돗개 억세, 나는 그를 친구로 아는데, 녀석은 나를 하나님으로 아는 게 좀 부담스럽다. 제 집을 두고서도 밤이면 내 서재 발치에서 같이 자는 다람쥐, 새매에게 휘몰리어 죽을 뻔한 것을 살려준 후, 보은이라도 하려는 듯 곧잘 벌레를 물고 와 내 입에다 먹여 주려고 하는 수딱새, 그리고 오늘 얘기의 주인공 왕토끼, 이들 네 이웃의 가족들은 글자 그대로 십년지기十年知己로 친교를 맺어 살기에 적적한 줄을 모르고 산다.
 그런데 이변이 생겼다. 지난여름, 어처구니없는 사건으로 왕토끼네 가족과 단절이 된 것이다. 위의 네 친구들 중 가장 겁이 많고 곁을 주지 않아, 나의 짝사랑이던 그네들과 그때만큼 사귀는 데는 긴 시간이 사이에 놓여 있다. 매일 하는 산행 코스 중의 한곳, 길가 양지바른 숲에는 다른 산에서는 보기 드문 산토끼네 가족이 살고 있었다. 여느 산토끼와 비교해 어찌나 큰지, 한 마리 잡으면 푸짐한지라 지금까지 이 지역 사람들의 사냥 대상 제1호다. 이 왕토끼는 너무나 선량한 게 병이어서 멸종의 위기를 맞고 있다. 호기심은 관심으로, 관심은 관찰로, 사랑의 대상으로 이어졌다.

집에서 기르는 가축도 그렇지만 야생 동물들과 친해지기 위해서는 애정 어린 접촉이 필요하다. 자기를 해치지 않는 존재임을 알게 한 다음의 단계는 눈맞춤이다. 서로 눈이라는 창을 통해 마음, 즉 기심機心을 읽는다. 마음에 사특함이 없고 때가 묻지 않아서일까, 짐승들은 사람보다 기심 읽기에 민감하다. 예를 들면 억세는 놓아 기르는 개인데, 평소 내가 어디에고 앉으면 와서 안긴다. 그러나 암캐에게 너무 정신이 팔려 '한동안 붙들어매야겠다.' 마음만 먹어도 그 시각부터는 절대로 내 곁에 오지 않는다.

조선조 초기 한명회는 한강가 경치 좋은 곳에 정자를 지었다. 그리고 노후를 운치있게 강을 나는 갈매기와 노닐며 한가히 지내고자 해서 정자 이름을 짐승 길들일 압狎·갈매기 구鷗 자, 압구정狎鷗亭이라고 했다. 그런데 갈매기들은 순진한 어부들과는 잘 어울려 저들의 배에 내려앉고 주는 물고기도 먹었으나, 한명회의 정자 근처에는 얼씬도 하지 않아 그를 머쓱하게 했다고 전한다. 권모술수로 얼룩진 정자 주인의 마음을 기심機心으로 알았을 것이라고 사람들은 말했다.

매일 오르는, 등산하는 길녘에 있는 싸리와 칡이 어우러진 숲에 이르면 거기에 쭈그리고 앉아 조용히 기다린다. 이전에 여기서 토끼를 본 일이 있기 때문이다. 아니나 다를까, 한참만에 숨었던 토끼가 호기심이 발동하여 빠끔히 얼굴을 내민다. 그러다가 거기에 앉아 있는 노인을 보고 기겁하고는 어찌나 잽싸게 도망을 치는지, '토낀다'는 말이 이래서 생겼구나 생각했다.

그러기를 몇 년, 늘 거기에 있는 사람이라는 동물이 자기를 해코지하려는 의사가 없음을 알게 되는가 보다. 주춤거리며 달아날 자세를 하기는 하되 사람을 빤히 바라보는 여유를 가진다. 그러다가 언젠가 눈이 마주쳐서 사람의 시선을 피하지 않게 되면 반은 성공한 것이다. 눈이 맞아 몇 분이 지나면 그날은 그만 조용히 일어나 가던 길을 간다.

다음날 그 시각쯤 또 토끼숲 앞에서 기다리고, 눈도장 찍고, 이튿날은 조금 더 가까이 갔다. 왕토끼 중에서도 크고, 몸집에 비해 머리가 작고, 히프의 팡파짐한 곡선으로 보아 암컷이 분명하다. '토숙이'라는 이름을 지었다. 여름철 신선한 푸새와 나뭇잎을 실컷 먹는 계절인지라 토실토실하고, 암갈색 털은 윤기가 자르르 흐른다. 짙푸른 숲을 배경으로 요염하게 앉은 토숙이, 사람으로 치자면 팔등신 미녀가 나에게 마음을 조금씩 주는 기미가 보인다. 그때의 그 기분, 짝사랑하던 연인이 내게 마음을 연 것과 같다.

조용히 대좌, 서로 바라본다. 흑요석黑曜石보다 검고 빛나는 그 눈, 눈에도 성징性徵이 있다고 한다. 토숙이와 나의 시선이 마주쳐 점화된 나의 미감신경美感神經은 오르가슴이 되어 온몸을 경련하게 한다. 머지않은 날에 우아한 귀언저리를 만져 보고, 등어리 근처를 쓸어줄 수는 있을 거라는 희망에 부풀었다. 4월에 이렇게 시작된 우리의 데이트는 가을이 되어서는 팔을 뻗으면 닿을 만큼 가깝게 다가올 수 있게 됐다.

산에 오르기가 신이 났다. 오후면 만사 제쳐놓고 등산화 끈을 들메는 나를 보고 아내는 "토숙인가 하는 년하고 잘돼 가우? 당신은 첩년 같은 토끼를 산에 두고 아주 푹 빠지셨군요." 하며 웃는다. 설마 투기는 아니겠지만 미상불 마음에 걸리지 않는 말도 아니다. 내가 언제 아내에게 이토록 지극 정성으로 대했던가.

8월 하순 어느 주말, 인천 집엘 다녀왔다. 3일 만인 월요일 오전, 서둘러 산에 올라 그 숲 앞에 이르러 밭은기침으로 기척을 한다. 한참을, 두 참을 기다려도 토숙이는 나타나지 않는다. 얼마를 기다렸을까, 허탕을 치고 다음날 다시, 그 다음날도, 그러기를 4~5일. 불안해지기 시작했다. 지금은 사냥철이 아닌데, 아니지 겨울에 놓았던 올무가 있어 거기에 걸릴 수도 있지, 악몽 같은 추측, 답답한 심정에 일이 손에 잡히지 않았다.

그러던 어느 날 여전히 그 숲 앞에서 서성이는데 뒤에서 알은체를 하는 사람이 있다. "왜, 여기 계세요. 산에 오르시지 않구." 한다. 조 씨다. 60대의 이 사람은 IMF여파로 부도를 내고, 지금은 저 밑 국도 변에 있는, 역시 부도가 난 빈 호텔에 은신하고 있다. 산에서 가끔 만나 인사하고 지내는 사람이다. S대학 법대를 나왔으나 관계나 법조계로 나가지 않고 건설업을 했다고 하며 늘 제 자랑이 대단했다.

'토끼가 보이지 않는다'고 했더니, "아, 그 토끼새끼요, 며칠 전에 여기서 어름어름하더군요. 산짐승이 몸에 좋다기에 해먹으려구 이 막대기로 내리쳤지요, 그놈의 허리를 겨눴는데 빗맞았는지 뒷다리를 질질 끌며 저 숲으로 들어갔어요. 헤치고 찾아봐두 숲이 깊어 허탕쳤어요. 아깝데요." 하며 들어 보이는 참나무 지팡이가 실팍하다. 순간, 머리를 둔기에 맞은 것같이 어지럽고 창자가 당겨져서 허리를 접으며 주저앉았다. "왜 이러시나." 하며 부축하려는 그를 뿌리칠 힘도 없었다. 이런 자와 한 하늘 아래 살아야 하는가.

동물애호가들이 겪는 어려움 중에는 '사람의 손으로 기르던 동물을 야생으로 돌려보내기'라던 말을 현실로 경험한 것이다. '나 때문이다. 얼치기 자연 사랑, 동물 사랑이 멸종 위기의 귀중한 한 생명을 잃게 했다.'는 회오悔悟는 그 후 오랫동안 나를 괴롭혔다.

이제 한 계절이 지난 엊저녁 TV에서는 춘천 근교 삼악산 산장지기의 사는 모습을 보여 주었다. 초로의 그가 마당에 내려 휘파람을 불고는 땅콩이니 다른 씨앗 따위를 손바닥에 놓고 기다린다. 근처를 날던 곤줄박이·박새·딱새 따위의 작은 새들이 날아들어 그의 머리에, 어깨에, 팔에 앉는다. 그는 '새들도 위아래가 있어 서열대로 먹는다.'며 마구 행복해한다. 문득 내 등산로 그 '단장斷腸의 숲'에서 토숙이와 지냈던 한때가 떠오르며 눈앞이 흐려온다.

작/품/감/상

#머리말

　작자인 장돈식(張敦植 1920~2009)은 농업 기업가 출신의 수필가이다. 황해도 장연長淵에서 꽤 부유한 기업 농가의 9남매 중 장남으로 태어났으나 30리 밖에 있는 보통학교(초등학교)를 졸업할 무렵 갑자기 기운 가세로 인해 상급학교에 진학하지 못하고 타관으로 나도는 부친을 대신하여 가까스로 남은 텃밭이나 다름없는 조그만 과수원을 직접 맡아 가업을 이어가는 주경야독의 고된 소년기를 보낸다. 그의 눈물겨운 노력으로 가업이 웬만큼 복구되자, 20세가 되는 1939년 식민지 한국청년의 유랑과 꿈을 펴는 신천지로 알려진 만주滿洲(지금의 중국 동북부)로 들어가 그곳 쓰펑제에 소재하는 신학교에서 어릴 때부터 신앙하는 기독교의 목사가 되기 위해 신학 공부를 한다. 그러나 뒤따르는 일제의 감시와 탄압에 못 이겨 학업을 중단하고 다시 고향에 돌아와 가업에 종사하면서 야간중학을 개설하여 농촌 청소년들에게 선진농업과 자립정신을 계발하는 교육에 진력한다. 해방 후, 분단된 조국의 북녘에서 일제를 대신한 공산 치하의 압제 속에서도 그 일을 늦추지 않고 지속하다가 1950년 6·25가 발발하자, UN군의 반격에 밀려 후퇴하는 인민군에게 반동분자로 붙들려 끌려가던 도중 용변을 핑계로 탈출하여 참호 속에 버려진 시체 더미 속에 숨어 시신을 가장함으로써 총을 쏘며 추격하는 죽음의 손을 모면하는 구사일생의 극적인 고비를 겪기도 한다.

그가 선대의 가업에서 체득한 선진농업의 진흥으로 농촌의 자립경제 터전을 마련한다는 이상의 실현이 대명천지를 만나 빛을 보게 된 것은 1951년 1·4후퇴 때 솔가 남하하여 삶의 터전을 인천 근교에 잡고서부터이다. 그곳에 '가나안 농원'을 설립, 국내에서는 아직 생소하던 양계, 양돈 등 축산기업을 이루어 그것을 뜻있는 농가에 분양 보급함으로써 농촌의 자립경제 터전 마련에 힘쓰는 한편, 3년제 '복음농민학교'를 농원 안에 설립하여 농촌 청소년들을 모아 고향에서와 마찬가지로 교육에 주력한다. 이에 머물지 않고 5·16 후에는 전국을 돌며 새로운 영농기술과 생활 개선운동을 전파하는 열성까지 보인다. 이같은 선구자적인 기업 활동과 농촌계발운동은 그 자신의 경제적 생활기반을 확보하였을 뿐만 아니라 그 공로가 인정되어 1963년에 국민포장산업장과 3·1문화상을 수상하는 이중의 성과로 결실한다.

박재식의
좋은수필 감상

그런데 그가 그 이상 실현의 본거지로 1951년에 설립한 농장 이름을 '가나안 농원'으로 삼은 유연을 고찰하면 흥미있는 사실을 발견할 수가 있다. '가나안'은 구약성서에서 여호와 하나님이 이스라엘 민족에게 주겠다고 약속한 땅 이름이다. 유랑하는 고대 이스라엘 민족이 젖과 꿀이 흐르는 이상의 복지로 동경하며 찾아 원주민을 정복하고 정착한 땅에 성서의 계시를 따라 호칭한 지명이기도 하다. 그러므로 '가나안'은 복음정신을 바탕으로 이루는 이상향을 상징하는 이름이다. 기독교 신자인 그가 자신의 이상을 실현할 농장 이름을 '가나안'으로 명명한 소이라고 할 수 있다.

그런데 경기도 광주에도 '가나안 농장'이라는 명칭의 농장이 있다. 설립자인 김용기金容基 장로는 일찍부터(일제시대인 33년부터) 청교도정신을 바탕으로 한 이상촌 건설을 목적으로 고향인 경기도 양주를 위시해 서울 구기동, 경기도 용인 등지에 협동농장을 만들어 농촌지도자 양성에 힘써 오다가, 1954년에 보다 그 규모와 체제를 업그레이드시켜 설립한 농장이다. 그는 1962년 이 농장 안에 '가나안 농군학교'를 설립하여 영농 후계자 육성을 전문화하는 한편 성직자, 교사, 군인, 공무원 등 사회 지도급 인사들을 입교시켜 협동생활을 통한 정신교육을 실시하여 '새마을운동'의 동기 부여에 지대한 영향을 미치게 한다.

이런 행적의 공로로 하여 김장로는 1966년 막사이사이상을 받기도 하는데, 그가 1954년에 설립한 '가나안 농장'과 그에 3년 앞선 1951년에 장돈식이 설립한 '가나안 농원'은 우연의 일치인지는 몰라도 명칭이나 운영 목적에 있어 매우 유사점을 갖는다. - (※작자가 밝힌 연보에 의하면 농원의 설립연도를 1950년이라고 했지만 작품에서 피력된 내용을 보면 1·4후퇴 이후가 되므로 '51년으로 보는 것이 타당하고, 또 농원의 명칭도 남하하면서 피난 봇짐과 함께 신고 온 종돈을 밑천으로 이룬 기업인만큼 그 사업이 농장 규모로 성장한 연후에 표방했을 개연성도 배제할 수 없는 일이어서 양자의 선후 관계는 좀더 살펴 고찰할 문제이다.)-. 다만 양자간의 차이점은 피차가 청교도정신(진취적인 개척정신)을 기반으로 농촌진흥운동에 힘쓰면서도 전자가 시종일관 그 지도자 양성에 주안을 두고 그 뒤로도 강원도 원주의 신림면에 '제2 가나안 농군학교'(1973년)와 '농군사관학교'(1981년)를 증설하여 대를 물려 지금도 꾸준히 운영하고 있는데 비하여, 후자의 경우는 몸소 선진농업에 대한 이상을 기업으로 실천하여 그것을 분양 보급함으로써 농촌의 자립경제 터전을 마련하는 실질적인 방법을 취하였고, 농촌 청소년에 대한 교육을 10여 년 만에 거두었을 뿐 아니라 농장 사업도 33년 만에 접고 자연인 장돈식으로 돌아와 '욕심없는 편안한' 노년의 생애를 보낸 점이 다르다. 그가 생래의 신념으로 추구한 사업과 이상을 접고 물러난 빌미는 산업화 사회의 물결에 밀려 그 지속적인 실현에 한계를 느꼈기 때문이라는 것을 그가 작품 속에서 흘린 대문을 통해 짐작할 수가 있다.

아무튼 이런 장돈식이 수필가로 변신하여 숫제 혜성 같은 새 모습을 나타낸 것은 그가 사업을 접고 난 얼마 후인 '85년 수필

동인 '모닥불'에 참여하여 작품활동을 하면서 1990년 〈취하는 것이 술뿐이랴〉로 《한국수필》을 통해 등단함으로써이다. 고희를 넘긴 늦깎이 중에서도 희유의 늦깎이로 등단한 그가 발표하는 질 높은 수필에 수필계는 아연 경이의 눈으로 주목하게 된 것이다.

특히 '88년 강원도 치악산 줄기의 백운산 자락에 '백운산장'을 짓고 우거하면서 쓴 그의 작품세계의 대본大本을 이룬 자연친화적인 수필은 사종의 여타 수필의 추종을 불허하는 심오한 경지를 돋보인다. 그리하여 2001년, 이 '산장수필'을 주된 작품으로 수록하여 상재한 수필집 《빈 산에는 노랑꽃》('학고재' 간)은 그 이듬해 한국수필문학진흥회가 제정한 제8회 현대수필문학대상을 받게 된다.

그의 작품세계를 개관하면 자연이 빚은 생명력 속에 동화해 가는 한 인간(장돈식 자신)의 모습을 수사적인 기교가 배제된 담담한 필치로, 그러나 그 속에 무거운 감동을 실어 형상화한 문학이라고 요약할 수가 있다.

감상할 〈단장의 숲〉은 그런 그의 수필세계가 가장 집약된 대표작이다.

해설

〈단장의 숲〉은 산장생활을 하는 작자가 애인처럼 가까이 사귀려고 애써 온 산토끼를 무모한 침입자의 훼방으로 잃고 슬퍼하는 애끓는 정을 담은 글이다.

　작자는 인적 드문 산방에 살면서도 짐승과 새를 친구로 사귀느라 외롭지 않다고 허두를 뗀다. 그래서 그는 일찍이 '문방사우 文房四友'에 비겨 〈산방사우山房四友〉라는 글을 쓴 적이 있다.

　나의 산 생활 12년 중, 초기부터 우리와 희로애락을 같이한 진돗개 억세, 나는 그를 친구로 아는데, 녀석은 나를 하나님으로 아는 게 좀 부담스럽다. 제 집을 두고서도 밤이면 내 서재 발치에서 같이 자는 다람쥐, 새매에게 휘몰리어 죽을 뻔한 것을 살려준 후, 보은이라도 하려는 듯 곧잘 벌레를 물고 와 내 입에다 먹여 주려고 하는 수딱새, 그리고 오늘 얘기의 주인공 왕토끼, 이들 네 이웃의 가족들은 글자 그대로 십년지기十年知己로 친교를 맺어 살기에 적적한 줄을 모르고 산다.

　그런데 이 사우四友 중의 하나인 왕토끼네 가족에 이변이 생겼다. 집에서 한 식구처럼 살고 있는 개, 다람쥐, 딱새와는 달리 등산길 양지바른 숲에 살고 있는 왕토끼는 겁이 많고 곁을 주지 않아 수년에 걸친 끈질긴 노력 끝에 접근하여 마침내 지호지간에 두고 사귈 만큼 되었는데, 지난여름, 어처구니없는 사건으로 종적을 감추고 만 것이다. 그 사귐과 단절의 내력을 엮어 등산길 정든 숲이 이제는 '단장의 숲'으로 변한 사연을 펼쳐 나간다.

　집에서 기르는 가축도 그렇지만 야생 동물들과 친해지기 위해서는 애정

박재식의
좋은수필 감상

어린 접촉이 필요하다. 자기를 해치지 않는 존재임을 알게 한 다음의 단계는 눈맞춤이다. 서로 눈이라는 창을 통해 마음, 즉 기심機心을 읽는다. 마음에 사특함이 없고 때가 묻지 않아서일까, 짐승들은 사람보다 기심 읽기에 민감하다. 예를 들면 억세는 놓아 기르는 개인데, 평소 내가 어디에고 앉으면 와서 안긴다. 그러나 암캐에게 너무 정신이 팔려 '한동안 붙들어매야겠다.' 마음만 먹어도 그 시각부터는 절대로 내 곁에 오지 않는다.

'기심'은 간교한 책략을 꾸미는 속마음이다. 작자는 이 기심을 조선조 초기의 간신 한명회가 한강가의 경치 좋은 곳에 정자를 지어 놓고, 노후를 강을 나는 갈매기와 더불어 노닐며 운치 있게 살겠다는 뜻으로 그 정자 이름을 압구정狎鷗亭(갈매기를 길들이는 집이라는 뜻)이라고 지었으나, 권모술수에 얼룩진 정자 주인의 마음을 기심으로 알고 강을 나는 갈매기들은 어부들과는 잘 어울리면서도 정자 근처에는 얼씬도 하지 않았다는 고사를 부연한다. 이 고사의 적절한 인용이 이 대목의 문맥을 한층 돋보이게 한다.

매일 오르는 등산하는 길녘에 있는 싸리와 칡이 어우러진 숲에 이르면 거기에 쭈그리고 앉아 조용히 기다린다. 이전에 여기서 토끼를 본 일이 있기 때문이다. 아니나 다를까, 한참 만에 숨었던 토끼가 호기심이 발동하여 빠끔히 얼굴을 내민다. 그러다가 거기에 앉아 있는 노인을 보고 기겁하고는 어찌나 잽싸게 도망을 치는지, '토낀다'는 말이 이래서 생겼구나 생각했다.

겁 많은 토끼가 사람을 보고 잽싸게 도망치는 꼴을 보고 "'토낀다'는 말이 이래서 생겼구나." 하고 눙친 재치있는 어휘풀이가 절묘하다.

지성은 인간관계를 융화시키는 매개 구실을 하지만 인간과 야생동물의 사이에서도 해당되는 원리이다. 그러기를 몇 년, 매일 등산길을 멈추고 숲 앞에서 기다리고 앉은 작자의 기심 아닌 진심을 챈 것인지 왕토끼는 점점 경계심을 늦추고 주춤거리며 달아날 자세를 하면서도 작자를 빤히 바라보는 여유를 갖게 된다. 그러다가 눈이 마주쳐도 시선을 피하지 않을 만큼 대치 관계가 누그러진다. 그래도 작자는 서두르지 않고 그날은 조용히 일어나 가던 길을 가고, 다음날 다시 그 시간쯤에 같은 자리에 앉아 기다리고, 눈도장 찍고, 이튿날은 좀더 가까이 다가가는 식의 신중한 접근술로 임한다.

그런데 그 중에서도 가장 몸집이 크고 몸매로 보아 암컷이 분명한 왕토끼가 작자의 마음을 사로잡는다(※ 작자와의 교접에 앞장서 나타나는 왕토끼 가족의 어미일 듯하다). 작자는 그 왕토끼에게 '토숙이'라는 이름을 지어준다.

짙푸른 숲을 배경으로 요염하게 앉은 토숙이, 사람으로 치자면 팔등신 미녀가 나에게 마음을 조금씩 주는 기미가 보인다. 그때의 그 기분, 짝사랑하던 연인이 내게 마음을 연 것과 같다.

조용히 대좌, 서로 바라본다. 흑요석黑曜石보다 검고 빛나는 그 눈, 눈에도 성징性徵이 있다고 한다. 토숙이와 나의 시선이 마주쳐 점화된 나의 미감신경美感神經은 오르가슴이 되어 온몸을 경련하게 한다. 머지않은 날에 우아한 귀 언저리를 만져 보고, 등어리 근처를 쓸어줄 수는 있을 거라는 희망에 부풀었다. 4월에 이렇게 시작된 우리의 데이트는 가을이 되어서는 팔을 뻗으면 닿을 만큼 가깝게 다가올 수 있게 됐다.

 사귀고자 하는 동물에 대한 애정을 의인법에 의해 에로티시즘으로 과장해 표현한 필법이 야릇한 느낌을 주는 대문이기도 하다. 그러나 이것은 자연 속에 동화한 작자의 미감신경만이 자아낼 수 있는 문장이다.
 그래서 작자는 산 오르기가 신이 난다. 애인과 데이트하는 설렘으로 오후가 되면 만사 제쳐놓고 등산화 끈을 들메게 된다. 그런 그를 보고 아내는 "토숙인가 하는 년하고 잘돼 가우? 당신은 첩년 같은 토끼를 산에 두고 아주 푹 빠지셨군요." 하고 조크를 던지고 웃는다. 물론 투기가 아닌 줄은 알지만 '내가 언제 아내에게 이토록 지극 정성으로 대했던가?' 하는 생각으로 마음에 걸리기도 한다. 드라마 속의 가십과 같은 이 장면의 묘사는 독자에게 외로운 산장에 사는 노부부의 정다운 생활 분위기를 반사적으로 느끼게 하는 효과를 준다. 실상 산장생활을 하게 된 동기도 노처의 건강이 빌미가 된 것이기도 하다. 그런데

 8월 하순 어느 주말 인천 집엘 다녀왔다. 3일 만인 월요일 오전, 서둘러 산

에 올라 그 숲 앞에 이르러 밭은기침으로 기척을 한다. 한참을, 두 참을 기다려도 토숙이는 나타나지 않는다. 얼마를 기다렸을까, 허탕을 치고 다음 날 다시, 그 다음날도, 그러기를 4~5일. 불안해지기 시작했다. 지금은 사냥철이 아닌데, 아니지 겨울에 놓았던 올무가 있어 거기에 걸릴 수도 있지, 악몽 같은 추측, 답답한 심정에 일이 손에 잡히지 않았다.

으레 나타나야 할 토숙이가 종적을 감춘 것이다. 그래도 혹시나 하여 토끼숲 앞에서 서성이는 일이 일과가 되었는데, 그러던 어느 날 한 사나이가 작자의 애정극 속의 악역으로 등장한다. 60대인 이 사람은 IMF의 여파로 부도를 내고, 역시 부도가 난 국도 변의 빈 호텔에 은신하고 있는 자로 작자와는 가끔 산에서 만나 인사하고 지내는 사이이다. 명문대학 법대를 나왔지만 관계나 법조계로 나가지 않고 건설업을 했다고 왕년의 자랑이 대단한 좀 덜된 인품의 소유자이기도 하다. 작자가 토끼를 찾고 있다는 것을 알자 마치 무용담이라도 하듯 충격적인 사실을 밝힌다.

박재식의
좋은수필 감상

"아, 그 토끼새끼요, 며칠 전에 여기서 어름어름하더군요. 산짐승이 몸에 좋다기에 해먹으려구 이 막대기로 내리쳤지요, 그놈의 허리를 겨눴는데 빗맞았는지 뒷다리를 질질 끌며 저 숲으로 들어갔어요. 헤치고 찾아봐두 숲이 깊어 허탕쳤어요. 아깝데요." 하며 들어 보이는 참나무 지팡이가 실팍하다. 순간, 머리를 둔기에 맞은 것같이 어지럽고 창자가 당겨져서 허리를 접으며 주저앉았다. "왜 이러시나." 하며 부축하려는 그를 뿌리칠 힘도 없었다. 이런 자와 한 하늘 아래 살아야 하는가.

작자인 줄 알고 나타난 토숙이가 이 자에게 변을 당한 것이다. "나 때문이다. 얼치기 자연 사랑, 동물 사랑이 멸종 위기의 귀중한 한 생명을 잃게 했다."는 회오와 자책감으로 작자는 한동안 가슴앓이를 한다. 인간의 자연 사랑과 자연 본래의 생태 사이에는 넘을 수 없는 한계가 있다. 동물애호가가 집에서 기르던 야생동물을 야생으로 돌려보내면서 가장 어려움을 겪는 것은 그 짐승이 야생에 적응하는 어려움이고, 손바닥으로 모이를 주는 산지기에게 날아온 작은 새들이 머리와 어깨, 팔에 앉는 행복한 정경을 그려내지만 먹이를 주고나면 뿔뿔이 흩어져 야생으로 날아가게 마련이다. 그 한계를 깨닫지 못하고 '얼치기 사랑'으로 무턱 끌어안으려고만 한 자신에 대한 회오와 죄책감이다.

하지만 그래도 "문득 내 등산로 그 '단장의 숲'에서 토숙이와 지내던 한때가 떠오르며 눈앞이 흐려오."는 작자이다.

촌평

이 글을 읽으면 작자인 장돈식은 자연 속에 살면서 그저 자연을 사랑한 것이 아니라 스스로 자연에 동화하여 자연과 연애한 사람이라는 사실을 발견하게 된다. '사랑'과 '연애'는 흔히 동의어로 사용되기도 하지만 천착하면 경지를 달리하는 개념이다. 짝사랑도 있듯이 사랑은 상대적인 것이지만, 연애는 두 생명이 하나로 동화하여 호흡을 같이하는 절대의 경지이다. 작자가 토숙이를 만나 사귄 행복한 숲이 '단장의 숲'으로 변한 것은 한갓 '자연사랑'의 대상을 잃은 슬픔이 아니라 토숙이에게 그런 '절대의 경지'를 추구한 끝의 좌절에서 오는 실의의 표징에 다름 아니다.

이런 표징의 프로세스를 극적 요소가 다분한 구성을 곁들여서 리얼한 필법으로 일구어낸 감동의 세계가 놀랍다. 흡사 압권의 단편소설을 읽고 난 뒤의 감명처럼 웅숭깊은 여운을 안겨주는 수필이다.

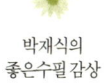

박재식의
좋은수필 감상

김 태 길

- 1920년 충북 중원 출생
- 일본 동경대학 법학과 중퇴
- 서울대 철학과 졸업, 동대학원 수료, 미국 홉킨스 대학원 수료, 철학박사
- 서울대 인문대 교수
- 한국 수필 문학 진흥회 회장 역임
- 2009년 별세

뒷모습

"너는 숫기가 없어서 탈이다."

이런 말을 자주 들으면서 컸다. 사내 자식이 숫기가 없으니 아무짝에도 못 쓰겠다고 아버지는 걱정을 하셨다. '숫기'가 무엇인지 잘은 몰랐지만, 좌우간 남자에게는 꼭 필요한 것인데, 그것이 나에겐 없는 모양이었다.

남의 시선과 정면에서 마주친다는 것은 늘 감당하기 어려운 부담이었다. 시골의 가난한 어린이들은 그것도 놀이라고 '눈目싸움'이라는 것을 자주했거니와, 나에게는 그 도전이 은근히 걱정스러운 위협이었다.

남자의 시선보다도 여자의 시선은 더 부담스러웠다. 그중에서도 가장 감당하기 어려운 것은 예쁘고 동백기름 냄새 그윽한 누나들의 시선이었다. 무섭지는 않은데 공연히 고개를 들기가 어려웠다.

남의 얼굴을 정면에서 바라보지 못하던 한심한 버릇은 나이가 든 뒤에도 고쳐지지 않았으며, 대수롭지 않은 것같이 보이기 쉬운 이 버릇으로 말미암아 나는 본의 아닌 오해를 자주 받았다. 일단 인사를 한 사람은 다음에 만났을 때 척 알아보아야 예절에 맞는 것인데, 나는 그것이 잘 안 되기 때문에 교만한 자라는 오해를 받기가 쉬운 것이다.

사람을 대하면 늘 고개를 숙이는 버릇이 있으므로, 내 시선은 자연히 상대편의 하의나 신발에 초점을 맞추게 된다. 같은 사람은 언제나 같은 옷과 같은 신을 애용한다면 문제가 없겠지만, 놀라운 경제 성장 덕분으로 매일같이 갈아입고 갈아 신는 것이 요즈음의 풍속이다. 그러므로 나는 항상 새 사람을 만나는 것 같은 착각에 빠지곤 한다.

숫기가 좋아서 남의 얼굴을 뜯어보기에 아무런 어려움도 느끼지 않는 어떤 친구의 솔직한 고백을 들은 적이 있다. 그는 아름다운 여자들의 매력적인 모습을 감상하는 취미를 체득하게 되었고, 그 취미 덕분으로 적지 않은 위안을 느껴 가며 세상을 살고 있다는 이야기였다.

어떠한 자연보다도 아름답고 누구의 예술품보다도 뛰어난 여자의 자태를 황홀히 바라보는 순간, 속세의 시름을 잊고 삶의 의미를 긍정적으로 받아들이게 된다고 그는 말하였다. 그리고 여자에게는 깡패가 없으므로 왜 쳐다보느냐고 시비를 걸어올 염려도 없을 뿐 아니라, 대개 숙녀들은 본척만척 외면하는 남정네에 대하여 내심 은근한 분노를 느끼는 법이라고 덧붙였다.

그 친구가 그의 은밀한 취미를 귀띔해 준 것은 세상을 무미하게 살아가는 나에 대한 뜨거운 우정의 표시였다. 그의 낭만적인 취미를 나도 본받으라는 충고의 뜻을 담았던 것이다. 그러나 나로서는 도저히 실천에 옮길 수 없는 충고였다. 남의 얼굴을 감상하는 시선으로 바라보는 것이 예절에 맞는 것이냐 하는 도학자적 문제에 앞서서 내 숫기 가지고는 감불생심 그럴 수가 없었으니, 모처럼 우정 어린 그의 가르침도 나에게는 한갓 탁상공론일 수밖에 없었다.

  그런데 나도 모르는 사이에 해괴한 버릇 하나가 새로이 생기고 있었다. 길을 걸으며 여자들의 뒷모습을 바라보는 버릇이니, 아마 그 친구의 충고가 삐뚜로 작용한 것이 아닌가 싶다. 그 친구의 말대로 정정당당히 앞에서 바라볼 용기가 없다면, 그 대신 뒤통수라도 바라보도록 무의식의 심리가 작용한다는 것은 있을 수 있는 일이다.

  좀 비굴하다는 자책감도 없지 않았으나, 뒤통수를 바라보는 편에 유리한 점도 있다는 사실을 알게 되었다. 첫째로 앞얼굴 미인은 그리 흔하지 않지만, 뒤통수 미인은 아무데서나 볼 수가 있다. 현대에 발달한 머리 미용술의 인위가 가미된 것이 아니냐고 반문할 사람이 있을지 모르나, 앞모습의 아름다움에도 화장술의 찬조가 있기는 마찬가지며, 인위든 자연이든 아름다움임에는 틀림이 없다.

  둘째로, 노상에서 마주치는 사람들의 앞모습이란 잠깐 스쳐가게 마련이므로, 그 아름다움을 포착하자면 긴장된 시선으로 두리번거려야 하지만, 뒷모습의 경우는 같은 방향으로 움직이게 되므로 느긋하게 포착할 시간의 여유가 있다.

그러나 여기에도 마魔가 끼어들었다. 시쳇말로 유니섹스라던가 뭐 해괴한 풍조가 생겨서 뒤통수만 보고는 남녀를 구별하기가 어렵게 되었을 뿐 아니라, 길게 드리운 굽슬굽슬한 머리가 발걸음의 율동에 맞추어 나풀나풀 춤을 추는 그윽한 모습은 남녀를 불문하고 찾아보기 어렵게 되었다.

뒤통수를 믿을 수 없게 되자 관찰의 시선은 자연히 아래로 내려가게 되었다. 아무리 유니섹스가 판을 치고 여자들이 바지를 즐겨 입는다 하더라도 아랫도리의 특징을 말살할 수는 없으리라는 판단이 앞섰던 것은 아니며, 그저 자연히 시선의 높이에 변화가 생겼을 뿐이다. 시선의 높이를 낮춘 뒤에 내가 발견한 실상實相은 아주 간단하고 명료하다. 다리로 걷는 것은 남자이고, 엉덩이로 걷는 것은 여자라는 엄연한 사실.

남자는 제아무리 애를 써도 여자들처럼 그렇게 멋있고 볼품 있는 걸음을 걸을 수가 없다. 남자에게는 볼기와 궁둥이가 있을 뿐 엉덩이다운 엉덩이는 없는 까닭에, 여자의 걸음걸이를 모방하고자 각별한 노력을 기울인다 하더라도 헛수고에 그치고 만다. 그러나 여자의 경우는 별다른 교육 과정을 밟지 않더라도, 저 원圓에 원이 이어지는 아름다운 보행법을 쉽게 익힐 수가 있는 것이다.

철 따라 유행 따라 바뀌는 옷의 종류와 모양을 따라서, 그 원이 움직이는 모습도 각양 각색이다. 걸음걸이는 매양 일반인데 옷의 종류를 따라서 그 효과가 다양하게 나타나는 것인지, 옷과 신에 따라서 보행법에도 약간의 변화를 주는 것인지, 어찌 감히 그것을 물어 볼 수 있으랴.

    오늘 우연히 나는 아내의 뒷모습을 바라보았다. 처음에는 무심코 시선이 갔고, 다음에는 잠시 눈여겨 바라보았다. 생각 탓일까, 희끗희끗한 뒷모습이 그지없이 쓸쓸하다. 처음 맞선을 보았을 때, 열아홉 살 처녀의 머리는 두 갈래로 나누어져 고무줄로 묶여 있었다. 그 뒤 어언 38년, 변모한 뒷모습에 흘러간 세월의 그림자가 어른거린다.
    아내보다도 더 늙었을 내 자신의 뒷모습을 내 눈으로 보지 못하는 것을 다행한 일이라고 생각할 것인가? 상관없는 젊은 여인들의 뒷모습을 가지고 어릿광대 같은 농담을 늘어놓을 처지가 아닌 것 같기도 하다. 하기야 세월이 허망하니 차라리 허튼소리로 얼버무리며 잠시 웃어 보고 싶은 것인지도 모른다.

작/품/감/상

머리말

박재식의
좋은수필 감상

　작자인 우송 김태길(友松 金泰吉 1920~2009)은 철학자이자 수필가이다. 충북 충주 이류면利柳面의 파소巴沼라는 두메마을에서 민족운동가 김성응(金聲應, 일제에 의해 10여 년의 옥고를 치른 독립투사)과 충주의 호족 안동 권씨의 고명딸 중순重順 사이의 4남매 중 늦둥이 막내아들로 태어난다. 어린 나이로 엄친시하에서 한문 공부를 하여 6세가 되는 해 충주 향교鄕校에서 시행하는 강(講, 한문암송대회)에 나가 최연소자로 입상하여 주위를 놀라게 하는 총기로 장차 대학자가 될 싹수를 나타낸다.
　이것을 계기로 충주와 고향 마을의 서당에서 보다 도저한 한학자를 스승으로 삼아 본격적인 한문 공부를 하다가 9세가 되는 1929년 빈촌인 고향 아이들은 엄두조차 낼 수 없었던 충주보통학교(초등학교)에 입학하여 부자로 사는 외가에서 숙식하며 6년 동안 수학하게 된다. 그나마 외가에서 마련해 준 터전으로 꾸려가는 한촌의 농가 출신인 그가 당시로서는 파격적인 명문 교육을 거쳐 대학자가 되는 첫 길을 열어 준 것은 오로지 외손주의 총기를 눈여겨본 외조부 권 승지(權承旨, ※구한말 지금의 청와대 비서격인 '승지' 벼슬을 지낸 듯하다)의 배려에 힘입은 덕이라고 할 수 있다. 근검절약을 생활 신조로 삼아 큰 부를 이룬 외조부 권 승지의 호강한 성정에 대한 숨은 일화를 작자는 간간이 작품을 통해 흘리고 있다.

한번은 3인조 강도가 집에 들어 권총을 들이밀고 돈을 내라고 하자, "이런 무례한 법이 있나. 그냥 돈을 달래도 줄까말까 한데, 권총부터 치워라." 하고 타일렀으나 듣지 않고 다가오자, "이노옴, 쏘겠으면 쏘아 보라!" 호통을 치며 웃통을 벗고 가슴을 내미는 기세에 눌린 강도들이 권총을 방바닥에 놓고 "영감님, 저희들이 죽을죄를 지었습니다." 하고 머리를 조아리는 사죄를 받고 돈을 주어 돌려보냈다는 일화가 있다. 또 한번은 새로 부임한 조선총독이 초도 순시차 내려와 온천으로 이름난 수안보까지 행차하는 길에 이를 수행한 박 모라는 조선인 충북도지사가 생색을 내느라 그 지방의 호족을 접견하여 민정을 살피게 한다는 구실을 앞세워 미리 권 승지에게 "접대에 소홀함이 없도록 준비하라."라고 당부하고는 총독 일행을 집으로 안내한 적이 있다. 일행이 당도하여 사랑채에서 대좌한 권 승지는 "여봐라!" 하고 큰 소리로 하인을 불러 "여기 온 저 사람이 왜놈 중에서는 제일 높은 사람이란다. 그러니 안에 들어가서 주안상

하나 잘 차리라고 일러라."하고 지시하여 도지사를 무색하게 만들었다는 일화도 있다. 이런 권 승지는 정력도 절륜하여 85세의 나이에 계집종에게 임신까지 시키는 일이 생긴다. 그 소문이 문 밖으로 퍼지자 동네 주막의 과수 아낙이 "그게 될 말이유. 그건 그 집 머슴 소행"이라고 빈정댄다는 소문이 되돌아온다. 그러자 권 승지는 그 아낙을 사랑방에 불러 들여 "네 이년, 네가 뭘 안다고 함부로 입을 놀리느냐." 하고 호통을 치고 그 자리에서 수청을 들게 하여, 그 뒤로는 "그 영감님이 그러고도 남을 분"이라고 하며 혀를 내두르게 만들었다는 색다른 일화도 있다.

 이런 외조부가 가부장으로 행세하는 외가에서 한 식구로 지낸 6년의 소년기는 대학자로 성장하는 그의 인간 형성에 지대한 영향을 주었다고 볼 수 있다. 그가 평생을 두고 견지한 근검한 생활자세와 강직한 선비 기질, 그리고 언제나 앞장서서 일을 꾸려가는 실천적인 리더십은 그와 같은 외조부의 기품과 가풍을 직접 보고 느낀 데서 입은 영향이 큰 것으로 짐작된다.

 보통학교를 줄곧 수석으로 졸업한 그는 충북에서 하나밖에 없는 인문 고교인 청주고등보통학교(청주고)에 진학한다. 빠듯한 가정 형편으로는 더군다나 객지의 상급학교 진학이 어렵다는 사정을 아는 그는 진작부터 자력으로 학자금을 마련한다는 목표를 세워 용돈을 여투어 저축하고 학교에서 권장하는 양계와 외가의 마을 앞 늪에서 나는 조개를 주워 팔아서 모은 돈으로 송아지를 사서 키워 증식하는 아이답지 않은 경제적 자질의 싹수를 돋보이기도 한다.

그리하여 차차 나아진 가세에 힘입어 조선사람으로는 간대로 넘볼 수 없는 일본의 명문 제3고등학교를 거쳐 1943년 동경제국대학 법학과에 입학한다. 그러나 1944년 학병과 징용을 피해 학업을 중단하고 고향에 돌아와 충주의 호암리虎岩里에서 이장 일을 맡아 보기도 하다가 해방이 되자 1946년 서울대학교 철학과에 편입하여 1949년 동 대학원의 석사 과정을 이수한다. 이밖에도 1957년 미국 무성의 초청으로 도미하여 존스홉킨스 대학원에 수학하여 1960년 철학박사 학위를 취득한다.

그의 직분의 트레이드마크라고 할 수 있는 철학교수(윤리학 전공)의 경력은 학벌만큼이나 매우 다양하다. 대학원 재학중이던 1948년 서울여자의과대학 강사를 시작으로 이화여대 전임강사, 서울여의대 조교수, 서울대 조교수, 연세대 부교수, 서울대 부교수를 거쳐 1965년 서울대학교 정교수가 됨으로써 모교의 전공학과 교수로서의 지보를 다지고, 1986년 정년퇴임 후는 줄곧 서울대 명예교수로 종신한다. 그 어간에 6·25를 만나 적 치하에서 의용군으로 붙들려 북으로 끌려가서 UN군의 포로가 되어 거제도에서 수용소 생활을 하는 고난을 겪기도 한다.

우리나라 철학계의 태두인 그가 역임('학술원' 회장 역임)한 숱한 직분과 저작 활동은 여기에서 지필로 다할 수 없어 생략할 수밖에 없지만, 다만 만년에 와서 '철학문화연구소'를 창설하여 회장 직책을 맡아보면서 사실상의 발행인으로 권위 철학지 ≪철학과 현실≫

을 창간 운영한 실적(2009년 여름 현재 통권 81호 발행)과 그가 주도하여 사회지도급 인사가 참여하는 '성숙한 사회 가꾸기 모임'의 창립은 그의 생애를 결산하고 대표하는 업적으로 명기할 만하다.

이런 우송이 수필에 눈뜬 것은 1954년 차주환車柱環 외 1인의 교수와 더불어 '수필동인회'를 만들어 정기모임을 갖고 활동하면서부터이다. 이듬해인 1955년 ≪사상계≫지에 첫 수필〈서리 맞은 화단〉을 발표함으로써 전공인 철학과 병행하는 수필가로서의 대장정이 시발된 것이다.

그 뒤 1977년에는 '한국수필문학진흥회'를 창설하여 초대 회장을 지내고, 이어 1981년 '수필문우회'를 조직하여 초대 회장을 거쳐 명예회장을 역임하면서 명실이 상부하는 수필계의 지도자로 종신한다. 그동안 상재한 수필 저서는 첫 수필집 ≪웃는 갈대≫('62년, 동양출판사 간)를 비롯하여 18권(선집 제외)에 달하며 그 중 ≪멋없는 세상 멋있는 사람≫(1984년, 범우사 간)으로 피천득, 이희승, 김소운에 이어 1987년 제4회 현대수필문학대상을 받는다.

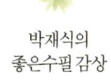

박재식의
좋은수필 감상

그의 작품세계는 물론 전공인 철학사상을 담은 수상류도 많지만, 그보다는 '글은 곧 사람'이라는 수필관을 바탕으로 하여 사물과 인간에 대한 참모습을 객관적인 관조를 통해 오히려 철학적인 체취가 배제된 담담한 필치로 이로정연理路整然하게 처리한 본격적인 문학수필이 큰 비중을 차지한다. 특히 문장 속에 함유

된 은근한 유머와 풍자 수법은 가히 수필문장의 본으로 삼을 만하다.

여기에서 감상할 〈뒷모습〉은 1983년 ≪수필공원≫ 통권 제2호에 발표된 대표작의 하나이다.

#해설

〈뒷모습〉은 숫기가 없어 남의 얼굴을 마주 쳐다보지 못하고 사람을 대하면 노상 고개를 숙여 상대방의 하반신에 시선을 보내는 버릇으로 곤혹을 겪는 작자가 그 보상심리의 작용으로 생긴 여자의 뒷모습을 즐겨 바라보며 관찰하는 새로운 버릇을 해학적으로 합리화하여 술회한 풍자 수필이다.

작자는 어릴 때부터 "너는 숫기가 없어서 탈"이라는 걱정을 어른들로부터 자주 듣고 자란다. 남자에게 꼭 필요한 숫기가 없으니 싹수가 노랗다는 것이다. 미상불 숫기가 없어 남의 시선과 정면으로 마주치는 것이 늘 감당할 수 없는 부담으로 느껴진다. 그중에서도 가장 감당하기 어려운 것은 처녀티를 풍기는 예쁜 얼굴의 누나 뻘 여자아이의 시선이어서 마주치면 고개를 들지 못하고 외면을 하게 마련이다. 이렇게 '숫기가 없는' 한심한 천성을 허두에서 피력한 작자는 펴고자 하는 이야기의 실마리를 잡는다.

남의 얼굴을 정면에서 바라보지 못하던 한심한 버릇은 나이가 든 뒤에
도 고쳐지지 않았으며, 대수롭지 않은 것같이 보이기 쉬운 이 버릇으로 말
미암아 나는 본의 아닌 오해를 자주 받았다. 일단 인사를 한 사람은 다음에
만났을 때 척 알아보아야 예절에 맞는 것인데, 나는 그것이 잘 안 되기 때
문에 교만한 자라는 오해를 받기가 쉬운 것이다.

오해를 받게 되는 빌미는 '사람을 대하면 늘 고개를 숙이는 버
릇' 으로 시선은 자연히 상대방의 하의나 신발에 초점을 맞추게
되는지라, 그 사람이 언제나 같은 옷과 신발을 애용한다면 몰라
도, 요즘 사람들은 경제성장 덕분에 매일같이 갈아입고 갈아신
는 것이니 동일성을 분간하지 못하고 '항상 새 사람을 만나는 것
같은 착각' 에 빠지기 때문이다. 좀 과장된 변명 같지만 어른이
되어서까지 고치지 못하는 그 '한심한 버릇' 을 재다짐하는 효과
의 구실을 하는 대문이다.

박재식의
좋은수필 감상

이런 작자가 남의 얼굴을 뜯어보기에 아무런 어려움도 느끼지
않는 어떤 숫기 좋은 친구의 '솔직한 고백' 을 듣게 된다.

그는 아름다운 여자들의 매력적인 모습을 감상하는 취미를 체득하게 되
었고, 그 취미 덕분으로 적지 않은 위안을 느껴 가며 세상을 살고 있다는
이야기였다.
어떠한 자연보다도 아름답고 누구의 예술품보다도 뛰어난 여자의 자태
를 황홀히 바라보는 순간, 속세의 시름을 잊고 삶의 의미를 긍정적으로 받

작품감상 465

아들이게 된다고 그는 말하였다. 그리고 여자에게는 깡패가 없으므로 왜 쳐다보느냐고 시비를 걸어올 염려도 없을 뿐 아니라, 대개 숙녀들은 본척만척 외면하는 남정네에 대하여 내심 은근한 분노를 느끼는 법이라고 덧붙였다.

　세상을 무의미하게 사는 친구를 일깨워 자기의 낭만적인 취미를 본받으라는 뜻이 담긴 우정 어린 충고성 얘기였지만, 천성이 숫기가 없는 작자에게는 언감생심 실천에 옮길 수 없는 한갓 탁상공론일 수밖에는 없다. 그런데 그 친구의 충고가 삐뚜로 작용한 탓인지는 몰라도, 어느새 자신도 모르게 길을 걸으며 여자들의 뒷모습을 바라보고 감상하는 망칙한 새 버릇이 생긴 것이다. 이 새 버릇의 발상을 작자는 "그 친구의 말대로 정정당당히 앞에서 바라볼 용기가 없다면, 그 대신 뒤통수라도 바라보도록 무의식의 심리가 작용한다는 것은 있을 수 있는 일"이라고 해명한다.

　좀 비굴하다는 자책감도 없지 않았으나, 뒤통수를 바라보는 편에 유리한 점도 있다는 사실을 알게 되었다. 첫째로 앞얼굴 미인은 그리 흔하지 않지만, 뒤통수 미인은 아무데서나 볼 수가 있다. 현대에 발달한 머리 미용술의 인위가 가미된 것이 아니냐고 반문할 사람이 있을지 모르나, 앞모습의 아름다움에도 화장술의 찬조가 있기는 마찬가지며, 인위든 자연이든 아름다움임에는 틀림이 없다.
　둘째로, 노상에서 마주치는 사람들의 앞모습이란 잠깐 스쳐가게 마련이므로, 그 아름다움을 포착하자면 긴장된 시선으로 두리번거려야 하지만, 뒷모습의 경우는 같은 방향으로 움직이게 되므로 느긋하게 포착할 시간의 여유가 있다.

　여자의 뒷모습을 바라보는 취미의 장점을 작자는 이렇게 해학적인 논리로 합리화한다.
　그러나 이 장점에도 한계의 "마魔가 끼어들었"으니, 그것은 '유니섹스'라는 해괴한 풍조가 생겨 뒤통수만 보고는 남녀를 구별하기가 어렵게 된 점이다. 여자도 남자처럼 머리를 짧게 다듬는 헤어스타일이 유행하는지라 "길게 드리운 굽슬굽슬한 머리가 발걸음의 율동에 맞추어 나풀나풀 춤을 추는 그윽한 모습"을 찾아볼 수가 없게 된 것이다.
　뒷모습의 감상에서 뒤통수를 믿을 수 없게 되자, 관찰의 시선은 자연히 신체의 아래 부분으로 내려가게 된다. 윤리학을 전공하는 점잖은 학자의 눈이 뒷모습이나마 여자의 아랫도리에 미치게 된 현상을 작자는 "아무리 유니섹스가 판을 치고 여자들이 바지를 즐겨 입는다 하더라도 아랫도리의 특징을 말살할 수는 없으리라는 판단"에 의한 의식적인 행위가 아니고, "그저 자연히 시선의 높이에 변화가 생겼을 뿐"이라고 능청을 떤다. 능갈스런 화법은 때로 면구한 입장을 얼버무려 조화시키는 효과를 지니는데 해학적인 문장에도 적용되는 필법이다. 그리하여 작자가 발견한 "아주 간단하고 명료"한 실상은 "다리로 걷는 것은 남자이고, 엉덩이로 걷는 것은 여자라는 엄연한 사실"이다.

박재식의
좋은수필 감상

남자는 제아무리 애를 써도 여자들처럼 그렇게 멋있고 볼품 있는 걸음을 걸을 수가 없다. 남자에게는 볼기와 궁둥이가 있을 뿐 엉덩이다운 엉덩이는 없는 까닭에, 여자의 걸음걸이를 모방하고자 각별한 노력을 기울인다 하더라도 헛수고에 그치고 만다. 그러나 여자의 경우는 별다른 교육 과정을 밟지 않더라도, 저 원圓에 원이 이어지는 아름다운 보행법을 쉽게 익힐 수가 있는 것이다.

'엉덩이'와 '궁둥이'는 같은 말이다. 그러나 뭔가 어감을 달리하는 동의어同義語이기도 하다. 어딘가 섹시한 뉘앙스를 풍기는 '엉덩이'를 여자의 것으로, 그렇지 않은 남자의 것을 '궁둥이'로 분별한 언어 감각이 절묘하다. 여자의 걸음걸이를 "저 원圓에 원이 이어지는 아름다운 보행법"으로 관찰한 표현법도 절묘하다. 그리고는 그 원이 움직이는 모습도 철 따라 유행 따라 바뀌는 옷과 신발의 종류와 모양을 따라서 각양각색인데, 걸음걸이는 매양 일반인데도 "옷의 종류를 따라서 그 효과가 다양하게 나타나는 것인지" 아니면 "옷과 신에 따라서 보행법에도 약간의 변화를 주는 것인지, 어찌 감히 그것을 물어 볼 수 있으랴." 하고 슬쩍 객쩍은 농담을 마무린다.

이런 작자가 어느 날 우연히 노처의 뒷모습을 바라보게 된다. 바라보는 시선은 새삼스럽게 늙은 아내의 아랫도리가 아닌 희끗희끗한 뒷머리에 간다. 생각 탓인지는 몰라도 그지없이 쓸쓸하게 보인다. "처음 맞선을 보았을 때, 열아홉 살 처녀의 머리는 두 갈래로 나누어져 고무줄로 묶여 있었"는데 "그 뒤 어언 38년, 변모한 뒷모습에 흘러간 세월의 그림자가 어른거린다." 하고 객담 끝의 숙연한 진

담의 세계로 돌아온다. 그리고는

　아내보다도 더 늙었을 내 자신의 뒷모습을 내 눈으로 보지 못하는 것을 다행한 일이라고 생각할 것인가? 상관없는 젊은 여인들의 뒷모습을 가지고 어릿광대 같은 농담을 늘어놓을 처지가 아닌 것 같기도 하다. 하기야 세월이 허망하니 차라리 허튼소리로 얼버무리며 잠시 웃어 보고 싶은 것인지도 모른다.

　하고 글을 맺는다.

촌평

박재식의
좋은수필 감상

　사랑방에서 입담 좋은 이야기꾼의 구수한 객담을 듣는 것 같은 작품이다. 예술을 감상하는 진미의 구경은 완상玩賞하는 재미에 있다. 문학은 읽는 재미를 통해 내용의 진미에 접근하는 예술의 세계이다. 수필도 문학인 이상 이 원리의 카테고리에 무관할 수는 없다. 이런 의미에서 〈뒷모습〉은 '읽는 재미'를 통해 문학적인 진미에 접근한다는 기본 원리에 가장 적응하는 수필이다.
　물론 '구수한 사랑방 객담'이 곧 문학이 될 수는 없다. 비록 듣는 재미는 있을망정 '읽는 재미'를 통해 터득하는 예술의 진미를 접할 수 없는 것이 십상이기 때문이다. 작자는 여자의 뒷모습에 대한 관찰을 '구수한 객담'처럼 해학적인 문장으로 형상화하고 있다. 그러나 객담 같은 구수한 해학의 '읽는 재미'를 통해 독자는 그 속에 묻혀 있는 무상한 세태와 인생에 대한 풍자적인 세계의 진실 속으로 어느새 이끌려 가게 된다. 이것이 곧 문학 감상의 진미를 터득하는 경지이다.

 작자가 구사한 능글맞은 문장은 보다 직유적인 서구적 수법과는 무늬가 다른 해학과 풍자에 대한 한국의 전통적인 은근한 표현 기법이다. 그것을 이로理路를 따라 설득력있게 조화시켜 나간 구성 수법은 기지와 유머를 중용하는 수필 문장의 본으로 삼아 다시 참작하여 음미할 작품이기도 한다.

서 정 범

- 1926년 충북 음성 출생
- 경희대 국문과 졸업 및 동 대학원 수료, 문학박사
- 경희대 교수, 물리대 학장 역임
- 한국 수필가 협회 부회장 및 《한국수필》주간 역임
- 2009년 별세

주근깨

　지난 2월 초순에 조그만 소포를 받았다. 소포의 감촉이 물렁물렁하다. 무엇일까? 보낸 이의 주소를 보니 낙동강변에 사는 제자한테서였다. 호기심에 가득 차서 풀어 보았다. 뜻밖에 씀바귀 뿌리였다. 뿌리가 토막토막 끊어졌지만 싱그러운 봄이 물씬 담겨 있었다. 아직도 추위에 웅크리고 있던 나의 가슴에 따스한 봄이 와 닿는다.
　따로 온 편지를 뜯었다.
　마을 앞에 낙동강이 있는데 강 건너를 바라보니 내가 쓴 〈봄의 입술〉이라는 글이 생각난다고 전제하고서 씀바귀를 좋아하는 나에게 나물을 캐서 보내고 싶은 생각이 나더라고 하였다. 그래서 마을 주변에도 씀바귀가 있지만 강 건너가 더 남쪽이니 봄이 조금이라도 더 짙어 있을 것 같은 생각이 들어 250미터 폭이나 되는 얼어붙은 낙동강을 건너서 씀바귀를 캤다는 것이다. 땅이 얼어서 뿌리가 동강동강 부러져 이렇게 토막난 씀바귀 뿌리를 보낸다는 사연이었다.

언 땅을 호미로 캐는 그 고운 마음씨와 성의가 온통 나에게 봄을 안겨주는 것이었다. 언 손을 호호 불며 언 땅에서 한 뿌리 한 뿌리 캐내는 여학생의 그 성의는 그 어떤 값비싼 선물보다 귀한 것이었다.

저녁에 젓가락으로 씀바귀나물을 입에 넣으려고 하니 봄이 먼저 혀에 와 닿는다. 쌉쌀한 맛 뒤에 남는 것은 산뜻한 봄이었다. 구미가 당겨 저녁을 많이 먹었다. 어째서 이렇게 쓴 나물이 나의 입맛을 당기게 할까. 씀바귀나물은 시골에서도 어른들은 좋아하고 아이들은 쓰다고 아예 입에도 안 댄다.

'쓰면 뱉고 달면 삼킨다.'는 말이 있지만 인생의 쓴맛을 어느 정도 겪어 왔기 때문에 쓴 것이 좋은지 모르겠다.

어머니께서는 자식들의 배내똥을 다 맛보셨다고 하는 말을 듣고 눈시울이 뜨거워졌었다. 아기가 처음 누는 것이 새까만 배내똥인데, 그 맛이 쓰면 자식이 살고, 쓰지 않으면 곧 죽는다고 한다. 그러니까 어머니는 자식의 생명을 쓴맛으로 확인하는 셈이다.

단군신화를 보더라도 곰은 컴컴한 굴에서 쓴 쑥을 먹었기 때문에 사람으로 변신이 되었다. 이러한 신화를 보면 우리 조상들은 쓴 것이 창조적이며 생명적인 의미를 지녔었다. 쓴 것이 약이 된다고 하는 말도 바로 이러한 점일 것이다.

웅담이라고 하는 곰의 쓸개도 쓴 것이며 산모에게 좋다는 익모초 益母草도 쓰기 그지없다.

'괴롭다' 라고 하는 말은 '쓺롭다' 라고 하는 말에서 변해 온 말이다. '쓺' 는 풀이 성장해서 오래되면 쓰다고 하는 뜻에서 생긴 글자이다. 사람을 풀로 보면 좀 성장해서 쓴 것이 입에 당기는지 모르겠다.

'괴롭다' 라고 하는 말은 맛으로는 쓴 것이다. 귀에도 쓰게 들리는 말들이 모두 약이 되는 말이 된다.

씀바귀를 보낸 여학생은 공부를 더하고자, 넉넉하지 못한 가정형편이지만 괴로운 것을 쓰다 하지 않고 정성을 다하는 학생이다.

한창 멋을 피우고 젊음을 구가할 나이에 그 여학생은 내일을 위해 소박하게 인생의 씀바귀를 먹고 있는 것이다.

그 여학생의 얼굴에 드문드문 있는 까만 주근깨가 늘 애수에 깃든 것같이 느껴지더니, 오늘은 그 까만 주근깨가 봄을 잉태하는 환한 숨소리로 안겨온다.

작/품/감/상

#머리말

박재식의
좋은수필 감상

　작자인 서정범(徐廷範 1926~2009)은 국어학자이자 수필가이다. 충북 음성에서 태어나 1957년 경희대학교 국문학과를 나와 1979년 동 대학원에서 박사학위를 취득한다. 1960년부터 모교인 경희대 교수로 재직하면서 문리대 학장을 역임하고 1991년 정년 퇴임 후에는 명예교수로 종신함으로써 붙박이 경희인으로 학문의 길을 닦은 국어학자이다.

　그는 일찍부터 우리말 어원 발굴에 깊은 관심과 집념을 갖고 방언, 은어, 속어를 연구하는 한편 일본어, 만주어, 몽골어, 튀르크어, 유구어, 아이누어 등의 비교를 통해 우리말의 어원을 밝히려고 노력하였으며, 그것을 바탕으로 ≪우리말의 뿌리≫, ≪일본어의 원류와 한국어≫, ≪국어어원사전≫ 등 10여 권의 저서를 펴냄으로써 그 분야의 개척에 유니크한 경지를 엿보인다.

국어학자인 그가 우리말의 어원에 유다르게 관심을 가진 학구적인 동기를 "본디 언어란 그 나라 민족의 사랑과 종교와 생활과 문화를 집약한 것이라 할 수 있기 때문에 우리말을 통해서 우리 겨레의 의식구조와 사상의 원류를 살펴보고 싶"은 데 있다고 자신의 수필선집 ≪사랑과 죽음의 마술사≫(1982년, 범조사 간)의 서문을 통해 밝히고 있다. 그래서 그는 '민속학자'라는 별칭을 받을 만큼 민속을 통한 어원 발굴에 주력하였고, 그 중에서도 무속 연구에 열중하여 무려 3천여 명의 무속인을 탐방하여 그들의 생태와 내면세계를 탐색하는 열의까지 나타낸다. 이 미증유의 작업을 진행하면서 남자 무당인 박수에게 카메라를 빼앗겨 박살이 나기도 하고, 무녀의 남편에게 멱살이 잡혀 끌려 나가는 봉변을 당하기도 한다. 그리하여 그 장정의 탐방 작업을 바탕으로 전 6권에 달하는 ≪한국 무속인 열전≫을 상재하는가 하면, 1979년 ≪무녀의 사랑 이야기≫를 세 번째 수필집으로 내어 그것이 ≪한국의 샤마니즘≫이라는 제명으로 번역되어 일본에서 출판되기도 한다.

대학원에 재학중이던 1958년 ≪자유문학≫을 통해 등단한 그가 벌인 수필활동은 그의 학구적인 노력과 마치 이중주가 자아내는 협화음과 같은 밀접한 관계를 갖는다. 그가 학문적인 생애를 통해 추구한 어원 발굴 작업은 그 동기나 방법에 있어 다분히 프로이트의 정신분석적인 성향과 상상력에 기조한다고 볼 수 있는데, 이것은 바로 그의 수필세계가 갖는 모티브와 내용의 특징이 되기도 한다.

그가 즐겨 작품의 소재나 주제로 삼은 꿈과 꽃과 사랑을 잠재의식 발굴이라는 정신분석적인 관점에서 다루었을 뿐 아니라, 후기에 와서는 주된 연구 대상으로 삼은 무속인의 세계가 작품의 태반을 이루는가 하면, 문장 속의 단어에 그가 연구하여 추정하는 어원적인 요소를 자주 인용하는 필법은 오로지 그의 학구적인 노력과 성과를 반영한 것이라고 할 수 있기 때문이다.

그러므로 국어학자이자 수필가인 서정범의 정신적 패러다임은 학문이 곧 문학이자 문학이 곧 학문이라는 불가분의 이중적 경지를 갖는다. 그렇다고 그가 빚어내는 수필작품이 현학적인 난삽성이나 경직된 내용으로 문학성에 흠집을 조성하는 것은 아니다. 오히려 그와 반대로 신기하면서도 누구나의 문학적 감수성에 영합되는 작품세계를 누구나가 쉽게 읽을 수 있는 평이하면서도 세련된 문장으로 형상화한 것이 서정범 수필의 특색이라고 할 수 있다. 한마디로 쉽고 재미 있게 읽히는 수필의 모델이라고 할 만한데, 이것은 그의 학문이나 문학이 '상상력'이라는 낭만주의가 바탕을 이루기 때문이라고 짐작할 수가 있다. 그러나 그의 학문이나 문학이 결코 상아탑적인 소산물은 아니다. 누구보다도 행동적이며 현장을 중시하는 검증 정신에 의해 소출되는 것이 그의 학설이고 수필세계이기도 하다.

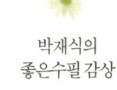
박재식의
좋은수필 감상

이런 능동적인 취향은 그를 한갓 상아탑 속에 묶어 놓지 못하고 스스로 학계와 문단의 표면에 나와 활동 무대를 꾸미기를 서슴지 않는다. 한국어원학회를 창립하여 초대 회장을 역임하고,

1971년 한국수필가협회가 발족하자 부회장과 기관지 ≪한국수필≫의 주간직을 맡아보는가 하면, 나아가 한국문협의 수필분과회장을 거쳐 부이사장에 당선됨으로써 수필문학의 육성 발전에 적극 참여하기도 한다. 다작인 편인 그가 남긴 수필은 1974년에 상재한 ≪놓친 열차는 아름답다≫를 시작으로 거의 해거리로 수필집을 낼 만큼 많다. 1981년 제18회 한국문학상을 위시한 1993년 펜클럽문학상, 2000년 수필문학상 등 수상 경력도 지닌다.

감상할 〈주근깨〉는 그의 작품 경력으로 보아 '문학수필' 창작의 전성기라고 할 수 있는 1970년대 중반에 써진 작품으로 1977년에 상재한 제2수필집 ≪겨울 무지개≫에 수록된 대표작의 하나이다.

해설

〈주근깨〉는 이른봄 시골에서 제자가 보내온 씀바귀 뿌리로 무친 나물의 쾌적한 미각에서 봄을 느끼고 그 쓴맛에 견주어 고진감래(苦盡甘來, 고생 끝에 즐거움이 온다는 고래의 격언)의 섭리를 깨우친 교훈성의 서정수필이다.

작자는 2월 초순, 낙동강변에 살고 있는 한 제자가 보낸 조그만 소포를 받는다. 풀어 보니 토막토막 잘려진 씀바귀 뿌리이다. "아직도 추위에 웅크리고 있던" 작자의 가슴에 싱그러운 봄의 따스한 훈기가 물씬 와 닿는다. 곁들여진 편지를 뜯어 보니 토막난 씀바귀 뿌리를 보낸 사연이 적혀 있다.

마을 앞 낙동강 건너를 바라보니 갑자기 작자가 쓴 〈봄의 입술〉이라는 글이 생각나더라는 것이다. 〈봄의 입술〉은 작자가 씀바귀나물 맛에서 봄을 느끼고, 어릴 때 씀바귀나물을 유난히 좋아한 선친의 밥상을 위해 딸이 없는 집안의 맏이인 그가 들에서 씀바귀를 캐던 일을 회상하며 선친을 그리워하는 내용이 담긴 글이다. 그래서 씀바귀나물을 캐서 작자인 스승에게 보내고 싶은 마음이 불현듯 내켜 250미터 폭이나 되는 얼어붙은 강을 건너 "봄이 조금이라도 더 젖어 있을" 남쪽 편 땅에서 캔 소산물인데 캐다보니 땅이 얼어서 뿌리가 동강동강 부러져 이렇게 토막 난 것을 보낸다는 사연이다.

언 땅을 호미로 캐는 그 고운 마음씨와 성의가 온통 나에게 봄을 안겨주는 것이었다. 언 손을 호호 불며 언 땅에서 한 뿌리 한 뿌리 캐내는 여학생의 그 성의는 그 어떤 값비싼 선물보다 귀한 것이었다.

그러니까 그 제자는 여학생이다. 작자의 수필에는 가끔 제자가 등장하여 주제 형성에 양념 구실을 하는 경향이 있는데, 이 글도 그 중의 하나이다. 그의 대표작이자 출세작이라고 할 수 있는 〈놓친 열차는 아름답다〉에도 남학생 제자가 등장하여 그 표제로 삼은 명제를 형상하는 데에 큰 몫을 하고 있지만, 씀바귀의 미각에서 봄을 느끼고 인생의 진리를 모색하게 하는 계기를 마

련해주는 주인공인 제자가 남학생이 아닌 정서와 감성이 섬세한 여학생인 것은 글의 성격상 매우 자연스럽고 적합한 맥락이 아닐 수 없다.

아무튼 그 여학생의 고운 심성과 성의가 묻어 있는 씀바귀나물을 반찬으로 저녁을 먹게 되는데, 나물을 젓가락으로 집어 입에 넣으려고 하니 봄이 먼저 혀에 와 닿는 느낌이 든다. "씀바귀의 쌉쌀한 맛 뒤에 남는 것은 산뜻한 봄이었다." 그래서 구미가 당겨 다른 때보다 밥을 많이 먹는다. 이런 구미의 심리 현상은 먼 곳에서 아직 이른 봄소식을 실어 보낸 제자의 갸륵한 정성에 연유하는 것이기도 하지만, 기실 작자는 선친을 닮아 씀바귀나물의 쓴맛을 좋아하는 식성의 소유자이기도 하다. 그리하여 작자는 "어째서 이렇게 쓴 나물이 나의 입맛을 당기게 할까." 하고 '쓴맛' 이 갖는 인생사의 이치를 설파하는 주제의식의 모색에 접어들 채비를 한다.

씀바귀나물은 시골에서도 어른들은 좋아하고 아이들은 쓰다고 아예 입에도 안 댄다.

'쓰면 뱉고 달면 삼킨다.' 는 말이 있지만 인생의 쓴맛을 어느 정도 겪어 왔기 때문에 쓴 것이 좋은지 모르겠다.

하고 우선 자문에 대한 자답을 전제하고,

어머니께서는 자식들의 배내똥을 다 맛보셨다고 하는 말을 듣고 눈시울이 뜨거워졌었다. 아기가 처음 누는 것이 새까만 배내똥인데, 그 맛이 쓰면 자식이 살고 쓰지 않으면 곧 죽는다고 한다. 그러니까 어머니는 자식의 생명을 쓴맛으로 확인하는 셈이다.

단군신화를 보더라도 곰은 컴컴한 굴에서 쓴 쑥을 먹었기 때문에 사람으로 변신이 되었다. 이러한 신화를 보면 우리 조상들은 쓴 것이 창조적이며 생명적인 의미를 지녔었다. 쓴 것이 약이 된다고 하는 말도 바로 이러한 점일 것이다.

웅담이라고 하는 곰의 쓸개도 쓴 것이며 산모에게 좋다는 익모초益母草도 쓰기 그지없다.

고 '쓴맛'이 갖는 미덕과 이점을 두루 섬긴 다음, 인생살이 쓴맛으로 겪는 '괴롭다'는 말은 '고苦롭다'는 말에서 변해 온 말이라고 작자의 학문적인 장기인 어원풀이를 동원하여 '쓴맛'이 갖는 인생의 진리를 한층 다잡는다. 즉 한자인 '苦'는 풀이 성장해서 오래되면 쓰다고 하는 뜻에서 생긴 글자(苦를 해자하면 풀 '艸' 변에 낡은 '古'자가 합성하여 이루어진 글자이다.)라고 하면서 "사람을 풀로 보면 좀 성장해서 쓴 것이 입에 당기는지 모르겠다."라고 인생의 쓴맛을 겪고 어른이 된 자신이 '쓴맛'을 좋아하는 까닭을 문자풀이를 통해 합리화한다. 그리고는 "'괴롭다' 하고 하는 말을 맛으로는 쓴 것이다. 귀에도 쓰게 들리는 말들이 모두 약이 되는 말이 된다."고 하며 '입에 쓴 약이 병에는 좋다'는 속담에 빗대어 작자가 말하고자 하는 메시지에 종지부를 찍는다.

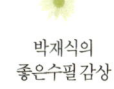
박재식의
좋은수필감상

그러나 이것으로 글을 맺는다면 문학작품으로는 마치 용변 후에 밑을 씻지 않은 것처럼 미진하다. 그러므로 그 메시지에 모티브를 안겨 준 여학생 제자의 아름다운 성의를 되새기지 않을 수 없다. 그래서

씀바귀를 보낸 여학생은 공부를 더하고자, 넉넉하지 못한 가정형편이지만 괴로운 것을 쓰다 하지 않고 정성을 다하는 학생이다.
한창 멋을 피우고 젊음을 구가할 나이에 그 여학생은 내일을 위해 소박하게 인생의 씀바귀를 먹고 있는 것이다.
그 여학생의 얼굴에 드문드문 있는 까만 주근깨가 늘 애수에 깃든 것같이 느껴지더니, 오늘은 그 까만 주근깨가 봄을 잉태하는 환한 숨소리로 안겨온다.

하고 그 제자에 대한 스승으로서의 애정 어린 이미지를 메시지와 결부하여 맺음글로 하고 글의 제목도 〈주근깨〉로 삼는다.

흑평

이 작품의 주제는 예부터 인생사의 교훈으로 흔히 회자되는 '고진감래'라는 매우 평범한 진리를 씀바귀나물의 쓴맛을 통해 일깨우는 데 있다. 그러나 본래 교훈을 주제로 한 글은 수필문학이 경원하는 금기의 영역이기도 하다.
그런데 수필의 명인 서정범은 그 교훈성의 주제의식을 형상화하

는 수법으로 시골에 사는 여학생 제자가 섬섬옥수로 얼어붙은 땅을 파서 캔 씀바귀를 스승에게 보내 온 아름다운 성의를 허두의 모티브로 삼고, 그 씀바귀나물의 쓴맛에서 봄을 느끼며 "쌉쌀한 맛 뒤에 남는 것은 산뜻한 봄"이라는 표현으로 주제를 암시하는 복선을 까는가 하면, 막상 주제에 접어드는 어귀에서는 그 단초를 아이들이 싫어하는 씀바귀나물의 쓴맛을 자신이 좋아하는 까닭을 웬만큼 '인생의 쓴맛'을 겪고 어른이 되었기 때문이라는 자아의 세계로 잡아(수필의 본질은 자아의 세계이다.) 갓난아기의 배내똥을 음미하여 그 쓴맛으로 아기의 생명력을 점친 어머니의 정성을 비롯하여 단군신화의 고사와 입에 쓴 약의 효용성 등 '쓴맛'이 갖는 창조와 성취의 미덕을 예시한 다음, 마침내는 '쓸 품' 자의 어원풀이를 인용하여 그 자아의 세계를 일반화함으로써 경직된 교훈성 메시지를 유연한 문학으로 조화시켜 놓고 있다. 무엇보다 백미는 말미에 가서 씀바귀를 보낸 여학생 제자의 프로필을 그리며 그 얼굴에 드문드문 있는 주근깨를 주제의 메시지와 결부하여 글을 마무리고 제목을 '씀바귀나물'이 아닌 '주근깨'로 삼은 발상법이 절묘하다. 감상자가 이 작품을 '교훈성의 서정수필'이라고 치부한 소이이기도 하다.

  이 방대한 규모의 작품 구상을 불과 8매 남짓한 분량의 원고에 평이한 문장으로 압축하여 담아낸 솜씨가 놀랍다. 가히 단편수필의 모본으로 삼을 일작이다.

박재식의
좋은수필 감상

장 영 희

- 1952년 서울 출생
- 서강대학 영문과 졸업 및 동 대학원 수료, 뉴욕주립 대학원 수료, 문학박사
- 서강대학 영문과 교수
- 2009년 별세

하필이면

몇 년 전인가 십대들이 즐겨 부르던 유행가 중에 〈머피의 법칙〉이라는 노래가 있었다. 확실히 기억은 안 나지만 가사가 대충 이랬다.

"화장실이 있으면 휴지가 없고, 휴지가 있으면 화장실이 없고, 미팅에 가도 하필이면 제일 맘에 안 드는 애랑 파트너가 되고, 한 달에 한 번 목욕탕에 가도 하필이면 그날이 정기휴일이고." 등등 "무슨 일이든 어차피 잘못되게 마련이다." 라는 '머피의 법칙'을 코믹하게 묘사하고 있다.

이 노래에 나오는 '하필이면'이란 말은 분명히 '왜 나만?' 이라는 의문을 전제로 한다. 그러니까 남의 인생은 별로 큰 노력 없이도 모든 일이 잘되어 나갈뿐더러 가끔은 호박이 넝쿨째 굴러 오는 것 같은데, 왜 '하필이면' 내 인생만은 아무리 기를 쓰고 노력해도 걸핏하면 일이 꼬이고, 그래서 공짜 호박은커녕 내 몫도 제대로 못 챙겨 먹기 일쑤냐는 것이다.

그런데 억울하기 짝이 없는 것은 그게 내 탓이 아니라는 거다. 순전히 운명적인 불공평으로 인해 다른 이들은 벤츠 타고 탄탄대로를 가는데, 나는 펑크난 딸딸이 고물차를 타고 비포장 도로를 가고 있는 것이다.

아닌게 아니라 하루하루를 살아가면서 나도 '머피의 법칙'을 생각할 때가 많다. 한 예로 내 열쇠고리에는 겉으로는 구별이 안 되는 열쇠가 두 개 달려 있는데, 하나는 연구실, 또 하나는 과 사무실 열쇠이다. 열쇠에 유성 펜으로 방 번호를 표시해 놓으면 그만이지만, 그러기도 귀찮고 또 그냥 재미도 있고 해서 내 방에 들어갈 때마다 둘 중 아무거나 꽂아 본다.

그런데 참으로 이상한 것이, 수학적으로 따져 볼 때 확률은 분명히 반반인데, '하필이면' 연구실 열쇠가 아니라 거의 과 사무실 열쇠가 먼저 손에 잡혀 두 번씩 열쇠를 돌려야 하는 일이 열이면 아홉이다.

그뿐인가. '하필이면' 큰 맘 먹고 세차한 날은 갑자기 맑은 하늘에서 비가 오고, 무엇을 사기 위해 줄을 서면 바로 내 앞에서 매진되고.

더욱이 얼마 전에는 길거리를 걸어가다가 내 어깨에 새똥이 떨어지는 일도 있었다. 나는 망연자실, 한동안 서서 나의 '하필이면'의 운명에 경악했다. 2천만 서울 인구 중에 새똥 맞아 본 사람은 아마 손가락으로 꼽을 정도일 텐데 '하필이면' 그게 나라니!

물론 이보다 더 중요하고 근본적인 '하필이면'도 있다. 남들은 멀

작품감상 487

쩡히 잘도 걸어다니는데 왜 하필이면 나만 목발에 의지해야 하고, 어떤 사람은 펜만 잡으면 멋진 글이 술술 잘도 나오는데 왜 하필이면 나만 이 짤막한 글 하나 쓰면서도 머리를 벽에 박아야 하는가.

그렇다고 다른 재주가 있느냐 하면 노래, 그림, 손재주 그 어느 것 하나 내세울 게 없다. 하느님은 누구에게나 나름대로의 재능을 골고루 나눠 주신다지만, 아무리 생각해도 '하필이면' 나만 깜빡하신 듯하다.

언젠가 치과에서 본 여성지에는 모 배우가 화장품 광고 출연료로 3억 원을 받았다는 기사가 실려 있었다. 3억이면 내가 목이 쉬어라 가르치고 밤새워 페이퍼 읽으며 10년쯤 일해야 버는 액수인데, 여배우는 그 돈을 하루 만에 벌었다는 것이다.

그건 재능이나 노력과는 상관없이 오로지 타고난 생김새 때문인데, 그렇게 나의 의지와 상관없이 일어난 일 때문에 불이익을 받는다는 건 아무리 생각해도 불공평한 일이다.

나는 내가 잘빠진 육체는 가지지 못했어도 그런대로 꽤 아름다운 영혼을 가졌다고 생각하지만, 아마 내 아름다운 영혼에는 3억 원은커녕 3백 원도 주는 사람이 없을 것이다. 그러니 어차피 둘 다 못 가지고 태어날 바에야 아름다운 몸뚱이를 갖고 태어날 일이지 왜 '하필이면' 3백 원도 못 받는 아름다운 영혼을 갖고 태어났는가 말이다.

그래서 '하필이면'이라는 말은 내게 한심하고 슬픈 말이다.

그런데 어제 저녁 초등학교 2학년짜리 조카 아름이가 내게 던진 '하필이면'은 전혀 그렇지 않았다. 길거리에서 귀여운 팬더 곰 인형을 하나 사서 아름이에게 갖다 주자 아름이는 눈을 동그랗게 뜨고 환한 미소를 지으며, "그런데 이모, 이걸 왜 하필이면 내게 주는데?" 하는 것이었다. 다른 형제나 사촌들도 많고, 암만 생각해도 특별히 자기가 받을 자격도 없는 듯한데, 뜻밖에 선물을 받았다는 아름이 나름대로의 고마움의 표시였다.

외국에서 살다 와 우리말이 아직 서투른 아름이가 '하필이면'이라는 말을 부적합하게 쓴 예였지만, 아름이처럼 '하필이면'을 좋은 상황에 갖다 붙이자, 나의 '하필이면' 운명도 갑자기 찬란한 빛을 발하기 시작한다는 걸 깨달았다. 내가 누리는 많은 행복이 참으로 가당찮고 놀라운 것으로 변하는 것이었다.

도대체 내가 전생에 무슨 좋은 일을 했기에, 하고많은 사람들 중에 '하필이면' 내가 훌륭한 부모님 밑에 태어나 좋은 형제들과 인연 맺고 이 아름다운 세상을 살고 있는가. 아무리 노력해도 헐벗고 굶주리는 사람들이 그토록 많은데 왜 '하필이면' 내가 무슨 권리로 먹을 것 입을 것 걱정 없이 편하게 살고 있는가. 또 나보다 머리 좋고 공부 열심히 하는 사람들이 얼마나 많은데 왜 '하필이면' 내가 똑똑한 학생들을 가르치고 있는가.

게다가 실수투성이 안하무인인데다가 남을 위해 하는 일이라곤 하나도 없는 나, 장영희를 '하필이면' 왜 많은 사람들이 도와주고 사랑해 주는가(우리 어머니 말씀으로는 양순하고 웃기 좋아하는 나의 성격 때문이라는데, 그렇다면 잘빠진 육체보다 아름다운 영혼을 타고난 것이 얼마나 다행인가).

'하필이면'의 이중적 의미를 생각하니 내가 지고 가는 인생의 짐이 남의 짐보다 무겁다고 아우성쳤던 좁은 소견이 새삼 부끄럽다.

창문을 여니, 우리 학생들이랑 일산 호수공원에 놀러 가기로 한 오늘, '하필이면' 날씨가 유난히 청명하고 따뜻하다.

작/품/감/상

머리말

작자인 장영희(張英姬 1952~2009)는 영문학자이자 수필가이다. 역시 영문학자로 서울대 교수를 지낸 부친 장왕록(1991년 작고) 박사와 소아마비로 다섯 살이 될 때까지 제대로 앉지조차 못한 그를 초등학교 3학년 때까지 등에 업고 통학시킨 평생의 보호자 어머니 이길자 여사 사이의 1남 5녀 중 둘째 딸로 서울에서 태어난다. 두 다리를 못 쓰는 1급장애자로 평생을 목발에 의지하여 산 그는 1975년 서강대학교 영문과를 졸업하고 1977년 동 대학원의 석사과정을 거쳐 1985년에는 미국 뉴욕주립 대학에서 박사 학위를 취득하고 같은 해 모교인 서강대 영문학과 교수로 취임 재직중에 향년 57세를 일기로 생을 마감한다.

2009년 5월 간암으로 서거하자 국내의 매스미디어는 일제히 그

박재식의
좋은수필 감상

의 생애에 대한 자취를 기리며 애도하는 기사를 대서 특필로 보도했다. 그러나 그의 남다르게 두드러진 생애의 행적은 이미 생전에 장애우의 귀감으로, 또 삶에 대한 열정과 희망을 안겨 주는 지성의 메신저로 늘 밝은 웃음을 띤 초상과 함께 널리 세인에게 알려진 터이기도 하다.

미상불 장영희의 남다른 생애는 마치 부실한 꽃대가 피운 한 송이 아름다운 꽃과 같은 기적의 삶이라고 할 만하다. 그는 1급장애의 부실한 신체적 조건을 이기고 깔축없는 학업 과정과 박사 학위까지 마치고 대학의 유수한 영문학 교수가 된 입지적인 인물이다. 그러나 그의 생애를 한층 돋보인 것은 이런 기특한 성취에 있는 것은 아니다. 일찍부터 국내의 여러 일간지를 통해 에세이성의 칼럼을 연재하여 빼어난 문필적인 소양을 드러내고, 특히 《샘터》지에 〈새벽 창가에서〉라는 표제의 고정 칼럼을 통해 주로 부정적인 운명을 극복해 온 자신의 정신적인 체험을 기조로 하여 참다운 인생이 갖는 행복과 희망의 의미를 주제로 한 수필을 연재함으로써 독자의 공명과 심금을 울린 문학적인 작품 활동에 있었다고 할 수 있다. 더욱이 2001년 유방암을 시작으로 척추암, 간암을 차례로 앓은 9년간의 가혹한 투병 생활 중에도 의연히 붓을 놓지 않고 이전에 못지않은 왕성한 저작 활동을 지속한 초인적인 행적은 세인의 마음을 숙연케 한 바가 있다.

기자와 인터뷰를 하는 자리에서 이같은 초인적인 힘의 연원을 묻는 질문에 대해 그는 의지나 노력의 소산이 아닌 "본능의 힘"이라고 대답한다. 그리고는 "대학 2학년 때 읽은 헨리 제임스의 ≪미국인≫이라는 책에는, 한 남자 인물을 소개하면서 "그는 나쁜 운명을 깨울까 봐 무서워 살금살금 걸었다."라고 표현한 문장이 있다. 나는 그때 마음을 정했다. 나쁜 운명을 깨울까 봐 살금살금 걷는다면 좋은 운명도 깨우지 못할 것 아닌가. 나쁜 운명, 좋은 운명 모조리 다 깨워 가며 저벅저벅 당당하게, 큰 걸음으로 살 것이다."라고 그의 마지막 저서이자 유작집이 된 《살아온 기적, 살아갈 기적》의 '에필로그'에서 밝히고 있다. 이것은 바로 그의 생애에 일관한 삶에 대한 철학의 표백이자 그의 작품 세계를 형성한 모티브와 주제의식의 실체를 말해 준 대문에 다름 아니다.

그가 남기고 간 저서는 숱하게 많다. 전공인 영문학의 소양을 바탕으로 낸 영미 문학작품의 번역과 해설서는 말할 것도 없고, 김현승의 시집을 영역하여 '한국문학번역상'을 받기도 한다. 그러나 뭣보다 대중적인 성가를 모은 책은 두 권의 창작 수필집이다. 2000년 첫 수필집으로 낸 《내 생애 단 한번》('샘터사' 간)은 이미 50쇄를 넘어설 만큼 장기간 베스트스테디가 되었고, 그의 운명 직후에 발간된 유작집 《살아온 기적, 살아갈 기적》(2009년 '샘터' 사 간)도 지대한 인기 속에 쇄를 거듭할 기세이다.

감상할 〈하필이면〉은 그의 작품 중에서도 가장 수필적인 형식과 기지를 돋보인 글로 《내 생애 단 한번》의 첫머리에 수록된 수필이다.

해설

이 글은 '하필이면'이라는 부사가 사용되는 이율배반적인 의미를 통해 자아상自我像의 정체를 해학적으로 모색한 철학성 수필이다.

작자는 짓궂은 운명의 조화를 '하필이면'이라는 표현례表現例에 잡고 10대 아이들이 즐겨 부르는 〈머피의 법칙〉이라는 노래 가사를 화두로 삼는다. "화장실이 있으면 휴지가 없고, 휴지가 있으면 화장실이 없고, 미팅에 가도 하필이면 제일 맘에 안 드는 애랑 파트너가 되고, 한 달에 한 번 목욕탕에 가도 하필이면 그날이 정기 휴일이고." 등등 "무슨 일이든 어차피 잘못되게 마련"이라는 '머피의 법칙'을 코믹하게 묘사한 노래말이다.

이 노래에 나오는 '하필이면'이란 말은 분명히 '왜 나만?'이라는 의문을 전제로 한다. 그러니까 남의 인생은 별로 큰 노력 없이도 모든 일이 잘되어 나갈 뿐더러 가끔은 호박이 넝쿨째 굴러 오는 것 같은데, 왜 '하필이면' 내 인생만은 아무리 기를 쓰고 노력해도 걸핏하면 일이 꼬이고, 그래서 공짜 호박은커녕 내 몫도 제대로 못 챙겨 먹기 일쑤냐는 것이다.

소외감이나 패배의식은 상대적인 비교에서 오는 자격지심이다. 그런데 내가 남만 못하고 불행한 것은 내 탓이 아니라 순전히 불평

등한 외적 조화의 탓이라고 여길 때 억울하지 않을 수 없다. 그것이 사회적인 부조리에 기인한다고 보면 계급의식이나 혁명사상으로 발전하기도 하지만, 자기 혼자만의 개인적인 문제로 국한시킬 때 "왜 하필이면 나만" 하고 팔자소관으로 돌려 한탄할 밖에는 없다. '머피의 법칙'은 이런 운명론자의 심리를 꼬집은 운수 타령에 불과하다. 미상불 작자도 살아가면서 '머피의 법칙'을 생각하게 하는 경우를 종종 만나게 된다.

한 예로 내 열쇠고리에는 겉으로는 구별이 안 되는 열쇠가 두 개 달려 있는데, 하나는 연구실, 또 하나는 과 사무실 열쇠이다. 열쇠에 유성 펜으로 방 번호를 표시해 놓으면 그만이지만, 그러기도 귀찮고 또 그냥 재미도 있고 해서 내 방에 들어갈 때마다 둘 중 아무거나 꽂아 본다.

그런데 참으로 이상한 것이, 수학적으로 따져 볼 때 확률은 분명히 반반인데, '하필이면' 연구실 열쇠가 아니라 거의 과 사무실 열쇠가 먼저 손에 잡혀 두 번씩 열쇠를 돌려야 하는 일이 열이면 아홉이다.

확률을 크게 벗어나는 일은 운수의 불공정한 조화가 아닐 수 없다. 그뿐이 아니라 모처럼 큰 맘 먹고 세차한 날은 맑은 하늘에서 비가 오는가 하면, 무엇을 사기 위해 줄을 서서 기다리면 바로 자기 앞에서 매진된다. 한번은 길거리를 걸어가다가 어깨에 새똥이 떨어지는 난데없는 봉변을 당한다. 작자는 어이가 없어 한동안 그 자리에 서서 "1천만 서울 인구 중에 새똥 맞아 본

박재식의
좋은수필 감상

사람은 아마 손가락으로 꼽을 정도일 텐데 '하필이면' 그게 나라니!" 하고 망연자실한다.

그러나 이런 일들은 '머피의 법칙'에 견주어 '무슨 일이든 어차피 잘못되게 마련'인 운수의 조화로 치부할 수 있지만, 작자에게는 보다 중요하고 근본적인 '하필이면'이 있다.

남들은 멀쩡히 잘도 걸어다니는데 왜 하필이면 나만 목발에 의지해야 하고, 어떤 사람은 펜만 잡으면 멋진 글이 술술 잘도 나오는데 왜 하필이면 나만 이 짤막한 글 하나 쓰면서도 머리를 벽에 박아야 하는가.

그렇다고 다른 재주가 있느냐 하면 노래, 그림, 손재주 그 어느 것 하나 내세울 게 없다. 하느님은 누구에게나 나름대로의 재능을 골고루 나눠 주신다지만, 아무리 생각해도 '하필이면' 나만 깜빡하신 듯하다.

물론 "깜빡하신" 것은 아니다. 현실로 작자는 잘 팔리는 월간 잡지의 포퓰러 작가로 글을 연재하는 필재의 소유자이지만, 다른 어떤 유능한 작가처럼 펜을 잡으면 일기가성으로 글을 쓰는 재능을 갖지 못했다고 자신을 비하한다. 이것은 그만큼 자기의 글쓰기가 신중을 기한다는 간접적인 표현이 되기도 하지만, 그보다는 천부의 장애자가 된 불공평한 운명의 조화와 연쇄하여 그 사실을 강조하는 대구적對句的인 구실을 한다.

그리고는 어느 여배우가 화장품 광고의 출연료로 3억 원을 받았다는 여성지의 기사를 읽고 불공평한 세태의 거품 현상을 꼬집는다. 3억 원이면 교수인 작자가 목이 쉬어라 가르치고 밤새워 페이퍼에 매달려 읽고 쓰며 10년 쯤 일해야 버는 돈인데, 그 돈을 여배우는 단 하루 만에 벌었다는 것이다.

그건 재능이나 노력과는 상관없이 오로지 타고난 생김새 때문인데, 그렇게 나의 의지와 상관없이 일어난 일 때문에 불이익을 받는다는 건 아무리 생각해도 불공평한 일이다.

나는 내가 잘빠진 육체는 가지지 못했어도 그런대로 꽤 아름다운 영혼을 가졌다고 생각하지만, 아마 내 아름다운 영혼에는 3억 원은커녕 3백 원도 주는 사람이 없을 것이다. 그러니 어차피 둘 다 못 가지고 태어날 바에야 아름다운 몸뚱이를 갖고 태어날 일이지 왜 '하필이면' 3백 원도 못 받는 아름다운 영혼을 갖고 태어났는가 말이다.

그래서 작자에게는 '하필이면'이라는 말은 한심하고 슬픈 말이 아닐 수 없다.

박재식의
좋은수필 감상

그러나 작자 장영희는 평소 천형天刑이라는 말을 가장 싫어할 만큼 자신의 신체적인 장애에는 구애하지 않고 오로지 '사랑'과 '희망'이라는 정신적인 지표를 보람 삼아 언제나 긍정적인 삶을 지향하는 정서와 지성의 소유자이다. 그러므로 '하필이면'이라는 말이 갖는 운명의 부정적인 속성의 나열은 그와 같은 자아의 주제의식을 드러내기 위해 설정한 역설적인 전주곡에 불과하다.

아무튼 작자가 하필이면 '하필이면' 이라는 제재로 글을 쓰게 된 아이러니컬한 동기는 "외국에서 살다 와 우리말이 아직 서투른" 초등학교 2학년짜리 조카 아름이가 '하필이면' 이라는 말을 부적합하게 쓴 사건에 있다. 작자가 길거리에서 귀여운 팬더 곰 인형을 하나 사서 주자 눈이 똥그래진 아름이가 "다른 형제나 사촌들도 많고, 암만 생각해도 특별히 자기가 받을 자격도 없는 듯한데, 뜻밖의 선물을 받았다."는 나름대로의 고마움의 표시로 "그런데 이모, 이걸 왜 하필이면 내게 주는데." 한 것이다. 그래서 작자는

아름이처럼 '하필이면'을 좋은 상황에 갖다 붙이자, 나의 '하필이면' 운명도 갑자기 찬란한 빛을 발하기 시작한다는 걸 깨달았다. 내가 누리는 많은 행복이 참으로 가당찮고 놀라운 것으로 변하는 것이었다.

하고 짓궂은 운명의 악몽에서 깨어나 홀연히 진정한 자아의 긍정적인 세계로 돌아온다.

도대체 내가 전생에 무슨 좋은 일을 했기에, 하고많은 사람들 중에 '하필이면' 내가 훌륭한 부모님 밑에 태어나 좋은 형제들과 인연 맺고 이 아름다운 세상을 살고 있는가. 아무리 노력해도 헐벗고 굶주리는 사람들이 그토록 많은데 왜 '하필이면' 내가 무슨 권리로 먹을 것 입을 것 걱정 없이 편하게 살고 있는가.

이렇게 가정적으로 혜택받은 행복한 운명을 필두로, 세상에는 "나보다 머리 좋고 공부 열심히 하는 사람들"이 하고많은데 왜 '하필이면' 자기가 "똑똑한 학생들을 가르치고 있는가." 하는 교수로서의 지체에 대한 충만감을 섬기고, 게다가 하는 짓이 어쭙잖기만 하고 남을 위해 하는 일이라곤 아무 것도 없는 자기를 "'하필이면' 왜 많은 사람들이 도와 주고 사랑해 주는가." 하고 따뜻한 세정 속에서 소외감 없이 살아가는 행운을 꼽으면서 그것이 "양순하고 웃기 좋아하는 나의 성격 때문"이라는 어머니의 견해를 좇아 "그렇다면 잘빠진 육체보다 아름다운 영혼을 가지고 태어난 것이 얼마나 다행인가." 하고 일찍이 3억짜리 여배우의 '잘빠진 육체'에 견주어 3백 원짜리로 폄하한 '아름다운 영혼'의 평가를 절상한다. 그리고는

'하필이면'의 이중적 의미를 생각하니 내가 지고 가는 인생의 짐이 남의 짐보다 무겁다고 아우성쳤던 좁은 소견이 새삼 부끄럽다.

하고 깨치면서, 문득

창문을 여니, 우리 학생들이랑 일산 호수공원에 놀러 가기로 한 오늘, '하필이면' 날씨가 유난히 청명하고 따뜻하다.

하고 단원을 맺는다.

#후평

　문학 장르 중에서도 특히 수필을 두고 말할 때 '글은 곧 사람'이라고 하는데, 이 글을 읽으면 인간 장영희의 참모습을 그 생애와 함께 바로 가까이에서 보는 느낌이 드는 수필이다.
　글의 중심 포인트가 되는 '하필이면'이란 말은 '달리 하거나 달리 되지 않고 어찌하여 꼭'의 뜻을 갖는 부사이다. 보편적인 기대나 예상에서 어긋나는 현상이 생겼을 때 '왜 공칙히도' 하고 부정적인 뜻으로 쓰이는 것이 보통이다. 그러나 작자의 조카가 다른 조카들을 두고 자기에게만 주어진 선물을 받고 다소 '부적합한' 대로 뜻밖의 기쁨 표시로 사용한 경우처럼 긍정적인 의미로도 쓰일 수 있다.
　이렇게 '하필이면'이라는 표현이 갖는 이중적인 의미 속에 작자는 자신이 타고난 운명과 삶의 모습을 투사하여 묘사한 글이 수필〈하필이면〉이다. 정작 작자는 세상의 많은 사람들이 성한 몸으로 운신하는 가운데 '하필이면' 불구의 몸으로 태어나 목발에 의지해 살아가는 기구한 운명의 소유자이다. 그러면서도 한편으로 세상에는 빈곤과 무지 속에서 헤매는 사람들도 많은데 '하필이면' 유복한 가정에서 명석한 두뇌와 아름다운 영혼의 소유자로 태어나 유수한 대학 교수와 문필가로 행세하며 추앙받는 이중의 운명적인 환경 속에서 삶을 영위하고 있는 사람이다. 그런데 작자는 그 두 운명에서 전자의 불행을 사상捨象하고 후자의 행운을 취하여 삶의 본질로 삼고 그것을 글로 써서 희망과 행복의 메시지를 전하고 있는 것이다. 그 메시지가 한층 감명적인 진실로 리얼하게 와닿는 요인은 여느 필자의 경우와는 달리 전자의 불우한 운명과 더불어 작용하는 상승 효과에 있는 사실도 배제할 수 없지만, 거의 완벽한 경지로 구상된 수필적 기법이 자아내는 문학성에 힘입은 바가 더 크다.

 전자의 부정적인 명운을 다루면서도 마치 남의 얘기라도 하듯 담담하게 엮어가는 문장 속에 번득이는 기지와 해학기법은 가히 수필가로서의 장영희의 진면목을 과시하고도 남음이 있는 작품이다.

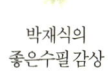
박재식의
좋은수필 감상

법정

- 1932년 전남 해남 출생
- 목포상고 졸업, 전남상업 초급대 중퇴
- 출가승으로 '동국역경원' 편찬부장, 《불교신문》 주필 등 역임
- 2010년 별세

침묵沈默에 기대다

 가을 바람이 선들거리면 불쑥불쑥 길을 떠나고 싶은 충동에 산거山居를 지키고 있기가 어렵다. 그리고 맨날 똑같은 먹이와 틀에 박힌 생활에 더러는 염증이 생기려고 한다. 다른 때는 아무렇지도 않게 잘 지내다가도 해마다 10월 하순께가 되면 묵은 병이 도지듯 문득 나그네길을 떠나고 싶다.
 그날도 점심공양을 끝내고 세상 소식 좀 듣다가 여느 때처럼 뜰에 나와 장작을 패고 있었다. 오동나무와 후박나무에서 마른 바람결에 뚝 뚝 지는 낙엽을 보고 있으니 더 지체할 수가 없었다. 서둘러 짐을 챙겨가지고 길을 떠나오고 말았다.
 삶이 하나의 흐름이라는 걸 실감한다. 그 어떤 형태의 삶이라 할지라도 틀에 갇혀 안주하다 보면 굳어져 버린다. 굳어지면 고인 물처럼 생기를 잃는다. 사람은 동물이라 움직임이 없으면 무디어지고 또한 시들고 만다. 살아 있는 것은 무엇이든 모두가 움직이고 있다. 변화가 없는 삶은 이내 침체되고 무기력해진다. 그리고 진부하고 지루해지게 마련. 생활에 리듬이 필요한 이유가 여기에 있을 것 같다.

다행히 우리 같은 종류의 인간들은 걸리적거리는 관계의 이웃이 없기 때문에 마음먹은 대로 손쉽게 떠나올 수 있다. 물론 자기 자신의 무게 말고도 공동체의 무게에 대한 연대감이라는 짐을 지고 있긴 하지만.

혼자서 나그네가 되면 가장 투명하고 순수해진다. 낯선 환경에 놓여 있을 때 사람은 자기 자신에게 눈을 뜬다. 자기 모습이 뚜렷이 드러난다. 개체個體가 된다는 것은 곧 자유로와지는 것. 그리고 온전한 휴식을 누릴 수 있다. 사람은 이와 같은 휴식을 통해서 새로운 힘을 축적하게 되고 일을 통해서만 휴식을 얻을 수가 있다. 평소에 일이 없는 사람들은 진정한 휴식도 누릴 수 없다. 휴식과 일은 그런 상관관계를 지닌다.

이제 새삼스럽게 구경거리를 찾아 이리 기웃 저리 기웃 할 필요는 없다. 어디를 가나 토막난 비좁은 땅덩이에서는 거기가 거기이고 비슷비슷한 모습들이니까. 그 고장의 냄새를 맡는 일로써 나그네의 시장기 같은 것을 채우면 된다.

표현은 '냄새' 라고 했지만 또 다른 말을 쓴다면 분위기를 느끼는 일일 것이다. 낯선 고장에 가면 우선 시장에 들러 보라. 거기 가면 그 고장 특유의 말씨가 있고 생활이 있고 인정과 습속과 빛깔이 있다. 그 말씨와 생활과 인정, 습속, 빛깔이 그 고장의 분위기를 이룬다.

이런 분위기를 빈 마음으로 받아들이면 된다. 머리로써가 아니라 텅 빈 마음으로 받아들여야 한다. 머리는 어떤 의미에서 불순하다. 따지고 캐고 의심하고 자꾸만 묻기 때문이다. 그같은 잿빛 이론과 논리가 우리를 지금껏 피곤하게 하면서 마음을 열지 못하도록 방해를 해왔다. 마음이 열리지 않으면 트인 사람이 될 수 없다.

전문가들의 주장에 의하면, 우리는 한평생을 두고 우리가 가진 능력의 5%밖에 쓰지 않는다고 한다. 이건 굉장히 중요한 사실이다. 어째서 우리가 지닌 무한한 잠재력 가운데서 겨우 5%밖에 쓰지 못한단 말인가. 그것은 마음이 겹겹으로 닫힌 채 열리지 않기 때문이다. 우리는 관계와 사물을 열린 마음으로 받아들이지 않고, 머리로써 따지고 쪼개고 의심하면서 거기에 이유를 달려고 한다. 그렇기 때문에 불순해질 수밖에 없는 것이다. 그러나 텅 빈 마음은 있는 그대로를 받아들인다.

마침 볼일도 있어 부산에 내려갔다가 아침 일찍 자갈치 시장에를 들렀다. 언제부터 한번 들르고 싶은 곳이었지만 그럴 기회가 없었는데 이번에 큰마음 먹고 들르게 되었다. 생선을 경매하는 이 자갈치시장은 분명히 부산 특유의 분위기이고 명물이다. 뭐라고 알아들을 수 없는 소리로 노래하듯 숫자를 읊고 수화手話로 말하는 경매 풍경은 딴세상 일처럼 느껴진다. 바로 그 곁에는 즐비한 생선가게. 우리 같은 사람에게는 인연이 먼 생선이지만, 거기 비릿비릿한 생의 열기 같은 것이 넘쳐 있어 아침 바닷가를 더욱 신선하게 물들이고 있었다.

회사의 사무원이나 관공서의 공무원에 견주면 생선 가게에서 일하고 있는 이들이 얼마나 건강하고 당당한 삶을 이루고 있는지 한눈으로 확인할 수 있다. 그들은 머리로 사는 게 아니라 온몸으로 살고 있다. 그들은 관념적인 인간이 아니라 대지에 뿌리를 내리고 있는 탄탄한 사람들이다. 곁에서 보기만 해도 생의 열기가 묻어오는 것 같다.

어제는 모슬포에서 선창 쪽으로 가는 길목 동일리東日里 바닷가에서 수평선으로 지는 장엄한 일몰을 '참배'했었다. 굳이 참배라는 말을 쓴 것은 그 어떤 종교적인 의식보다도 맑고 고요하고 숙연한 침묵의 세계이기 때문이다. 자연은 진실로 신비롭고 아름답다.

풀 끝에 맺힌 이슬만 하더라도 그렇고 해가 지는 모습과 저녁 노을만 하더라도 그지없이 신비스럽고 아름답다. 추한 것은 우리들 인간뿐인가 싶으니 자연 앞에 서기가 조금은 미안하다.

한라산 자락마다 억새풀이 허옇게 은발을 휘날리고 있는 것을 바라볼 때, 목장에서 양떼들이 혹은 말들이 자유롭게 풀을 뜯고 있는 것을 지켜보고 있을 때, 헐벗고 때묻고 초라한 존재는 갈 데 없는 우리들 인간이구나 싶었다.

모든 존재는 다 자기의 분수대로 있을 자리에 있으면서 우주적인 조화를 이루고 있는데, 사람만이 그 조화에서 이탈하려고 자꾸만 몸부림을 치고 있다. 같은 인간끼리 미워하고 싸우면서 그 조화와 질서를 파괴하고 있는 것이다. 모든 존재는 묵묵히 우주 질서에 이바지하고 있다. 그러나 사람들은 너무 떠들면서 살벌하다. 오늘날 지구가 곳곳에서 갖은 형태로 폭발을 하고 있는 것도, 그럴듯한 이유를 내세우면서 분수 밖의 행동으로 시끄럽게 떠들고 있는 그 메아리가 아닌가 싶다.

우리가 인간으로 도달할 수 있는 최고 수준은 더 물을 것도 없이 사람다운 사람이 되는 일이다. 그러기 위해서는 우리들의 삶 자체가 확고한 기반 위에 서야 한다. 안팎으로 어지러울 때에는 신앙인이 아니라도 기도할 줄을 알아야 한다.

기도는 말로써 하는 것이 아니라 조용히 귀 기울이는 일. 입을 다물어야 깊은 뜻을 지닌 말씀을 들을 수 있다. 침묵은 근원으로 돌아가는 길이니까.

이따금 우리들은 자기 자신을 탐구하기 위해 침묵의 세계에 기댈 필요가 있다. 그럼으로써 우주의 조화에 동참할 수 있다.

작/품/감/상

머리말

박재식의
좋은수필 감상

작자인 법정(法頂 속명 박재철 1932~2010)은 불교의 생활철학을 몸소 실천하고 그것을 문필(수필)을 통해 세상에 널리 알림으로써 불교계 내부는 물론 사바 대중의 숭앙과 존경을 한몸에 입고 입적한 선승(禪僧)이다.

전남 해남에서 태어난 그는 목포상고를 졸업하고 전남상업초급대학(전남대상대 전신)에 재학중이던 1974년 목포의 정혜원에서 열린 정기 법회에 참석하여 당대의 고승 효봉스님(曉峰. 속칭 판사 스님)의 강의를 듣고 불교에 심취한 나머지 출가를 결심하고, 이듬해인 1975년 서울로 올라가 다시 효봉스님을 만나 그 자리에서 머리를 깎고 승복을 입게 된다. 이것을 인연으로 두 스님 사이는 1966년 효봉이 입적할 때까지 사제간의 돈독한 관계가 유지(한때는 법정이 효봉스님의 시봉승으로 수행하기도 한다)되는데, 법정이 생전에 종단의 감투는 고사하고 작은 사찰의 주지 한 번 맡지 않고 오로지 수행과 불교의 대중화에만 전념한 희대의 선승으로 시종하게 된 것은 출가 스승인 효봉 선사의 영향이 컸던 것으로 짐작된다.

 삭발한 다음 날 효봉스님의 주선으로 통영에 있는 미래사로 내려가 행자로 출가 생활을 시작한 법정은 이어 합천 해인사 강원을 졸업하고 쌍계사, 해인사, 송계사의 선원에서 두루 수행을 거쳐 1959년 양산 통도사에서 비구계比丘戒를 수계함으로써 정식으로 비구승이 된다.

 그가 학승으로서의 싹수를 보이기 시작한 것은 해인사 시절 어떤 노파가 대장경판을 가리켜 "아, 그 빨래판 같은 거요?" 하는 것을 듣고 "불교경전을 쉬운 말로 번역하고, 살아 있는 언어로 전해야 한다."는 것을 깨닫고 서산대사의 ≪선가귀감禪家龜鑑≫을 한글로 번역하는 등 역경譯經 작업에 눈뜸으로써이다. 그리하여 1960년부터는 통도사 운허스님과 함께 ≪불교사전≫을 편찬하고, 1967년 동국역경원의 편찬부장을 맡아 ≪법화경≫, ≪숫타니파타≫ 등을 한글로 번역하기도 하는가 하면, 마침내는 숙원인 대장경의 한글 번역에 눈을 돌려 2명의 동국대 교수의 도움을 받아 2년에 긍한 작업 끝에 그 방대한 경판을 한 권으로 축약하는 ≪우리말 불교성전≫을 폄으로써 학승으로서의 진면목을 나타낸다. 이로써 한국의 현대 불교는 불공 위주에서 벗어나 누구나가 쉽게 공부할 수 있는 길이 마련되었는데, 법정은 이와 같은 자신의 업적을 내세우는 법이 없다. 그래서 각고 끝에 완성한 '우리말 불교성전'도 상재에 즈음하여 편자의 명의를 다만 '불교성전 편찬위원회'로 표시하게 하자 의아하게 여기는 사람에게 "고려대장경, 팔만대장경에 누가 이름을 새긴 적 있나?" 하고 반문하는 풍도에 감복한 그때의 공동 저작에 참여한 교수가 "그것이 바로 스님이 평생의 화두로 삼은 '무소유' 정신에 의한 '무주상보시無住相布施'에 다름 아니"라고 후일담으로 회고하기도 한다.

이런 그가 법명을 필명으로 내세워 괄목할 수필가의 면모를 드러낸 것은 1970년대에 접어들어서이다. 그는 일찍이 대학 시절, 문학 동아리에 가입하여 춘원(春園 : 이광수)의 소설 등 문학 서적을 탐독하며 문예적인 감성과 소양을 엿보인 내력의 소유자이다. 그 내력은 '불교를 쉽고 살아 있는 언어로 누리에게 전하는' 역경 작업의 발상과 추진의 밑거름이 되었고, 나아가 자신이 구상하는 한국불교의 현대화 사상을 보급하는 방법의 일환으로 선 생활을 통해 터득한 진리를 누구나가 읽기 쉬운 수필에 담아 전파하는 작품활동의 밑받침이 된 것이다. 따라서 법정이 출가한 직접 동기는 물론 효봉스님과의 만남에 있었지만, 그가 문학청년 시절 탐독한 춘원의 글이 불교사상을 기조로 한 것이 많은 점으로 미루어 그 무렵의 독서 경험도 일조하지 않았는가 추측되기도 한다.

아무튼 그가 발표한 에세이성 수필은 적잖은 반향을 일으켰고, 1972년 첫 산문집 ≪영혼의 모음≫을 발간한다. 1973년에는 불교신문사의 논설위원과 주필직을 맡아 함석헌, 장준하, 김동길 등과 교분을 맺고 유신 철폐 운동에 참여하기도 하다가 1975년 '인혁당사건'이 터지자 깨달은 바가 있어 출가 본사인 송광사로 내려가 그 뒤편에 불일암을 짓고 혼자서 숙식하며 칩거생활을 한다.

법정이 본격적으로 수필(본인은 수상 또는 잡문이라 칭한다)의 집필과 저작활동을 전개한 것은 불일암 시절이다. 시봉승(侍奉僧)도 두지 않고 암자에 칩거하면서 그는 쉴 새 없이 에세이성 수필을 써서 잡지와 신문 지상에 간단없이 발표하고, 그것을 묶어 단행본으로 내면 불티가 나게 팔리는 출판 매체의 스타 필자가 된 것이다. 그중에서도 그의 명성을 세상에 널리 알리는 계기가 된 수필집 ≪무소유≫는 1976년 초판 이후 무려 340만 부가 나가는 스테디셀러가 된다. 그런데 ≪무소유≫의 출판에는 숨은 일화가 있다. 이 책은 당시 발행처인 범우사에서 편찬 일을 보던 수필가 박연구(2003년 작고)가 법정에게 요청하여 소정 원고료를 주고 낸 시리즈 문고판인데, 판쇄가 거듭하자 법정으로부터 전화가 걸려와 "인세를 줘야지." 하는 것이다. 전화를 받은 박연구는 당황할 수밖에 없었다. 왜냐면 당해 출판사는 이미 지불한 원고료만으로 저자의 검인 없이 책을 내는 관례가 되어 있었기 때문이다. 어쩔 수 없이 사장과 상의한 끝에 중판 때마다 인세를 지불하게 되었다는 이야기이다. 그래서 한때 "무소유 스님이 돈을 무섭게 챙긴다."는 말이 나오기도 했지만, 그 돈은 어김없이 본당의 시주함에 보내지거나 장학금 등 무기명 기부로 보시된 사실이 입적 후의 후문으로 밝혀진다.

그의 명성을 흠모하여 찾아오는 사람들이 줄을 잇자 법정은 1992년 불일암을 떠나 거처를 강원도 산골로 옮긴다. 화전민이 살던 오두막을 고쳐 혼자 살면서 일체의 인적을 거부하며 집필과 저작활동을 계속한다. 그러는 한편 1994년에는 서울에 불제자들을 중심으로 한 유지들을 규합하여 '맑고 향기롭게' 라는 시민단체를 만들어 자선사업을 이끈다. 그리고는 1996년 성북동의 디럭스 요정 '대원각' 의 소유주 김명한 보살(1999년 타계)의 간곡한 시주 제의를 받아들여 그 자리에 길상사吉祥寺를 창건하고 1997년 '맑고 향기롭게' 의 근본 도량道場으로 발족시킨다. 시주인 김영한은 재북 시인 백석白石과의 첫사랑을 평생 잊지 못하고 산 순정의 문학 애호가인데, 길상사는 〈무소유〉를 읽고 감명을 받은 그녀가 평소 존경하는 법정에게 자신이 소유하는 대원각(당시 시가 천억 원 상당의 재산)을 조건 없이 시주하겠으니 그 자리에 절을 세워 달라고 10년 가까이 설득한 끝에 이루어진 산물이다.

여느 스님같으면 개인 소유의 사찰로 만들 수도 있는 것을 그는 길상사를 송강사의 말사末寺로 조계종에 정식 등록하고, 절에는 자신을 위한 방을 따로 만들지 않았을 뿐 아니라 다만 1년에 네 차례 열리는 정기 법회에 회주로 참석하여 대중 앞에서 설법을 마치면 바로 떠나 버린다. 법정이 자기가 세운 길상사에서 꼭 한 번 묵게 된 것은 임종 전날 병원에서 퇴원한 하룻밤 뿐이다.

그뿐 아니라, 죽음을 앞둔 그는 "나를 위해 관과 수의와 만장을 만들지 말고, 게송偈頌이나 추모사 등 일체의 장례 의식을 행하지 말고, 다비 후에 사리를 거두거나 탑을 세우지도 말라."는 유지를 남겨, 시신은 대나무 평상 위에 실려 가사만 덮고 출가 본사인 송광사에 옮겨져 만 오천의 추모객이 지켜보는 가운데 간소한 다비식으로 사라졌으니, 법정의 무소유 정신이 얼마나 도저한가를 알고도 남음이 있다.

법정이 남기고 간 저서는 불교에 관한 편역서 말고도 12권에 달하는 수필집(법정수상집)이 있다. 그의 수상세계는 '무소유'를 근간으로 하는 불교적 가치관을 달관한 지적 감수성으로 조화하여 자연과 인생에 대한 실존적인 의미를 일깨운 데 있다. 현대의 고전이라고 할 만한 이 수필집들은 "그동안 풀어 놓은 말빚을 다음 생으로 가져가지 않겠다."며 절판을 당부한 유언으로 하여 품귀 현상이 빚어지자, 그의 대표 에세이집 ≪무소유≫가 입찰에서 백여만 원에 낙찰되었다고 하니 저승에 있는 '무소유 스님'이 이 아이러니를 어떻게 받아들일지가 궁금하다.

감상할 〈침묵에 기대다〉는 작가가 고정 칼럼을 연재한 월간 ≪샘터≫ 1983년 12월호에 발표한 글로 그의 여섯 번째 수필집 ≪물소리 바람소리≫에 수록된 작품이다.

#해설

이 글은 여행을 통해 인간의 생태와 자연의 모습을 관찰하면서 인간이 인간다운 삶의 경지에 도달하기 위해서는 우주의 근원인 침묵의 세계에 귀의해야 한다는 불교적인 진리를 사색한 철학성 수필이다.

산중의 암자에서 독거獨居 생활을 하는 작자는 10월 하순, 그러니까 뜰에 낙엽이 듣는 늦가을이 되면 마치 묵은 병이 도지듯 문득 나그네길을 떠나고 싶은 충동이 돋쳐, 그날도 뜰에 나와 장작을 패다 말고 그 충동에 못이겨 서둘러 행장을 꾸려 길을 나섰다고 화두를 잡는다. 작자는 앞으로 그 여행에서 보고 느낀 소감을 주제로 삼아 얘기를 할 참인데 길잡이가 될 여행의 동기를 역마살 때문이라고 운을 뗀 것이다.

삶이 하나의 흐름이라는 걸 실감한다. 그 어떤 형태의 삶이라 할지라도 틀에 갇혀 안주하다 보면 굳어져 버린다. 굳어지면 고인 물처럼 생기를 잃는다. 사람은 동물이라 움직임이 없으면 무디어지고 또한 시들고 만다. 살아 있는 것은 무엇이든 모두가 움직이고 있다. 변화가 없는 삶은 이내 침체되고 무기력해진다. 그리고 진부하고 지루해지게 마련. 생활에 리듬이 필요한 이유가 여기에 있을 것 같다.

산속에 사는 스님에게도 탁발 행각이 아닌 여행이 왜 필요한가 하는 이유를 이렇게 삶의 생기와 활력소가 되는 '생활의 리듬'에 결부시킨다. 레저 관광이 유행하고 여행업이 호황을 누리는 까닭도 대저 이런 리듬이 뒷받치는 것이지만, 그렇다고 여느

박재식의
좋은수필 감상

생활인 누구나가 마음 내키는대로 탈 수는 없는 노릇이다. 하지만 작자와같이 아무 데도 걸리적거릴 바가 없는 사람은 마음먹은 대로 홀가분히 떠날 수가 있어 다행한 일이다. 그러나 "물론" 하고 다짐을 놓으면서 "공동체의 무게에 대한 연대감이라는 짐을 지고 있지만" 하고 작자다운 전제를 덧붙인다. 그리고는 혼자 하는 여행의 오붓한 장점을 섬긴다.

혼자서 나그네가 되면 가장 투명하고 순수해진다. 낯선 환경에 놓여 있을 때 사람은 자기 자신에게 눈을 뜬다. 자기 모습이 뚜렷이 드러난다. 개체個體가 된다는 것은 곧 자유로와지는 것. 그리고 온전한 휴식을 누릴 수 있다. 사람은 이와 같은 휴식을 통해서 새로운 힘을 축적하게 되고 일을 통해서만 휴식을 얻을 수가 있다. 평소에 일이 없는 사람들은 진정한 휴식도 누릴 수 없다. 휴식과 일은 그런 상관관계를 지닌다.

그러고서 자신이 누린 여행의 참맛을 소개한다. 작자는 여느 레저 관광객처럼 분단으로 "토막난 좁은 땅덩어리"에서 여기나 거기나 비슷한 모습의 구경거리를 찾아 새삼스럽게 "이리 기웃 저리 기웃" 하는 것은 부질없다고 한다. 그래서 "낯선 고장에 가면 우선 시장에 들러보라."고 한다. 시장에 가면 그곳 특유의 말씨와 생활과 인정과 풍속이 어우러져 풍기는 그 고장의 빛깔과 냄새, 즉 분위기를 잡아볼 수가 있다.

이런 분위기를 빈 마음으로 받아들이면 된다. 머리로써가 아니라 텅 빈 마음으로 받아들여야 한다. 머리는 어떤 의미에서 불순하다. 따지고 캐고 의심하고 자꾸만 묻기 때문이다. 그같은 잿빛 이론과 논리가 우리를 지금 껏 피곤하게 하면서 마음을 열지 못하도록 방해를 해왔다. 마음이 열리지 않으면 트인 사람이 될 수 없다.

고 하며 작자가 수행 요체로 삼는 '열린 마음과 트인 인간성'에 대한 지론을 피력한다.

전문가들의 주장에 의하면, 우리는 한평생을 두고 우리가 가진 능력의 5%밖에 쓰지 않는다고 한다. 이건 굉장히 중요한 사실이다. 어째서 우리가 지닌 무한한 잠재력 가운데서 겨우 5%밖에 쓰지 못한단 말인가. 그것은 마음이 겹겹으로 닫힌 채 열리지 않기 때문이다. 우리는 관계와 사물을 열린 마음으로 받아들이지 않고, 머리로써 따지고 쪼개고 의심하면서 거기에 이유를 달려고 한다. 그렇기 때문에 불순해질 수밖에 없는 것이다. 그러나 텅 빈 마음은 있는 그대로를 받아들인다.

박재식의
좋은수필 감상

이렇게 작자 나름의 여행관을 차근차근 풀어 놓고, 수필의 본령인 실지의 체험을 통한 주제의 형상화에 들어간다.

마침 볼일도 있어 부산에 내려간 작자는 부산의 명물 자갈치 시장에 들른다. 언젠가 한번 가보고 싶은 곳이어서 여행하는 길이니 마음먹고 들른 것이다.

생선을 경매하는 이 자갈치시장은 분명히 부산 특유의 분위기이고 명물이다. 뭐라고 알아들을 수 없는 소리로 노래하듯 숫자를 읊고 수화手話로 말하는 경매 풍경은 딴세상 일처럼 느껴진다. 바로 그 곁에는 즐비한 생선가게. 우리 같은 사람에게는 인연이 먼 생선이지만, 거기 비릿비릿한 생의 열기 같은 것이 넘쳐 있어 아침 바닷가를 더욱 신선하게 물들이고 있었다.

앞서 "시장에 들러 보라."고 한 것은 바로 이런 정경이 풍기는 분위기에서 얻은 소신에 불과하다. 그래서

회사의 사무원이나 관공서의 공무원에 견주면 생선 가게에서 일하고 있는 이들이 얼마나 건강하고 당당한 삶을 이루고 있는지 한눈으로 확인할 수 있다. 그들은 머리로 사는 게 아니라 온몸으로 살고 있다. 그들은 관념적인 인간이 아니라 대지에 뿌리를 내리고 있는 탄탄한 사람들이다. 곁에서 보기만 해도 생의 열기가 묻어오는 것 같다.

하고 책상 앞에 앉아 '머리'에 의존하여 일하는 사람들과 대조하여 그 소신의 참뜻을 다짐한다.

다음 여정으로 제주도에 건너간 작자는 모슬포 바닷가에서 때마침 수평선으로 지는 장엄한 일몰 풍경을 '참배' 하듯 바라보면서 그 신비롭고 아름다운 모습에 자연이 지니는 "맑고 고요하고 숙연한 '침묵의 세계'"에 새삼 감명한다. 해가 지는 모습과 저녁 노을도 그렇지만, 풀끝에 지는 이슬만 하더라도 그지없이 신비롭고 아름다운

데 추한 것은 우리 인간뿐이라는 생각에 자연 앞에 서기가 부끄
럽기조차 하다. 한라산으로 눈을 돌려 자락마다 허연 은발을 휘
날리고 있는 억새풀을 바라보고, 목장에서 자유롭게 풀을 뜯고
있는 양떼와 말들을 지켜보면서 "헐벗고 때 묻고 초라한 존재는
갈 데 없는 우리 인간"이라는 느낌이 들기도 한다.

 모든 존재는 다 자기의 분수대로 있을 자리에 있으면서 우주적인 조화
를 이루고 있는데, 사람만이 그 조화에서 이탈하려고 자꾸만 몸부림을 치
고 있다. 같은 인간끼리 미워하고 싸우면서 그 조화와 질서를 파괴하고 있
는 것이다. 모든 존재는 묵묵히 우주 질서에 이바지하고 있다. 그러나 사람
들은 너무 떠들면서 살벌하다. 오늘날 지구가 곳곳에서 갖은 형태로 폭발
을 하고 있는 것도, 그럴듯한 이유를 내세우면서 분수 밖의 행동으로 시끄
럽게 떠들고 있는 그 메아리가 아닌가 싶다.

 이 도가니 속에서 인간이 구제 받는 길은 개체 인간이 '사람다
운 사람'이 되는 삶의 기반을 닦아야 하고, 안팎으로 어지러울
때는 비단 신앙인이 아니더라도 경건히 기도할 줄 알아야 한다
고 권고한다.

 기도는 말로써 하는 것이 아니라 조용히 귀 기울이는 일. 입을 다물어야
깊은 뜻을 지닌 말씀을 들을 수 있다. 침묵은 근원으로 돌아가는 길이니까.
하고 기도가 '침묵의 세계'인 우주의 근원으로 귀의하는 길임

박재식의
좋은수필 감상

을 가리킨다. 그러고는

　이따금 우리들은 자기 자신을 탐구하기 위해 침묵의 세계에 기댈 필요가 있다. 그럼으로써 우주의 조화에 동참할 수 있다.

　고 하며 '개체 발견'의 계기가 되는 혼자 여행의 참뜻을 아울러 시사하면서 글을 맺는다.

촉평

　이 글은 작자가 으레 주제로 삼는 불교사상을 '여행'이라는 세속적인 행위에 빙자하여 설득력 있게 다룬 작품이다. 홀로 여행길을 떠나는 동기에서부터 마침내 '침묵의 세계'로 귀의하는 줄거리를 이로 정연理路整然하게 처리한 논지에 독자는 무가내하 이끌려 공명하지 않을 수 없다. 이것은 법정 수필이 갖는 매력이자 필법이기도 하다.
　그런데 이런 필법을 두고 혹자는 문학성에 대해 이의를 달기도 한다. 이 작품만 하더라도 본문의 서론에 해당하는 작자 나름의 여행관을 펴는 데 줄거리의 거의 과반을 할애한 것이 여느 수필의 구성 양식에서 볼 때 자못 가분수적인 파격처럼 보인다. 하지만 그것이 본문의 주제와 맞물려 속속들이 연결을 짓는 주도한 짜임새가 오히려 에세이성 수필의 본질을 꿰뚫은 필법이라고 하지 않을 수 없다.

그리고 간결하면서도 창달한 문장의 구사, 사물의 관찰이나 주제성의 메시지를 지적이고도 감성적인 언어로 조화시킨 형상 기법은 비록 낯선 세계의 기발성은 없다 하여도 문학 수필로 손색없는 작품이다. 법정 수필 중에서도 가장 문학성이 돋보이는 대표작이 아닐 수 없다.

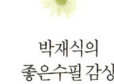

박재식의
좋은수필 감상

이 응 백

- 1923년 경기 파주 출생
- 서울대 사대 국문과 졸업
- 동 대학원 문학박사
- 서울대 사대 교수
- 한국 수필 문학진흥회 회장 역임
- 2010년 별세

순간 瞬間

　벌써 10년도 넘었으리라. Y대학의 C교수가 심혈을 기울여 지은 집이 다 이룩되어 이제 입주만 하면 되게 되었을 때, 우연히 기둥에 박힌 못이 눈에 띄었다. 공사 때 필요해서 박았을 것이건만, 준공竣工의 문턱에서는 눈거슬림밖에 되지 않았다. C교수는 아무나 시켜서 뽑을 수도 있는 그 못을 사다리를 가져다 놓고 올라가 손수 뽑았다. 꽤 큰 못이라 좀체로 뽑히질 않았다. 이왕 올라간 김에 기어코 뽑겠다 작심作心하고 힘을 몰박아 들여 결국 뽑히고 말았다. 그런데 문제는 바로 그 순간에 일어난 것이다. 못 쪽으로 기울어졌던 몸의 중심이 못이 뽑히자 뒤로 쏠리고, 이어 기둥에 거의 붙이다시피 곤두 세웠던 사다리와 함께 그만 뒤로 벌렁 넘어가고 말았다. 실로 몇 초 사이에 일어난 엄청난 사고였다. C교수는 심한 뇌진탕으로 한마디의 말도 남기지 못한 채 불귀不歸의 객客이 되고 말았던 것이다.

한학자漢學者로서 누구라면 알 만한 노老교수가 집안에 목욕탕을 들이고 바닥은 매끈매끈한 타일을 깔았다. 그런데 어찌하랴. 정성 들여 마련한 새 목욕탕을 채 활용도 못한 채 어느 날 타일에서 미끄러져 세상을 뜨고 말았다. 젊은이들은 웬만큼 미끄러져도 탄력 있게 몸을 가눌 수 있지만, 연세가 높은 분으로서는 몸이 뜻대로 되지 않아 공중제비가 되기 일쑤인 것이다.

나의 처가측 부인 한 분은 언젠가 팔목에 붕대를 감아 어깨에 걸 머메고 우리 집엘 왔다. 연유를 물은즉 실내室內에서 앉았다 일어날 때 상반신을 앞으로 수그리면서 내디딘 발끝에 두루마기 고름이 밟혀 곤두박질을 치는 바람에 팔목이 분질러졌다는 것이다. 오랜 고생에 팔은 나았는데, 이번에는 다른 일이 벌어졌다. 집수리를 착수하여 옥외屋外에서 일을 감독하고 있는데, 방에서 전화벨이 울려왔다. 회갑回甲을 이미 몇 해 전에 치른 이 부인은 허위허위 계단을 급히 올라 방에 들어가면서 엎드러지듯 전화기를 집어 들었다. 그러나 턱에 닿은 숨을 채 돌릴 겨를도 없이 그대로 어프러진 채 운명殞命하고 말았다.

내 제자 Y군은 학생들을 데리고 속리산인가 어디로 수학여행修學旅行을 갔다가 발을 헛디디어 뒤로 넘어갔는데, 운 나쁘게도 뾰족한 돌이 바로 목 뒤 제비초리를 뚫고 연수延髓에 박혀 그자리에서 유명幽明을 달리하고 말았다.

위의 사실들은 연령의 고하高下와 남녀의 다름은 있지만 모두 순간에 일어난 불상사不祥事로 아무런 정신적·육체적 고통도 느낄 겨를도 없이 세상을 하직下直한 예들이다.

긴 병에 효자 없다는 격으로 가족들에게 너무 폐를 끼쳐도 좋지 않지만, 이렇게 일종의 횡사橫死를 해도 말할 수 없는 허무감과 슬픔을 안겨다 준다. 생生과 사死는 너무나 극단의 갈림길이기 때문이다.

한국 방송통신대학의 책임을 맡고 있을 때의 일이다. 어느 날 초등교육과의 학과장 K교수가 전례 없이 간부회의에 얼굴을 안 보였다. 발목에 골절상을 입고 누워 있다는 것이다. 그날 회의가 끝나자 일동은 성동구에 있는 그 교수댁에로 문병問病을 갔다. 한창 더운 철에 발목에 깁스를 하고 누워 있는 K교수의 다친 내력은 정말 싱겁기 짝이 없었다. 부분 돋보기를 쓰고 계단을 내려가다가 어릉어릉 비치는 계단을 탁 디디는 찰나刹那, 허정을 짚은 발목이 갑자기 쏠려오는 체중을 감당할 길 없이 드디어 골절이란 현상을 빚어내고 말았다는 것이다.

나는 평시에는 안경을 안 쓰니까 그런 경우는 없었지만, 간혹 부분 돋보기를 쓴 채 계단을 내려갈 때에는 그때마다 K교수 생각을 한다. 그리고 발을 제겨디디든지, 아예 안경을 벗고 내려간다. 그뿐 아니라 산에 오를 때는 Y군 생각을 하여 건들거릴 듯한 돌은 살짝 밟아 움직이지 않으면 아주먹이로 디딘다. 전화벨 소리를 듣고 허겁지겁 달려가서는 단 1초라도 숨을 돌리고 나서 전화를 받으며, 한복차림으로 앉았다 일어날 때에는 두루마기의 고름이나 앞자락을 밟을까봐 조심을 한다. 집이나 다른 곳에서 욕실에 들어갈 때에는 늘 그 노老교수 생각을 하며, 높은 곳의 못을 발판이나 사다리 위에 올라가 뽑을 때는 C교수의 일이 뇌리腦裡를 스쳐 간다. 이 모든 분들은 스스로의 희생犧牲으로 우리들에게 산 교훈을 남긴 것이다.

당唐 나라의 대문장가大文章家 한유韓愈는 그의 글 〈사설師說〉에서 성인聖人은 일정한 스승이 없다(聖人無常師)고 했다. 자기보다 훌륭한 이한테서는 좋은 점을 배우고, 자기보다 못한 이를 보고는 스스로를 반성하기 때문이다.

더구나 앞의 경우들은 순간에 일어난 일들이라는 데 주목해야 한다. 생각해 보면 시간이란 것, 아니 사람의 일생이란 것은 무수한 순간들이 이어진 선이라 하겠다. 이 순간들이 인因을 심고 과果를 거둔다. 무심한 말 한마디, 행동 하나가 앞날을 열게도 하고, 일생을 망치며 목숨까지 앗아가기도 한다.

그러니 어찌 일순간이라고 소홀히 여길 수 있으랴. 그렇다고 엷은 얼음 위를 건너가듯 늘 전전긍긍戰戰兢兢할 필요는 없다. 평상심平常心을 가지고 느긋이 최선을 다할 뿐이다.

작품감상

작/품/감/상

#머리말

　작자인 난대 이응백(蘭臺 李應百 1923~2010)은 국어교육학자이자, 수필가이다. 경기도 파주에서 태어나 1939년 서울사대의 전신인 경성사범학교에 입학하여 해방 후인 1949년 서울대학교 사범대학 국어과를 졸업한다. 졸업 후는 5년 동안 서울중·고와 서울사대부중·고에서 국어교사로 근무하다가 1954년 이화여대 전임강사 및 조교수를 거쳐 1957년 모교인 서울사대로 옮겨 1988년 정년 때까지 줄곧 국어학과 교수로 재임한 끝에 서울대 명예교수로 종신한다. 재임시는 서울대학부설 방송통신대학장을 겸임하는가 하면 1955년에서 1993년까지 한국교육연구회 회장을, 퇴임 후는 1997년에서 2003년까지 한국어문회 이사장을 역임하는 등 국어교육학자로서의 요직을 맡아 수행한다. 그리하여 ≪한글맞춤법사전≫(1961

년, 문호사 간)을 위시한 ≪국어교육사연구≫(1975년, 신구문화사 간) 등 10여 권에 달하는 저서를 내는 업적을 남긴다.

이런 그가 수필에도 남다른 관심과 애정을 가져 수필단체인 한국수필문학진흥회에 참여하여 1986년 우송 김태길과 한당 차주환에 이어 제3대 회장을 맡아 재임 11년 동안 동회의 활성화와 특히 기간 사업인 ≪수필공원≫(지금의 ≪에세이문학≫)의 운영 발간에 반석의 터전을 마련하는 지대한 공적을 이바지한다. 한편으로 작품 활동도 꾸준히 전개하여 ≪기다림≫(1988년, 한샘 간) 등 3권의 수필집과 1993년에 작고한 부인 민영원 여사를 애도하는 ≪영원한 꽃의 향기≫(1994년, 보성사 간)을 위시한 5권의 추모집을 상재하기도 한다. 이밖에 ≪인연≫(1992년, 시조생활사 간) 등 2권의 시조집과 수필선집 ≪언덕 위의 하얀 집≫(2007년, 좋은수필사 간)이 있다.

그의 수필세계는 생활 주변의 사상事象을 고전적인 사유로 관찰하여 그것을 주로 교훈적인 에스프리에 의해 다루는 데 있다. 국어 학자다운 깔축없는 문법과 우리말이 갖는 신기하면서도 정확한 어휘의 구사가 돋보이는 것이 난대수필의 특성이기도 하다.

감상할 작품은 1987년에 쓴 수필로 이런 그의 수필세계를 접할 수 있는 대표작의 하나이다.

해설

〈순간〉은 '순간'이 갖는 운명의 모멘트를 지적하여 인생의 길잡이를 제시한 교훈성 수필이다.

작자는 주제를 펴는 프로세스로 자신의 주변 인물 다섯 분의 신상에 생긴 사건을 실례로 든다.

첫째는 C교수에 대한 이야기다. 심혈을 기울여 준공한 새 집을 둘러본 C교수가 우연히 눈에 띈 기둥에 박힌 못이 눈에 거슬려 사다리를 갖다놓고 올라가 손수 뽑았다.

꽤 큰 못이라 좀체로 뽑히질 않았다. 이왕 올라간 김에 기어코 뽑겠다 작심作心하고 힘을 몰박아 들여 결국 뽑히고 말았다. 그런데 문제는 바로 그 순간에 일어난 것이다. 못 쪽으로 기울어졌던 몸의 중심이 못이 뽑히자 뒤로 쏠리고, 이어 기둥에 거의 붙이다시피 곤두 세웠던 사다리와 함께 그만 뒤로 벌렁 넘어가고 말았다. 실로 몇 초 사이에 일어난 엄청난 사고였다. C교수는 심한 뇌진탕으로 한 마디의 말도 남기지 못한 채 불귀不歸의 객客이 되고 말았던 것이다.

문장중 힘을 집중하는 모양을 '몰박아 들여'로, '벌렁 넘어지고'가 아니고 '벌렁 넘어가고'로 한 표현이 참신하고 인상적이다.

둘째는 한학자로 이름있는 노老교수에 관한 이야기이다. 그 노교수는 집 안에 새로 목욕탕을 들이고 바닥에 매끈매끈한 타일을 깔았다.

그런데 어찌하랴. 정성들여 마련한 새 목욕탕을 채 활용도 못한 채 어느 날 타일에서 미끄러져 세상을 뜨고 말았다. 젊은이들은 웬만큼 미끄러져도 탄력 있게 몸을 가눌 수 있지만, 연세가 높은 분으로서는 몸이 뜻대로 되지 않아 공중제비가 되기 일쑤인 것이다.

여기서도 '공중제비'의 어휘 발굴이 신묘하다.

셋째는 "처가측 부인 한 분"의 경우인데, 한번은 팔목에 골절상을 입고 작자 집에 왔기에 까닭을 물은 즉, 실내에서 앉았다 일어나느라 "상반신을 수그리면서 내디딘 발끝에 두루마기 고름이 밟혀 곤두박질을 치는 바람에" 분질러졌다는 것이다. 이 대문에서 거꾸로 넘어지는 형국을 '곤두박질'로 표현한 것이 해학적이다. 그리하여 다친 팔은 오랜 고생 끝에 나았지만, 이번에는 다른 일이 벌어졌다.

집수리를 착수하여 옥외屋外에서 일을 감독하고 있는데, 방에서 전화벨이 울려왔다. 회갑回甲을 이미 몇 해 전에 치른 이 부인은 허위허위 계단을 급히 올라 방에 들어가면서 엎드러지듯 전화기를 집어 들었다. 그러나 턱에 닿은 숨을 채 돌릴 겨를도 없이 그대로 어프러진 채 운명殞命하고 말았다.

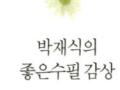

박재식의
좋은수필 감상

그리고는 넷째의 예로

내 제자 Y군은 학생들을 데리고 속리산인가 어디로 수학여행修學旅行을 갔다가 발을 헛디디어 뒤로 넘어갔는데, 운 나쁘게도 뾰족한 돌이 바로 목 뒤 제비초리를 뚫고 연수延髓에 박혀 그자리에서 유명幽明을 달리하고 말았다.

하고, 덧없는 운명의 사연들을 들고나서

위의 사실들은 연령의 고하高下와 남녀의 다름은 있지만 모두 순간에 일어난 불상사不祥事로 아무런 정신적·육체적 고통도 느낄 겨를도 없이 세상을 하직下直한 예들이다.
긴 병에 효자 없다는 격으로 가족들에게 너무 폐를 끼쳐도 좋지 않지만, 이렇게 일종의 횡사橫死를 해도 말할 수 없는 허무감과 슬픔을 안겨다 준다. 생生과 사死는 너무나 극단의 갈림길이기 때문이다.

하며 순간이 빚는 생사의 갈림길에서 당하는 횡사의 허무함을 나타낸다.
마지막으로 든 예는 비록 횡사까지의 불상사는 아니었지만 작자가 방송통신대학장을 겸임할 때 휘하에서 학과장의 직책을 맡고 있는 K교수가 발목에 골절상을 입고 누워 있는 집으로 문병차 찾아갔을 때의 일을 피력한다.

한창 더운 철에 발목에 깁스를 하고 누워 있는 K교수의 다친 내력은 정말 싱겁기 짝이 없었다. 부분 돋보기를 쓰고 계단을 내려가다가 어룽어룽 비치는 계단을 탁 디디는 찰나刹那, 허정을 짚은 발목이 갑자기 쏠려오는 체중을 감당할 길 없이 드디어 골절이란 현상을 빚어내고 말았다는 것이다.

그래서 작자는 위의 사례들을 타산지석他山之石으로 삼아 자신이 그런 환경에 처했을 때의 조심성 있는 행동거지行動擧止를 하나하나 들어서 소개하고, "이 모든 분들은 스스로의 희생으로 우리들에게 산 교훈을 남긴 것"이라고 한다. 여기에서 또 주목할 대목은 앞서 인용한 예문에 나오는 '허정'과, 작자 자신의 거동을 소개하는 문장에서 사용한 '아주먹이'의 어휘 선택이다. '허정虛穽'은 한자어로 '함정陷穽'의 동의어인데 이것을 발을 '헛디딘 곳'이라는 뜻의 풍유적인 표현으로 사용하고, '아주먹이'는 더 손댈 나위 없이 깨끗이 쓿은 쌀白精米과 겹옷을 입을 때 추위를 막을 수 있게 솜을 두어 만든 덧옷을 가리키는 순종의 우리말 명사인데 이것을 희한하게 전용하여 '아주 단단히'라는 부사로 만들어 사용함으로써 문맥을 한층 활성화하고 강조효과를 돋보인 점이다.

그리고는 당나라의 대문장가 한유韓愈의 글 〈사설師說〉에 나오는 '성인은 일정한 스승이 없다聖人無常師'는 고전 속의 명언을 인용하여 "자기보다 훌륭한 이한테서는 좋은 점을 배우고, 자기보다 못한 이를 보고는 스스로 반성하기 때문"이라고 풀이하면서 주제의 결론에 접어든다.

더구나 앞의 경우들은 순간에 일어난 일들이라는 데 주목해야 한다. 생각해 보면 시간이란 것, 아니 사람의 일생이란 것은 무수한 순간들이 이어진 선이라 하겠다. 이 순간들이 인因을 심고 과果를 거둔다. 무심한 말 한마디, 행동 하나가 앞날을 열게도 하고, 일생을 망치며 목숨까지 앗아가기도 한다.

하며 '순간'이 갖는 명유의 모멘트를 강조하고는

그러니 어찌 일순간이라고 소홀히 여길 수 있으랴. 그렇다고 엷은 얼음 위를 건너가듯 늘 전전긍긍戰戰兢兢할 필요는 없다. 평상심平常心을 가지고 느긋이 최선을 다할 뿐이다.

하고 최선으로 살아갈 인생의 길을 일깨우며 글을 맺는다.

후평

이 글은 교훈성의 주제가 분명한 수필이다. 마치 선생이 학생들에게 하는 훈화처럼 이야기의 줄거리를 차근차근 엮어 가는데도 자칫 그런 교훈적인 사설이 갖기 쉬운 문학적인 거부감을 전혀 주지 않는 수필이다.

　수필은 짧은 산문의 분량 속에 옹골진 주제를 빚어내는 문학의 장르이다. 그 짧은 글 속에 소기의 주제를 형성하자면 무엇보다 요구되는 요소가 효과적인 구성과 문장의 절제이다.

　그런 수필인 〈순간〉은 '순간의 거동도 최선을 다해야 한다'는 인생의 진리를 일깨우는 수순으로 그것을 소홀히 함으로써 불행을 초래한 주변 사람들의 실례를 들어 반면 교훈으로 삼아 '순간'이 지니는 의미를 매우 효과적으로 형상화한 구성법이 돋보이고, 군살없는 근육질같이 절제된 문장 속에 참신하고 풍유적인 어휘를 발굴(앞의 '해설' 참조)하여 구사함으로써 작품에 활기와 읽는 재미를 돋운 필법이 절묘하다.

　이것이 바로 짧은 산문 속에서 형성되는 수필의 작품성과 문학성의 진면목이기도 하다.

박재식의
좋은 수필 감상

인 쇄 / 2011년 10월 25일
발 행 / 2011년 11월 01일

지은이 / 박 재 식
펴낸이 / 서 정 환
펴낸곳 / 수필과비평사

등 록 / 1984년 8월 17일 제28호
주 소 / 서울시 종로구 익선동 30-6
　　　　 운현신화타워 빌딩 2층 208호
전 화 / (02) 3675-5633 (063) 275-4000
E-mail / essay321@hanmail.net

　　　　　　 값 20,000원

ISBN 978-89-5925-936-6 03810

*저자와 협의하여 인지를 생략합니다.
*잘못된 책은 바꿔드립니다.